대한민국은 **부동산공화국이다?**

국립중앙도서관 출판시도서목록(CIP)

대한민국은 부동산공화국이다? / 김헌동 ; 선대인 〔공〕 지음 .
—서울 : 궁리출판, 2005
  p . ; cm

ISBN 89-5820-037-5 03320 : ₩15000

321.32-KDC4
333.3322-DDC21   CIP2005001578

대한민국은 부동산공화국이다?

김헌동·선대인 지음

공공의 적, 개발5적의 실체를 밝힌다

궁리
KungRee

나는 왜 이 책을 쓰게 되었는가

1995년 나는 삼풍백화점 붕괴 소식을 듣고 안전용품을 챙겨 무작정 그곳으로 차를 몰았다. 폭격을 당한 듯한 현장은 참혹하기 그지없었고 119 소방대와 112 경찰차들이 몰려들어 주변은 아수라장이었다. 가장 먼저 눈에 띄었던 사람은 정동영 당시 MBC 뉴스앵커였다. 지금은 집권당의 핵심이고 통일부장관이 된 그에게 나는 안전모와 마스크 등을 건네주었다. 당시 구호활동을 하는 사람들조차 안전모 등 기초적인 안전장구도 제대로 갖추지 않은 상태였다. 그로부터 한 달 가량 모든 방송은 사고현장을 생중계하였고 마지막 한 사람까지 구출하려 애쓰는 장면이 방송되었다. 비극이었다.

그때 이후 나는 우리나라의 건설을 이대로 두어서는 안 되겠다, 무엇인가 사회를 위해 보탬이 될 만한 일을 해야겠다는 생각을 갖게 되었다. 당시 국내 건설현장에서 근무중이던 나는, 과거 외국인과 함께 일할 때와는 너무도 다른 국내의 건설제도와 관행으로 인해 품질과 비용 면에서 쓸데없는 손실이 생기는 모습을 보고 이대로는 안 된다는 생각을 했다. 그리하여 건설제도개선과 완벽시공 등 외국의 사례를 적용해보는 한편, 건설종사자간 수평적 관계의 중요성에 대해 심도있게 이야기하기 시작했다.

나는 시민, 정치인과 관료, 그리고 사회의 지도층과 지식인들에게 우리나라의 개발과 건설이 진행방식 면에서 잘못되었다는 것과 건설능력에 문제가 있음을 알리고 싶었다. 1997년부터 98년까지는 국내외에서 겪은 다양한 경험을 바탕으로, 일본과 영국, 미국의 건설개혁사례를 번역한 자료를 한데 묶어 건설전문가와 관료들에게 전달했다. 98년 말 대통령의 지시를 받아 건교부에서 외국사례제시와 제도개선을 통해 예산낭비요인을 제거하여 공공건설예산의 20%를 절약하는 것을 골자로 한 〈공공사업효율화방안〉이라는 보고서를 만드는 데 직간접적으로 관여했다.

그 후 관료들의 행태를 지켜보면서 나는 보다 적극적인 대안을 제시함으로써, 개발독재의 유산인 개발만능주의가 얼마나 큰 사회문제를 야기시키는지에 대해 그리고 우리 건설의 문제와 해법이 무엇인지에 대해 알리고자 시민단체에서 활동을 시작했다.

나의 경험과 생각을 책을 통해 알려야겠다고 생각한 시기는 2000년 경이었으나 쓸 여력이 없다는 핑계로 뒤로 미루기만 했다. 2002년과 2003년에 나는 형님과 공동으로 책을 쓰기로 했었지만 서로의 일 때문에 진척이 되지 않았다. 2004년 아파트값 거품빼기운동에 전념하던 여름, 나는 선대인 기자를 만났다. 미디어다음에서 기자로 근무하던 그는 왜 시민운동에 나서게 되었는지 등에 대해 인터뷰를 요청했고 나는 흔쾌히 동의했다. 처음 만나 나눈 인터뷰 내용은 책의 본문에 실었다. 그는 내가 생각했던 것 이상의 솜씨로 글을 잘 정리했다. 딱딱한 건설 이야기를 만일 내가 글로 정리했다면 그렇게 썩 잘하지 못했을 것이다. 그와의 만남은 그렇게 시작되었고 그 후 자주 주택문제와 건설문제 등에 대해 토론했다. 가끔 그는 나에게 인터뷰를 요청했고 또 건설과 부동산 분야의 기사를 여러 차례 다뤘다. 이듬해인 금년 봄 그는 유학을 떠나기 위해 휴직을 할 예정이라고 했다. 그는 유학을 떠나기 전 나와 책을 내보자고 제안했다. 나는 "글솜씨가 부족하여 어렵다"라는 말을 했지만 그는 내가 보유한 자료들과 경험을 바탕으로 한번 시도해보자며 용기를 주었다. 나는 용기를 얻었다. 그래, 글솜씨도 중요하지만 내가 생각했던 문제를 책을 통해 시민들에게 알리는 데 목표를 두고 한번 해보자. 결심이 서자 마음이 바빠졌다.

우리는 매일 10여 시간을 투자하여 나의 경험과 생각을 전달했고 그는 녹음을 하면서 글을 써나갔다. 지난 10여 년 내가 모아둔 자료와 메모를 들춰냈다. 며칠이 지나자 내 책상 주변과 탁자에는 자료가 산더미처럼 쌓였고 내가 사용하는 좁은 공간은 발 디딜 틈이 없었다. 우리는 그렇게 함께 시간을 보냈다. 책을 마무리해야 할 시점이 다가올 무렵 아파트가격 폭등과 부동산투기 문제로 나라가 또다시 요동쳤다. 우리는 건설문제의 범위를 주택문제까지 확대했다.

그러나 아무리 생각을 해도 독자들에게 내놓기에는 책의 내용이 부족한 부분이 많음을 느낀다. 평범한 시민으로 살아가던 내가 왜 이런 글을 써야 하며 왜 내가 이렇게 행동하게 되었는지? 과연 나는 이런 문제를 제기할 만한 자격이 있는지? 내가 바라보는 개발과 건설 분야의 문제가 전부인지? 그러나 분명하게 얘기하고 싶은 것은 지금 이대로는 아니라는 것이다. 우리의 개발방식과 건설능력은 경쟁국에 비해 너무도 한심한 수준이라는 생각에 변함이 없다. 또 원인과 그 이유는 많겠으나 해방 이후 개발 5적이 만들어낸 제도와 관행이 그 주범이라 할 수 있다. 이 문제는 우리세대만의 문제가 아니라 미래세대에게도 엄청난 짐이 되고 독이 된다는 사실을 시민들에게 알리고 싶다.

내가 20년 전 외국인들과 함께 국내외 건설현장에서 일을 할 때 우리 건설인력 개개인은 그들보다 조금도 뒤지지 않는 실력과 능력을 갖추고 있었다. 다만 그들에 비해 우리가 부족한 것이 있다면 투명하지 못한 제도와 관행, 시스템 그리고 자질이 부족한 경영자들 때문에 능력을 발휘할 수 없다는 사실 등이었다. 개발 5적이라 칭한 자들에게 부탁한다. 이제 그대들이 변해야 우리 사회에 희망이 보인다. 그대들의 반칙과 특혜로 말없는 다수 시민을 더 이상 고통스럽게 만들지 말고 지금의 제도와 관행을 소비자 중심, 시민 중심으로 바꾸어야 한다. 아니 후손과 미래세대를 위해 개발과 건설방식을 완전히 바꾸어야 한다.

나와 같은 평범한 시민들이 거리로 나서고 불필요한 논쟁으로 시간을 허비하며 국력을 낭비할 시간이 없다. 또 필요 이상의 시간을 투자하여 다시는 이런 글을 쓰지 않도록 해주기를 진심으로 바란다.

이 글을 쓰면서 감사해야 할 사람들이 너무도 많다. 우선 내가 사회를 위해 봉사했던 기간 동안 아니 지난 20년 간 곁에서 항상 나의 부족한 부분을 채워주고 기다려준 아내에게 감사한다. 아내는 남들처럼 보다 나은 생활을 위해 일해야 할 시간에 "계란으로 바위치기 식의 주장"을 하며 세월을 보내고 있는 무모한 남편을 말없이 지켜봐주었다. 내 아들과 딸 그리고 많은 사람들이 자신이 준비했던 능력을 마음껏 발휘하며, 반칙과 특권이 우선하지 않고 당당하게 경쟁하는 투명한 세상이 빨리 왔으면 하는 바람이다.

또한 미디어다음의 여러분과 그 동안 주변에서 나를 도와준 많은 분들께 감사를 드린다. 1990년대 후반부터 2000년 말까지 경실련에서 활동하다가 지금은 전주에서 지역민들과 열정적으로 일하고 있을 김병수, 금년 초까지 몇 년간 나와 함께 일을 했던 김용자, 2004년 초부터 아파트가격의 거품을 빼보자고 함께 일하고 있는 박완기 국장과 박정식 국장, 가장 열정적으로 봉사하는 김성달, 신영철 위원 등 경실련의 많은 분들의 도움으로 부족한 내가 선대인과 이 글을 마무리할 수 있었다.

2005년 8월 15일로 해방 60년을 맞이했다. 개발정책과 건설정책에는 아직도 일본의 잔재가 많이 남아 있다. 부디 배울 것 없는 그들의 개발정책과 건설정책의 잔재에서 하루빨리 벗어나자. 그들의 실패를 우리는 겪지 않았으면 하는 마음 간절하다. 개발정책과 건설정책이 제대로 된 방향으로 바뀌어야 준비된 자들이 능력과 기술을 발휘할 수 있다. 건설과 부동산정책이 실패해 고통받는 우리지만, 훗날 이 국토의 주인들이 우리를 자랑스러운 조상으로 기억하도록 해야 한다는 심정으로 이 글을 썼다. 대체 전후 50년간 우리가 무엇을 위해 개발과 건설을 했는지, 무엇을 얻고 만들기 위해 개발을 했는지, 우리가 그동안 건설해낸 시설물들이 훗날 우리의 후손들에게 어떤 평가를 받게 될 것인지 등에 대해 다시 생각할 수 있는 계기가 될 수 있기를 빌며 부끄럽지만 책을 세상에 내놓는다. 이 책은 많은 분들의 글을 인용했고 따라서 이 글들은 그분들의 것이기도 하다.

차례

1부   부 동 산 거 품 의   해 악 과   그   해 결 책 들

프롤로그

필자(김헌동)는 1955년 9월, 서울 관훈동의 어느 셋방에서 태어났다. 부모님이 충남 부여에서 갓 상경한 뒤였다. 이어 중학동을 거쳐 삼청동에서 어린 시절을 보냈다. 우리 집은 청와대 뒷산인 북악산 기슭의 꼭대기 집이었다. 가장 친했던 친구는 그 시절 만화 그리기를 좋아했고 지금은 가수가 된 전인권이다. 따스한 햇살이 부서지는 골목에서 그와 구슬치기와 딱지치기를 하고, 북악산을 놀이터 삼아 헤집고 다니던 기억은 지금까지도 가슴 깊이 오롯이 남아 있다. 2003년 성탄절에 나는 아들과 함께 30여 년 만에 그 곳을 찾았다가 아직도 그대로 살고 있던 그를 만났다. 우리는 한눈에 서로를 알아보았고 함께 그 시절의 추억을 나누었다.

한때 독립문 옆 서대문형무소 뒷산 기슭에 있던 서민아파트에서도 살았다. 10평도 되지 않는 5층짜리 작은 아파트로, 합판으로 만든 공동화장실 앞에 아침마다 줄을 서는 풍경이 벌어지던 곳이었다. 조그마한 방이 두 개였던 우리 집은 늘 사람들로 북적거렸다. 부모님과 우리 5형제, 그리고 부여에서 올라온 친가와 외가의 사촌들이 함께 기거했기 때문이다. 어느 해 여름에는 폭우로 산사태가 발생해 사람이 죽기도 했다.

이어 우리 가족은 무악재를 넘어 홍제동의 허름한 주택으로 이사를 했다. 드디어 셋방살이에서 벗어나 집주인으로 남에게 세를 주며 살게 되었다. 어머니는 오랜 세월 남의 집 셋방살이를 하셔서인지 세를 얻어 사는 젊은 부부를 많이 챙기셨는데 나중에 집을 구해 이사를 간 뒤에도 그들이 어머니를 찾곤 했던 것으로 보아 정이 많이 들었던 모양이다.

그 시절부터 대한민국 가장들의 '내집 마련' 욕구는 유전자와도 같이 몸속 깊이 각인되어 온 것 같다. 부모 세대의 '내집'에 대한 욕구가 워낙 강하다 보니 그것이 그 자식들에게까지 대물림되는 것은 아닐까 하는 생각이 들 정도다. 하지만 당시의 집은 투기의 대상이 아니었던 것 같다. 물론 그때도 투기세력이 없었던 것은 아니지만 대부분의 사람들이 안정적인 삶을 영위하기 위한 보금자리로서의 집을 원한 것이지, 지금처럼 무지막지한 재산증식의 수단과 빈부의 척도로 삼지는 않았다.

필자는 재벌계열의 건설회사에 입사하여 약 20년을 근무했다. 입사 초부터 중동의 건설현장에서 유럽인 기술자들과 근무하다 총괄책임자의 눈에 띄어 핵심부서에 배치되었다. 총괄기획업무를 배우면서 전체를 보는 눈을 가지게 되었다. 비교적 우수한 인력으로 구성된 조직 속에서 패기와 열정으로 업무를 익혔고 상당한 보람도 느꼈다. 국내에서는 2년 정도 미군과 공사를 한 적도 있다. 그들과는 최소한 대등한 관계에서 일을 했고 부패와 비리가 없었다. 서로를 존중했고 원칙대로 튼튼한 물건을 만들었다.

대한민국 국민인 필자도 '내집'을 갖는 과정에서 우여곡절을 겪었다. 1986년 결혼한 뒤 부모님을 모시고 서울 은평구 신사동의 작은 주택에서 신혼살림을 시작했다. 그러던 중 회사에서 미분양 아파트를 할인해 판다고 해서 그간 모은 돈으로 미분양 아파트를 구입했다. 인천 주안이어서 회사와는 거리가 멀었지만 회사에서 운행하는 통근버스를 믿고 산 아파트였다.

본사는 강남구 삼성동이었다. 퇴근버스를 놓치는 날이면 퇴근길이 너무 멀고도 힘들었다. 다시 직장과 가까운 서울로 이사하기로 결심했다. 그러나 1988~89년에도 인천의 아파트를 팔아 강남지역에 아파트를 살 수는 없었다. 또 주택을 구입하기 위해 월급쟁이가 은행융자를 받기도 매우 까다로웠다. 1989년 집값이 치솟고 전세가격이 뛰던 그 시절 필자는 아내와 상의한 끝에 인천의 아파트를 팔고 직장과 가까운 곳인 잠실의 저층 15평형 아파트에 세를 얻는 것에 만족했다.

88서울올림픽이 끝난 이듬해인 1989년부터 서울지역, 특히 강남권과 수도권의 아파트가격은 비교할 수 없을 정도로 벌어지기 시작했다. 직장에서든, 가정에서든 주택가격폭등은 심각한 화제였고, 교통 좋은 강남권 아파트를 사서 재미를 본 직원이 선망의 대상이 되기도 했다. 서울의 주택가격과 전세값 폭등을 비관하여 일가족이 자살하는 사건도 속출했다. 이 무렵 창립한 경제정의실천시민연합(이하 경실련)에서 활동하던 지인이 주택문제의 해법을 물어왔을 때, 나는 단순하게 "주택이 부족해서 생긴 문제이니 싼값에 공급을 대량으로 늘리면 되는 것 아니겠느냐"라고 말했다. 깊은 식견이 있었던 것은 아니었지만, 필자의 생각과 건설업계에서의 경험을 통해 현실에서 체감한 점을 토대로 한 얘기였다. 주택보급량이 부족했던 시절이었기에 지금 생각해봐도 과히 틀린 해법은 아니지 않았나 싶다. 실제로 정부는 주택 200만 호 건설과 토지공개념 등 각종 대책을 발표하여, 집값을 일단 잡았기 때문이다.

그후 필자는 잠실에 한 아파트를 구입해 지금까지 10년 간 살고 있다.

그런데 15여 년 만에 집값폭등으로 또다시 대한민국에 문제가 발생했다. 그저 직장과 가까운 곳에 집을 마련했던 것뿐인데, 이유도 모른 채 집값은 불과 3~4년 만에 두 배 이상이 뛰어올랐다.

월급쟁이로 생활하며 20년 가량 모은 돈보다 지난 3년 동안 아파트값이 올라 번 돈이 더 많다니 말이 되는가? 20년 동안 '땀 흘려 일한 노동의 가치'가 이렇게 하찮다는 말인가. 이런 상황에서 누가 땀 흘려 일하고, 기업을 운영하겠는가. 이런 상황을 더 이상 방치해서는 안 되겠다는 생각이 들었다.

정책관료들과 정치인들, 우리 사회 지식인들이 집값을 잡고 중장기적으로 제대로 된 도시 및 공공시설, 주택정책을 도입하기를 기대했지만 현실적으로 불가능해 보였다. 그들은 수십 년 동안 개발지상주의정책에 젖은 채, 국민보다는 주택공급자인 건설업자들의 이해를 대변하고 주택이나 부동산투기세력을 비호하고 있기 때문이다. 나는 이들이 "자신들의 재능을, 일부 가진 자들을 위해 사용하기를 주저하지 않으며, 부도덕하기까지 하다"는 사실을 최근 보다 정확히 알게 되었다.

지금의 집값폭등현상은 1989년과는 양상이 매우 다르다. 당시는 가계소득이 증가하여, 급증한 주택수요에 비해 공급되는 주택이 턱없이 부족해서 발생한 현상이었으므로 정부와 정치권의 강력한 의지만으로도 집값은 안정을 찾을 수 있었다. 5대 신도시를 건설하고 주택 200만 호를 대량공급하면서 집값을 주변시세의 60%선에서 대량공급하자 3~4년 만에 집값이 20% 가까이 떨어지면서 무주택서민들도 집을 얻을 기회를 얻게 되었다. 분양가 규제로 인해 선분양 새 아파트의 공급가격이 주변가격보다 낮았기 때문에 가능했던 일이다.

하지만 지금은 어떤가? 2000년부터 시작된 집값폭등세는 지난 5년 동안 멈출 줄을 모른다. 2004년 하반기에 잠깐 주춤했던 집값은 2005년 들어 '판교발 집값폭등'으로 다시 이어지고 있다. 대통령은 '부동산투기와의 전쟁'까지 선포했지만 실제 정책을 담당하는 관료와 정치권은 건설업계의 이해를 반영한 정책으로 대통령과 국민을 속이고 있다. 정책만 기만적인 게 아니라, 현실까지 왜곡하고 있다. 10여 년 전과 달리 가수요 또는 투기수요가 가세한 상황을 실수요인 것처럼 왜곡하고 있고, 일부 언론이 이에 맞장구치고 있다. 현실과 실거래현상을 제대로 반영하지 못하는 엉터리 통계수치를 상부에 보고한 탓에 총리가 "전국의 집값이 2%밖에 안 올랐다"는 발언을 하기도 했다.

현실이 이런데도 제대로 문제를 짚고 종합적인 해법을 제시하는 전문가들은 많지 않다. 1999년 아파트 분양가가 자율화된 이후 2000년부터 아파트가격은 폭등하기 시작했다. 선분양특혜, 분양가 자율화, 공공택지 공급방식의 여러 문제, 그리고 강남 신도시를 30년 만에 부수고 재건축·재개발하는 문제 등에 대해서는 누구도 문제를 제기하지 않았다.

건설업계에 몸담아봤던 필자는 우리 주택의 수명과 질이 선진국에 비해 턱없이 떨어지는 이유를 알고 있다. 소비자들이 공급자 중심의 선분양 특혜 아래에서 짓지도 않은 아파트를 분양받기 위해 줄을 서는 광경, 정치권과 관료, 그리고 소위 전문가들이 문제를 제대로 지적하고 대안을 제시하기는커녕 오히려 공급자만을 일방적으로 두둔하고, 투기를 조장하거나 사태의 본질을 왜곡하는 행태 등을 지켜보면서 너무 안타까웠다.

특히 2003년 3월 소비자 중심의 주택공급정책인 후분양제를 도입하라는 대통령의 지시를 받고도 이를 따르지 않는 관료들의 태도는 또 한 번 충격 그 자체였다.

필자는 평범한 시민일 뿐이다. 건설업계에서 겪은 국내외 경험을 바탕으로, 1995년 삼풍백화점 붕괴사건 이후에도 전혀 개선되지 않는 고비용 저효율의 건설, 주택, 도시 등 국책사업의 문제를 해결하는 데 뭔가 보탬이 되는 일을 해야겠다고 결심했다. 지난 반세기 동안의 건설부패와 부실이 어느 정도인지, 그리고 건설에 종사하는 수십만 명의 기술자와 200만 명의 건설인력이 극소수의 '개발 5적' 들에게 어떻게 이용되어 왔는지를 밝히고자 한다. 또한 주택소비자를 '봉' 으로 알고, 국민의 혈세를 '임자 없는 돈' 이라 여기는 개발 5적의 행태를 널리 세상에 알려야 한다는 생각을 갖게 됐다. 이 책도 이 같은 취지에서 시작됐음은 물론이다.

여기에서는 후진적이고 왜곡된 건설산업과 이를 기반으로 성장해온 '개발 5적(건설족)' 이라는 기득권 구조가 국민과 우리국토에 끼치는 폐해에 관해 말하고자 했다.

국내 건설산업은 1970년대 개발경제시대에 형성된 구시대적 제도와 관행이 일본식으로 지속되는 대표적인 산업이다. 관 주도의 경제체제에서 외형적 성장, 물량적 성장 모델의 중추 역할을 했던 것이 바로 건설산업이다. 박정희 정권이 경부고속도로, 강남개발 등을 통해 경제개발을 추진해왔고, 한국의 대표적 재벌 대부분이 건설사를 모태로 성장했던 점에 비춰봐도 이는 쉽게 알 수 있다. 그런데 정경유착, 부정부패, 관치경제의 온상이었던 건설의 구태는 시대가 바뀐 오늘날에도 크게 바뀌지 않고 우리 국민과 미래세대에까지 엄청난 폐해를 끼치고 있다.

이 같은 폐해 중 대표적인 것이 엄청난 예산낭비와 국민주거부담, 그리고 각종 부패와 부실한 사회기반시설이다. 매년 정부 및 공공기관이 발주하는 각종 공공건설사업의 예산 50조 원(민자사업 포함 70조 원) 가운데 30~40% 가량이 재벌과 대기업의 배를 불리는 데 쓰이고 있다. 반면 대부분의 중소하청기업들은 심각한 경영난에 허덕이고 이들 기업에 있는 근로자들은 '현대판 노예'처럼 살고 있다. 대기업과 중소기업 간 양극화 문제를 극명하게 보여주는 게 바로 건설산업이기도 하다.

매년 100조 원 가량의 건축공사가 이뤄지는 민간시장에서도 엄청난 거품이 형성돼 있다. 주택(아파트)의 경우 선분양특혜와 공공택지 독점 분양권, 공공택지 헐값공급특혜도 모자라 분양가마저 자율화되어 2000년 이후 2005년 초까지 주택가격만 500조 원 가량 상승했다. 국민들이 아파트값 거품으로 고통을 겪는 근저에는 구시대적인 건설산업이 자리잡고 있다. 이렇게 재벌과 대형건설업체들이 공공과 민간 영역에서 취한 폭리는, 사실은 중소기업과 노동자, 그리고 선량한 국민의 호주머니를 털어 긁어모은 것이라는 점에서 부도덕하기 그지없다. 아파트값의 급등, 빈부격차의 심화, 양극화 현상 등 심각한 사회문제가 모두 연결되어 있는 것이다.

두 번째로 건설산업은 각종 부정부패의 온상이다. 앞서 말한 대로 엄청난 이권이 생겨나다 보니 정부관리나 정치인들을 향한 로비 공세가 쉴새없이 벌어진다. 그 실체가 모두 드러나지는 않았지만 매년 수십조 원이 넘는 돈이 비자금 조성에 사용되거나 뇌물과 향응, 접대 등을 위해 뿌려진다. 지난 10년 간 국내 부패사건의 55% 가량이 건설과 관련된 것이었다. 이 같은 양상은 최근 청계천 재개발과 서울시내 재개발조합과 강남 재건축조합 등의 비리에서도 드러나고 있다.

이 밖에도 시대착오적인 건설산업과 이를 떠받치는 기득권 구조는 국가경쟁력 향상의 발목을 잡아 한국이 선진경제로 진입하는 데 걸림돌로 작용하고 있다. 사회 전체의 고비용 저효율 구조가 확대 재생산되고 있는 것이다. 낙후된 건설산업이 사회인프라비용과 유지비용을 높여 국가 전체의 경쟁력을 떨어뜨리고 사회적 재원을 고갈시키기 때문이다. 또한 이공계 위기, 고용창출, 환경파괴, 자원낭비, 공동체 해체, 문화파괴, 삶의 질 저하 등 무수한 문제점을 배태하는 진원지이기도 하다.

이처럼 각종 '망국병'의 온상인 건설산업과 잘못된 부동산정책의 문제점이 일반에 제대로 알려지지 않은 이유는 양심적인 전문가가 드물기 때문이기도 하다. 하지만 무엇보다 큰 원인은 건설산업을 중심으로 형성된 강고한 기득권 구조 때문이라고 할 수 있다. 필자는 이를 김지하 시인의 '오적'에 빗대 '개발 5적'이라고 부르는데, 일본의 '건설족'이나 '토건족'에 대응하는 말이기도 하다.

개발 5적은 1)재벌로 성장한 대형업체를 중심으로 한 건설업계, 2)국민의 요구보다 업계의 이해를 대변하는 건설교통부(이하 건교부)와 재정경제부(이하 재경부) 중심의 관료, 3)재벌과 건설업계의 뒤를 봐주면서 '검은 돈'을 챙기고 지역개발사업에 개입하는 정치인, 4)독자의 알 권리보다 재벌과 건설업체 광고매출에 신경 쓰는 일부 언론, 5)업계와 관료들로부터 각종 용역을 받아 기생하는 관련 연구인력 등을 말한다. 따라서 이 책은 이 개발 5적의 구조를 해부하는 데 상당 부분 공을 들였다.

도시와 주택은 우리만의 것이 아니다. 우리 조상들은 반만 년 동안 이 땅을 잘 보전해주셨다. 그런데 우리는 50년 만에 반만 년을 보전해온 국토를 개발의 논리로 훼손했다. 이제라도 살맛나는 도시와 살고 싶은 주택을 건설하고 지속·발전시키도록 노력해야 한다. 공공 부문은 지속적인 공영개발을 통한 공공보유주택을 확보하는 데 주력하고, 민간 분야는 소비자 중심의 주택정책으로 전환해 부풀 대로 부풀어오른 집값 거품을 빼기 시작해야 한다. 이것이 보다 질 좋은 주택을 싼값에 건설하는 방법으로 가는 첫걸음이다. 주택의 질과 수명을 획기적으로 개선하고 가격은 절반으로 낮출 방법은 얼마든지 있다. 우리 사회의 주택과 도시 문제, 환경 문제, 부패 문제, 기술개발과 이공계 문제의 해법으로 우리는 이것을 선택해야 한다.

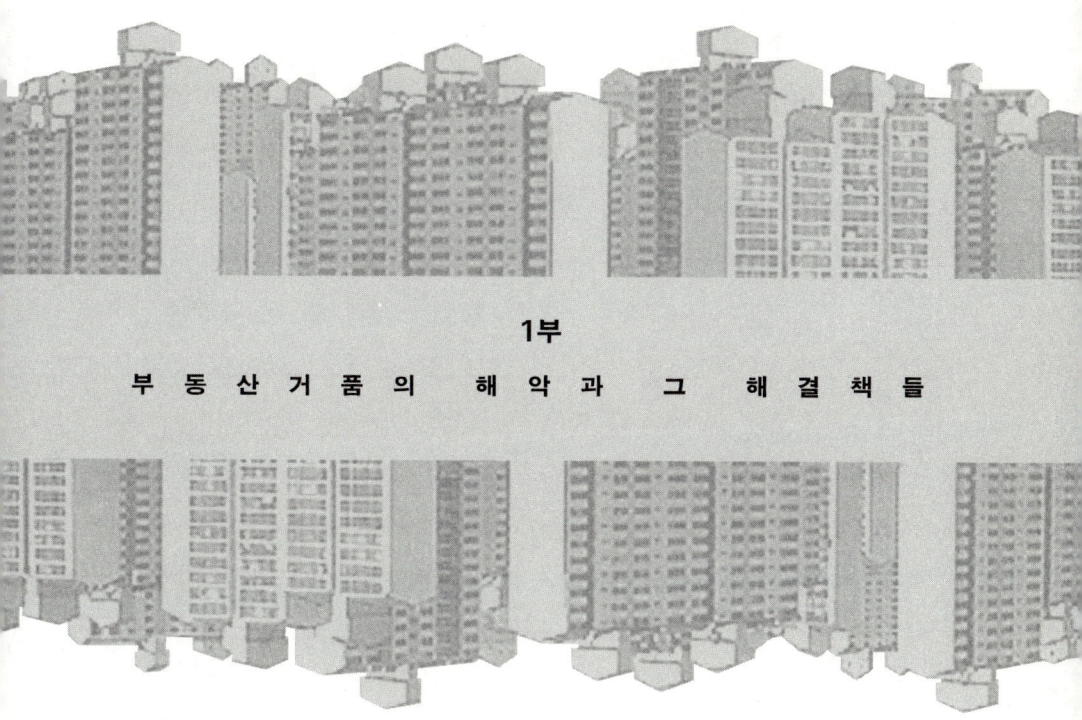

1부

부 동 산 거 품 의 해 악 과 그 해 결 책 들

1 부동산거품의 실태

[1. 대한민국의 돈은 땅에서 나온다]

서울 강서구 방화동에 사는 신모 씨. 신씨는 아파트 때문에 한이 맺힌 사람이다. 서울 강동구 일대에서 주로 살았던 그는 당시 함께 자랐던 친구들을 만나기가 껄끄럽다. 사연은 이렇다. 1990년대 후반까지 그의 가족이 살던 강동구 암사동 강동아파트는 11~18평짜리 소형 서민아파트 단지로 11평짜리가 5,000여만 원에 불과했다. 서민아파트 단지이다 보니 주민들의 형편도 고만고만했다.

하지만 신씨 가족이 내린 단 한 번의 선택이, 이후 그와 그의 친구들의 삶을 갈라놓았다. 1999년경 신씨 가족은 당시 시세 5,000만 원이던 아파트를 팔고 열심히 저축한 돈 5,000만 원을 보태 강동구 명일동의 삼익아파트로 옮겨갔다. 20평짜리 아파트로 늘려가 가족들은 모두 한동안 행복감에 젖기도 했다. "우리도 이런 집에 한 번 살아보는구나" 하고 감격할 정도였다는 것이다. 하지만 그것도 잠시, 2001년부터 재개발, 재건축 붐이 불면서 강동아파트 18평짜리는 3억 원을 넘어섰다. 그곳에 머물러 살던 사람들은 가만히 앉아서 2억여 원을 간단히 벌었던 것이다.

이보다 좀더 거슬러올라가면 그가 느끼는 박탈감은 더 크다. 암사동 이전에 살았던 강동구 고덕동 주공아파트 13평은 1988년경에 겨우 3,000~4,000만 원에 불과했다. 그 아파트들이 지금은 4억 원을 넘어선다. 눈치 빠른 친구네는 한두 채를 더 사놓아 10억대 부자가 되기도 했다. 반면 계속 '잘못된 선택'만 한 60대의 신씨 부모님들은 여전히 노후를 걱정하는 형편이다. 이 문제로 심각한 불화를 겪은 것도 여러 차례다.

신씨는 "초등학교를 같이 다녔던 한 친구네는 집값이 올라 대학도 과외를 받으며 다닐 정도로 윤택해졌고, 외국 유학도 자비로 갔다 왔다"며 "심지어 집에서 사업 밑천까지 대줄 정도"라고 말했다. 비슷한 처지였던 친구네가 순전히 집 하나 때문에 '신분'이 달라졌다는 게 그의 생각이다.

그는 지금도 집 때문에 시달리고 있다. 2001년부터 집값이 천정부지로 오르자 결국 2003년 말, 뒤늦게 집장만에 나섰다. 지금 사는 방화동의 22평 아파트를 1억 6,000만 원에 산 것이다. 집을 살 때 주택담보대출을 받아 9,000만 원의 빚을 졌다. 그 동안 원금의 일부를 갚아 빚은 7,500만 원으로 줄어들었지만 여전히 매월 50여만 원은 은행이자로 고스란히 갖다 바치고 있는 셈이다. 더구나 한 시중은행에 다니던 아내가 휴직하고 난 뒤에는 살림살이가 더욱 빠듯해졌다. 그는 "한 달 50여만 원을 이자로 내다 보니 저축은커녕 외식 한 번 제대로 할 돈도 안 남는다"고 푸념했다. 집을 산 뒤 500만~1,000만 원 정도 집값이 소폭 오르기는 했지만 그 동안 은행이자와 취득세, 등록세 등을 감안하면 오히려 밑졌다는 게 그의 계산이다.

신씨의 사례는 2005년 현재 대한민국 평범한 직장인들의 생활상을 적나라하게 보여주는 한 단면이다. 그의 사례에서 볼 수 있는 것처럼 부동산투기는 경기침체와 사회양극화의 분명한 주범이다. 또 부동산투기는 기업가의 투자의욕과 경영의욕, 근로자의 근로의욕을 감퇴시켜 경제 전체의 경쟁력과 생산성을 떨어뜨리는 부작용을 낳고 있다. 부동산투기로 인한 부작용을 하나씩 따져보자.

한국은행 김태동 금융통화위원은 "잠재적으로는 부동산투기 문제가 카드빚 사태보다 더 걱정되는 분야"라며 "일본이 부동산거품 문제에 제대로 대처하지 못해 10년 이상을 허비했는데 우리는 부동산문제가 해결되지 않으면 선진국의 꿈을 버려야 할지도 모른다"고 문제의 심각성을 경고하고 있다.

이 같은 상황은 2004년 한국경제의 아이러니를 잘 설명해준다. 수출기업들은 2003년 대비 30% 이상 고성장했고, 경제 전체로도 4%대 후반의 괜찮은 GDP 성장률을 기록했다. 하지만 내수경기는 여전히 침체를 벗어나지 못했다. 물론 첨단기술산업 중심의 수출이 과거와 같은 내수진작효과를 내지 못하는 것도 한 원인이지만 부동산에 돈이 묶이는 바람에 내수침체가 더욱 악화됐음을 짐작하기는 어렵지 않다.

위에 든 신씨의 사례처럼 부동산가격 급등으로 인한 빈부격차도 날로 심각해지고 있다. 한 개인의 노력이나 재능과 상관 없이 단지 땅값, 집값 때문에 계층이 달라지는 일이 비일비재하게 벌어지고 있다.

실제로 중앙대 사회학과 신광영 교수가 2005년 펴낸 책 『한국의 계급과 불평등』에서 "주택가격이 비싼 지역에 고가의 아파트들이 건설되면서 한국사회의 독특한 계급 불평등이 더욱 가속화되고 있다"고 지적했다.

그가 2002년 시정개발연구원이 수집한 1,500개 표본자료를 토대로 분석한 결과에 따르면 서울을 5개 권역으로 나눴을 때 강남지역(강남, 서초, 송파, 강동구)의 소득(월 298만 원)은 평균(월 285만 원)보다 크게 높지 않았다. 하지만 주택을 포함한 부동산자산 규모는 훨씬 차이가 컸다. 강남지역의 가구당 평균 부동산재산 규모는 3억 1,412만 원으로 다른 지역보다 50~70% 가량 더 많은 부동산자산을 갖고 있는 것으로 나타났다. 강남지역 아파트 가격폭등이 본격화하기 이전인 2002년 자료이므로 2005년 시점에서는 부동산자산 규모의 차이는 더 벌어졌을 것이다.

신 교수는 "소득은 주로 직업을 통해 획득되지만 재산은 상속이나 증여를 통해 형성되는 경우가 많아 노력 없이도 세습을 통해 이루어질 수 있다"며 "이러한 재산은 개인의 노력에 따른 대가가 아니라 불로소득이라는 점에서 공평한 사회원리에 합당하지 않다"고 주장했다. 그는 또 "이런 점에서 재산 불평등은 소득 불평등보다 더 심각한 사회문제가 될 수 있다"고 덧붙였다.

월급은 비슷해도 부동산에 눈 밝은 사람이 돈 버는 사회

이 같은 불로소득에 의한 빈부격차 확대는 사회적 위화감을 급속도로 키우고 있다.

올해 나이 39세인 직장인 김모 씨는 30억대의 자산가로 변신했다. 독신으로 사는 그는 연봉 4,000만 원 정도를 받는 평범한 봉급생활자일 뿐, 사업을 했거나 부모로부터 재산을 많이 물려받은 것도 아니었다. 그가 돈을 번 비결은 이렇다.

경상도 시골 출신인 그는 대학을 졸업한 뒤 다니게 된 직장 근처인 서울 강남구 개포동에 15평짜리 전세를 살았다. 외환위기 이후인 1998년 무렵 재건축이 되면 집값이 오른다는 주위 사람의 말을 듣고 은행대출과 시골 부모님이 보태준 돈으로 전세로 살던 아파트를 샀다. 이후 아파트 가격이 오르자 그는 이 아파트를 담보로 돈을 더 빌려 근처의 재건축 아파트를 하나 더 샀다. 이런 식으로 계속 추가대출을 받아 주상복합아파트를 포함, 지난해까지 모두 5채의 아파트를 사 모았다. 2001년 이후에는 아파트 한 채에서만 5∼6억 원씩 뛰는 경우가 보통이었기에 그는 은행빚을 다 갚고도 30억여 원의 자산가가 되었다. 이 과정에서 낸 취득세와 등록세, 재산세 같은 것은 그가 번 돈에 비하면 '껌값'에 불과했다.

반면 강모 씨(42)는 집값 때문에 가슴에 피멍이 든 사람이다. 조그만 법무법인에 다니는 그는, 특수학교 교사로 있는 아내와 함께 맞벌이를 한다. 서울 강북구 우이동에서 강남 교대역 인근의 사무실로 출퇴근할 때마다 그는 심한 박탈감에 시달린다. 10여 년 살아온 20평짜리 빌라는 집값이 제자리걸음인 반면 강남의 집값은 하루가 다르게 뛰기 때문이다. 맞벌이를 하면서 매월 100여만 원씩 저축해왔지만 평수를 늘려 이사를 가는 일은 갈수록 힘들어지는 것 같다.

그는 "주변에서 아파트 사서 몇억씩 벌었다는 사람이 한둘이 아니다"라며 "맞벌이로 열심히 돈을 모았지만 오히려 더 가난해진 느낌"이라고 말했다. 그는 "능력이나 노력과 상관 없이 부동산에 눈 밝은 사람만이 돈 버는 사회이고, 정부는 이를 방치했다"며 "아파트로 돈 벌었다는 사람을 보면 뺨이라도 치고 싶은 심정"이라고 말했다.

이 밖에도 자원배분 왜곡으로 인한 생산성이 떨어지고 물가가 올라가고 경쟁력이 떨어지는 악순환도 계속되고 있다. 부동산투기가 일면 생산적인 영역에 투자될 돈이 부동산에 묶인다. 돌고 돌면서 설비투자와 고용창출 등 얼마든지 생산적으로 쓰일 수 있는 돈들이 부동산에 묶여버리는 것이다. 부동산투기로 인한 자원배분 왜곡은 여기에서 그치지 않는다. 정부의 각종 건설사업비용이 증가하고, 기업의 물류비용과 공장임대료가 뛰어오르는 등 연쇄적인 파급효과가 발생한다. 결국 이런 현상이 지속되면 기업 및 국가 전체의 경쟁력과 생산성이 떨어지게 된다. 부동산비용 때문에 기업의 R&D 지출 등이 위축돼 중장기적으로 기업과 국가 전체의 경쟁력이 떨어지는 것도 물론이다.

세계 최고 수준인 한국의 집값

한국의 집값은 지금 세계 최고 수준이다.《한국경제신문》이 2005년 3월 22일 보도한 내용에 따르면 서울의 집값과 사무실 임대료는 국민소득 3만 달러 이상인 영국 런던과 일본 도쿄 수준에 이르렀다. 예를 들어, 도심지 중상급 주택을 기준으로 할 때 서울의 집값은 7억 5,000만 원인데 비해 일본은 6~7억 원, 런던은 7억 원 가량이었다. 경제력은 이들보다 한참 처지는데 집값은 거의 같은 수준인 셈이다.

실제로 지금의 집값은 각종 투기수요 등으로 인해 평균 20% 이상, 강남의 경우는 40% 이상의 거품이 끼여 있다는 것이 정설이다. 일례로, 대신경제연구소가 2005년 2월에 발표한 자료에 따르면, 2004년 말 기준으로 서울의 아파트 가격 중 20% 정도가 거품이라고 한다. 김태동 위원은 이 같은 상황을 "장정이 져야 할 짐을 10대 청소년이 지고 가는 것"에 비유했다. 현재의 집값이 유지될 경우 국민들은 상당 기간 엄청난 경제적 부담을 안고 갈 수밖에 없다는 것이다.

따라서 경제활성화와 국가경쟁력을 회복하기 위해서라도 집값 거품은 반드시 걷어내야 한다. 물론 거품을 빼는 속도는 경제여건을 봐가며

조절할 수 있다. 경우에 따라서는 1년 정도의 단기간에 집값의 20%(강남 40%) 가량을 빼서 주택시장을 실수요시장으로 재편할 수도 있고, 갑작스러운 '거품 빼기'가 경제에 큰 충격을 준다고 판단된다면 3~5년 정도에 걸쳐서 서서히 거품을 제거할 수도 있을 것이다.

하지만 '개발 5적'들은 어떤가? 건설산업연구원(이하 건산연) 등 건설업계의 이해를 대변하는 연구기관에서는 "서울의 집값이 다른 나라에 비해 덜 올랐다"며 "시장원리에 맡기라"고 주문하기도 한다. 어찌 보면 집값이 더 올라도 괜찮다는 말처럼 들리기도 한다. 백보를 양보해 건설업체들의 이익단체와 관련이 있는 건산연이 건설업계의 이해를 대변하는 차원에서 이렇게 사태를 왜곡했다고 치자. 문제는 소위 국민을 위해 일해야 할 고위 관료들의 상황 인식이다. 집값 거품에 대한 비판여론이 비등한 2005년 6월 이후에는 숨을 죽이고 있지만, 불과 몇 달 전만 해도 기가 찬 내용을 스스럼없이 내놓았다.

예를 들면, 강동석 전 건교부 장관은 2005년 3월 7일 대통령이 참석한 가운데 열린 건교부 업무보고에서 "올해는 집값을 3% 범위 안에서 억제하겠다"고 밝혔다. 이는 거꾸로 말하면 집값이 3% 정도 오르는 것은 용인하겠다는 말이기도 하다. 특히 최근 몇 년 동안 서울과 수도권의 집값 상승률이 전국 평균보다 월등하게 높았던 점을 감안하면 이론적으로는 이들 지역의 집값 상승률을 10% 정도까지도 용인할 수 있다는 얘기였다. 그 때문이었을까? 실제로 판교발 집값폭등으로 강남과 분당, 용인 등지의 집값이 불과 몇 개월 만에 34조 원, 수십 %씩 폭등하는 현상이 발생했다. 그런데도 이해찬 국무총리는 건교부 등으로부터 보고받은 통계수치를 근거로 "강남과 서초 등 몇 군데 아파트 가격은 제로성장이나 하락추이를 보였다"고 국회에서 발언했다.

대부분의 국민들이 현재의 집값이 비정상적으로 높다고 판단하는데 정작 주무부처인 건교부나 재경부 등의 상황인식은 황당하기 그지없다. 기존의 통계를 기준으로 이런 인식을 하고 있다면 정말 큰 문제가 아닐 수 없다. 적절한 세금을 부과하는 데 필수적 제도인 실거래가 파악도 제대로 못 하는 정부가 집을 거래할 때 백이면 백 모두 낮춰서 신고하는 실태를 몰랐던 것일까?

건교부 등 정부당국은 이런 엉터리 통계를 기초로 지금의 집값을 정상이라고 보지 않는다면 도저히 할 수 없는 발언도 서슴지 않고 있다. "서울 강남 등 일부 지역의 국지적인 문제일 뿐이다", "부동산 보유세제 등이 제대로 가동되면 집값은 곧 잡힌다"는 등의 발언이 그것이다. 도대체 국민을 위한 정책을 고민하기나 하는 건지 의심스러운 일이다. 하루빨리 부동산거품을 해소해 가계와 기업이 정상적인 경제활동을 하게 하지 않으면 안 되는데도 정책당국의 상황 인식이나 실제 정책은 미봉책에 불과한 경우가 대부분이었다.

과거 버블경제시대 일본은 집값거품 등으로 인해 각종 물가까지 덩달아 올라 "나라는 잘사는데 국민은 가난한 나라"라는 불명예를 얻었다. 그런 일본도 지금은 우리보다 소득 대비 집값이 더 낮아졌다. 한국도 이대로 가면 '나라도 못 살고 국민도 가난한 한심한 나라'라는 손가락질을 당하기 십상이다.

부동산거품을 빼는 것은 한국경제를 위해서도 절대절명의 과제다. 부동산거품이 내수침체에 미치는 부정적 영향이 장기화돼 한국경제가 장기불황으로 빠져든다면 지금 부동산정책 당국자들과 정치인들은 책임을 면할 수 없을 것이다.

[2. 투기꾼은 일하지 않아도 늘 웃으며 산다]

국내 부동산 관련 실태를 한 번 살펴보자. 부동산 정보업체인 '부동산뱅크'의 자료에 따르면, 아파트 시가 총액은 2000년 12월 400조 원, 2003년 2월 724조 원에서 2005년 4월 현재 1,000조 원을 넘어섰다. 이는 같은 시기 상장사 시가총액(436조 원)의 2배가 넘고, 2005년 국가예산(194조 원)의 5배가 넘는 규모다. '부동산투기와의 전쟁'을 벌이고 있는 참여정부 들어서만도 276조 원이나 증가했다.

분양가는 또 어떤가? 건교부 자료에 따르면 서울시 동시분양가는 1998년 평당 543만 원에서 2003년 1,102만 원으로 두 배 이상 폭등했다. 부동산 정보업체들의 이후 조사자료에 따르면 2004년에는 평당 1,263만 원, 2005년에는 1,409만 원으로 뛰었다. 건교부 등에서는 집값 폭등이 일부 지역에 국한된 현상이라고 애써 외면하지만, 적어도 분양가만은 지방도 예외가 아니다. 부산, 울산, 대구, 대전 등 주요 도시의 분양가도 2005년 현재 700~1,000만 원 선을 육박하고 있다.

1998년 분양가 자율화 이후 부동산투기에 편승해 짓지도 않은 아파트의 분양가를 건설업체들이 터무니없이 높게 책정해 주변 집값을 끌어올리고, 주변 집값을 핑계로 다시 고분양가를 책정하는 '농간'을 부려왔음을 쉽게 짐작할 수 있다.

이처럼 부동산가격의 폭등으로 소수의 투기꾼이나 투자자들, 건설업주들은 제대로 세금도 내지 않고 배를 불린 반면, 대부분의 국민들은 허탈감과 박탈감에 시달리고 있음이 드러났다. 2005년 7월 정부가 잇따라 발표한 국내 부동산 보유실태자료가 이를 여실히 보여주고 있다. 이들

자료는 그 동안 정부가 부동산 투기잡기에 얼마나 소극적이었는지, 정부의 정책이 얼마나 주먹구구식이었는지도 여실히 보여준다. 두 가지 자료를 통해 2005년 현재 국내 부동산실태와 우리 정부당국의 정책의지를 가늠해보자.

공급 부족? 강남 아파트 5분의 3이 투기적 거래

우선, 7월 초에 발표된 국세청의 강남지역 아파트 거래실태 분석결과는 대충 짐작은 했지만 열심히 자신의 일에 충실했던 국민들에게는 허탈감을 줄 만큼 충격적이었다.

지난 5년 간 강남지역의 아파트값은 2.82배인 6억 8,800만 원이나 올랐는데 이들 아파트 취득자의 58.8%가 3주택 이상의 다주택 소유자로 나타났다. 강남 지역 9개 단지를 골라 벌인 표본조사지만 투기가 얼마나 극심한지 보여주기에는 충분했다. 이로써 강남권 아파트값 급등이 공급부족이 아니라 투기세력의 준동 때문이었음이 명확해졌다.

2000년 이후 5년 동안 250만 가구가 공급되는 등 역대 최대량의 주택이 공급되었다. 그러나 집값폭등 지역에서는 실수요자나 무주택 서민이 아니라 사실상 투기세력인 다주택 소유자들에게 공급물량의 대부분이 돌아갔음이 드러났다. 또한 전세금은 안정돼 있는데 집값만 하늘 높은 줄 모르고 치솟은 이유도 분명해졌다. 더구나, 중대형 평형일수록 투기수요가 몰려 집값이 더 올라가는 것도 분명해졌다. 결국은 공급부족 때문이 아니라 중대형 아파트의 투기적 기대이익이 높았기 때문에 집값이 뛰었던 것이다.

또한 이 조사결과에 따르면 지난 5년 간 강남지역의 집값이 2.8배나 올라 집 한 채당 6억 8,800만 원의 시세차익을 남긴 것으로 나타났다.

동일한 조건의 아파트를 세 채 가졌을 경우에는 한 가구당 20억 원이 넘는 투기적 수익을 얻은 것이다. 그러나 아직까지 이러한 불로소득에 대한 환수장치는 전무하다.

반면 분양가 자율화 이후 분양가가 2.6배나 폭등하면서 정상적인 월급으로는 집 한 채 마련하는 것이 불가능해져버린 무주택 서민들은 내 집 마련의 희망을 포기하고 허탈감에 빠져 있다. 이런 정책으로는 주택시장의 양극화 심화와 서민들의 박탈감을 해소할 수 없다. 따라서 부동산투기로 인한 불로소득을 환수하고 빈부격차를 해소하기 위한 대책을 정부와 정치권은 머리를 맞대고 조속하게 마련해야 한다. 만일 그렇지 못하면 무슨 일이 벌어질지 모른다.

먼저 개발부담금(개발이익금)환수제도를 즉각적으로 시행하여, 투기적 불로소득에 대해서는 철저하게 그 이익을 환수해야 한다.

이번 실태분석의 대상 중 상당수가 재건축 단지였다. 경실련이 2005년 강남의 5개 재건축단지의 개발이익을 분석한 결과, 1999년 이후 용적률 상향조정 등 정부정책의 특혜로 인해 6조 5,000억 원의 막대한 개발이익이 발생했다. 이 모든 이익을 재건축조합과 건설사들이 챙겼다. 반면 그만큼의 비용이 일반분양가로 전가돼 주변 집값을 끌어올리는 부작용을 초래했다. 토지와 주택에서 발생한 불로소득은 철저하게 환수되어야 하며, 이를 위해 개발이익환수에 관한 법률에 근거한 개발부담금을 부과하고, 재건축 등 각종 개발로 인한 개발이익을 철저히 환수해야 한다. 이것이 경제정의를 실현하는 정상적인 정책이다.

부동산정보를 축적하고도 공개하지 않는 정부

2005년 7월에 발표된 토지소유현황도 국민들에게는 상당한 충격이었다. 행자부 부동산 정보관리센터가 개인 소유 토지에 대한 전국 단위 거주지별, 연령대별 부동산(토지·건물) 소유현황을 분석한 결과, 2004년 말 현재, 상위 1%가 51.5%의 토지를 소유하고 있는 것으로 밝혀졌다. 서울 면적의 무려 48.7배이다. 상위 5%의 땅부자는 전체 사유지의 82.7%를 차지하고 있는 것으로 집계됐다. 이는 1989년 토지공개념위원회가 밝힌 65.2%보다 17.5%나 증가한 수치다. 부동산 부익부 빈익빈이 약 15년 동안 훨씬 더 심각해졌음을 단적으로 보여준다. 또한 우리 사회의 양극화가 토지와 주택의 소유 편중에서 시작되고 있음을 볼 수 있는 통계이다.

상위 5%가 토지의 82%를 소유할 정도로 소유구조가 왜곡됐다. 국내의 경우 국공유지가 30%이고, 사유지가 70%에 이른다. 미국처럼 땅덩이가 넓은 나라도 50%가 국공유지이고, 대부분의 선진국도 국공유지 비율이 50~70%에 이른다. 우리는 국공유지라고 해봐야 국립공원 등 개인이 사려 하지 않는 땅밖에 없다. 일제 때는 동양척식회사를 통해 대부분 국유화했던 땅이다. 해방 60년 만에 70%의 땅이 사유지로 다 바뀌었다. 최초로 토지보유실태를 발표했던 1986년에 상위 5%가 차지했던 면적이 62%였던 것이 82%로 늘어난 것만 보더라도 결국 토지공개념이 얼마나 필요한 조치인지를 알 수 있다.

그러면, 왜 소수의 부자들은 토지에 눈독을 들이는가?

첫째, 개발이익환수장치가 없다. 논밭 임야가 주택용지나 상업용지로 용도가 바뀌면 토지가격이 최소 20배에서 최고 500배까지 뛰는데 이에 대한 개발이익환수장치가 없다. 전 경제부총리가 가지고 있던 경기도 광주시 땅만 봐도 그렇다. 개발정보를 이용해 매입한 토지는 엄청난 이익이 보장된다. 그런 정보들을 가장 먼저 입수할 수 있는 곳은 정부관료들과, 이들과 직간접적으로 연결돼 있는 사람들이다.

판교나 행정중심도시 부지가 수용될 경우에도 보상가를 책정하는 기준은 정부가 발표하는 공시지가가 아니다. 공시지가보다 높은, 개발이익이 상당히 반영된 보상가로 해주는 것이 관행처럼 돼왔다. 이렇게 보상받은 사람들은 다시 그 돈으로 주변 토지를 구입하고, 취득세, 등록세 등 각종 세금이 면세 또는 감면되는 혜택을 누린다. 정부가 투기하라고 돈을 안겨주는 꼴이다. 또 투기꾼들이 사놓은 수도권 주변의 임야나 전답이 주택지나 공장부지로 전환돼 막대한 개발이익이 생겨도 개발이익이 환수되지 않는다.

두 번째, 임대소득에 대해서도 제대로 과세되지 않는다. 토지소유주들은 사놓은 땅이 개발돼 오르기 전까지 야적장이나 공장건물을 만들어 임대를 주므로 임대소득이 발생하는데 이것도 제대로 과세되지 않고 있다.

세 번째, 과세가 제대로 되지 않는다. 토지보유세의 기준이 되는 공시지가가 실제 가격의 30~40%밖에 안 된다. 보유세의 실효세율도 턱없이 낮다. 그러니 투기꾼들이 토지는 갖고 있으면 무조건 돈이 된다는 생각을 하게 되는 것이다. 국내에서 돈을 번 사람들은 대체로 토지와 주택을 통해 돈을 벌었고, 그 돈을 다시 토지에 투자한다. 주식투자를 했던 사람이나 은행예금자는 소득이 노출된다. 게다가 주식투자는 리스크도 크다. 하지만 토지는 '투자하면 돈이 된다'는 믿음을 깨뜨린 적이 없다. 토지로 얻는 불로소득이 엄청나도 과세가 이뤄지지 않는다는 것을 아는 투기꾼들이 다시 토지에 투자하는 것이다.

그러면 왜 상위 5%의 사람들에게 토지가 집중되어 있을까? 너무나 당연한 말이지만, 나머지 사람들에겐 토지에 투자할 여력이 없기 때문이다. 특히 돈을 많이 가진 소수 자본가들이 생산적인 곳에 투자하기보다 근로소득보다 월등한 소득이 보장되는 토지에 돈을 쏟아부었기에 집값, 땅값의 폭등현상이 나타난 것이다.

그런데 관료와 정치인들은 각종 개발정책과 인허가 권한을 이용해서 이 사람들의 토지가치가 높아지도록 개발을 허용 또는 조장해왔다. 토지를 그대로 보유하면서 농사를 짓던 사람들은 소득이 줄어들어도, 개발지역에 포함될 땅을 사놓은 사람들은 엄청나게 떼돈을 벌게 했다.

한편, 토지소유실태 공개와 관련해 드는 의문은 정부가 그 동안 이 같은 실태를 제대로 몰랐을까 하는 점이다. 이 같은 실태를 정말 몰랐다면, 그 동안의 부동산정책은 심하게 말해 '장님 코끼리 만지는' 수준으로 내놓은 정책이라고 할 수밖에 없다. 그런데 아무리 생각해봐도 그럴리는 없는 것 같다. 결국 이 같은 실태를 알고도 제대로 공개를 안 했거나, 정책의지가 없어서 조사를 제대로 하지 않았던 것으로 봐야 한다.

부동산 관련 정보공개는 국민들이 토지와 주택의 소유편중에 대한 경각심을 높이는 경제정의 지수로 활용될 수 있다. 또한, 이들 정보의 공개는 토지 및 주택정책에 대한 전문연구기관들의 자유로운 정책연구와 합리적 대안제시를 위해서도 필요한 조치다. 더구나 이는 빈부격차와 사회양극화의 정도를 측정하고 이를 해소하기 위한 대안마련의 핵심자료로 활용될 수 있기 때문에 반드시 공개되어야 한다. 이미 일제시대에도 토지소유통계를 수시로 공개하고 지주의 토지소유상황을 알려주는 다양한 자료들을 발간했는데 '전자정부'를 지향한다는 현 정부가 이를 공개하지 못할 이유가 없다. 그런데도 정부는 토지소유에 관한 정보를 공개하지 않고, 정책적 필요에 따라 부분적으로만 공개하고 있다. 이는 정부가 기본적으로 공개해야 할 정보를 자의적으로 통제하는 것으로 권

위주의적 행태라고 할 수밖에 없다.

경제정의를 바로세우기 위해서는 인간의 삶의 기본인 토지와 주택 소유의 편중구조를 바로잡아야 하고, 거래의 투명화와 이에 합당한 성실한 납세가 반드시 이루어져야 한다. 이러한 잘못된 구조를 바로잡지 않고서는 정부의 어떠한 정책도 정상적으로 작동하기 어렵다. 따라서, 이런 구조를 바로잡기 위해서도 토지 및 주택 등 부동산의 거래실태, 소유구조, 부동산과 관련된 납세현황 등에 대한 자료공개를 법제화해 모든 부동산 관련 자료가 상시적으로 투명하게 공개되어야 한다. 그래야 이에 근거한 적절한 세금을 물릴 수 있고, 올바른 주택정책도 추진할 수 있을 것이다.

위에서 언급한 두 가지 자료만 봐도 대한민국의 경제정의가 어떤 수준인지 짐작할 수 있을 것이다. 투기와 불로소득이 판치는 사회, 땀 흘려 일하지 않는 사람이 오히려 대접받는 사회가 됐음을 공식선언이라도 해야 할 판이다.

그런데 이 같은 왜곡구조를 바로잡아야 할 정부와 정치권은 대체 그동안 뭘 했단 말인가. 투기꾼들이 부동산투기를 통해 막대한 불로소득을 올리는 동안 이들에 대한 실태파악을 통한 과세기반조차 제대로 마련하지 않고 있었다. 특히 국세청 조사는 2000년 이후 집값이 폭등했고 투기를 통해 이미 상당수 투기꾼들이 불로소득을 얻은 뒤 이루어진 것임을 감안하면 이는 전형적인 '뒷북행정'이 아닐 수 없다. 이 같은 행정으로 그 동안 집값폭등과 투기를 막겠다고 했단 말인가.

공급자에게 일방적으로 유리한 아파트 공급시장

1 | 아파트를 짓기도 전에 분양해 토지비용과 시공비용을 소비자인 국민

들 돈으로 조달한 공급자는 리스크와 금융비용을 최소화할 수 있다.

2 | 주거생활안정을 위해 조성된 국민 소유의 공공택지를 독점적으로 공급 받아 그 자리에서 팔아넘기는 '땅장사'를 할 수 있다.

3 | 공공택지를 복권추첨방식에 의해 시세의 절반 정도에 분양받으므로 추첨에만 걸리면 앉은자리에서 최소 수백억 원을 챙길 수 있다.

4 | 형체도 없는 아파트의 분양가를 원가와 상관 없이 주변시세에 맞춰 자율적으로(마음대로) 정함으로써 수익을 극대화할 수 있다.

아파트라는 최고가 주문상품의 공급자인 건설업체들이 현행제도 아래서 할 수 있는 세계 최고의 특혜들이다. 이에 반해 소비자인 일반 국민들이 아파트 시장에서 가지는 위치를 살펴보자.

1 | 짓지도 않은 아파트를 브로셔나 겉만 번지르르한 모델하우스만 보고 판단해야 한다. 그나마 실제 완공된 아파트는 브로셔나 모델하우스의 모습과도 많이 다르다. 그래도 하소연할 곳이 없다.

2 | 내집을 갖기 위해 분양권 딱지 하나에 평균 2~3년씩 수억 원을 묶어두어야 한다. 이 과정에서 빚을 질 경우 이자도 내야 한다.

3 | 주거생활안정을 위해 농민들이 농사를 짓던 땅을 수용해 마련된 공공택지는 공기업과 건설업체들의 폭리를 취하는 수단일 뿐, 국민에게 돌아오는 혜택은 전혀 없다. 아파트값은 매년 올라 '내집 마련의 꿈'만 갈수록 멀어진다.

4 | 아파트값이 계속 뜀박질하면 조급해진 서민들까지도 무리하게 빚을 내서 아파트를 살 수밖에 없다. 아파트의 질이나 가격보다는 향후 집값이 얼마나 오를지에만 신경을 곤두세워야 한다.

5| 무리하게 은행빚까지 얻어 완성되지도 않은 아파트를 샀다가 값이라
도 내리면 은행빚 때문에 생활비마저 아껴야 하는 이중고를 겪는다.

    아파트 시장에서 공급자인 건설업체와 소비자인 국민이 가진 위치는
이처럼 극명하게 대비된다. 한마디로 철저히 공급자 위주의 시장인 것
이다. 이런 식으로 수십 년이 흘러왔다. 특히 개발지상주의시대를 거치
며 건설업체들은 각 재벌기업의 모태가 됐고 각종 정경유착과 부패의
온상이 되기도 했다. 정부는 내수의 17~18% 가량을 차지하는 건설업
을 통해 경기를 조절하느라 온갖 제도적 특혜로 이들 공급자를 뒷받침
해왔다. 각종 택지개발지구를 지정하고 건설사업을 벌일 때마다 주변
일대가 투기지역으로 변하는 '투기공화국'이 되어왔다.

    이런 과정에서 주택정책의 주무부서인 건교부와 재경부는 건설업계
의 '포로'가 돼 항상 국민보다는 공급자에게 유리한 정책을 지속적으로
발굴하여 유지해왔다. 외환위기 이후에는 기존 건설업계의 특혜구조는
그대로 유지한 채 '규제개혁', '기업하기 좋은 환경 마련' 등의 구호 아
래 공급자에게 유리한 규제완화작업만 계속해 건설업계의 폭리를 더욱
철저하게 보장했다. 시장의 기능을 활성화한다는 명분 아래 후분양제
도입을 전제로 공급자에게 유리한 분양가 자율화는 재빠르게 도입해놓
고도 소비자들을 보호하기 위한 후분양제는 사실상 미루고 있는 게 대
표적 사례다.

    그러니 주택시장에서 공급자의 힘은 엄청나게 커지고 소비자인 국민
의 위치는 초라해질 수밖에 없다. 공정한 시장의 룰이 작동할 여지가 없
었고, 이 때문에 아파트 공급시장은 시장원리가 제대로 작동하지 않는
공급자 주도의 '투기판'으로 변질되어 버렸다.

이처럼 정상적인 시장과는 거리가 먼 주택시장의 공정한 룰을 회복하기 위한 조치에 건교부와 재경부 관료들, 그리고 정치권은 너무나 소극적이다. 아니, 소극적이라는 표현은 정확하지 않다. 그보다는 오히려 소비자의 지위를 약화시켜 공급자인 건설업계의 배만 불리는 데 혈안이 된 것처럼 보인다. 경실련이 2004년 아파트 분양원가 공개운동을 벌인 것도 기본적으로는 공급자에게만 일방적으로 유리하게 되어 있는 주택시장에서 소비자인 국민에게 최소한의 정보를 제공하고 소비자 중심의 주택정책을 도입하라는 취지였다.

그렇다면 국민을 건설업계의 '봉' 노릇만 하게 해 공급자 위주의 주택시장을 만드는 제도에는 어떤 게 있을까.

1 | **선분양特惠 _** 선분양제는 1977년 아파트 분양가를 정부가 규제하는 것을 전제로, 주택건설업체의 채산성 악화를 우려한 정부가 업체들에게 소비자로부터 직접 무이자로 주택건설자금을 조달하도록 하기 위해 만든 제도다. 그런데 선분양제 도입의 전제가 된 아파트 분양가 규제는 1998년부터 완전히 폐지됐지만 선분양제도는 계속돼 건설업체에 막대한 이익을 안겨주고 있다. 선분양제의 문제점은 그 동안 숱하게 지적됐다.

우선 선분양特惠제도 아래에서는 소비자가 분양계약 후 입주까지의 모든 진행과정을 공급자 결정에 따를 수밖에 없다. 소비자가 각종 피해보상을 받는 등 소비자의 권리를 행사하기도 매우 어렵다. 선분양제로 인해 주택건설회사 전체로는 수조 원의 이자소득을 얻는 반면 소비자는 그만큼의 이자비용을 전담해야 한다. 또 아파트 분양과 입주시점 사이에 3년 가량의 시차가 발생하므로 주택시장의 구조적인 수급 불균형을 초래, 주기적인 주택경기과열과 침체를 불러오고 있다. 이러한 선분양제가 공급자인 건설업체에 절대적으로 유리한 제도임은 말할 필요도 없다.

이 때문에 선분양제 대신 후분양제를 도입하자는 논의가 불거질 때마다 건설업체들은 "후분양을 하면 금융비용 때문에 건설사들이 모두 망한다", "주택공급물량이 줄어 결국 아파트 가격이 올라간다"는 논리를 주장하며 반발해왔다. (현 정부 들어 노 대통령 지시로 마련한 건교부의 '후분양제 활성화 방안'도 업계의 반발 때문에 잘 뜯어보면 '후분양제 미루기 방안'에 가깝다.)

물론 후분양제를 실시하면 단기적으로는 주택공급이 줄어들 수도 있다. 그러나 장기적으로는 자금조달 여력이 있는 우량업체를 중심으로 주택산업이 재편될 것이다. 부실한 업체가 퇴출되어 줄어드는 아파트 공급물량도 그다지 많지 않을 것이다. 공기업인 주공이나 도시개발공사와 대형주택건설업체들의 대다수는 아파트를 계속 지을 수 있다. 다만 자기 자본 없이 브로커 역할을 하며 '땅장사'나 하던 '페이퍼 컴퍼니(Paper Company)'들과 정상적인 시장에서라면 퇴출될 수밖에 없는 재무구조와 신용이 부실한 업체들은 타격을 입을 것이다. 모두 그런 것은 아니지만 이들 기업들의 상당수는 주택시장이 정상적으로 작동하고 있었다면 존재할 수 없었던 회사들일 것이다.

2 | 분양가 담합을 유도 또는 방조하는 관(官) _ 분양가 자율화는 제대로만 작동한다면 시장의 건전화에 도움이 되는 시장친화적 제도다. 정부가 직간접적으로 규제하던 분양가를 시장자율에 맡김으로써 소비자에게 양질의 아파트를 완공 후 공급하도록 도입한 제도이기 때문

이다.

하지만 현실은 그렇지 않다. 후분양이라는 제도를 도입하지 않은 채 절름발이식으로 도입하는 바람에 분양가 자율화는 투기수요에 편승해 건설업체들의 폭리를 보장해주는 제도로 변질되고 말았다. 투기수요로 인해 아무리 높은 값을 불러도 모두 분양이 되니 굳이 싸게 공급하거나, 고품질을 유지할 필요가 없기 때문이다. 분양가 자율화로 기대됐던 업체간의 가격 및 품질 경쟁의 효과는 나타나지 않고 있다. 오히려 선분양하는 업체간 분양가 담합 등을 통해 업체들이 최고 이익을 남기는 분양가를 책정하는 일이 다반사였다. 분양가 자율화 이후, 지역에 따라 조금씩 다르긴 하지만, 수도권의 아파트 분양가가 이전보다 2~3배 이상 오른 현상이 이를 잘 보여준다.

택지지구 내 업체간 분양가가 큰 차이가 없는 것도 이 같은 이유다. 실례로 2004년 5월 11일 용인 동백, 죽전지구에서 11개 건설업체가 분양가를 담합한 사실이 공정거래위원회에 적발돼 모두 253억 원의 과징금을 부과받았고, 2005년에는 검찰에 의해 기소되기도 했다. 건설업체의 분양가 담합사실이 적발된 것은 처음이지만 분양가 담합은 그 동안 건설업계의 공공연한 비밀이었다. 공공택지개발지구 참여업체들은 시행사─시공사 협의회를 운영해 분양가를 맞추고, 해당 지자체가 업무 편의를 위해 이 같은 '관행'을 장려하기도 한다. 한 전직 건설업체 관계자는 "담합의혹을 피하기 위해 조금씩 다르게는 하지만 사실상 택지개발지구에서는 거의 100% 담합이 이루어진다고 보면 된다"고 말했을 정도다.

택지지구뿐만이 아니다. 서울시 동시분양 아파트의 경우에도 가격담합이 성행한다. 경실련이 조사한 바에 의하면 2004년 같은 시기, 같은 지역에서 동시분양한 아파트 75개 단지는 평당 분양가를 거의 비슷한 수준에서 책정했다. 이는 주택업체들이 동시분양제도를 가격담합의 틀로 사용하고 있음을 여실히 보여주고 있다.

3 | 최고가 상품인 주택, 소비자 정보는 최소 _ 주택에 대한 소비자 정보가 터무니없이 제한되어 있는 것도 문제다. 선분양제다 보니 아파트가 완공된 상태에서 직접 보고 고르는 것도 아니다. 공정거래위원회(이하 공정위)의 '표시 및 광고의 공정화에 관한 법률' 및 지침에는 분양계약서에 택지비와 건물비를 구분해서 구체적으로 표시하게 돼 있다. 하지만 주택업체들은 공급가 총액만 표시하고 있다. 이렇게 규칙과 다르게 표시를 해도 인허가 관청이나 공정위에서 아무런 제재를 가하지 않는다. 주택업체가 터무니없이 분양가를 높게 산정해도 일반 소비자 입장에서는 가격 대비 주택품질을 검증할 기회가 없는 셈이다. 이 같은 사실이 명확히 드러난 것이 2004년 6월 경실련이 밝힌 서울시 동시분양 아파트 허위신고 실태다. 경실련 조사에 따르면, 사업시행자가 감리자 지정 단계(평당 426만 원)와 분양공고 단계(622만 원)에서 스스로 인허가 관청에 신고한 건축비가 평당 200만 원 가까이 차이가 났다. 이는 사업시행자가 자신들이 지불해야 하는 감리비용을 책정할 때는 상대적으로 건축비를 낮추고, 아파트를 분양하는 단계에서는 건축비를 부풀리는 수법을 쓴 것이다. 또한 이 건축비는 매년 건교부가 발표하는 당시 표준건축비 최고액 310만 원(건축비 250만 원+기타비용 60만 원)보다도 각각 116만 원, 312만 원이 더 높은 수준이었다. 택지비는 토공이 공급한 가격이 있어 쉽게 드러나니 건축비를 잔뜩 부풀린 셈이다.

공정위 지침에 따라 택지비와 건축비를 구분해 표시하고, 이를 분양 계약서에 첨부하게 하면 이 같은 허위신고를 차단하고 분양가 부풀리기를 막을 수 있는 장치가 된다. 그런데 그걸 막을 장치도 없는 데다 허위 신고 여부를 따져야 하는 해당 지자체는 오히려 이를 묵인하고 있었던 것이다.

이처럼 최소한의 소비자 정보도 제공되지 않기 때문에 주택업체들이 모델하우스에서 선보였던 고급 가구나 마감재와는 전혀 다른 저급품으로 바꿔치기하는 '강심장'을 가질 수 있는 것이다. 이렇게 해도 계약서상에 이에 관한 구체적 내역을 표시한 자료가 전혀 없기 때문에 소비자 입장에서는 리콜을 요구하거나 부당이득 반환청구소송을 할 수도 없다. 사실 바꿔치기했다는 사실을 일반 소비자들이 알기도 어렵다. 이러니 주택업체들이 '가구 바꿔치기', '내장재 바꿔치기' 등으로 폭리를 취하는 데 혈안이 되는 것이다. 각종 제품에 대해 소비자 정보가 넘쳐나고 각종 소비자 보호기관이 존재하는 마당에, 유독 최고가 주문상품인 주택에 대해서는 이런 정보도 제공하지 않고, 소비자 보호기관이 없는 것이 우리의 현실이다.

4| 제조물책임법 대상 제외 _ 제조자나 판매자가 판 물건에 하자 등이 발생해 피해를 입었을 경우 소비자에게 배상하게 하는 제조물책임법 (PL법) 적용대상에서도 주택은 제외되어 있다. PL법 도입 당시, 건축물은 제조물이 아니라 부동산이라고 주장하는 업계의 로비가 통했기 때문일 것이다. 선진 외국에서는 건축물에도 PL법을 적용하는 경우가 많다. PL법 적용대상이 되지 않기 때문에 업체들은 부실 아파트를 지어 판매한 후 나중에 하자가 생겨도 제대로 책임을 지지 않는

다. 선분양구조인데다 분양 후에는 아파트 하자 등에 대한 책임이 매우 적기 때문에 아파트 품질을 높일 유인이 거의 없는 셈이다.

5 | 하도급에 의한 시공 _ 건설업체들의 직접 시공을 의무화하지 않는 제도도 공급자인 주택건설업체들의 배를 불리는 제도다. 서울시내 요지마다 삼성, GS, 현대, 대우 등 재벌 건설사들의 이름을 단 아파트들이 즐비하게 들어서 있다. 하지만 이 가운데 이들 건설사들이 직접 시공한 아파트는 10%도 되지 않는다. 거의 대부분의 건설사들이 시공은 하도급업체에 맡기고 자재조달만 하고 있기 때문이다. 건설사들은 관리와 기획 업무를 하며 중간에서 폭리를 취할 뿐 실제 시공은 하청 및 재하청업체들이 하고 있다.

따라서 사실은 대형건설회사든, 이름 없는 일반주택업체든 실제 시공품질은 별반 다를 게 없다. 그런데도, "○○이 만들면 다릅니다"류의 재벌건설업체들의 브랜드 광고에 현혹되는 소비자들이 적지 않다. 게다가 직접 시공을 의무화하지 않으면 시공하는 하도급 회사는 소비자에게 직접 책임을 지기보다는 재벌건설사들에게 납품을 하는 구조이기 때문에 좋은 품질의 주택을 지을 필요성을 느끼지 못한다. 또한 직접 시공을 하지 않고 하도급을 주면 '생산단계'가 복잡하므로 생산원가가 불필요하게 높아지기도 한다. 더구나 마진은 이들 대형업체들이 대부분 챙기기 때문에 하도급업체들은 적은 비용으로 저품질 공사를 할 소지가 많고 기술을 개발하지도 못하고 기능인력을 양성할 수도 없어 국가경쟁력이 저하되는 것이다.

6 | 허수아비 감리제도 _ 건교부가 감리 제외 공종을 확대한 것도 공급자

인 건설업체의 손을 들어주는 조치였다. 주택건설현장의 감리는 소비자를 대신해 시공과정을 감시하고 감독하는 사람이라고 볼 수 있다. 그런데 건교부는 1999년 감리비를 아껴 분양가를 낮추겠다며 마감공사 등 감리 제외 공종을 확대했다. 전체 공종의 20% 가량이 감리대상에서 제외됐다.

명분은 분양가를 낮추겠다는 것이었는데, 이 같은 목적은 달성됐을까? 1999년 이후 분양가는 낮아지기는커녕 2~3배 이상 폭등했음은 길게 설명하지 않아도 될 것이다. 이 같은 문제점에 대해 2004년 경 실련이 문제를 제기하자 건교부는 다시 감리 제외 공종을 없앴다.

그런데 이번에는 세부규정에 건설업체가 감리자에 대해 평가할 수 있도록 하는 규정을 집어넣었다. 피감독자가 감독자를 거꾸로 평가하게 하는 이 규정은 감리제도의 도입 취지상 있을 수 없는 일이었다. 그렇지 않아도 건설업체가 소비자가 부담하는 감리비용을 지급하고 있어, 감리의 독립성이 확보되지 않는 상황에서 감리자의 건설업체 예속을 심화하는 제도가 아닐 수 없다. 소비자의 권리를 보장하는 제도는 쉽게 무력화하면서도 공급자인 건설업체의 이해관계를 보장하는 데는 민첩하기 이를 데 없는 모습이다.

공급자 위주의 시장, 시장원리가 작동하지 않는다

이처럼 주택시장이 일방적으로 공급자에게 유리한 시장이어서 일반적인 시장원리가 제대로 작동하지 않는다는 점은 2004년 하반기 아파트 분양시장이 잘 보여줬다. 당시 아파트 분양시장은 과거에 비해 침체하면서 미분양물량이 늘어났는데도 아파트 분양가는 고공행진을 계속했다. 주택업체들은 중도금 무이자융자와 분양가 리콜제 등 '생색내기용'

유인책을 내놓았지만 분양가만은 절대 내리지 않았다.

미분양이 생긴다는 것은 그만큼 공급 대비 수요가 적다는 뜻이므로 공급가(분양가)가 내려가야 정상이다. 그런데 그러지 않았던 데는 몇가지 이유가 있다.

우선은 선분양제가 문제다. 건설사 입장에서는 미분양이 되더라도 아파트 완공까지는 3년 정도의 시간이 있으므로 서둘러 분양가를 낮출 필요가 없다. 품질 대비 가격을 따져볼 소비자 정보도 제공되지 않으니 가까운 미래에 집값이 오를지도 모른다는 소비자의 기대심리나 불안심리만 잘 자극해도 3년 안에 분양을 마칠 수 있다고 판단한 것이다.

또 주택업체들은 동시분양제도를 통해 분양가를 사실상 일정한 수준으로 담합, 소비자에게 유리한 분양가 인하경쟁을 제한했다. 조금 다른 측면이지만 대형주택업체의 입장에서는 공사물량을 주는 등의 조건으로 급할 경우 하도급업체에 상당 물량의 아파트를 떠맡길 수 있다는 점도 작용했다. 이 사례만 보더라도 현재 대한민국 주택시장에는 시장원리가 제대로 작동하지 않는 상황임을 쉽게 알 수 있을 것이다.

이처럼 건설업계는 시장경제원리와는 거리가 먼 특혜구조를 지키기 위해 온갖 로비와 실력을 행사해왔다. 주무 부처 관료들은 이들의 요구를 충실히 수용한 반면 소비자인 국민들의 요구는 안중에도 두지 않았다. 그 동안 주택건설업계는 자신들에게 유리할 때는 시장경제원리를 줄기차게 주장하다가 불리할 때는 "시장원리에 맡기는 것은 시기상조"라는 주장을 들고 나왔다.

1995년 아파트 선분양제도의 문제점을 지적한 감사원의 권고에 따라 정부가 97년부터 시장원리에 맞게 후분양제를 도입하겠다고 발표한 적이 있다. 그러자 주택업계는 시장원리에 입각해 후분양제를 시행하려면 먼저 시장원리에 위배되는 분양가 규제부터 자율화하라고 요구했다. 결국 정부는 98년 선분양제를 유지한 채 분양가 전면 자율화를 실시해 건설업체의 입지만 강화되고 오히려 특혜를 제공할 것이다.

아파트투기는 정부가 '경제적 논리'를 무시하고 선분양제 같은 반시장적 제도를 고수하기 때문에 발생한다는 점을 깨달아야 한다. 정부는 폭리를 발생시킬 수밖에 없는 불합리한 주택시장구조를 개선해 건설업계가 '땅장사'에 치중하기보다 경영을 투명화하고 기술 및 품질경쟁에 나서도록 해야 한다.

[3. 건설업계의 검은 거래를 파헤친다
　　　 -한 전직 건설업체 간부가 전하는 폭리구조의 실태]

한 40대 후반의 전직 건설회사 간부 박모 씨를 인터뷰한 내용이다. 대형 및 중견 건설업체의 공사현장과 관리부서 등을 두루두루 경험했던 그는 업계의 현실을 누구보다 잘 알고 있었다. 세계 최고 수준의 건설강국 건설에 이바지하고 싶었으나 업계의 어두운 현실에 절망해 2003년 회사를 떠났다. 박씨는 "분양가를 담합하고 폭리를 취하면서 기술개발과 품질경쟁은 등한시하면서도 비자금을 만들어 정치권에 제공하고 그 대가로 자사의 부정한 이윤을 추구하는 등의 행태가 반복돼 더 이상 견딜 수 없었다"고 말했다. 그는 "정도의 차이는 있겠지만 거의 모든 주택건설업체가 한 번씩은 '검은 거래'를 해봤을 것"이라며 건설업계에 만연한 부패구조를 개탄했다. 그의 고백내용을 일문일답 형식으로 정리했다.

–건설업체들이 왜 품질경쟁은 안 하고 땅장사에 치중하나? 폭리는 누가 어떻게 취하나?

좁은 국토에서 되도록이면 많은 토지를 확보하는 게 건설업체들의 가장 큰 관심사이다. 이 때문에 토지를 확보하기 위해 온갖 편법을 쓴다. 우선 '페이퍼 컴퍼니' 형식으로 자회사를 여러 개 만든다. 토지공사나 지자체에서 한 필지를 추첨하면 한 필지당 3~4개의 자회사가 참여한다. 높은 경쟁률을 뚫고 토지를 획득하기만 하면 엄청난 프리미엄을 얻을 수 있기 때문이다. 토지만 확보하면 시행사들은 앉아서 떼돈을 번다.

원래 대형건설업체들은 시행과 시공을 같이 했으나 외환위기 때 땅이 묶이면서 도산이 이어지다 보니 시행과 시공을 분리하기 시작했다. 유통마진이 늘어난 셈이다. 이전에 토지에서 이익을 챙기던 시공사들이 토지이윤을 시행사와 나누게 되면서 분양가에서 폭리를 더 취하게 됐다. 외환위기 이후부터 시행된 분양가 자율화 정책은 건설사의 이윤확보와 정권의 내수경기 부양목적이 맞아떨어진 결과였다. 분양가 자율화 정책 초기에는 적정한 분양가가 형성되지 않겠는가 했는데 분양가가 눈덩이처럼 불어나더라. 지난 몇 년 동안 연 몇십%가 상승하면서 분양가에서 건설업체들이 폭리를 취하는 게 관행화됐다.

외환위기 이후 구조조정으로 퇴직한 사람들이 시행사를 많이 만들었다. 시행사들은 그 동안 다져놓은 토지공사나 지자체 인맥들을 이용해 토지를 확보한 뒤 계약금의 10%만 내고 잔금은 시공사의 신용을 이용해 대면 된다. 거기서 폭리의 커넥션이 형성됐다. 시행사는 토지를 통해서, 시공사는 시공 후 분양가 인상을 통해 폭리를 취했다. 외환위기 전에는 분양가를 규제했기 때문에 폭리를 취할 수 없는 구조였지만 이제 가격은 고삐 풀린 망아지가 된 셈이다. 시행사 직원은 보통 3~4명 정도로 사장 한 사람만 실무

경력을 갖고 있을 뿐 나머지는 주로 공기업, 공무원들에게 돈 주고 관리하는 역할을 한다.

– 시행사는 왜 생겨나고 어떻게 움직이나?

기존 시공사에서 근무했던 사람들이 시행사를 차리는 경우가 많다. 대부분 땅만 물고 와서 기존에 다녔던 회사와 계약을 맺는다. 시공사가 택지를 분양받기 위해 시행사를 유령회사로 만드는 방법도 많이 쓴다. 시행사가 다시 자회사를 만들어 비자금을 조성하기도 한다. 회사를 작게 만들수록 탈세하기 쉽고 감사나 세무조사도 피할 수 있기 때문이다. 설립과 폐업이 자유로우므로 3~5년마다 있는 국세청의 세무조사를 받을 일도 없다. 건설업체에서 일 좀 했던 사람들 가운데 상당수가 퇴직 후 시행사를 차린다. 일 년에 한 건만 하면 평생 먹고 사는 게 보장되기 때문이다. 이들은 사채업자 등 전주들에게 돈을 빌려 택지를 따내는 역할만 한다. 이들 시행사에 돈 대는 전주들은 원금의 몇 배는 쉽게 번다. 몇백조 원의 돈이 부동산시장에 돈다는데 그 중 상당 부분이 이들 돈이다.

택지 당첨기회를 늘리기 위해 어떤 회사는 전국에 하나씩 다 시행사를 갖고 있다. 아예 대기업의 지사를 독립법인화해서 계열사가 아닌 것처럼 시행사를 두기도 한다. 아니면 퇴직한 직원들에게 시행사를 만들게 한 후 공생하는 경우도 있다.

재개발부지의 경우에는 시행사 직원들이 공동주택용지로 용도변경하면 시세 400~500만 원 되는 걸 전제로 지주들을 각각 만나서 시가 100만 원인 땅을 200만 원에 산다. 지방단체장이나 고위공직자들이 용도변경이라든가 건설 실무에 관여하면서 건설업체나 주택업체에 혜택을 주고 그 대가로 정치자금을 수수한다. 시행사 직원들이 대부분 이런 일을 한다. 공무원들을 접대하며 정보를 공유하고, 설계변경과 분양공고 등 각종 인허가 과정에서 돈을 쓴다. 중간에 한 번이라도 공사가 묶이면 엄청난 손해가 발생하기 때문이다. 건축, 설계, 분양, 모델하우스 건립, 용지변경 등 관련 부서의 공무원들과 감리사, 설계사, 건축사 등 심의를 맡는 사람들에게도 다 로비해야 한다. 말단직원부터 과장, 국장까지 다 기름칠을 한다. 아파트 층고와 학교 주변 여부 등의 문제로 군부대장이나 교육감 등에게도 돈을 건네게 된다.

– 로비는 구체적으로 어떻게 하나?
처음에는 접대를 한다. 명절 떡값이나 경조사 봉투는 관행이다. 보통 업체 오너들이 주는 것과 팀장, 부장급이 주는 액수가 다르고 사안별로도 다르다. 사업진행을 위해 꼭 해야 하는 거라면 몇억도 갖다바친다. 통과되면 수백억이 남는데 왜 안 하겠나? 명절 떡값은 100~500만 원 선이다. 이 밖에 접대는 접대대로 룸살롱이나 주말골프 등에서 따로 해야 한다.

– 공공택지개발지구의 택지는 추첨식으로 분양하는데 그렇다면 시행사의 '능력'이 개입될 여지가 없는 것 아닌가?
페이퍼 컴퍼니인 줄 뻔히 알면서 묵인해주는 것도 특혜 아닌가? 업계에서도 어느 업체가 페이퍼 컴퍼니인지 서로 알면서도 묵인한다. 다 그렇게 하기 때문이다. 이 때문에 '로또 택지'를 낙찰받은 업체는 안 된 업체에 '위로 떡값'을 주는 게 관행처럼 되어 있다. 땅값의 1~2%는 푼다. 가만히 앉아서 수백억씩 버는데 그게 뭐가 아깝겠나.

– 건설업체들이 비자금은 어떻게 만드나?
자재를 구입할 때 원래는 70원짜리를 100원이라고 속여 세금계산서를 가짜로 만든다. 보통 100억짜리 공사면 10억 원 정도의 비자금은 생긴다. 이런 식으로 자재비, 인건비, 관리비를 다 속일 수 있다. 문제는 비자금이나 뇌물마저도 결국엔 소비자가 부담하게 된다는 것이다. 이런 것들이 다 공개돼야 썩은 떡고물들이 드러나게 돼 있다. 이런 것들로 관과 언론사, 광고업체, 분양업체 등이 모두 관련되다 보니 분양원가가 공개돼서 현실이 다 드러나면 폭동이 일어날지도 모른다고 할 정도다. 건설업체들은 그게 두려운 거다.

- 음성적인 돈의 규모는 어느 정도나 되나?
기업별로 다르지만 10% 정도는 되는 것 같다. 대기업의 경우에는 몇백억, 몇천억까지도 쉽게 만들어내는 것 같다.

- 시행사와 시공사는 어떻게 역할을 나누나?
시행사가 땅을 팔면서 시공사를 정하고 시공사와 분양가를 산정한다. 시행사가 어느 정도 역할을 하느냐에 따라 다양한 역할분담이 가능하다. 분양가를 산정하는 경우에는 매우 긴밀하게 협력한다. 모든 서류에 같이 도장을 찍게 되어 있기 때문이다. 시공사가 시행사에서 땅을 받아서 공사를 하고 시행사는 시공사의 각종 지원을 받아 땅을 받는다. 시공사가 대형업체일 경우 사업 추진과정에서 걸림돌이 생길 때 다른 루트로 관련 공무원을 찍어누르기도 하고, 정치권에 로비해서 인허가를 쉽게 받기도 한다.

- 분양가는 어떻게 정하나?
모델하우스 오픈 전에 분양가를 확정하는 단계가 있다. 분양가를 높이면서 모델하우스를 잘 꾸며서 잘 모르는 일반 사람들이 속고 사도록 만드는 데도 공을 들인다. 분양가를 확정할 때는 시뮬레이션도 해보고 주변 아파트의 시세도 다 조사한다. 얼마에 살 의향이 있는지를 알아보는 전화 인터뷰 등 여론조사까지 해서 분양가를 정한다. 이렇게 해서 대략적인 범위 안에서 여러 개의 안을 마련한다. 그 안 가운데 시행사와 시공사가 함께 협의해 최종 분양가를 확정한다.

부동산가격이 전반적으로 올라갈수록 분양가를 높인다. 부동산가격이 뛸수록 분양가 높이는 데도 유리하니 부동산가격을 띄우기 위한 여론조작도 한다. 고도의 전략인데 업체가 땅을 산 지역에 대해 '유망 개발정보' 등의 형식으로 언론, 특히 신문에서 보도되게 한다. 건교부의 중장기 전략을 분석하는 자료를 내고 화성 동탄과 행정수도 부지 등이 터지면 얼마나 오르고 식의 정보를 계속 제공하는 거다. 언론과의 유착관계도 이렇게 생겨난다. 홍보팀에서 출입기자들을 만나 접대하면서 "애로가 많으니 도와달라"고 호소하거나, 현금을 쥐어주면서 "어떤 기사 나갈 때 우리 회사를 부각시켜 달라"는 식으로 부탁도 한다. 물론 부탁한다고 다 되는 건 아니지만 접대가 통하는 경우도 많이 봤다. 특히 대형업체들은 홍보팀을 통해 관련 기자들을 체계적으로 관리한다.

분양가 산정할 때 아예 광고비를 간접비의 1~2% 정도로 산정한다. 광고비는 써도 되고 안 써도 된다. 특히 부동산경기가 좋을 때는 안 써도 될 텐데 반드시 광고를 내는 게 관행처럼 돼 있다. 안 해도 분양되는데 웬만하면 전면광고를 한다. 분양 끝난 뒤에도 사례광고를 한다. 메이저 신문은 기본이고 경제신문에도 대부분 광고한다. 언론에 잘 보이기 위한 작전이다. 공사 프로젝트와 관련해서 주위 민원도 있고 산업재해도 발생하고 회사비리도 드러날 수 있으니 광고를 통해 언론사와 유착하는 것이다.

- 분양가 담합은 어떤 식으로 하나?

대규모 택지개발지역에서는 10여 개 이상 되는 모든 업체들이 분양에 참여해 시행사−시공사 협의회를 만든다. 심지어 행정기관에서 이를 장려하기도 한다. 간사업체가 있고 공동경비를 모아서 갹출하고 홍보비도 같이 쓰게 된다. 분양팀, 건축팀, 개발팀 등 실무진들이 분과를 만들어 협의도 한다. 특히 분양가 실무요원들이 태스크포스를 만들어 분양가 책정작업을 벌인다. 각 회사별로 원가의 차이는 있지만 어떻게 아파트를 짓고 분양가는 얼마로 할지 대충 맞춘다. 원가도 서로 공유하면서 서로에게 이익이 되는 방향으로 분양가를 정한다. 행정기관을 의식해서 분양가에 약간의 차이를 두는 시늉을 할 뿐이다. 공공택지지구에서는 분양가를 거의 100% 담합한다고 보면 된다.

– 왜곡된 건설시장을 바로잡으려면 어떻게 해야 한다고 생각하나?

차별화된 경영을 하고 분양가와 품질도 다르게 해서 수요자 입맛에 맞추기 위한 경쟁을 하게 해야 한다. 지금은 전혀 경쟁체제가 아니다. 눈앞에 엄청난 이익이 보이는데 누가 경쟁을 하겠나? 택지를 분양할 때도 페이퍼 컴퍼니들이 준동하지 못하도록 시공실적이 있는 업체들만 참여하게 해야 한다. 분양가를 산정해 분양 인허가 받을 때 점검해야 하는데 안 한다. 설계대로 과연 제대로 했는지도 제대로 체크하지 않는다. 하더라도 형식적으로 하고 문제가 생겨도 로비만 하면 다 통한다. 사전 입주자 점검제도라는 게 있지만 기술적으로 잘 모르는 고객들이 당할 수가 없다. 제품 하자인지 아닌지 겉으로 드러나지 않는 한 어떻게 따지겠나? 외벽 도장할 때만 해도 몇 번 도장하느냐에 따라 원가에 큰 차이가 나는데.

– 분양원가 공개 주장에 대해서는 어떻게 생각하나?

분양원가를 공개하라는 주장은 가격을 낮추라는 측면보다는 가격과 품질이 적정한지 소비자들이 판단하게 하자는 것이라고 본다. 이익을 취하지 말라는 게 아니지 않는가. 지금 웬만한 건설업체는 30% 이상의 폭리를 취하고 있다고 본다. 토지원가, 건축원가 말고도 본사 인력의 관리비용과 홍보비용, 기술개발비, 금융비용 등을 아무리 포함시켜도 매출액 대비 10% 이내다. 1,000억 원 공사에 300억 이상을 남기는 건 너무 지나친 거 아닌가. 일반 제조업체라면 1조 매출에 겨우 300억 원 정도 남기지 않는가.

물론 분양원가가 공개되면 파장이 클 것이다. 인허가 관청들과 업계의 유착구조가 산산이 부서질지도 모른다. 그러나 파장과 부작용이 있더라도 공개를 해야 한다. 그렇지 않으면 결국 미봉책이 될 뿐이다. 지금까지 원가연동제도 해보고 청약제한 등 수요 측면에서도 해보고 조세정책으로도 다 해봤지만 제대로 효과를 본 게 없다. 분양원가를 공개할 때가 오지 않았나 싶다. 일 단계로 주공 등 공공 아파트부터 해보는 게 좋겠다. 효과가 좋으면 민간 아파트로 확대하고 부작용이 있으면 보완하면 되지 않겠나.

– 건교부나 일부 언론에서는 분양원가 공개가 시장원리에 어긋난다고 한다. 이에 대해서는 어떻게 생각하나?

실제 시장원리에 입각하겠다면 시장의 룰을 정확하게 만들어야 한다. 정부가 수요나 공급에 엄청나게 개입하지 않나? 당초 판교에 적용하기로 한 원가연동제도 정부가 개입하자는 것 아닌가. 그 동안 정부가 해온 것도 대부분 시장원리에 반한다. 정부는 마치 지금까지 시장원리에 따라 해온 것처럼 포장하고 있다. 시장원리를 얘기하려면 공정경쟁의 토대부터 만들어야 한다. 건설업체나 관료들은 공정경쟁의 토대가 만들어지기 전에 시장 자체가 무너진다고 보는 것 같다. 하지만 수천 개 건설업체가 다 주저앉겠나. 300

억 이익 나던 시장에서 100억 이익 난다고 사업 안 하겠나. 지금이 건설시
장을 깨끗하게 할 수 있는 절호의 기회다.

●── 이 인터뷰는 2004년 5월, 선대인이 김헌동을 인터뷰한 내용이다. 당시 아파트값 거품빼기운동에 전력을 쏟고 있던 김헌동의 생각을 잘 보여주는 내용 이다.

– 아파트 분양원가 공개를 둘러싸고 논란이 많았다. 왜 아파트값 거품 빼기 운동 을 시작하게 됐나?

민자사업까지 포함하면 우리나라의 공공 부문 건설시장은 연간 70조 원 규 모인데, 김대중 정부는 그 가운데 연간 20조 원을 줄일 방안이 있다고 초기 부터 주장했었다. 이것이 실현된다면 외환위기를 극복할 수 있고 정경유착 과 부패가 감소하며, 이공계가 기술을 개발하는 데 집중할 수 있다. 열심히 일한 사람이 대우받는 사회가 되는 것이다. 그런 식으로 영국이 1993년에 외환위기를 극복했고 미국의 클린턴 행정부도 경제를 살렸다. 내수경제의 60%를 차지하고 있는 건설은 국가의 핵심경쟁력이다.

외국기업들과 직접 경쟁하는 수출업종은 치열하게 경쟁해 자리를 잡았 다. 하지만 국내 건설산업은 경쟁 없이 온실 속에서 자라 경쟁력이 떨어지 고 부패로 인해 부실한 건설상품, 주택, 도시를 만들어왔다. 폐해가 금방 나 타나지는 않지만 언젠가는 드러날 것이라고 청와대 관계자에게 말했다. 그 뒤 건교부 차관으로 간 사람을 도와 1999년 3월 대통령에게 최종보고서를 만들어 제출했다.

연간 공공사업 50조 원 가운데 매년 10조 원을 절감하겠다는 내용을 뼈 대로 한 '공공사업 효율화 방안' 이었다. 외환위기 직후여서 국가예산 가운데 건설예산 등을 대폭 절감해 실업대책비용 등으로 쓰자고 한 것이다. 당시 김대중 대통령이 "가장 잘 만든 보고서"라고 칭찬하고, 각 장관들에게 이 보고서에 따라 절감계획을 제출하라고 했다. 그러나 이를 낸 사람은 이해찬 당시 교육부장관뿐이었다. 아파트 평당 건축비용보다 학교교실 평당 건축비용이 더 비싸니 학교건물의 예산 10%를 무조건 삭감하라는 시행지침을 만들어 시행하게 한 것이다. 하지만 정작 이 보고서를 만든 건교부는 하는 일이 하나도 없었다. 보고서의 주요 내용 가운데 하나가 예산절감을 위한 최저가낙찰제 도입방안이었는데, 딱 1년 해보더니 연기했다.

2003년 2월에 '참여정부' 정권인수위원회를 찾아갔다. 당시 이정우, 허성관, 이동걸, 정태인 씨 등을 만나 딱 두 가지를 부탁했다. 예산절감을 위한 최저가낙찰제와 소비자를 위한 제도인 아파트 후분양제였다. 그러면서 건설족들의 논리에 속지 말라고 당부했다. 하지만 결과는 같았다. 관료들이 형식적으로 처리하는 시능만 하다 대통령이 잊어버리자 건설업자들과 과거로 회귀하는 걸 보고 이만저만 실망한 게 아니다. 그래서 올해 초부터 '아파트값 거품빼기 운동본부'를 구성해 본격적인 활동에 나선 거다.

― 아파트값 거품빼기운동이 지향하는 것은 무엇인가?
이 운동의 핵심은 시장원리와 소비자 중심 원리에 맞게 아파트 후분양제를 도입하라는 것이다. 후분양제만이 해법이다. 아파트를 만들지도 않은 상태에서 분양권이라는 딱지를 사고 파는 나라는 한국밖에 없다. 30년 동안 전국민을 부동산투기자로 만드는 나라가 세상에 또 있겠는가.

노무현 대통령이 2004년 3월 공급자 중심에서 소비자 중심인 후분양제 정책을 도입하라고 해서 내심 기뻤다. 건설정책이 소비자 중심으로 변하는구나 싶어 '사람을 잘 봤구나' 하며 기다려왔다. 그런데 올해 초 건교부는 연간

150~200만 호 주택 중 참여정부 끝날 무렵쯤에나 700~1,000가구 정도를 후분양제로 시범적으로 짓겠다는 보고서를 후분양제 활성화 방안이라고 내놓았다. 아무리 단계적으로 한다고 해도 이게 무슨 후분양 활성화 방안인가? 노무현 대통령도 관료들에게 속겠구나 싶었다.

대통령이 이런 관료들을 믿고 개혁에 앞장서라고 하는 데 실망했다. 여기에 관료들이 거짓보고를 해도 내용을 전혀 파악하지 못하는 청와대 참모들을 보고 다시 한 번 실망했다. 청와대 정책실장 등과 함께한 자리에서 당시 주택국장을 질타하며 건교부 방안은 활성화 방안이 아니다라고 설명해도 못 알아듣더라. 이렇게 미적대다가는 결국 안 하겠구나, 이런 식이면 후분양제는 또다시 물건너가는구나 하는 생각이 들었다. 공급자와 이들을 옹호하는 '개발 5적'만 활개치고 서민들은 내집 마련에 계속 피땀 흘릴 것이 뻔해 보였다. 국민들의 내집 마련 욕구를 이용해 정부와 개발 5적이 얼마나 이권을 취해왔는지, 아파트값에 얼마나 거품이 존재하고 그 거품이 어떻게 발생하며 왜 감춰왔는지를 알려야 한다는 생각이 들었다. 그리고 이에 대한 대안을 제시하려고 한다.

- '개발 5적'이라면 누구를 말하나?

정치인들은 당연히 포함된다. 건설회사와 기득권을 지키려는 모든 세력을 말한다. 과거 개발독재시절 박정희, 전두환, 노태우 씨 등은 모두 정주영 씨 같은 건설업주들과 동반성장했다. 재벌들은 건설에서 돈 벌면 그걸로 차, 전자, 증권회사 등 계열사들을 키워나가지 않았나? 그리고 재경부와 건교부의 관련 관료들, 건설과 관련된 학과 교수들도 포함된다. 교수들은 각종 설계심의, 도시계획 심의위원 등으로 용역을 얻거나 기관의 위원으로 선임돼 있다. 또 건설공제조합, 주택협회, 건설협회 등 관련 이익단체들도 여기에 포함된다. 또 건설업계의 논리를 제공하는 연구소 등도 들어간다.

이렇게 따져보면 국민과 시민을 위한 건설을 주장하는 사람이 거의 없다. 그걸 주장하면 일자리가 없어지기 때문이다. 대한민국 공무원의 40%가 건설과 직간접적으로 연관돼 있다. 이명박 하면 청계천, 뉴타운 건설을 떠올리지 않는가, 노무현 하면 신행정수도, 동북아 물류중심 건설 등을 떠올리고 지방정부 공약들도 모두 뭔가를 건설하겠다고들 한다. 의원들도 정부돈 챙겨다 자기 지역에 공사하겠다는 공약을 내세운다.

이처럼 많은 공공시설을 건설하는 데 연간 40~50조 원씩 들어간다. 이렇게 20년만 지었다 쳐도 1,000조 원이 들어갔는데 그 중 30%는 줄줄 샜다. 지금도 새고 있다. 1995년 유명한 건설업자 뇌물사건인 '가네마루 사건'이 터졌을 당시 일본의 건설비용은 유럽의 두 배, 미국보다 30%가 많았다. 인건비 등은 별 차이 없는데 왜 그런 일이 생겼겠는가? 업자들끼리 담합하고, 나눠먹기식으로 물량 배분하고, 공무원들과 정치인들이 결탁해서 돈 받아먹고 하다보니 그렇게 됐더라. 우리도 꼭 이런 식이다.

– 최근 아파트 분양원가 공개를 둘러싸고 정부와 여당이 갈팡질팡하고 있는데.

이 운동을 한창 진행하다가 갑자기 탄핵정국과 총선을 거치면서 시들해졌다. 탄핵정국 동안은 참아주자, 참여정부가 잘 해야 나라가 사니까, 아직 4년 남았으니까, 이렇게 생각했다. 대통령이 탄핵국면 벗어나고 총선도 이겼으니 이제나저제나 민생경제 챙기겠지 했는데, 반시장적이고 반개혁적인 얘기만 계속 내놓고 있다. 노 대통령 스스로 얘기한 소비자 중심이 아닌, 공급자보호정책을 하겠다고 해서 놀랐다. 며칠 전 대통령이 "분양원가 공개는 장사의 원리에 맞지 않는다"며 반대했다는 얘기를 듣고 한숨도 못 잤다.

– 노대통령은 아파트 분양원가 공개가 시장원리에 맞지 않는다고 하는데, 김 본부장은 그렇게 주장하는 노 대통령이 시장원리에 역행한다고 공박한다. 조금 어리둥절한데 왜 그런가?

공기업들은 택지를 개발할 때 20~30만 원에 택지를 빼앗을 수 있는 권한을 국민에게 법(택지개발촉진법)으로 위임받았다. 농민에게 강제로 땅을 빼앗은 뒤 100만 원을 들여 택지로 만들면 시세로 따져 평당 800만 원짜리 땅이 된다. 800만 원짜리 땅이 한국토지공사(이하 토공) 땅으로 바뀌지만 결국은 국민의 자산이다. 그걸 '건설족'들에게 평당 300만 원에 팔아먹는다. 가만히 앉아서 1조 원씩 이득을 챙기게 하는 것이다. 건설업체들만 추첨에 참여하게 해 그 땅을 나눠주는데 재수 좋게 당첨되면 그걸 큰 회사에 팔아먹는다. 그 회사는 앉은 자리에서 500억 원은 남긴다. 용인 죽전, 용인 동백 등 모든 택지개발사업 등에서 그런 일들이 벌어지고 있다.

공기업들이 국민들 재산을 시세의 30~40%에 건설업체에 팔고 건설업체는 아파트를 지어 국민들에게 터무니없는 값에 판다. 그래서 건설업체들이 벌어들이는 돈이 연간 수조 원이다. 이런 식이면 토공의 택지개발독점권, 토지강제수용권을 박탈해야 하는 것 아닌가? 20~30만 원짜리 농지를 강제로 빼앗아 800만 원짜리로 만든 뒤 절반 이하의 가격으로 민간건설업자에게 팔고, 30년 지나면 때려부숴야 하는 질 낮은 아파트를 짓게 하는 게 말이 되는가? 그런데도 건설업체들은 연말결산하면 한 해 장사해서 2~3%밖에 안 남는다고 죽는 소리들을 한다.

건설회사들이 모두 비자금 조성하려다 검찰에 재수없이 걸리면 건설회사 사장은 그런 판에서도 대통령 형한테 로비하다 한강다리에서 투신하지 않았느냐? 건설업자들한테 뇌물을 받았기 때문에 광주시장, 부산시장도 잡혀들어갔던 것 아니냐? 하지만 대선자금 수사하면서 잡혀간 건 건설회사 말단

사원들뿐이다. 재벌회사들은 건설회사를 몇 개씩 가지고 있다. 고위 경영진들은 다 뭐했겠나? 작년 10월에는 중견회사 사장 아들이 아버지가 병원에 입원해 있던 8개월 동안 70억 원이나 되는 비자금을, 예전에 린다 김이 살던 방에 차곡차곡 쌓아놓았다 들켜서 망신당하기도 했었다. 전임 대통령 막내아들이 분당 파크뷰 분양 당시 용도변경 문제에 개입해서 성남시장, 경기지사 등이 다 잡혀들어가지 않았나. 그 돈이 다 어디에서 나와 공직자들이 그런 짓들을 하겠나.

– 정부와 여당이 강력히 반대한다면 아파트 분양원가 공개는 쉽지 않은 것 아닌가? 이 운동이 성공할 것으로 보는가?
내 편이 얼마겠나? 적어도 4,500만 명은 이 운동에 찬성할 것이다. 아파트 여러 채 가진 투기족들과 개발 5적들, 집권당과 대통령만 반대할 것이다. 도대체 소비자인 국민에게는 집을 비싸게 팔면서 소수 공급자인 건설업자에겐 땅을 싸게 파는 이유가 뭔가?
공공 아파트의 원가를 공개하겠다고 약속했는데, 4월에 한다고 했다가 다시 총선 후에 한다고 했다가, 다시 못한다고 하면 도대체 언제 하겠다는 것인가? 민간회사도 아니고 공공용지의 조성내용을 공개하라고 하는데 왜 못하나? 노 대통령 말대로 공기업인 토공과 대한주택공사(이하 주공)도 장사하는 기업이라서 분양원가 공개가 장사의 원리에 맞지 않는다는 거냐. 1999년 1월 분양가 자율화 이후 토공이 어느 건설회사에 얼마나 싸게 팔았는지 공개하라는 것이다. 왜 그걸 못하느냐.

– 아파트 분양원가 공개와 더불어 후분양제도를 주장하는 이유는 무엇인가?
짓지도 않은 아파트를 분양권이라는 딱지를 가지고 팔게 하는 나라는 전 세계에 우리나라뿐이다. 시장원리에 맞게 하려면 아파트를 만들어놓고 팔라는 것이다. 만들어놓고 팔면 기획예산처나 감사원 등에서 큰 틀에서 확인만 하면 된다. (손에 들고 있던 담배를 들어보이며) 아파트가 담배냐? 국민에게서 땅을 싸게 샀으면 집도 싸게 짓는 게 맞는 것 아닌가. 농지를 택지로 전환하면 국민이 동의를 해준 셈인데 왜 그 이익이 소수 건설족에게 돌아가야 하느냐. 기업이 이윤 남기는 걸 문제삼는 것이 아니라 그런 걸 문제 삼는 것이다. 기분 나쁘다. 재경부는 내집 장만하려는 서민들의 심리를 이용해서 부동산투기에 의지해 경제를 살릴 생각만 하고 있다.

민간업체들은 집을 지었으면 건축비가 얼마인지 가르쳐줘야지, 국민들한테는 사려면 사고 말면 말라는 식이다. 몇 평에 땅값이 얼마고, 짓는 데 얼마가 드는지 가르쳐달라는 게 원가 공개인데 그게 그렇게 어려운 거냐. 전 재산을 투자해 사는 제품의 원가가 얼마인지도 모르고 사는 게 이게 무슨 자본주의냐. 그렇게 못하겠다면 아파트 후분양을 하든지 차라리 공영개발을 해 거기서 생긴 이익을 서민용 임대주택 짓는 데 활용하라는 거다. 대한민국에서 집 없는 젊은 사람들은 장가도 못 간다. 월급쟁이들은 집 마련, 교육비 걱정에 평생 지친다.

– 부동산투기 안정책으로 보유세를 올리는 방안도 거론되고 있지 않은가?
외국의 보유세는 우리나라보다 10배나 많다. 외국은 10억짜리 집을 가진 사람이 1년에 1,200만 원씩 보유세를 내는데 우리는 100만 원밖에 안 낸다. 그걸 선진국 수준으로 끌어올리면 집 사는 게 부담스러워서라도 아둥바둥 안 할 거다. 보유세가 외국처럼 제대로 걷히면 집 사봐야 이득이 안 되니 주택시장이 임대 중심으로 돌아가게 된다. 집 가진 게 부러워 보이지 않는 세상을 만들어야 한다. 주택보급률이 100%가 됐으니 이제는 주택의 질을 높이고 수명을 연장하는 방향으로 건설산업을 전환해야 한다. 국민을 속이고 투기를 조장해서 600가구 파는 데 7조 5,000억 원씩 돈이 몰리게 하는 투기 공화국을 만들어 경제 유지하겠다는 발상은 이제 버려야 한다.

– 노 대통령은 왜 분양원가 공개에 반대하는 발언을 했을까?

재경부와 건교부 관료들 대부분은, 정부가 기업을 이끌고 가야 한다, 일자리 창출이나 투자는 건설 쪽이 할 수밖에 없다는 생각에 사로잡혀 있다. 민간건설시장이 100조 원, 공공이 50조 원 정도 되는데 이 시장이 줄어들면 경제성적이 나빠진다는 것이다. 따라서 그쪽 경기는 최소한 유지하거나 부양해야 한다는 생각을 갖고 있다. 원가가 공개되면 심한 타격을 받을 것이라는 위기감을 조성했을 수도 있다. 대통령이 조선일보, 중앙일보, 동아일보(이하 조중동)에 "위기론을 조장하지 말라"고 했다고 하는데 관료사회에서는 건설경기 위기론을 얘기하고 있다. 그런 식의 논리가 먹혔을 수 있다.

– 건설사업이 활발하면 일자리 창출에 도움이 되는 것은 사실 아닌가?

일자리 창출 얘기 많이 하는데 70, 80년대 건설경기부양은 실업률을 낮추는 데 크게 기여했지만 지금은 다르다. 1998년 이후부터는 건설과 부동산에 투자를 많이 해도 일자리는 많이 생기지만 대졸자 일자리가 아니다. 대학 나온 사람이 망치질하고 벽돌 쌓고 하느냐. 지금은 맞지 않는 정책이다. 그런데 경제관료들은 과거 경기부양시절의 사고에서 못 벗어나고 있다. 지금은 건설경기를 부양하면 비정규직만 늘어나게 된다.

또 일자리 생기는 것보다 더 큰 문제가 있다. 바로 투기다. 건설경기로 투기 조장해서 얻은 게 결국 뭐냐. 주택값이 최근 3, 4년 동안에만 500조 원이 뛰었다. 참여정부 첫 해인 지난해에만 180조 원이 뛰었다. 강남에서는 집 한 채만 가져도 10억 원이 되는데, 농촌에서는 몇십 년을 살아도 자산가치가 늘어나지 않는다. 분배정의가 계속 악화되고 있다. 부동산투기가 계속되면 기업들도 공장운영보다 부동산투기에 골몰하게 되지 않겠는가? 대통령이 왜 그런 걸 모르는가? 혹시 알면서도 모르는 척하는 건 아닌가?

- 평소 노 대통령에 매우 비판적이던 일부 신문들은 노 대통령의 발언에 환영 일색의 사설을 실었던데?

내가 신문들을 유심히 보는데 한 달 전쯤부터 논조가 서서히 바뀌기 시작했다. 그 전엔 아파트 원가공개를 호의적으로 보도하는 내용이 많았는데 갑자기 아파트 분양광고가 줄더라. 그러면서 "원가공개는 안 된다"는 논조의 사설이 늘기 시작했다. 요즘 일부 신문들을 넘기다 보면 60~70%가 아파트, 상가 분양광고다.

사실 메이저급 신문사들은 건설족들과 한덩어리였다. "어느 지역에 어느 건설사가 얼마나 기막힌 집을 지을 거다"라는 식의 기사를 쓰면 얼마 후 바로 분양광고가 나온단 말이다. 그렇게 (건설업체들과 언론사들이) 연결돼 있다. 건설회사들이 부실공사를 해 인명사고가 나도 회사 이름은 다 빼준다. 대형 건설사는 홍보실이 있어 출입기자도 관리한다. 그런 걸로 봐서는 자사의 이익과 직결되므로 논조가 바뀐 게 아닌가 하는 생각이 든다.

- 경실련 활동을 하기 전에 건설업계에서 오래 일했던 것으로 아는데 개인적인 이야기를 좀 들려달라.

1980년대 초반부터 모 건설회사에서 일했다. 중동에서 유럽사람들과도 일해보고 국내에서 미군과 같이 일을 해보기도 했다. 또 1980년대 중반부터 90년대 초반까지는 건설회사 전반을 총괄하는 업무를 해보기도 했고 이후에는 건설현장에서 일을 했다. 그때 느낀 게 10여 년 전의 미국, 유럽 사람들과 일할 때보다도 우리의 건설현장이 더 부패하고 수직적이라는 것이다.

이걸 어떻게 바꿔야 하나 고민하고 있는데 1995년 삼풍백화점 붕괴사고가 터졌다. 한달음에 건설현장에 달려가 그 참혹한 현장을 지켜봤다. 그 뒤 『건설 강국으로의 길』이라는 책을 자비로 만들어 건설공무원과 관련 학자, 업계에 뿌리고 다니며 설명했다. 그런데 아무런 변화가 없었다. 그래서 1998년부터 경실련에 와서 문제를 제기하기 시작했다. 공공건설 입찰제도를 개선하는 등 성과도 있었지만 목표를 100으로 세웠다면 아직 20 정도밖에 못했다. 이유는 건설족들의 로비와 저항에 당할 수가 없어서다. 시민들은 4년에 한 번 표 찍는 것으로 끝이지만 공무원들은 30년 동안 그 자리를 지킨다. 관료들은 퇴임한 뒤에도 10여 년은 건설회사나 관련 공기업 임원으로 자리를 지킨다.

경제적 약자를 도와줘야 할 공무원들은 오히려 재벌들을 옹호하고 있다. 그런 것도 모르는 대통령은 취임 초부터 "공무원이 개혁의 주체"라고 외쳤다. 아마 공무원들은 속으로 '웃기지 마라. 당신 임기는 5년이지만 우리 임기는 30년이다'라고 코웃음을 쳤을 것이다. '내가 얼마나 어렵게 공부해서 공무원 됐는데 대통령이 시험 봐서 됐느냐. 당신이 시키는 대로 개혁에 앞장섰다가는 오래 가지 못한다'고 생각들 했을 거다. 아무리 개혁하고 국민 위해 일해봐야 인센티브도 없고 그저 조직에 순응해 세월만 잘 보내면 진급은 못해도 잘리지는 않는 게 공무원 조직이다. 그런 조직이 어떻게 개혁의 주체가 되겠는가. 선배들 따라가는 게 최고지. 그런 걸 바꾸기 위해 나는 70이 될 때까지 싸울 것이다. 내가 지금은 50줄이지만 가슴 속 열정은 30대.

- 주공이나 민간건설업체들이 아파트 분양원가 공개에 왜 이렇게 강하게 반발하

고 있다고 보는가?

기득권을 다 빼앗으니 그런 거다. 자기들만 부패한 것도 아니고. 그 동안 온
실에서 잘살았는데 갑자기 원가를 공개하라고 하니. 자기들 좋은 제도를 소
비자들 좋은 제도로 바꾸라고 하는데 좋아할 리가 없다.

2 개발 5적이 내세우는 어설픈 정책논리

[1. 5년 임기의 대통령을 속이는 30년 임기의 관료들]

"단지 규모가 50가구 미만이거나 용적률 증가폭이 30% 미만인 수
도권 재건축 단지는 임대아파트를 짓지 않아도 된다."(2005년 3월
18일 건설교통부 '도시 및 주거환경정비법 시행령' 개정안)

"용적률이 조금이라도 늘어나면 임대아파트 무조건 지어야 한다."
(2005년 3월 23일 건교부 발표내용)

재건축 아파트의 개발이익환수와 관련한 건교부의 태도가 5일 만에 확
바뀌었음을 보여주는 사례다. 정부가 3월 18일, 사실상 재건축 개발이
익환수제의 예외를 대폭 허용할 방침을 밝히자 서울 강남권 재건축 대
상 아파트값이 곧바로 꿈틀거렸다. 이에 건교부가 다시 방침을 번복한

것이다.

이 사례는 부동산 투기세력이 정부의 정책방향에 매우 민감한 반응을 보인다는 사실을 다시 한 번 확인시켜주었다. 건교부 역시 전문적인 정책역량이 없는 가운데 여론이나 사회 분위기, 업계의 이해관계 등에 따라 춤추는 임기응변식 정책대응을 하고 있음을 입증한다.

이런 정부의 정책은 일반 국민들이 보기에는 '오락가락 정책'으로 비쳐져 예측 가능한 경제활동을 하는 데 어려움을 준다. 특히 부동산 투기수요가 호시탐탐 투기의 여지를 엿보는 가운데 정부가 부동산규제를 완화하는 듯한 발언을 내놓으면 투기세력들이 준동하기 마련이다. 2005년 들어 서울 강남과 경기 남부권 집값이 폭등한 것은 이를 잘 보여주는 사례다.

문제는 정부부처의 오락가락 정책이 거의 일상화돼 있다는 점이다. 이 정도에서 그치면 다행이다. 한 걸음 더 나아가 정부는 '건설경기부양' 등을 빌미로 오히려 집값인상을 부추기는 듯한 발언과 정책을 거듭해왔다. 노무현 정부 출범 이후 이 같은 사례를 한 번 짚어보자.

오락가락 정책이 집값상승 부추긴다

"현재 부동산투기가 가라앉고 거래가 끊기는 상황이다. 1가구 3주택 중과를 (예정대로) 내년에 시행하는 것은 생각해볼 필요가 있다. 다주택 보유자들은 내년에 부동산 보유세 부담이 늘어나니까 (집을 팔) 기회를 한 번 더 줘야 한다고 생각한다."

전임 경제부총리가 2004년 11월 13일, 기자간담회에서 했던 발언이다. 2003년 '10 · 29 부동산 종합대책'의 핵심내용 중 하나인 1가구 3주택 중과세 연기를 시사한 발언이다. 양도세 중과세 제도는 1가구 3주택

보유자가 주택을 팔 때 보유기간과 상관없이 양도차익의 60%를 세금으로 물리는 제도로 올해부터 시행할 예정이었다.

이 발언은 정부가 마련한 '10·29 대책'의 일부 내용을 스스로 뒤집을 수도 있음을 시사했다. '10·29 대책'은 부동산투기에 의해 일어난 시장 실패상황을 시정해 시장경제를 회복하기 위한 불가피한 조치였다. 그런데 그 같은 목표가 달성되지도 않았는데 구체적 근거도 없이 이를 철회하려 했던 것이다. 물론 이 발언은, 이후 논란을 겪으면서 당초 계획대로 시행하는 것으로 정리됐으나 시장에 불필요한 혼란을 초래했고 특히 정부가 '10·29 대책'에서 후퇴하는 신호탄으로 해석되기도 했다.

이 전 부총리는 2005년 초에도 이 같은 시장혼란을 또 한 번 초래했다. 그는 1월 7일 '건설인 신년인사회'에 참석하여, "재건축 규제와 투기지역 및 주택거래신고지역 등 투기억제제도는 직접 규제를 줄이고 시장기능이 원활하게 작동할 수 있도록 하겠다"고 밝혔다. 이를 두고 대부분 언론은 '부동산 투기억제제도를 대폭 완화할 방침임을 시사하는 것'이라고 해석했다.

실제로 이 부총리의 발언 이후 2004년 하반기부터 주춤했던 서울 강남구와 강동구의 재건축 아파트가 단 몇 주만에 3,000만 원에서 5,000만 원이 오르기도 했다. 부총리의 발언으로 촉발된 규제완화에 대한 기대감 때문이었다. 재건축 단지를 중심으로 한 강남권의 집값상승이 '판교 로또' 열풍과 겹치면서 부동산가격이 전반적인 재상승 움직임을 탔다. 이 같은 집값 급반등 움직임에 대해 국민들과 청와대의 우려가 잇따르자 재경부와 건교부는 부랴부랴 미봉책으로 '2·17 판교보완대책'을 내놓았다. 사실상 이 전 부총리는 자신의 발언으로 빚어진 부동산가격 상승의 불씨를 뒤늦게 스스로 꺼야 했던 셈이다.

이 같은 정부의 오락가락 행보는 정부정책에 대한 시장의 신뢰를 떨어뜨려 부동산 가격상승을 부추기는 부작용을 낳고 있다.

2005년 2월에 발표된 〈주택시장 분석과 정책과제 연구〉라는 한국개발연구원(KDI) 보고서도 이 같은 사실을 지적했다. 이 보고서는 정부의 부동산정책이 효과가 없었던 이유 가운데 하나로 정책이 경제주체들의 신뢰를 잃어, 경제주체들은 경기억제정책이 시행되더라도 경기의 흐름에 따라 언제든지 정부정책이 철회될 것이라 믿게 되었기 때문이라고 지적했다. 이 보고서는 2004년 6월 이후 한동안 동결됐던 주택시장이 강남 일부 재건축 대상지역을 중심으로 다시 반등할 기미를 보인 것도 정부정책에 일관성이 없었던 때문이라고 지적했다.

보고서는 "지나치게 위축된 부동산경기의 활성화를 위해 정부가 새로운 대책을 내놓을 것이라는 기대의 형성이 최근 강남 일부 재건축 대상지역의 부동산 가격상승을 가져왔다"며 "결국 경제주체들의 정책신뢰도가 아주 낮음을 보여주는 사례"라고 꼬집었다.

국민의 요구에는 둔감하지만 건설업계의 요구에는 민감한 정부

취임 이후 노무현 대통령은 집값안정에 대한 강력한 의지를 여러 차례 밝혀왔다. 특히 2005년 들어 이 같은 발언의 강도는 점점 강해지고 있다. 노무현 대통령은 2월 25일 취임 2주년 기념 국정연설에서도 "부동산문제만은 투기와의 전쟁을 해서라도 반드시 안정시킬 것"이라며 "투기 조짐이 있을 때는 모든 수단을 동원해서 반드시 막겠다"고 밝혔다. 또 3월 7일 건교부 업무보고를 받은 자리에서도 "부동산투기는 필요악으로도 용납하면 안 된다"며 "서울의 문제가 지방으로 확산되는 것을 막고, 부화뇌동하는 투기를 막아야 한다"고 강조했다. 이런 식으로 노 대통령이 집값 안정의지를 공개적으로 밝힌 것만 해도 2005년 상반기 동안에만 7차례나 된다. 실제로 청와대 사정을 잘 아는 한 인사는 "집값 안정과 부동산투기 근절은 노 대통령의 핵심과제 가운데서도 우선 순위에 올라 있다"며 "이 문제에 관한 노 대통령의 의지는 갈수록 확고해지고 있다"고 말했다.

하지만 이 같은 대통령의 의지와는 정반대의 효과를 나타내는 정책이 건교부와 재경부를 중심으로 끊임없이 생산되어 왔다. 한 마디로 대통령을 속였다고 할 수밖에 없거나 무시하는 듯한 정책들이라고 필자는 느꼈다.

2003년 '10 · 29 대책'이 발표된 지 불과 몇 달 만에, 정부는 각종 주택과 부동산 규제완화책을 쏟아냈다. 2004년 2월 20일 취임한 경제부총리는 취임 일성으로 서비스산업 활성화 및 기업투자 활성화를 명목으로 토지규제완화를 지시했다. 이후 정부 각 부처는 공동주택 건축규제완화, 산지이용규제, 농지이용규제 등을 완화하는 조치를 지속적으로 준비해왔다. 이 같은 무분별한 토지규제완화는 각종 투기세력과 언론으로부터 아파트 등 주택에 고여 있던 투기자금을 토지로 돌리라는 신호탄으로 해석됐을 가능성이 크다. 특히 작년부터 소리 없이 준비해왔던 정부의 농지법 개정안은 도시민도 사실상 무제한 농지를 소유할 수 있게 해 주요 일간지와 경제지들이 농지를 '올해 토지시장의 가장 큰 이슈'로 꼽기도 했다.

이외에도 2004년 초부터 정부의 경제정책방향은 건설경기부양과 부동산 규제완화 그리고 각종 개발사업의 연속이었다. 강북 및 신도시 추가건설, 재개발사업 추진 가속화, 레저형 기업도시 건설, 민간 SOC 사업 확대 등이 이런 정책사례들이다. 부동산문제의 핵심이 됐던 주택투기규제를 완화하는 움직임도 계속 발표되었다. 2004년 8월과 11월 일부 지역을 잇따라 주택투기지역에서 해제했다. 종합부동산세 과세대상을 최소화하는 방안도 내놓았다. 이 같은 주택규제완화 정책은 2005년 초까지 계속됐다. 이런 일련의 정책은 부동산 투기세력이나 주택투자자들에게 부동산투기를 다시 시작하라는 '신호'로 해석되기에 충분했다. 2005년 초부터 강남 재건축시장을 중심으로 투기세력에 의한 호가가 급등한 게 이를 입증한다.

정부부처가 이 같은 규제완화를 추진하면서 내놓은 명분은 "침체된 건설경기 또는 내수경기를 부양한다"는 것이었다. 하지만 과거의 사례를 보더라도 이 같은 규제완화는 대부분 부동산투기를 부추기는 주범이 되었다. 거품을 빨리 빼야 함에도 불구하고, 부동산시장과 건설경기를 인위적으로 부양하겠다고 난리를 피운 것이다.

2001년부터 집값이 폭등할 때 서민들의 집값안정 염원에는 수수방관하던 정부와 다수당이었던 한나라당 등 정치권은 건설업계의 요구나 땅부자, 집부자들의 이해관계에는 어찌나 민감한지 혀를 내두를 정도다. 정부와 정치권이 사실상 부동산투기를 방치해 몇 년 동안 부동산가격이 수백조 원이나 폭등했는데도 부동산시장이 잠시 주춤한다고 또다시 각종 '투기조장정책'을 내놓았던 것이다. 이 같은 정부의 부동산과 개발사업을 통한 인위적인 경기부양책이 결국 이후 서울 강남과 경기 남부의 집값을 가파르게 상승시킨 주요인이 됐음을 정부와 정치권 등은 부인할 수 없을 것이다.

정부관료와 정치권은 지난 수십 년간 그러했듯이 재벌과 건설업자들에게 유리한 정책이라면 감사원의 지적도 무시하기 일쑤다. 이를 보여주는 사례를 들어보자.

감사원은 2002년 12월, 건교부에 공공택지개발지구의 복권추첨 공급 방식을 최고가경쟁입찰 등의 방식으로 바꿀 것을 건교부에 요구했다. 공공택지가 사실상 '로또 택지'로 변해 건설업체들의 배만 불려주고 부동산안정을 해친다고 판단했기 때문이다. 하지만 건교부 등 관료들은 이를 따르지 않았다. 이 같은 방침을 결정한 '21회 차관회의'의 회의록을 보면 당시 최재덕 건교부 차관이 이 규정에 대한 제안설명을 한 뒤 관계 부처 차관들이 토론을 벌인 것으로 돼 있다.

회의록에는 토의내용과 관련, "(문제의 규정은) 부동산 안정대책 기조를 유지하기 위해 당분간 개정을 유보하는 것이 좋겠다는 관계 부처의 의견을 수용해 이를 삭제해 의결할 것을 제안함"이라고 기록돼 있다. 감사원이 "부동산 안정효과가 없다"며 시정을 요구한 사항을 관계 부처 등이 '부동산 가격안정'이라는 명목 아래 정면으로 거부한 것이다. 이 정도면 "검은 것을 희다 하고 흰 것을 검다" 하는 우리 정책관료들의 수준을 짐작할 수 있을 것이다.

그러면 대통령의 뜻과 정부부처가 내놓은 실제 정책이 정반대로 움직이는 상황이 왜 벌어질까? 두 가지 가능성이 있을 수 있다. 의지는 있지만 관료들이 대통령의 의지를 실현할 구체적인 정책제시능력이 부족하기 때문일 수 있다. 또, 건설업계와의 오랜 유착 때문에 국민보다는 항상 재벌과 건설업계의 이해를 반영한 정책을 의도적으로 내놓는 경우일 수도 있다. 실제로 현 정부 취임 초기에 청와대 고위직으로 일했던 한 인사는 "건교부 등의 청와대 보고서를 보면 총론은 상당히 개혁적이지만 각론에서는 과거에 건설업자에 의해 제시된, 건설경기 활성화라는 관점에서 만들어진 정책 파일들이 그대로 등장한다"고 귀띔했다.

미안한 얘기지만, 현재까지 정부관료들의 태도를 보면 후자 쪽일 가능성이 훨씬 높아보인다. 이를 단적으로 보여주는 것이 국내 부패사건의 절반 이상이 건설을 매개로 한 부패라는 사실이다. 행담도 개발사건, 철도청 유전사업 의혹사건, 서울시 Y 정무부시장의 청계천 사업비리 등 2005년 들어 발생한 굵직굵직한 사건만 떠올려봐도 관료를 중심으로 하는 우리 정책당국과 건설업계의 끈끈한 유착관계를 짐작할 수 있을 것이다.

기득권 구조에 영합하는 습성이 몸에 밴 정부관료들은 새 정권이 출범할 때마다 형식적으로 열심히 일하는 시늉을 하다 대통령이 잊을 만하면 다시 과거로 회귀하는 행태를 반복해왔다. 관료들은 30년 동안 한 자리를 지키다가 이익단체나 자신들의 '노후대책기관'으로 가는 관행이 지속되는데 비해 대통령의 임기는 5년밖에 안 되니 관료들의 머리 속에는 '내가 이 나라의 주인'이라는 사고방식이 자리하고 있는지도 모를 일이다. 퇴임 후에도 재벌, 대형업체의 임원이나 관련협회, 공기업 등에 포진하는 전직 관료들이 재벌기업이나 대형업체, 관련 공기업의 이해에서 자유로울 수 있겠는가? 이들이 후배들을 찾아다니며 무엇을 하겠는가?

노 대통령은 판교발 집값폭등현상이 심각해진 2005년 6월, 청와대 수석·보좌관회의에서 "부동산정책이 어디로 가야 하는지, 어떤 정책이 필요한지에 대해 답이 다 있다"며 "그런데도 이런 정책이 제대로 채택되지 못하는 이유는 우리 사회의 뿌리깊은 이해관계와 잘못된 관행 때문"이라고 말했다. 이는 투기세력뿐만 아니라 재벌, 건설업계와 기득권 언론, 관료 등을 지칭한 경고 메시지로 읽힐 수도 있다.

대통령이라는 이 나라의 운명을 좌우하는 중차대한 자리에 있는 사람이 무능하고 무지하다면 그것은 큰 문제가 아닐 수 없다. 만일 대통령이 그 동안 이 같은 실태를 이미 잘 알고도 부동산과 주택정책을 이렇게 이끌고 왔다면 그것은 더 문제다. 하지만 일단은 그 동안 제대로 된 보고를 받지 못했거나 문제의 심각성을 잘 몰랐기 때문에 '개발 5적'의 논리를 정책적으로 대변해온 정부관료 등에게 속았다고 믿고 싶다. 필자가 그들의 속마음을 알 수는 없지만 최근 7~8년간의 필자의 경험으로 보더라도 그랬을 것이라고 생각한다. 대통령의 이 발언이 "그 동안 내가 속았다. 하지만 더 이상은 속지 않겠다"는 결연한 의지 표명이었기를 바란다.

[2. 아파트 값이 빠지면 내수경기가 침체되는가]

집값의 거품이 빠져도 대다수 시민들에겐 피해 없다

정부 당국은 집값이 떨어질 경우 은행의 경영상태가 급속히 악화될 수 있다고 주장한다. 아파트가격의 거품이 빠지면 주택을 담보로 가계에 대출해준 은행 등 금융기관이 부실해져 자금중개기능이 마비될 수 있다는 것이다. 일부에서는 1990년대 초 버블이 붕괴되면서 금융기관이 부실화되자, 자금흐름이 막혀 기업들이 연쇄 도산하고, 이것이 추가적인 금융부실로 이어진 일본의 경우를 예로 들며 상황을 우려하기도 한다. 만일 그렇다면 더욱 거품이 커지기 전에 이를 막아야 하지 않겠는가?

하지만 이것도 기우에 지나지 않는다. 일본의 경우 1980년대 말 거품경제 시기에 도쿄의 부동산이 300% 이상 폭등한 데다 부동산 대출담보율(LTV, Loan to Value)이 100%를 초과한 경우가 많았다. 이 때문에 부동산가격이 도쿄를 중심으로 몇 년에 걸쳐 60~70% 가량 폭락하자 곧

바로 금융부실로 이어진 것이다. 특히 일본의 경우 가계보다는 건설기업들이 각종 은행빚으로 부동산투기를 주도해 부실률이 더욱 높았다.

반면 2001년부터 진행된 국내 부동산의 거품은 일본과는 그 양상이 다르다. 최근 3~4년 동안의 집값 상승률이 100% 정도여서 일본의 거품경제와 비교할 때 거품 규모가 상대적으로 심각하지 않다. 또한 LTV도 대부분 70~80%선에서 유지되어 왔다. 물론 갈수록 주택담보대출 경쟁이 심해져 LTV가 실제로는 이보다 더 높은 경우도 많다는 언론 보도도 있지만, 국내 가계대출의 대부분은 이 정도 수준일 것으로 추정된다. 특히 부동산투기에 가담한 가계의 대부분이 일정한 소득을 가진 중산층 이상이라는 점에서 기업들이 투기를 주도한 일본 같은 충격은 맞이하지 않을 개연성이 크다. 또 최악의 경우 아파트값이 30% 이상 떨어져 수조 원대의 은행부실이 생긴다 해도 최근 몇 년 동안 막대한 누계 순익을 쌓아온 국내 은행들이 감내할 수 있는 수준이라고 한다.

물론 부동산 가격하락의 부작용이 전혀 없다는 것은 아니다. 하지만 중장기적으로는 적어도 부동산 가격하락으로 인한 순기능이 역기능을 압도할 것이다. 한 마디로 현재 국내 사정은 10여 년 전 일본의 부동산 거품붕괴상황을 우려하며 억지로 부동산가격을 지탱해야 할 상황은 결코 아니다.

국내의 사례를 봐도 부동산가격의 하락이 그다지 큰 여파를 남기지 않았음을 알 수 있다. 1991년 4월부터 92년 7월까지 아파트값이 19%가량 떨어졌지만 한국경제는 1~2년간의 조정기를 거친 뒤 곧바로 과거 성장률을 회복했다. 부동산 가격하락이 가계 부문에 미치는 충격도 정부관료들이 주장하는 것만큼 크지 않다. 부동산가격이 20% 가량 떨어진다 해도 실제 거래가 이뤄지지 않은 채 호가만 올랐다가 떨어진 것이 대부분이기 때문에 집 한 채 갖고 있는 대다수 서민들에겐 크게 영향을 미치지 않는다. 다만 집을 여러 채 가지고 투기에 열을 올렸던 5% 중 일부가 타격을 받을 것은 분명하다. 그러나 이들은 타격을 좀 받아야 정신을 차릴 것이고 대다수는 기분이 좀 좋다가 말 정도라 느낄 것이다.

결국 자산경제 전체로는 별 타격이 없을 것이다. 물론 상투를 잡은 일부와 투기거래자의 손실은 불가피하다. 하지만 주식으로 큰돈을 벌려다 실패한 사람의 손실을 국가가 보전하지 않듯이 부동산투기로 인한 손실 또한 보전하지 않는 것이 경제원리에도 맞다. 오히려 정부가 책임져야 할 것은, 최근 몇 년 동안 집값이 폭등해서 생긴 성실한 근로소득자의 상대적인 소득저하와 박탈감이다.

[3. 건설경기부양만이 능사인가]

"정부의 부동산투기 단속은 지난 1년 동안 주택가격 안정에 기여했으나 동시에 2003년 한국 국내총생산의 17%를 차지했던 건설업종의 부진의 원인이라는 비난을 받고 있다."

2005년 한 신문이 보도한 내용의 일부다. 사실 이런 유형의 비판적 기사를 접하기란 어렵지 않다. 거의 대부분 언론에서 되풀이되고 있는 보도태도이기 때문이다. 그런데 사실 2004년 하반기 이후 2005년 초까지 정부의 부동산투기 단속은 진정한 단속이 아니라 전시용에 가까웠고 오히려 주 기조는 '건설경기부양'이었다. 내수침체가 계속되고 있으니 산업 연관효과가 큰 건설경기로 침체된 내수를 자극하자는 수십 년 지속되어 온 건설경기부양론이 과연 한국경제에 올바른 처방이 될 수 있을까?

병의 근본 원인에 대한 치료는 피하고 진통제만 놓는 격

필자는 경제학에 대해 잘 알지 못한다. 그러나 우리 경제의 전반적인 상황을 보면 일시적 경기부양보다는 지속 가능한 성장잠재력을 키워야 하는 시기라는 지적을 많이 들어왔다. 1990년대 초 대통령 경제수석을 지낸 경제전문가인 민주당 김종인 의원은 현 시기를 "한국경제의 구조개혁을 통해 성장잠재력을 확충해야 하는 시기"라고 진단한다. 김 의원은 부동산거품과 관련, "정부가 건설경기와 건축경기를 활성화해야 한다면서 부동산투기를 할 수 있도록 만들었다"며 "거품이 일어나면 꺼지기 마련"이라고 지적했다. 그는 "정부가 더 이상 가계에서 능력 이상의 소비를 끌어낼 수 없으니 재정확대 등을 통해 정부가 부채를 늘리는 방법으로 경기를 자극하려 한다"며 "경기가 나쁘면 건설경기를 부양해야 한다는 과거(개발주의 시대)의 시행착오를 반복하고 있다"고 비판했다.

이 같은 지적에서 알 수 있듯이 정부의 건설경기부양론은 필자가 건설업계에 종사할 때부터 지금까지 너무도 많이 들어온 이야기다. 대체 언제까지 이러한 주장을 들어야 하는지 답답하다. 물론 경기침체기에는 일정한 수준의 경기부양이 필요하다. 환자의 통증이 심할 때 근본 치료에 앞서 통증을 완화하는 조치가 필요하듯이 말이다. 하지만 현재 정부의 처방은 항상 근본 문제에 대한 해결은 미뤄둔 채 재벌과 대형건설업자들의 이익단체 논리인 건설경기부양에만 매달려 오히려 재벌과 건설업자는 정부만 쳐다보는 실정이다.

또한 최근 판교발 집값폭등으로 강남과 경기 남부 지역의 집값 호가가 폭등하고 있음에도 불구하고 부동산시장이 전반적으로 침체한 이유는 뭘까? 이는 정부의 투기억제대책 때문이라기보다는 현재의 부동산 가격에 거품이 잔뜩 끼여 있음을 사람들이 인식하고 있기 때문이다. 따라서 실거래 수요가 돌아올 정도로 거품이 빠지지 않으면 부동산시장의 침체는 계속될 수밖에 없다.

이런 상황에서 정부의 건설경기부양책은 부동산거품을 이용해 막대한 불로소득을 챙긴 건설업체나 투기자들이 손실을 보지 않도록 정부가 뒤에서 떠받치고 있는 꼴이다. 잔뜩 부풀려진 공공공사의 정부 발주물량으로 배불리는 데 익숙해진 재벌들과 대형건설업체들은 지난 5년간 돈을 주체할 수 없을 정도로 챙겼고 또한 짓기도 전에 팔 수 있는 주택 분양으로 엄청난 이익을 챙겨 경기가 약간 부진해도 느긋하다. 짓기도 전에 판매를 허용하는 특혜구조 속에서는 그들이 절대로 분양가를 낮추지 않을 것임을 분명하다.

더구나 건설을 통한 경기부양효과도 과거와 달리 크지 않다. 공공건설사업 중심의 재정 확대책은 경기부양효과가 거의 없다는 것이 2001년 이후 여러 차례 건설사업 중심의 추경편성과정에서 드러났다. 경기부양효과는 고사하고 불필요한 사업에 예산만 낭비하는 경우가 대부분이다.

그 원인은 한국의 산업구조가 크게 바뀌었기 때문이다. 건설산업 등의 전통산업에 비해 IT 등 첨단산업으로 빠르게 산업구조가 변했다. 과거에는 재벌과 대형업체가 공사의 상당부분을 직접 시공했기 때문에 기술직과 기능직을 많이 고용했고, 따라서 고용유발효과도 커져, 전반적인 소득향상에도 도움이 됐다. 그러나 외환위기 이후 그들은 시공을 모두 중소하청기업에게 떠넘긴다. 이들 재벌과 대형업체는 비정규직인 계약직으로 고용하고 기능인력은 아예 고용을 하지 않고 있다.

정부가 건설경기부양이라는 명목하에 집행하는 예산 조기집행 등의 조치도 재벌건설업체들의 수중에만 돈이 머물 뿐 중소하도급업체에는 전체 집행액의 10~20% 정도밖에 안 내려간다. 정부가 채권을 발행하면서까지 조기에 푼 돈이 정작 중소기업과 건설종사자에게는 내려가지도 않는데 무슨 경기부양효과가 있겠는가.

또 각종 건설공사는 공사기간에만 반짝 효과가 있을 뿐 지속되지 않는다. 고용창출효과 면에서도 외국인 노동자와 일용직 저임금 노동자만 양산하고 있는 것이다.

건설사들, '불황' 엄살에도 2004년 사상 최대 실적

더 근본적으로는 국민의 세금으로 건설경기를 부양해서 무엇을 얻는가 하는 것이다. 2004년 내내 건설업체들은 "정부의 부동산억제책으로 건설경기가 죽는다"고 주장했지만 재벌건설업체들의 2004년 실적을 보면 이는 '엄살'에 불과했던 것으로 드러난다. 오너 1인 지배에서 벗어난 현대건설은 2004년 매출이 4조 6,460억 원으로 전년 대비 9.8%가 감소했지만 영업이익과 경상이익은 3,160억 원과 2,259억 원으로 전년 대비 2.9%, 188%나 늘었다. 대우건설과 대림산업, LG건설(현 GS건설), 삼성물산 건설 부문, 두산산업개발, 경남기업 등 대부분 대형 건설업체들의 매출액이 두 자리수로 증가했다. 영업이익이나 순이익은 이보다 더 가파른 비율로 늘어난 경우가 많았다.

건설협회 등에 따르면 1997년 3,896개이던 건설업체의 수는 2003년 1만 2,996개로 늘었다. 7년 동안 업체수가 세 배 이상 늘었지만 같은 기간 부도업체의 수는 7.47%에서 0.37%까지 줄었다. 물론 이처럼 건설업체의 숫자가 늘어난 데에는 흔히 '로또 택지'라 불리는 공공택지를 수주할 확률을 높이기 위해 페이퍼 컴퍼니가 급증한 탓도 크다. 하지만 외환위기 전에 비해 세 배 이상 늘어만 가는 건설업체들이 망하지 않고 있는데도 또다시 건설경기를 부양해야 한다는 논리는 누가 만들어내는 것인지 모르겠다. 오히려 건설경기부양책은 보다 발전적인 구조조정이 필요한 현재 건설산업구조를 혈세 낭비와 집값 거품이라는 형태로 가뜩이나 힘겨운 삶을 살고 있는 우리 국민들을 더욱 어렵게 만들 뿐이다.

건설경기부양론에 희생되는 주택가격안정

더 큰 문제는 정부의 이 같은 건설경기부양론이 주택가격안정이라는 국민 대다수가 바라는 상위 목표를 희생하면서 진행된다는 점이다. 건설경기부양을 위해 부동산투기까지 부추겼다는 비판을 피하기 힘들다.

실제로 김대중 정부는 경기부양을 명목으로 분양권 전매제한을 완화하는 등 각종 부동산 규제를 완화해 사실상 부동산거품을 통해 일시적 경제성장을 했다. 현 정부 들어서도 '부동산투기와의 전쟁'까지 내세우는 노 대통령의 의지와는 상관없이 건설정책의 실무 부처의 정책은 이 같은 틀에서 크게 벗어나지 못했다. 건교부는 국민들의 주거안정은 뒷전인 채 건설업체의 미분양 아파트 물량이 증가하는 것을 수시로 걱정했고, 이헌재 전 부총리는 2005년 초 부동산가격이 뛰는 것을 경기회복의 신호로 보고 오히려 반겼을 정도다.

이 정도면 이들이 과연 국민 대다수를 위한 부처인지, 일부 재벌과 건설업체들을 위한 부처인지 헷갈린다. 이들은 집값안정을 바라는 국민 대다수보다는 건설업계의 특혜와 이권을 유지하는 데 힘을 기울였다. 주택건설업체들이 최근 몇 년간 부동산거품에 편승해 시장질서를 어지럽히고 분양가를 부풀려 국민들의 부담을 가중시켜도 방치했던 우리 관료와 정치인들은 어느 나라의 관료이며 정치인들인지 의심스럽다.

필자는 부동산거품이 빠지기 직전인 1992년과 거품이 빠진 이후인 97년 두 차례에 걸쳐 일본을 방문했다. 92년에는 건설현장을 시찰하고 품질관리와 안전관리 실태를 직접 눈으로 확인하기 위해 갔던 것이다. 그들은 우리보다 안전관리와 품질관리가 철저했고 기술력 또한 매우 뛰어났다. 다만 당시 일본의 건설업계도 건설부패와 비리만큼은 매우 심각했다. 정치인과 관료들이 각종 개발사업권과 건설공사의 편의를 봐주고 그 대가로 공사비 부풀리기와 건설업체간 담합이 관행화돼 있었고 탈법과 편법이 성행했다. 건설업체 임직원들은 정치인과 관료에게 술접대와 주말 및 휴가골프 접대(동남아와 함께 한국도 이들의 골프 접대 행선지 가운데 하나였다), 뇌물전달 등 부패와 비리가 매우 심각함을 방문 현장의 책임자들과 현지 파견 동료직원들을 통해 들어서 알고 있었다. 동경시내는 물론 요코하마 신도시와 일본의 여러 도시를 방문하면서 느낀 점은 건설과 건축공사장이 너무 많다는 것이었다. 한마디로 나라 전체가 '공사판'이었다.

1996년경에는 일본 대형건설업체의 회장이 필자가 근무했던 공사현장을 방문했다. 당시 우리 회사 사장과 일본 기업의 회장, 그리고 나는 몇 시간 동안 환담을 나누었다. 당시 그로부터 일본의 부동산거품이 붕괴된 이유 중 하나로 건설부패와 관련된 집권당의 거물급 정치인 및 관료들에 대한 집중적인 사정이 있었음을 알게 됐다. 그 결과 부동산거품이 빠지고 건설담합구조가 자연스럽게 깨지면서 경쟁이 치열해졌고 건설비용이 하락했다는 것이다. 이어 당시 우리 공사현장에서의 공사비 절감사례와 신기술 적용사례 등에 대해 열띤 토론을 벌인 것이 인상에 남았던지 그는 나와 동료 몇 사람을 자기 회사에 초청해주었다.

다음해인 1997년 말 외환위기 직전에 나는 부하직원 몇 명을 동반하고 그 회사의 현장을 방문했다. 그 회사에 파견돼 근무하고 있던 직원들과 일본 현지 직원들의 안내를 받아 여러 도시의 다양한 건설현장을 직접 볼 수 있었다. 먼저 눈에 띈 것은 공사현장이 현저하게 줄어들었다는 점이었다. 정부공사비 단가가 절반 가량 줄어들었지만 품질관리와 안전관리는 달라진 것이 없었다. 현지 직원은 일본 건설과 건축공사장이 확연히 달라지고 있다면서 정책자료와 책을 나에게 넘겨주었다.

이후 필자는 이것들을 번역하여 우리나라 건설정책을 다루는 관료들과 전문가에게 전달했고 이를 바탕으로 미국의 사례와 영국의 사례도 수집하여 책을 만들어 국내 건설전문가와 관료들에게 모두 무료로 나누어주고 시간을 투자해 설명까지 했다. 이후 나는 1998년부터 지금까지 수없이 많은 관료와 전문가들과 만나 토론했고 그들을 설득했다. 한두 해 동안은 우리나라 건설 분야 전문가와 관료들을 만나 다른 나라의 좋은 사례와 정책을 소개했지만 그들은 개인적으로 자료는 "고맙다"면서도 정책에는 전혀 반영하지 않았다.

실망스러운 마음에 원인을 분석한 결과, 군사정권 시절부터 이어져온 재벌과 건설업자 간의 유착구조가 그들의 머리 속을 지배하고 있다는 사실을 알았다. 그들은 오랜 세월 한덩어리가 되어 서로간에 묵시적인 합의사항처럼 물량확대와 특혜를 통한 기업보호, 무분별한 개발사업 착수와 사업권 배정 등 오랜 관행으로 굳어진 재벌업체와의 '검은 사슬'에 얽혀 있었던 것이라 생각했다. 1998년부터 필자는 현재 활동중인 경실련에서 봉사활동을 시작했다. 그들 '개발 5적' 들의 행태를 시민들과 언론을 통해 알리고 이를 바로잡기 위해서였다.

[4. 공급확대론, 과연 누구를 위한 것인가]

강남을 대체할 제2의 신도시를 판교에 만들어 투기를 막겠다?

2001년 '국민의 정부'는 당정 협의를 통해 판교 신도시 개발계획을 발표했다. 집값급등의 진원지인 강남의 재건축 단지를 중심으로 개발이익을 챙기려는 투기세력이 몰려들고 해외동포들까지도 투기에 가세하고 있다는 뉴스가 나올 때였다. 정부의 발상은 아파트를 사려는 수요가 아파트공급보다 훨씬 많기 때문에 '강남급 신도시'를 만들어 공급을 늘리겠다는 것이었다. 이는 정부의 투기억제책 대신 '시장원리에 따른 근본대책'을 요구한 상당수 언론의 주문이기도 했다.

하지만 정부의 대책을 비웃기라도 하듯 그 후로도 개발이익이 엄청나다는 사실을 이미 간파한 투기세력에 의해 집값은 계속 고공행진을 거듭했다. 특히 2005년 들어 집값을 급등세로 돌아서게 한 진원지도 강남 재개발, 재건축 지역과 함께 판교 신도시였다. 정부는 2005년 2월 17일 부랴부랴 부동산투기 방지대책을 내놓았다. 이 대책에는 판교 외에 고양 삼송 등 세 곳에 추가로 '판교급 신도시'를 건설하겠다는 내용도 포함돼 있었다. 부동산 경기부양책만 일 년 동안 쏟아냈던 경제부총리 등 고위 관료는 부동산 투기의혹 등으로 줄줄이 낙마했다. 하지만 이 같은 대책에도 서울 강남권과 경기 남부 지역의 집값은 폭등행진을 계속했다. 뒤이어 집값폭등현상으로 여론의 비난이 거세지자 새로 임명된 건교부 장관은 6월 10일 "판교와 같이 주거환경이 좋은 신도시를 (앞으로도) 계속 건설하겠다"고 말하는 어처구니없는 사태를 연출했다. 이 발언은 이후 "집값폭등만 더 부추긴다"는 여론의 질타를 받은 뒤 철회되었다.

최근 청와대의 눈치를 보는 것인지 목소리를 낮춘 관료들을 대신해 이번에는 기득권 언론이 대대적으로 들고 일어섰다. 평소에도 '공급확대론'을 끊임없이 확대 재생산해온 이들 언론은 청와대가 판교 공영개발이라는 전향적인 정책을 검토한다고 하자 또다시 '공급확대론'을 근거로 결사 반대에 나섰다. 언론은 "판교를 공영개발하면 강남권과 분당권 중대형 아파트의 가격이 그 희소성으로 인해 더욱 오를 것"이라며 민영 중대형 아파트 공급확대를 거듭 주장하고 있다. 이들 주장의 핵심은 "중대형 아파트 공급이 부족하니 집값안정을 위해서는 공급을 계속 확대하라"는 것으로 요약할 수 있다. 자신들의 주장으로 나왔던 판교 신도시 개발이 강남과 판교 주변 지역 집값을 오히려 더 높여놓은 상황에 대해서는 반성도 하지 않았다. 오히려 현실은 외면한 채 "판교 분양물량을 더 늘리고 신도시를 추가 개발하면 집값이 내려간다"는 식의 논리를 전개한 것이다.

이처럼 일부 언론과 세력들이 부르짖는 '공급확대론'은 현실을 잘 설명하지 못한다. 왜 이 같은 공급확대론이 현실에 들어맞지 않는지는 국내의 편중된 주택소유구조를 보면 쉽게 드러난다. 현재 국내 1,350만 가구의 절반 가량이 무주택 상태다. 반면 550만 가구가 1주택을 소유하고 있고, 약 250만 명의 다주택 보유자가 약 800만 채의 주택을 소유하고 있다. 다주택 보유자들 가운데는 불가피하게 여러 주택을 소유하고 있는 사람들도 있겠지만, 대부분은 투기성 또는 좋게 말해 투자성 주택이라고 보자.

만약 이들 다주택 보유자의 집 가운데 500만 채가 시장에 나온다면 판교 신도시(2만 5,000호) 200개를 일시에 공급하는 효과가 있다. 최소한으로 잡아 100만 채의 투기성 매물만 시장에 나와도 판교 신도시의 40배에 달하는 주택공급효과를 거둘 수 있다. 주택보급률이 100%를 넘은 상황에서 주택공급을 가장 손쉽게 하는 방법이 바로 이것이다. 전체 광고수입의 40%를 부동산광고에 의존하는 일부 언론이 지난 수개월간 정부를 질타하면서 신도시 건설이나 강북 재개발을 주장한 것보다 훨씬 더 강력하고도 손쉬운 공급대책이다.

반면 판교 신도시에서 공급되는 2만 5,000호 정도의 아파트가 공급된다고 해도 이는 결국 돈이 있는 다주택 보유자들에게 돌아갈 가능성이 높다. 무분별한 공급확대책은 바로 이처럼 이들 투기를 누리거나 자산가치 증식에만 눈이 먼 사람들에게 먹잇감을 제공하는 결과만 낳을 공산이 크다.

실제로 공급확대론자들은 설명하지 못하는 현실은 곳곳에서 확인되고 있다. "투기를 잡겠다"며 도입한 판교 개발이 오히려 집값급등의 불쏘시개 역할을 하고 있다. 건교부는 판교발 집값폭등현상이 나타나자 '2·17 판교보완대책'에서 이번에는 고양 삼송 등에 '판교급 신도시'를 건설하겠다고 발표했다. 그런데 그 뒤 집값이 진정되었나 하면 정반대의 현상이 나타났다. 오히려 신도시를 개발하겠다는 발표가 개발이익을 쫓아다니는 세력에게 투기의 기회만 늘려주는 격이 되고 있다. 그러니 신도시 계획을 발표하면(즉 공급을 늘리겠다면) 오히려 집값이 더 뛰는, 공급확대론자들은 도저히 설명하지 못하는 현상들이 발생하는 것이다. 이는 그만큼 공급확대론이 지금의 현실을 적절하게 설명하는 논리가 아니라는 점을 반증하는 것이다.

또한 정부는 지난해 하반기부터 아파트 미분양을 걱정하면서 투기과열지구 해제, 전매완화 등 분양촉진정책을 써왔다. '공급확대론'으로 따진다면 이때는 공급이 수요보다 많아 미분양이 됐다는 얘기인데 불과 1년도 안 돼 수급상황이 정반대로 뒤바뀌었다는 말밖에 안 된다. 공급확대론은 이처럼 현실의 부동산문제를 제대로 설명하지 못한다.

실제로 공급확대론은 연간 주택공급물량을 봐도 맞지 않는다. 2000년 이후 주택공급물량은 연간 40~50만 가구 이상으로 5년 간 전국에서 250만 가구가 공급됐다. 1990년대초의 200만 호 건설물량을 능가하는 것이다. 2005년 상반기에만 20여만 가구 가량이 공급됐다. '공급확대론'에 따르면 집값이 떨어져야 정상인데도 오히려 그 기간에 집값이 가장 많이 오른 것을 어떻게 이해해야 할까. 강남에서도 상반기에 1만 5,000가구 정도가 공급됐다.

중대형 평형의 값이 많이 뛰니 언론에서는 강남권 고급 수요자들이 찾는 중대형 평형이 부족하다고 하는데 이는 중대형의 공급이 크게 부족해서라고 보기는 어렵다. 중대형에 투기수요가 몰리며 나타나는 착시현상일 뿐이다. 실제로 2005년 6월 국세청 조사결과도 강남의 수요가 대부분 투기수요라는 것을 분명히 입증했다. 2000년 이후 서울 강남권에서 거래된 아파트 가운데 59%는 이미 집을 두 채 이상 가진 다주택자들이 추가로 사들였다는 사실을 밝혀냈기 때문이다. 아파트 단지 아홉 곳을 골라 벌인 표본조사 결과이지만, 이는 투기가 얼마나 심각한지 보여주기에 충분하다. 이렇게 투기가 극심한 상황에서도, 이런 현상을 두고 실수요라고 계속 '거짓말' 해온 언론이 제대로 된 언론이라고 할 수 있을까?

그런데도 이처럼 허황된 공급 확대론이 정설인 것처럼 각종 언론에서 재생산되는 것은 크게 두 가지 이유 때문으로 추정된다.

일단은 우리 언론취재 시스템과 기자들의 무지를 들 수 있다. 우리 언

론은 선진국 신문들처럼 문제의 실태를 깊이 취재해 보도하는 심층취재
나 탐사보도 기능이 매우 취약하다. 많은 기자들이 관 의존적인 취재관
행에 빠져 있기 때문이다. 따라서 건교부나 관료의 컨트롤을 받는 건설
업계, 건설자본에 의해 설립된 관련 연구소 등의 논리를 아무런 검증 없
이 받아들여 확대 재생산하기 때문이다.

둘째로는 언론의 이해관계가 건설자본과 강하게 얽혀 있기 때문일 것
이라는 생각도 든다. 부동산거품이 생겨난 2001년부터 2004년까지 일
부 신문광고의 약 40%를 부동산 관련 광고가 채웠다. 거의 전적으로
광고수입에 경영을 의존하고 있고, 내수침체기에 엄청난 적자를 보는
신문들로서는 아파트 건설업자의 이해관계에 반하는 기사를 쓰기가 매
우 어려운 구조일지도 모른다. 일부 신문들이 매월 '부동산 광고특집'
을 하는 실정 아닌가. 사실 이 때문에 이들 신문들이 주장하는 공급확대
론은 정부가 건설업체에 계속 공급물량을 만들어주라는 주문일 경우가
대부분이다.

무조건적인 공급확대론에 근거한 주택공급처방이 나오는 상황에서
막대한 이익을 챙기는 것은 시장의 흐름에 능통한 투기세력뿐이다. 또
택지조성을 통해 '땅장사'를 하는 토공, 주공 등 공기업과 부풀려진 건
축비로 '아파트 장사'를 하는 대형 건설업체들뿐이다. 또 이들의 이해
를 대변하는 일부 언론과 그 논리를 제공하는 상당수 '부동산전문가'들
도 여기에 포함된다.

●—— 판교 공영개발, 후분양제 실시, 분양원가 공개 등을 중심으로 한 부동산 및 주택 문제와 관련해 자주 거론되는 이슈에 대해 선대인이 묻고 김헌동이 답변하는 형식으로 정리했다. 그 동안 판교 공영개발(정확히는 공공보유주택 확대)이나 분양원가 공개 등에 대한 언론의 왜곡보도나 부정확한 보도 때문에 그 취지와 구체적인 방안이 제대로 알려지지 않아 오해를 갖는 국민들이 많았다. 이 같은 오해를 불식하는 한편 자칫 복잡하고 딱딱해질 수 있는 부동산 및 주택 문제에 대한 이해를 돕기 위해 주요 이슈들에 대해 일문일답 형식으로 정리했다.

- 현재 주택 및 부동산 문제의 가장 근본적인 문제점은 무엇인가?

대한민국의 주택소비자는 다른 재화의 소비자와는 달리 매우 불합리하고 불리한 입장에 놓여 있다. 이들은 물건을 보지도 못하고 가격도 제대로 모른 채 주문을 해야 한다. 이른바 선분양제도라는 것인데, 30년 동안 지속되어 온 이 제도는 세계에서 유일무이한 제도다. 그나마 1999년 이전에는 정부가 강력하게 가격을 통제하기라도 했으나 분양가 자율화조치 이후에는 가격마저 공급자 마음대로 정할 수 있게 됐다.

지금까지 소비자들은 실제 아파트가 아닌, 합판으로 만든 모델하우스와 신문광고만 보고 내용도 없는 분양계약서에 서명을 하고 3~4년을 기다리며 주택소비를 강요당했다. 주택의 원자재인 택지는 시세의 반값에 국민이 제공하는데 이들 공급자는 분양원가, 즉 택지가격과 집 짓는 데 들어가는 돈이 얼마인지도 약정하지 않고 계약서에 표기하지 않는 것이다. 자신이 주문하는 물건의 값이 얼마이며 어떻게 약정되는가를 자세하게 아는 것은 너무도 당연한 소비자의 권리지만, 최고가 주문상품인 주택에 그러한 소비자 보호장치가 전혀 없다. 이처럼 시장 주도권은 모두 공급자에게 넘어가 있고 정부는 이들을 비호하고 보호하기에 급급하다.

이런 상황에서 이들의 주택공급가격이 안정적일 수 없는 것은 당연한 일 아니겠는가. 원자재격인 택지를 시세의 반값에 추첨으로 제공하고, 게다가 여기에 정부가 건축비까지 대폭 올려주면서 이익을 보장했다. 그런데도 소비자 보호를 위해 조금이라도 규제를 가하려고 하면 공급자들과 이들을 비호하고 대변해온 집단은, 시장이 죽는다고 시장질서가 왜곡된다고 비명을 지른다. 과연 그럴까?

다음 문제로는 돈 있는 사람과 투기를 일삼는 자들 위주의 부동산정책을 들 수 있다. 현재 우리나라는 보유세(선진국의 10분의 1 수준)와 양도소득세가 부동산 소유와 매매를 통해 얻는 차익에 비해서 터무니없이 낮게 책정돼 있다. 더구나 거래금액과 과세대상금액조차도 실제 가격보다 낮게 책정되고 있거나 허위로 표기되고 있다. 그러니까 집을 필요 이상으로 여러 채 보유하고 있더라도 가격상승에 비해 터무니없이 낮은 보유세를 부담하게 되므로 엄청난 불로소득이 발생한다. 여러 채를 보유하더라도 누진과세를 하지 않으며, 집을 사고팔면서 엄청난 이익이 발생해도 허위계약을 체결하므로 세금은 무겁지 않다. 제도와 정책이 이러하고 정부가 제 역할을 하지 않고 있으니 당연히 집을 이용한 투기에 돈 많은 사람들이 참여하지 않겠는가. 주택가격이 오르는 시기에 집을 많이 가지려 할 것은 너무도 당연하다.

정치인들과 고위관료, 그리고 부자들은 부동산과 집 투기를 통해 부를 축적할 수 있었다. 사정이 이러한데 돈 있는 사람들이라면 누구라도 집을 더 사고팔아 투기를 하려고 하지 않겠는가. 말로는 무거운 세금을 물린다고 대통령과 고위관료가 그랬고 지난 정권에서도 그랬지만, 제대로 실현된 적은 한 번도 없다. 부동산에 투자하면 별 부담 없이 돈을 벌 수 있는 구조 속에서 자금이 이리로 몰리는 것은 당연하다. 뿐만 아니라 실제로 얼마에 팔리는지에 대해서 신고하게 하는 실거래가 신고제도 같은 기초적인 제도적 기반조차 제대로 갖춰지지 않은 상태에서 부동산으로 얻는 이익에 대해 어떻게 과세를 할 수 있겠는가.

- 집값을 잡겠다고 공언했던 현 정부하에서도 집값은 잡히지 않고 있다. 특히 2005년초부터 판교발 집값폭등이 완연해졌는데 왜 이런 일이 생긴다고 생각하는가?
기본적으로 최근 몇 년 동안 집값이 뛴 근본 원인은 정부가 공공택지를 건설업체에 헐값에 넘겨주고 분양가는 자율화해준 반면, 후분양제 약속은 어기고 선분양제도를 유지해 건설업자에게만 일방적으로 유리한 제도를 만들었기 때문이다. 특히 판교를 투기판으로 만든 것은 정부다. 전국에 있는 모든 국민은 판교가 기존의 방식으로 개발될 경우, 당첨만 되면 30%에서 두 배 가량의 이득을 챙길 수 있다는 것을 안다. 이걸 언론에서 연일 대서특필했는데 누군들 청약을 안 하겠는가. 다 로또 사는 심정으로 몰려드는 거지, 판교에 살지 못해 안달난 사람이 얼마나 되겠나. 일반적인 수급논리로는 지금의 판교 상황을 설명할 수 없다. 판교라는 한정된 지역에서 아파트 공급이 국지적으로 이뤄지지만 수요는 전국에서 몰려드는 것 아니냐.
　더구나 알 만한 사람들은 다 안다. 분당이 들어서고 강남과 분당 라인 교통이 얼마나 좋아졌는지. 지하철 신분당선, 분당~내곡 도시화 고속도로, 분당~수서 고속도로, 외곽순환고속도로까지. 거기다 교육여건과 주변환경이 쾌적하다. 한마디로 살기가 좋다. 판교는 강남 대체도시 아니냐. 인기가 있을 수밖에 없다. 강남 라인, 분당~판교~용인이 오르는 것은 당연하다. 그쪽에 관심 갖는 사람들 역시 강남 아주머니들이다. 교통이 좋지 않은 강북은 절대 집값이 오르지 않는다. 거기다 중대형 평형을 사면 이익이 많이 남기 때문에 거기에 투자자들이 몰린다. 비싸지만 값이 많이 오르는 삼성전자 주식이 인기 있는 것과 같은 이치다.

강남 역시 넓은 도로가 곳곳에 뻗어 있다. 도시계획이 훌륭하다. 교육은 말할 것도 없고. 거기다 정부가 올해 '2·17 대책'을 발표했는데 골자는 판교에 혐오시설을 넣고, 강남에 개발이익환수제를 시행하겠다는 것이다. 그런데 이 법으로는 강남을 규제하기 어렵다. 강남에서는 이 대책이 나온 거 보고 더 이상 나올 대책이 없겠다는 생각을 한 거다. 그리고 분당이 뛰면 강남이 뛴다. 그 생리를 누구보다 잘 아는 사람들이 건설업자들과 건교부다. 강남의 아파트들이 아주 좋을 것 같지만 20년 넘은 아파트들이 많다. 정확히 말해 강남은 지금 집값이 아니라 땅값이 뛰고 있는 것이고 그걸 모르는 게 청와대다.

– 우리나라에는 제대로 된 주택사업자가 없다고 지적해왔는데 무슨 의미인가?

우리나라의 주택건설업자는 주택장사꾼에 불과하다. 원래 주택사업자라고 하면 주택을 건설하고 임대해서 수익을 얻는 사업자를 말한다. 주택도 짓기 전에 팔아먹는 이들이 무슨 사업자인가. 언론에 광고하고 합판으로 모델하우스 짓고 건축비 부풀리고 엉터리 계약서 첨부하는 게 바로 우리나라 주택장사들이 하는 일이다.

주택장사꾼은 주택의 질에는 관심이 없다. 팔고 나면 그만이기 때문이다. 제대로 된 사업자라면 임대를 했을 때 운영비를 아끼기 위해서라도 튼튼하게 집을 짓는다. 지금처럼 담당 임기 1년짜리 경제관료가 공급 확대, 경기 활성화만 외쳐서는 제대로 된 주택사업자를 키울 수 없다. 이런 상황에서 국민 모두는 질도 떨어지고 값만 비싼 엉터리 주택에서 살 수밖에 없다. 노무현 대통령이 희망했던 것처럼 보기 좋고 살기도 좋고 수명도 긴 주택에 살기 위해서는 제대로 된 주택사업자를 양성해야 한다.

● 판교 공영개발

- 판교 공영개발론이 탄력을 받고 있다. 취지를 설명해달라.

농지와 임야를 강제 수용해 개발되는 신도시와 공공택지는 공공(국민) 소유의 땅으로 국민이 그 땅을 부여한 목적에 맞게 정부가 적극적으로 개입해 주택시장을 안정시켜야 한다. 판교에 지을 아파트를 정부가 짓고, 정부가 소유해야 하는 이유다. 그리고 그 정부 소유의 주택을 정부를 믿고 따랐던 돈 없는 서민들에게 값싸게 빌려주는 것이다. (물론 이 경우 평수에 따라 빌려주는 가격은 다르다) 단순한 공영개발이 아니라 공공보유주택 확대라는 정책만이 현 부동산투기의 광풍을 잠재울 수 있다.

이를 통해 장기적으로는 주택을 투기의 수단이나 재산증식의 수단으로 활용해서는 안 된다는 정책을 펴야만 제대로 된 주택복지정책의 기반이 마련될 수 있다. 주택 없는 50%의 서민을 위해 선진국에서는 정부가 공공보유주택을 20~40% 정도 보유하고 이를 값싸게 임대해 임대시장을 안정시켰다. 임대시장의 가격이 안정되면 주택을 구입하려는 수요가 준다. 임대가 훨씬 싼데 굳이 집을 살 필요가 없기 때문이다

판교는 시작에 불과하다. 판교에 공공보유주택 2만 5,000가구 짓는다고 집값이 단숨에 잡히는 건 아니다. 현재 2.4%에 불과한 공공보유주택을 선진국 수준인 20~40%에 이를 때까지 지속적으로 공급하는 게 관건이다. 지난 반세기 동안 잘못된 신도시 건설정책과 주택정책을 판교부터 바로잡

자는 의미이다.

- 상당수 언론이나 관료들은 수요에 비해 공급이 부족하니 집값이 뛴다고 주장한다. 공공택지개발과 신도시개발도 이러한 '공급 확대론'에 뿌리를 두고 시작됐다. 그들의 주장처럼 주택의 공급물량만 늘리면 집값이 떨어질 수 있는 것인가? 물론 장기적으로는 선진국처럼 주택보급률을 110~120%까지 늘려야 하는 것은 맞다. 우리도 공급을 하지 말자는 것이 아니라, 공급을 하되 지금과는 다른 임대 중심의 공급을 하자는 것이다.

하지만 지금의 시점에서 주택공급이 부족해서 집값이 뛴다는 주장은 어불성설이다. 최근 4~5년간 사람들은 부동산에 투자하면 돈을 벌 수 있다는 사실을 알고 투기에 가세해왔다. 많은 이들이 투기 목적으로 주택과 부동산을 사고 있기 때문에 가격이 올라가는 것이다. 250만 가구가 800만 채의 집을 가지고 있는 현실에서 판교 신도시처럼 위치가 좋은 곳에 집을 만들어 팔아봐야 사는 사람들은 역시 돈 많고 주택을 많이 가진 사람들이다.

주택보급률이 70~80% 수준에 불과했던 1989년에는 정부가 새 주택을 주변 가격의 60% 정도밖에 안 되는 싼값에 대량(200만 호) 공급해서 집값을 잡을 수 있었다. 그러나 최근의 양상은 과거와 전혀 다르다. 주택보급률은 이미 100%를 넘어선 상태다. 이런 가운데 98년 이후 분양가 자율화조치에 편승해 주택건설업체들이 자제력을 상실하고 주변 가격보다 매번 120% 정도 비싼 가격으로 새 집을 공급하니 주변 집값까지 덩달아 오르는 것이다. 헐값에 추첨으로 공급받은 공공택지에서마저도 기존 주택가격의 120% 가격으로 업체들이 아파트를 공급해왔다. 이러니 단기간에 엄청난 공급을 했음에도 불구하고 오히려 집값을 뛸 수밖에 없다. 90년대초에는 새 아파트가 주변 시세의 60% 가격으로 공급되어 집값을 끌어내렸는데 이번에는 정반대 역할을 하는 것이다.

판교 주변 집값이 오르는 것도 같은 이유다. 논밭을 정부가 강제 수용하여 조성된 값싼 땅에 건설되는 판교도 저 정도인데, 내가 사는 분당은, 용인은, 강남은, 평촌은, 일산은, 얼마 정도는 돼야 하지 않겠느냐는 심리가 작용하는 것이다. 그러면 집을 가진 사람들이 가격담합을 하기 시작하거나 매각을 늦춰 매물이 부족해지면 호가가 뛰어오른다. 따라서 판교 신도시의 주택을 민간이 분양하게 하면 또다시 폭등현상이 일어날 수밖에 없다.

- 서울 강남 등에 수요에 비해 중대형 평수 아파트가 모자라기 때문에 집값이 뛰는 것이니, 판교 신도시에 중대형 평형을 늘려야 한다는 주장도 제기되고 있다. 판교가 이런 중대형 아파트에 대한 수요를 채우지 못하면, 강남의 집값만 더 올린다는 주장도 그래서 나오는 것 같다. 이에 대해 어떻게 생각하나?

판교에 중대형 아파트 1,000가구 공급을 줄인다고 강남, 분당 집값이 뛴다는 이야기는 말이 되지 않는다. 올해 상반기에 강남에 공급된 물량만 그 열배를 넘는다. 정말 중대형 아파트를 사고 싶어하는 사람들이 현재 그렇게 많은가? 다시 말해서 정말 돈을 많이 번 사람이 늘어나 중대형 아파트를 찾는 사람들이 단시간 내에 증가할 수 있을까 하는 것이다.

실제로 1999년 이후 단군 이래 최대 물량인 250만 가구의 주택이 공급됐다. 특히 중대형 평형의 공급은 그 어느 정권보다 많았다. 그런데 왜 갑자기 가격만 3~4년 새에 폭등하겠는가? 최근 국세청이 서울 강남의 9개 아파트 단지를 조사한 결과가 답을 말해준다. 이들 지역 아파트의 60% 가량이 3주택 이상을 소유한 사람이 산 아파트였다. 이들 지역에서 3주택 이상 가진 사람들은 최근 3~4년 동안에만 20억 원 가량의 불로소득을 얻었는데, 이는 투기라고 봐야 한다. 이 같은 투기수요가 준동하니 집값이 뛰는 것이다.

물론 일부이지만 자녀를 많이 두어 중대형 평수에 살고 싶어진 사람도 있을 수 있고, 일부 계층은 열심히 일을 해서 돈을 많이 벌었을 수도 있다. 물론 그러한 사람들을 위한 답도 있다.

지금 우리가 주장하는 것은 판교 아파트를 모두 소형 평수로 짓자는 게 아니다. 판교에도 중대형 아파트는 당연히 들어선다. 대신 그 아파트들을 팔지 않고 빌려주기만 하자는 것이다. 공급의 양은 똑같이 하되 공급의 방식을 소유(분양)가 아닌 활용(임대)으로 가도록 하자는 것이다. 아파트를 팔기 시작하면 또다시 시세차익이니 뭐니 해서 투기바람이 불 것은 불을 보듯 뻔하다. 공공보유 임대주택이 들어선다고 해서 중대형 평수의 아파트 숫자가 줄어드는 것은 아니다. 중대형 평수를 원하는 사람이 있다면 그리로 들어가서 값싸게 임대(전세)를 얻어 장기간 살면 된다. 그러나 꼭 큰 아파트를 사야겠다면 다른 지역에서 구입하면 된다. 강북과 강남에는 고급주택이 이미 많이 공급되어 있다. 다른 곳에서는 아파트를 팔지 않나? 판교에 중대형 아파트를 사려는 사람들의 목적은 '주거'가 아니라 '투기'인 경우가 대부분일 것이다. 정부가 국민의 땅을 수용해서 투기하는 사람들까지 배려하면서 신도시정책을 펴야 하나? 주택정책은 주거공간의 확보를 위해 주택을 찾는 이들을 중심으로 이루어져야 한다. 주택을 더 이상 투기의 대상으로 두어서는 안 된다.

- 판교를 중심으로 불고 있는 투기열풍에 대한 해법으로 공영개발을 제안했다. 공영개발을 하기 위해서는 많은 재원이 필요하다. 그런데 이 자금을 어떻게 확보할 수 있나?

신도시 내의 상업용지와 업무용지에 주목해야 한다. 정부가 싼 값으로 얻은 땅에 지을 수 있는 것은 주택뿐만 아니라 백화점, 마트 같은 것들이 들어설 수 있는 상업용지와 사무실용 업무용지도 있다. 이러한 용지를 민간에게 시세대로 팔면 엄청난 차익과 자금을 확보할 수 있다. 국가가 국민을 위해 장사를 하는 것이다. 그리고 이렇게 해서 정부가 얻을 수 있는 개발이익은 공영개발을 위한 자금으로 충분하다. 판교에 상업용지와 업무용지를 팔면 7, 8조 원의 자금을 얻을 수 있다. 양질의 2만 가구를 건설하기 위해서는 4, 5조 원 정도가 드니 이것만으로도 남는 장사인 것이다.

정 돈이 부족하면 국민연금 등 연기금을 투자하면 된다. 공공주택에 국민연금을 투입하는 건 국민들이 지지해줄 거다. 전 경제부총리는 2004년 11월 한국형 뉴딜정책을 발표하면서 국민연금 10조 원을 공공건설사업이나 민자사업에 참여하는 민간건설업체에 빌려주도록 하겠다고 했는데 왜 국민의 돈으로 건설업체 좋은 일만 시키나? 국민연금 적립액은 2003년 현재 112조 원이고 2010년 328조, 2020년 908조에 이를 것으로 추정된다. 이렇게 어마어마한 금액이 적립돼 있는 국민연금의 10% 정도만 공공보유주택 확보재원으로 활용하면 국민연금의 안정적 운용은 물론 집 없는 50%의 서민주거안정을 달성하고 부동산투기도 막을 수 있다. 그야말로 일석삼조 아닌가.

- 현 정부도 국민임대주택사업 등을 시행하고 있는데, 굳이 공공보유 임대주택을 건설하자는 이유는 무엇인가?

참여정부는 임대주택 100만 호를 건설해 공공주택의 비중을 15%까지 높이겠다고 했지만 현재대로라면 공염불이 될 가능성이 크다. 지금 방식은 임기 동안 시늉만 내겠다는 식이다. 임대주택사업을 하려면 자금이 있어야 하는데 자금도 없는 주공과 토공이 당장 눈앞의 이익만 챙기려 하지 않겠는가? 건설업자 배만 불려주는 주택정책으로 인해 임대주택 건설재원이 마련돼 있지 않은 상황이다. 정부는 국민의 세금으로 재정을 마련해 임대주택을 확대한다고 하지만 한계가 명확하다.

그린벨트 푼 땅에 임대주택을 짓겠다고 하니 지자체와 주민들이 모두 반대해서 제대로 추진이 되지 않고 있다. 노태우, 김영삼, 김대중 전 대통령이 모두 공공임대주택을 100만 호씩 짓겠다고 했으니 약속대로라면 지금 공공보유주택이 350만 가구가 돼야 하는데 실제로는 30만 가구밖에 없다. 공공택지를 공급해서 그 동안 다 부자들의 자산 증식용, 투기용 아파트만 지어왔기 때문이다.

건설관료들이 그 동안 얼마나 거짓말을 해왔나? 용인 죽전 등에 서민들이 얼마나 들어갔나? 5년 후 분양하는 '무늬만 공공임대주택'에도 얼마나 특혜를 줬나? 지금 기존 아파트에서 엄청난 폭리를 취하고 있으니 더 큰 특혜를 줘야 주택건설업자들이 임대를 지을 것 아닌가? 주택건설자금의 50%를 저리로 빌려주고 각종 세제혜택을 주어서 임대주택을 짓지만 대부분 분양대기 아파트에 머물고 있다. 심지어 화성 동탄에는 2년 반짜리 공공임대가 나올 정도로 공공성이 떨어지는데도 온갖 특혜를 줬다. 관료들이 얼마나 국민을 헷갈리게 하면서 건설업체들의 배만 불릴 궁리를 해왔는지 통탄할 노릇이다. 농지를 수용할 때는 값싸게 택지를 조성해 서민에게 혜택이 돌아가라고 한 것이지 누가 가진 자들 돈잔치하라고, 공기업과 건설업자들 배불리라고 특혜를 주는 것인가.

이런 방식대로라면 10년, 20년이 지나도 장기임대주택을 획기적으로 늘리기는 어렵다. 그러나 앞서 말한 대로 향후 개발되는 공공택지에서 지속적으로 공공보유 임대주택을 건설해 전체 주택의 20% 수준까지 늘리면 서민들의 주거는 한층 더 안정될 것이다. 국내 주택재고 1,350만 채 가운데 1가구 1주택은 550만 채 정도이고, 250만 명의 다주택자가 나머지 800만 채를 갖고 있다. 결국 공공소유주택에 살고 있는 30만 명 가량을 제외하고는 550만 무주택자 대부분이 개인 소유 임대주택에 살고 있다는 얘기다.

앞으로 공공보유주택 비율이 20%가 될 때까지 지으려면 200만 채를 지어야 한다. 매년 25만 채를 8년 동안 지어야 이 목표를 2012년경에 달성할 수 있다. 그래서 노 대통령이 말하는 150만 가구의 공공임대주택을 확보하기 위해서라도 공공택지에서 나오는 아파트는 팔지 말고 모두 공공보유주택으로 지으라는 것이다.

- 공공보유주택을 건설하면 대규모 사업자들이 건설공사에 참여하지 않게 돼 주택의 부실화가 우려된다는 주장도 있다.

앞서 말한 바와 같이 우리나라에서는 선분양제도 아래에서 분양원가 공개가 제대로 이루어지지 않고 있어 고급아파트를 지을 수 있는 가격에 대해 제대로 알고 있는 이들이 많지 않다. 그러나 실제 '최고급' 아파트를 짓는 데드는 가격은 아무리 많이 잡아도 평당 건축비 400만 원 정도면 충분하다. 평당 400만 원이면 타워팰리스와 같은 고급 아파트를 지을 수 있다. 국내에서 가장 아파트 잘 짓는다는 회사와 유명 외국 건설업체와 한번 경쟁시켜 봐라. 그 가격에도 충분히 세계에서 가장 멋진 신도시를 만들어낼 것이다.

그리고 대규모 건설사업자가 참여하든 안 하든 실제 시공하는 하도급업체는 대부분 비슷한 수준이다. 실제 사업을 수주한 대형건설사가 시공하지 않고 다단계 하도급을 거쳐 시공하게 하기 때문이다. 이처럼 '건설하지 않는 건설회사'가 구경만 하고 폭리를 취하는 구조도 없애고, 50% 이상은 직접 시공하게 해야 한다. 그래야 비정규직이 줄어들고 기능인력이 양성된다.

지금 강남에서 재건축하겠다는 아파트를 봐라. 30년밖에 안 된 신도시를 다 부수려고 한다. 지구상 어디에도 이런 경우는 없다. 지금부터 짓는 신도시는 200~300년이 가도 끄떡없게 지어야 한다. 최고급 호텔 건축비의 두 배인 평당 800~900만 원에 이르는 건축비를 들이고도 수명이 40년도 안 되는 아파트를 짓는다는 것은 말이 되지 않는다.

후분양제, 직접 시공제와 함께 철저하게 감리제도를 개선해야 한다. 부동산이라는 이유로 빠져 있는 제조물책임보험에도 들게 해야 한다. 이런 제도의 도입이 미뤄져 아파트의 질이 저하되고 수명이 단축되고 있다. 사실은 가격폭등보다 더 심각한 문제다.

– 판교의 경우 과거 건설업체들이 '로또 택지'를 분양받아 올린 폭리를 취할 수 없게 했다. 그런데도 건설업체들이 판교 시공권을 따기 위해 혈안인 이유는 무엇인가?

220만 원 하던 표준건축비를 2004년 10월에 280만 원으로 올리더니 2005년 들어서는 350~400만 원까지 받을 수 있게 해줬다. 1년 만에 무슨 변화가 있었길래 건축비를 한꺼번에 60% 이상이나 올려주나. 땅값 차액으로 배불리던 건설업체들이 이제 채권입찰제로 그 차액을 못 얻게 됐으니 건축비를 올려줘 보전해주는 것으로 볼 수밖에 없다.

이밖에 건설업체들이 누려온 특혜는 아직 살아 있다. 정부는 그 동안 건설업자에게는 선분양특혜, 공공택지 독점분양권, 공공택지 헐값추첨참여권, 분양가 자율결정권 등 네 가지 특혜를 줘왔다. 최근 4~5년간 공공택지개발사업으로 건설업계에 불려준 특혜 규모가 7조 원에 이른다.

경실련이 줄기차게 공공택지개발 사업지구의 택지공급방식에 문제를 제기하며 공공택지의 원가 공개를 요구했고 한때 정부도 공개하겠다고 약속까지 했었다. 하지만 그게 골치 아프니 미봉책으로 판교에 도입한 것이 원가연동제와 채권입찰제다. 건설업체에 준 가장 큰 특혜인 선분양특혜와 공공택지 독점참여권은 그대로 유지하는 대신 분양가를 일부 규제해 서민들의 원성을 일단 막아보고자 한 것이다.

왜 공공택지를 건설업체에게만 파는가? 누구나 사게 하라. 보험회사나 증권사, 펀드 또는 국민연금 등 연기금 사업자, 심지어 외국 기업 누구나 좋다. 누구나 참여하게 해서 경쟁입찰을 붙여 시세대로 최고가에 팔면 된다. 시세와 택지조성원가의 차이만큼 생긴 개발이익을 공공보유 임대주택 건설에 쓰거나 임대주택에 사는 서민들의 주거보조비로 쓰게 하라는 것이다.

– 지금 문제가 되고 있는 부동산 투기광풍은 일부 투기꾼들에 의한 것 아닌가? 서민들이 살 집을 확보할 수 있게 되었다고 해서 과연 이러한 부동산 투기광풍이 잠잠해질 수 있을까?

지금 부동산열풍의 핵심에는 서민들의 가격폭등 불안감도 한몫 하고 있다. 정부는 4~5년간 제대로 된 주택가격안정대책을 내놓지 못하자, 사람들은 이제 정부를 믿지도 않고 아파트값이 내려갈 것은 기대조차 하지 않는다. 아파트값이 점점 더 올라가고 있으니, 사람들은 조바심과 정부에 대한 불신 때문에 대출이라도 받아서 아파트를 사려고 한다. 정부를 믿고 있다가는 영원히 집 장만을 못할지도 모른다는 불안감과 주변에서 아파트를 구입한 사람들이 모두 돈을 벌고 있는 것처럼 보이니 극단적인 행동을 하게 되는 것이다. 아파트값이 점점 올라가기만 하니 돈을 빌려서라도 '나도 부동산투기로 재미 좀 보자'라는 생각을 하게 되고 투기열풍은 점점 더 거세지는 것이다.

그러나 정부가 가장 위치 좋은 곳에 최고급주택을 만들어 주변 가격보다 싼 값에 지속적으로 공급하면 다른 곳의 주택에 눈돌릴 염려가 없다. 주택을 이용한 투기가 더 이상 가능하지 않게 되는 것이다. 양질의 주택이 저가로 많이 나오는데 왜 아파트값이 올라가겠는가?

● 정부정책

- 정부가 아파트 가격이 급등한 지역의 국세청 기준시가를 상향 조정하고, 세무조사 등 일제 단속에 나서겠다고 밝혔지만 별 효과를 못 보지 않았는가?

정부가 해야 할 일은 국세청이 완장 차고 나서는 게 아니라 5년 간 아파트 분양으로 엄청난 폭리를 취한 건설사들을 세무조사하는 일이다. 시티파크를 비롯해 재건축 비리현장에 건교부와 국세청이 나가서 한 일은 오히려 검찰이 수사하지 못하도록 다 도망가게 도와준 일밖에 없다.

- 판교발 집값폭등에 대한 비난여론이 비등하자, 건교부는 판교급의 신도시를 계속 건설하겠다는 이야기를 내놨다가 다시 철회했다.

판교에 2만 가구 분양과 함께 임대주택 6,000가구 건설 계획을 세웠다. 2만 가구 분양을 하려다 아파트값이 34조 원(판교 주변 5개 지역 11조 원, 강남 23조 원)이 올랐다. 첫 삽도 뜨기 전에 말이다. 판교 같은 신도시가 또 생기면 어떻게 되겠는가? 투기꾼들은 주변 중대형만 찾아서 또 공략할 것이다. 왜냐? 투기로 돈 번 사람들은 다시 거기에 투자를 하게 돼 있다. 거기다 지금 신도시를 계획하면 적어도 3~4년의 시간이 걸린다. 참여정부 임기가 2년 남았는데, 과연 임기 안에 신도시 건설이 가능하겠는가.

- 정부의 정책에 일관성이 없었고, 집값안정을 이룰 수 있는 제대로 된 정책을 내놓지 못했다는 비판이 많지 않은가?

참여정부의 부동산정책은 없었다고 해도 과언이 아니다. 28번이나 대책이 나왔지만 모두 미봉책뿐이었다. 국민들이 기억할 만한 정책이 없다. 그게 문제다. 정책의 일관성은 정부가 일관된 정책목표를 갖고 거기에 부합하는 적절한 정책을 지속적으로 집행해야 함을 의미한다. 그런데 기존 판교 신도시 정책은 집값안정이나 서민주거안정이라는 주택정책의 기본 방향에서 빗나가도 한참 빗나갔다. 잘못이 명백해진 정책은 그 잘못을 하루빨리 인정하고 고치는 것이 더 올바른 것이다. 그나마 청와대와 총리실 등을 중심으로 판교 공영개발을 적극 검토하기로 하는 등 과거와 다른 자세를 보이기 시작한 것은 다행스런 일이다.

– 부동산정책을 담당하는 경제관료들을 강도 높게 비판해온 이유는 무엇인가?
"집값만은 반드시 잡겠다"는 대통령의 발언이 2005년에만 일곱 번 나왔다. 하지만 시장에서는 대통령의 발언이 먹히지 않는다. 실제로 정책을 담당하는 경제관료들이 움직이지 않기 때문이다. 움직이지 않는 정도가 아니라 끊임없이 대형 건설업체와 투기세력의 이해를 대변하는 발언과 정책들을 쏟아내고 있다.

판교만 하더라도 건교부는 불과 얼마 전까지 "판교가 집값을 안정시킬 것이다"라고 주장해왔다. 이미 판교 주변 집값과 강남권 일부 아파트값이 34조 원 가량 오른 상황에서도 이 주장은 계속됐다. 개발이익의 구체적인 내역도 밝히지 못하면서 "판교 개발이익은 1,000억 원에 불과하다"는 주장만 되풀이해왔다.

얼마 전 청와대 한 핵심관료를 만났을 때 그가 내놓는 부동산대책을 듣고 좌절했다. 그는 '5·4 대책'으로 보유세를 조금 높이면 집값이 충분히 잡힐 거라고 확신했다. 시장에서는 이미 '5·4 대책'이 별것 없는 것을 알고 집값이 오르고 있는 상황이었다.

상황이 이러니 이해찬 국무총리가 국회 대정부질문에 나와서 "참여정부의 부동산정책은 역대 어느 정부보다 안정적으로 관리하고 있다"며 "상승지수는 전년보다 더 안정적이며 전국적인 현상이 아니다"고 답한 것 아니겠는가. 참여정부 이후 부동산가격은 2003년에만 10%, 올 상반기에만 8% 이상 폭등한 것으로 나타났다.

경제관료들이 제시하는 엉터리 보고 때문에 참여정부 핵심층이 문제의 심각성을 오판하고 있다. 판교에 혐오시설을 유치하면 집값이 안정될 것이라는, 말도 안 되는 대책을 정책 실무자가 내놓고 있다.

기업도시, 골프장, 한국형 뉴딜정책, 경제자유구역(FEZ) 지정, 지역균형 발전, 행정수도 이전, 공공기관 이전, 50개 신도시 건설 등등 땅값을 부추기는 개발정책들이 쉴새없이 쏟아지는데 경제관료들은 "부동산가격은 안정될 것이다"라는 소리만 앵무새처럼 반복하고 있을 뿐이다.

- 이른바 건설업자—건교부 등 경제관료—부패 정치인—기득권 언론—건설업계 편향적인 관련 학자 및 연구원 등 '개발 5각 구조' 또는 '개발 5적'에 대한 비판 수위를 높여온 이유는 무엇인가?

공급확대논리와 인위적인 경기부양논리에 빠져 있는 관료들을 혁신해야 한다. 그들은 미래의 건설협회 등 이익단체 예약자들이다. 전임 관료의 비호와 격려 속에서 일부 재벌만을 위한 부동산정책과 건설정책을 펼치고 있다. 그들 주변에서 활동하는 자칭 전문가들은 모두 다 '개발 5각 구조'의 장학생들이다. 그들은 1999년 분양가 자율화조치 이후 자제력을 상실하고 눈앞의 이익만을 챙겨왔다. 헐값으로 공급받은 공공택지마저 기존 주택가격의 120%에 이르는 높은 분양가를 책정해 막대한 이익을 남기고 있다. 단군 이래 최대 물량을 단기간에 공급해도 계속 집값이 오르는 이유가 바로 여기에 있다.

이제 우리나라에서도 이탈리아와 일본에서 했던 것처럼 건설을 둘러싼 부패의 연결고리를 끊어야 할 때가 왔다. 개발이익에 눈이 먼 일부 건설업체, 이들을 비호해주는 대가로 뇌물과 노후를 보장받는 정치인과 관료들, 이들의 나팔수 노릇을 하는 일부 언론과 허수아비 학자들까지 모든 사정기관을 동원해 대대적인 사정에 나서야 한다. 개발 5각 구조에 대한 대대적인 사정에 성공한 국가만이 부동산거품을 제거하고 국가경쟁력을 키울 수 있다.

- 개발 5적 가운데 기득권 언론을 거론하는 이유는 무엇인가?
기득권 신문의 광고 40% 가량이 아파트분양 등 건설 관련 광고다. 그 영향이 기사에도 그대로 반영된다. 더구나 이젠 건설사들의 영향력이 방송에도 미친다. 방송사들의 광고 역시 휴대폰 광고 아니면 대기업 브랜드 아파트 광고가 대부분이다. 이들 기득권 신문의 부동산 관련 기사를 분석하면 모두 "이곳에 투자하면 얼마만큼의 수익을 보장받는다"는 식의 홍보성 기사 일색이다. 지난 10여 년 동안 일어난 국내 부패사건의 55% 이상이 건설부패다. 그러나 각종 부패나 비리 관련 기사엔 이니셜 처리만 돼 있을 뿐 어느 건설사인지 제대로 정확히 명기된 적이 없다. 건설사와 언론사의 전형적인 커넥션 사례다.

판교발 집값폭등과 관련한 최근의 언론보도를 봐도 이 같은 구분은 명확히 드러난다. 집값폭등이 분당에서 용인, 평촌으로 옮아가고 강남과 분당 아줌마간의 경쟁적인 집값 올리기를 하고 있는 국면에서도 기득권 언론은 집값 잡는 방법을 제시하지 않고 오히려 "어디는 얼마 올랐네"라는 식의 보도를 신나게 해댔다. 반면 미디어다음과 오마이뉴스, 프레시안 등 분양광고가 안 들어오는 인터넷 매체들이 사실을 제대로 보도하고, 방송매체들이 이 뒤를 따라왔다. 이렇게 공급자 대변 언론과 소비자인 국민 대변 언론이 극명하게 드러났다.

– 공영개발과 함께 후분양제 도입을 강조하는데 그 이유는 무엇인가?
만들지도 않은 상품(아파트)을 선물(先物)처럼 거래하니 거품이 생긴다는 것이다. 짓고 나서 분양하면 딱지도 생길 리 없고 건설사간 경쟁이 이루어져 질도 향상된다. 평당 1,200만 원에 팔린 상암동 아파트의 원가는 600만 원대였다. 그런데 분양아파트들의 건축비로 실제 신고된 금액은 900만 원이었다. 300만 원의 단가를 속여 신고해서 더 이득을 본 것이다. 이는 아파트를 짓지도 않은 상태에서 먼저 팔기 때문에 가능했던 일이다.

상식적으로 분양이 끝나서 돈을 다 받았는데 누가 정성을 다해서 잘 지으려고 하겠나? 이러니 아파트값은 올라가는데 품질은 계속 그 자리 아닌가. 컴퓨터 성능이 286, 386, 486, 펜티엄으로 향상되면서 컴퓨터의 가격이 도리어 하락한 이유는 끊임없는 기술개발 때문이다. 그런데 아파트는 기술개발도 없이 신문광고비와 공무원 뇌물비용이 그대로 소비자에 전가돼 폭등만 거듭하고 있다. 다 지어놓고 팔면 굳이 원가를 공개하라고 할 필요도 없는 것이고, 건설업체는 잘 팔리게 하기 위해 잘 짓기 경쟁을 할 수밖에 없다.

재벌 건설업체들은 분양을 끝내고 실제 공사는 하청을 준 뒤 아파트 짓는 것을 구경만 해도 수년 만에 구경값으로 수백억 원을 손쉽게 벌 수 있다. 공사 마진의 절반 이상을 가져가기 때문이다. 후분양제를 실시하면 원가의 두세 배를 취하는 폭리도 사라진다. 그렇게 되면 건설사들이 기득권 신문에 광고 안 해도 되니 기득권 신문들의 경제 망치기 논리도 사라질 것이 아닌가.

– 현 정부가 나름대로 예전과는 다른 전향적인 부동산대책들을 많이 검토하고

있는 것으로 알려졌다. 현 정부의 부동산정책이 어떤 방향으로 가야 하나?

백지 상태에서 새롭게 시작해야 한다. 기존의 부동산정책으로 누가 특혜를 봤고 누가 손해를 봤는지를 살펴보면 답은 간단하다. 공급자 위주의 정책을 소비자 위주의 정책으로 바꾸기만 하면 된다. 모든 공산품에는 소비자를 보호하기 위한 제도와 기관이 갖춰져 있다. 그런데 정작 가장 비싼 제품인 주택에는 소비자 보호하기 위한 정책이 없다. 왜 주택만 유독 물건도 만들어지기 전에 돈을 줘야 하고, 내가 낸 돈 만큼 물건이 제대로 만들어지는지도 몰라야 하는가.

대통령은 보건복지부 산하에 주택청을 신설하는 등 소비자 중심의 주택정책을 실현해야 한다. 민간은 후분양제를 실시하고, 공공보유주택 비율을 20%로 끌어올려야 한다. 건설 마피아들과 전쟁을 선언하고 관료들을 전면적으로 교체해야 한다. 이탈리아는 정치인과 관료들을 사정했더니 건설비용이 반값으로 떨어졌다. 일본도 1980년대 말 리크루트 사건, 90년대 가네마루 사건 사정 이후 부동산거품이 꺼지고 건설비용이 확 줄었다.

수십 년 동안 건설업자들과 유착하며 이익집단화된 듯한 관료들이 주택을 잡고 있어서는 주택정책이 절대 변할 수 없다. 그리고 열린우리당의 전직 관료 출신 정책라인들도 모두 교체해야 한다. 지난해 열린우리당 정조위원장이던 모 의원 사건에서 드러났듯이 건설업자에게 돈을 받고 공급자를 위한 정책을 쏟아낸 사람들이 있는 곳에서 대책을 내놓겠다는 건 말이 안 된다. 집값안정이 민생경제의 1번이다.

대통령은 탄핵 때와 같은 정치적 결단을 내려야 한다. 그러면 85%의 국민이 지지를 해줄 것이다. 우선 집 없는 45%가 지지할 것이고, 집값 한 푼 오르지 않는 곳에 사는 25%의 지방 거주민들이 지지할 것이고, 서울과 수도권에 살면서 집값이 제자리인 서민 15%가 지지를 보내줄 것이다.

대통령은 분양원가 공개를 그렇게 반대했던 이헌재 전 부총리, 강동석 전 건교부 장관, 김진 전 주공사장이 어떻게 자리에서 물러나게 됐는지 잘 생각해봐야 한다. 참여정부 초기부터 불거진 각종 건설 관련 부정부패사건을 곰곰이 곱씹어봐라. 정대철 전 의원이 왜 굿모닝시티의 특혜 배후로 지목받고, 안상영 전 부산시장, 남상국 전 대우건설 사장, 박태영 전 전남지사가 왜 자살을 택하는 일이 벌어졌겠나. 전현직 광주시장이 아파트 인허가를 둘러싸고 수십억 원의 뇌물을 받은 혐의로 구속되고, 서울시 청계천사업과 관련해 부시장이 구속된 이유가 뭔가. 철도청이 전문 분야도 아닌 유전을 건드린 시베리아 유전개발사업, 행담도 개발사업에 도공과 청와대 인사들이 개입하고, 가만히 앉아 있는데도 인천시장에게 굴비상자에 2억 원을 넣어서 보내주는 현실이 왜 벌어지나. 이렇게 건설부패가 심각한 데도 정부는 사정의 칼을 꺼내들 생각을 하지 않는다.

　참여정부의 국정운영에 치명상을 줬던 이 모든 일들이 결국 건설비리, 부패와 연관된 일이다. 참여정부가 실패한 정권이 되지 않기 위해서는 남은 임기 동안만이라도 부동산정책의 근본 패러다임을 바꾸고 건설 부패세력 척결에 나서야 한다.

－ 대통령은 집권 전부터 지금까지 줄곧 집값을 안정시키겠다고 약속했다. 하지만 건교부나 재경부는 2005년 초까지 건설경기부양책과 부동산투기대책 완화 등을 계속 거론해 대통령의 말과는 다른 신호를 시장에 준 것 같다.

국민의 정부에서 300조 원의 집값이 오른 데 이어 참여정부 들어서도 약 260조 원 가까이 뛰었다. 최근 4년 동안 부동산가격은 500조 원 이상 폭등했다. 지금 현재 활황인 주식시장의 시가총액 규모 500조 원과 같다. 이만큼 집 없는 50% 서민과 집 한 채밖에 없는 28%의 국민이 손해를 본 것이다. 부동산투기를 하지 않으면 살기 불가능한 나라라는 인식을 모든 국민에게 강하게 심어줘 전 국민을 투기꾼으로 몰아가고 있다. 또 모든 기업에게 '부동산확보만이 살 길이다', '물건 팔아서 돈 벌기보다 부동산을 통한 이익을 챙기지 않는 기업은 망한다'는 인식을 심어주고 있다.

모든 기업과 국민을 부동산투기꾼으로 몰아간 것이 건교부와 재경부다. 이들 부처는 2004년 이후부터 무려 15가지 이상의 토지와 아파트 투기조장을 위한 정책을 내놨다. 토지규제 완화, 한국은행에 대한 금리인하 압력, 한국형 뉴딜에 연기금 투자, 재벌에 특혜를 주는 기업도시특별법 제정, 골프장 230개 무더기 인허가 방침, 농지취득자격 완화, 민자사업 확대, 종합부동산세 무력화, 1가구 3주택 중과세 연기, 공공공사 최저가낙찰제 유보 등 다 헤아리기도 힘들 정도다.

한 마디로 대통령의 발언과는 정반대되는 정책만 내놓은 것이다. 대통령은 이를 알고도 묵인했는지, 잘 모르는 것인지 알 수가 없다. 이런 정책에 문제가 있음을 아는 참모들은 그나마 권한을 박탈해 무기력하게 해놓는 것은 아닌지. 학자 출신의 참모들이 현실을 잘 몰라 제대로 된 처방을 내놓지도 못한 채 오랜 기득권 구조에 사로잡힌 경제관료들에게 휘둘리는 듯하다. 퇴물관료와 정부조직을 바꾸면 국민세금 20조 원을 절약하고 부동산거품을 매년 30~40조 원씩 걷어낼 수 있다.

― 행정부의 수반인 대통령의 뜻에 맞지 않는 정책을 내놓는다면 건교부의 역할이나 정책방향을 재정립해야 하는 것 아닌가?

막강한 권한을 가진 경제관료가 그 동안 해온 일이라곤 공공공사 50조 원과 민자사업 20조 원 등 70조 원의 국민의 혈세로 부담되는 예산사업을 잔뜩 부풀려서 건설업체에게 특혜를 준 것뿐이다. 건설업체들의 로비를 받아

국제표준인 최저가낙찰제를 실시하지 않아 연간 10~20조 원에 이르는 특혜를 건설업체들에게 퍼줬다. 또 연간 1,300만 평 규모의 공공택지를 건설업자들에게 반값도 안 되는 헐값에 줘 폭리를 취하게 했다.

나라의 주인인 국민의 주거안정은 늘 뒷전이고 건설경기부양을 위한 건설물량 늘리기에만 혈안이 돼 있다. 건설업자들에게 특혜를 주기 위한 논리를 개발해 유지하는 데만 급급한 개발독재정권의 산물인 개발관료와 개발조직에 대한 수술을 해야 국민을 위한 주택정책이나 건설정책이 수립된다. 그렇지 않으면 어떤 정권도 이들의 장난에 속아넘어갈 수밖에 없다. 관료조직을 수술하고 주택청을 신설해서 주택을 복지 차원에서 다뤄야 할 것이다. 건교부가 기존에 해온 교통 관련 업무는 산업자원부(이하 산자부), 국토정책은 환경부에서 해도 된다. 유럽 국가들도 대부분 이렇게 한다. 왜 국민주거 문제를 개발독재시대에 만든 개발 부처에 맡겨야 하는가 말이다.

- 건교부뿐만 아니라 국민주거안정을 위해 생긴 공기업인 토공과 주공 등이 제대로 역할하고 있는지 의문을 품는 국민들이 많다.

1998년부터 공기업 구조조정이나 공기업 개혁 차원에서 토공, 주공 통합논의를 계속해왔는데 현 정부 출범 직후 이 논의가 중단됐다. 그리고 그 뒤로는 오히려 공공 부문부터 일자리를 늘린다는 명목으로 토공, 주공 등 공기업 직원을 오히려 늘려왔다.

토공과 주공은 판교가 돈이 될 것 같으니까 서로 하겠다고 2001년부터 싸움을 벌이다 결국 같이 개발하게 됐다. 택지지구가 방만한 공기업의 이익을 보장하기 위한 사업인가? 각 지자체의 도시개발공사는 토지사업본부와 주택사업본부를 두고 직접 택지를 개발한 뒤 주택을 공급하는데 왜 중앙정부만 두 개 공기업을 두고 따로따로 하는지 모르겠다. 게다가 국민들 땅을 빼앗아 건설업자에게 2~4배 이익 붙여 팔 거라면 토공이나 주공은 아예 없애야 하지 않겠나. 공기업이 국민주거안정에 기여하지 않고 '땅장사', '집장사'에만 골몰하면 민간 기업과 뭐가 다른가 말이다.

– 대다수 국민들이 보유세 강화에 찬성하는데도 보유세율은 여전히 낮다. 어떻게 생각하나?

선진국에서는 집을 한 채 이상 가진 사람의 보유세가 1% 이상이다. 우리는 0.15%밖에 안 된다. 주택을 여러 채 가진 사람은 보유세를 물리면서도 소득세처럼 누진세를 적용한다. 집을 여러 채 가진 사람에게는 누진과세를 해야 한다. 그렇게 하면 보유세 부담 때문에라도 주택을 가지고 있는 게 손해라는 인식이 심어져 국민들이 집을 여러 채 가지려 하지 않는다.

반대로 지금처럼 주택을 여러 채 가지는 것이 이익이 되도록 정책을 쓰면 온 국민이 빚을 내서라도 집을 많이 소유하려 할 것이다. 최근 3년 동안 분양가가 두 배 이상으로 뛰니 모든 국민이 값이 더 뛸까봐 주택을 살 수밖에 없어 가수요가 촉발됐다. 그리고 가수요 때문에 분양가가 더 올라가는 악순환이 반복됐다.

– 국내 주택시장이 공급자에게 일방적으로 유리하게 돼 있어서 아파트의 품질이 매우 낮다고 주장하지 않았는가?

강남의 재건축 아파트는 30년 정도밖에 지나지 않았는데 서로 부수기 경쟁을 하고 있다. 30년 된 신도시를 부수는 나라는 전 세계에 우리나라밖에 없다. 직접 시공도 하지 않는 건설회사가 재벌 브랜드만 붙여서 아파트를 하청업체에게 모두 맡기는 나라도 우리나라뿐이다. 지은 지 20여 년밖에 안 된 63빌딩을 지금 리모델링한다고 한다. 부수기는 미안하니 리모델링을 한다는 것이다. 지금부터 짓는 아파트들은 200년, 300년 가도록 만들어야 한다.

서울시내 동시분양 아파트 건축비 신고내역을 보니 평당 800~900만 원 짜리로 짓겠다고 수백만 원씩 건축비를 부풀려 신고한 게 많았다. 전부 이렇게 엉터리로 두 배 이상 부풀려서 신고했다. 해당 관청에서 건설업자들이 거짓 신고한 것도 묵인하고 신고한 내용을 계약서에 표기하라는 공정위 법규도 무시하고, 방조하기 때문에 가능한 일이다. 모델하우스와는 전혀 딴판으로 '가구 바꿔치기', '내장재 바꿔치기'로 폭리를 취하는 데만 혈안이 돼 있는데 이를 바라만 보는 관료들에게 주택정책을 맡겨서는 안 된다. 건설시장을 개방해서라도 외국회사와 직접 경쟁하게 하고, 건설사들이 직접 시공하게 해야 한다.

선분양제, 직접 시공제 미도입, 허수아비 감리제도, 제조물책임보험 미가입 등 공급자에게만 일방적으로 유리한 특혜제도들 때문에 주택이나 건축물의 질이 떨어지고 수명이 단축된다. 다른 나라는 100년, 200년 쓰는데 우리는 30년밖에 못 쓴다면 엄청난 부담을 후손들에게 물려주는 것이고, 엄청난 환경파괴와 자원고갈 아닌가? 노무현 대통령이 2005년 초, 건교부 업무보고 자리에서 살기에 쾌적하고, 보기에도 좋은 주택과 건축물을 짓는 방안을 알아보라고 했다. 유럽이나 미국 등을 방문해서 본 보기 좋고, 살기 좋고, 편하고, 오래된 건물들이 부러웠을 것이다. 그런데도 우리는 상자갑 같은 아파트를 가지고 얼마 올랐니, 내렸니 하고 있으니 얼마나 한심한 일인가?

3 공영개발론

[1. 공영개발 왜 해야 하나?]

공공택지 개발 및 기존 판교개발방식의 문제점

주택가격안정과 서민주거생활을 안정시킨다는 명목으로 국민의 땅을 강제 수용한다 → 토공과 주공 등이 나서 공공택지를 조성한다 → 시세의 절반 가격에 민간건설업체에 공공택지를 분양한다 → 아파트를 짓기도 전에 분양하는 선분양제도와 분양가 자율화 체제 아래 민간건설업체들이 주변 시세에 맞춰 높은 분양가를 책정한다 → 높게 책정된 분양가 때문에 주변 시세가 다시 뛰는 악순환이 발생하고 국민들은 주택가격의 폭등으로 고통스러워 한다.

부동산가격이 급등한 최근 몇 년 동안 공공택지에서 주택이 공급돼온 방식을 설명한 도식이다. 과정을 단순화한 무리가 있지만 큰 틀에서 볼 때 용인 동백, 화성 동탄, 파주 교하 등 최근 수도권 공공택지의 주택들이 모두 이런 식으로 공급되어 왔다.

이 과정을 잘 보면 그 동안 공공택지개발방식과 신도시 건설에 큰 문제가 있음을 쉽게 알 수 있다. 주택난 해소와 부동산투기 억제, 서민주거 안정 등을 명목으로 제정된 택지개발촉진법(이하 택촉법)에 따라 정부가 토지를 강제 수용하지만 결국 본래의 취지를 달성하기는커녕 집값 폭등만 부르고 있는 구조인 셈이다. 또한 이 과정에서 발생한 막대한 개발차익은 공기업과 건설업체들의 배만 불리는 데 사용됐다. 경실련 자료에 따르면 민간건설업체들이 수도권 공공택지에서만 2000년 이후 모두 7조 원 이상의 개발이익을 챙긴 것으로 분석됐다. 제대로 공영개발을 했더라면 고스란히 국민들에게 돌아갔을 혜택이 공기업과 소수 민간건설업체들의 배를 불리는 데 사용된 셈이다.

앉아서 돈 버는 '로또 택지'

이 과정에서 특히 문제가 된 것은 소위 '로또 택지'다. 이는 건설업체들만 공공택지를 시세의 절반 이하 가격에 독점 공급받을 수 있는 특혜에서 비롯된 것이다. 이 같은 제도는 과거 정부가 분양가를 규제하면서 건설업체에게 싼 값에 택지를 공급하는 대신 분양가를 낮추게 해 개발이익이 국민에게 돌아가도록 한다는 취지에서 도입된 제도다.

그런데 정부는 1998년부터 분양가를 전면 자율화하면서도 공공택지는 건설업체 가운데 추첨해 공급했다. 이 같은 택지는 보통 시세의 30~40% 가량에 불과해 택지를 공급받으면 건설회사들은 그 자리에서 수백억 원에서 수천억 원까지 벌 수 있다. 이 때문에 이들 택지를 가리켜 '로또 택지'라는 말까지 나온 것이다. 구체적으로 살펴보자.

토공은 수도권의 경우 택지를 평당 300만 원 선에 택지개발도 하기 전에 분양한다. 이렇게 택지를 분양받은 중소시행사는 이 택지를 평당 700~800만 원선에 다른 대형건설업체에 넘기거나 시공사에 하도급을 주고 분양만 대행한다. 하지만 건설업체는 이렇게 택지를 싸게 분양받고도 분양가를 주변 아파트 시세에 맞추는 경우가 많아 결국 땅값만으로 엄청난 차익을 보게 되는 셈이다.

사정이 이러하다 보니 거의 모든 주택건설업체들이 로또 택지를 서로 분양받기 위해 일종의 유령 회사인 페이퍼 컴퍼니를 경쟁적으로 만들어 택지 분양 추첨에 참가한다. 이들 업체 가운데 60% 이상이 아파트 공사 실적이 거의 없는 기업들이다. 건설사들이 택지 당첨 확률을 높이기 위해 만든 유령회사들도 많기 때문이다. 상당수 대형건설사들이 지역별로 두세 개씩, 수십 개의 페이퍼 컴퍼니를 거느리고 있는 것은 공공연한 비밀이다. 이렇게 '로또 택지'를 받으려는 페이퍼 컴퍼니가 늘다 보니 2003년 공급된 경기 고양 풍동 택지지구의 택지 공개청약경쟁률은 186 대 1까지 치솟기도 했다.

공공택지를 분양받은 건설업체는 시행사가 돼 시공사 선정시 공공연하게 뒷돈의 보장을 요구하기도 한다. 입찰을 통해 최고의 개발이익을 보장해주는 업체에 시공을 맡기는 것이다. 사실상 땅을 파는 것인데도 형식적으로는 시행사가 시공을 맡기는 형식이므로 양도소득세는 제대로 납부하지 않을 것이다. 이 같은 뒷돈은 보통 수백억 원대에 이른다. 이 같은 실태는 지난해 화성 동탄지구에서 택지를 수의계약으로 헐값에 공급받은 (주)M이 웃돈 400억 원을 얹어 다른 건설업체들에게 맡겼던 사건에서 이미 사실로 드러난 바 있다. 이렇게 시행사의 개발이익을 보장해주기 위해 시공사는 분양가 책정시 시행사 이익을 포함시키는 건 당연하다. 이 같은 '유통 마진'의 증가는 최소 10~20%의 분양가 인상

내지 아파트 가격의 상승 등으로 이어질 것이 뻔하다. 주택과 땅값 안정을 위해 개발하는 공공택지의 개발이익을 '재수 좋은' 업체들이 불로소득으로 챙기고 그 부담은 국민이 떠안는 꼴이다.

땜질식 처방으로 피해가려다 집값폭등 부른 정부

이 같은 공공택지 개발이익의 사유화가 문제되자 건교부는 판교 개발지구에 대해 원가연동제(전용면적 25.7평 이하)와 채권분양가 병행입찰제(25.7평 이상)를 도입했다. 하지만 이는 민간건설업체에 돌아가던 개발이익을 최초 분양당첨자에게 나눠주거나(원가연동제) 공공이 개발이익의 일부를 환수하는 방식(채권분양가 병행입찰제)일 뿐 집값안정이나 서민주택 문제를 해소하는 데는 전혀 도움이 되지 않음이 명백해졌다. 오히려 판교를 '로또 투기판'으로 만들어 집값폭등의 진원지가 되지 않을까 생각한 필자는 2003년 12월과 2005년 3월 두 차례에 걸쳐 판교를 공영개발하면 어떤 효과가 있는지를 분석해 발표한 적이 있다.

"원가연동제가 처음 적용될 것으로 지정되었던 판교 신도시 시범단지의 경우 시세의 절반 정도에 분양될 가능성이 높다. 이럴 경우 건설업체가 취하던 폭리가 최초 분양자에게 돌아가게 되므로 이를 노린 부동산투기가 극성을 부릴 가능성이 높다. 이 같은 상황이 불보듯 뻔한데도 정부가 원가연동제를 강행하려 했던 것은 결국 이를 통해 근본적인 개혁을 하지 않겠다는 의도로 볼 수밖에 없다."

정부 여당이 2004년 6월 14일 판교를 원가연동제와 채권입찰방식으로 개발하겠다고 발표하자 경실련이 당시 낸 성명의 일부다. 필자는 1년 전부터 '판교 로또화'로 인한 집값폭등을 예측하고, 사전에 여러 차례 경고했지만 정부는 이를 들은 척 만 척했다. 결국 정부의 고집대로 하더니 문제는 터졌다. 판교 분양권 당첨은 주변 시세 등에 비춰볼 때 누구나 최소 1억 원 이상의 차익을 올릴 수 있는 '로또'로 변해버렸다. 이는 판교 아파트에 운좋게 당첨된 사람에게 국민 세금으로 1억 원 이상의 주택구입 보조금을 지급해주는 것이나 마찬가지인 셈이다.

따라서, 정부의 기존 판교 개발정책은 공익성과 형평성에서 심각한 문제를 안고 있으며, 서민들의 주거생활안정이라는 정부의 주택공급정책 목적에 부합하는 것도 아니었다. 기존 방식은 서민의 주거생활안정을 위해 마련된 택촉법에 근거해 판교 원주민들의 토지를 강제수용해 다른 개인이 특혜를 누리게 한다는 점에서 위헌적 요소마저 있다고 할 수 있다. 아파트가 로또도 아니고 어떤 사람은 당첨되면 떼돈을 벌고, 어떤 사람은 살던 집에서 강제로 쫓겨나는 게 제대로 된 국가의 주택정책인가? 운 좋은 사람에게 돈을 몰아주자는, 말이 안 되는 발상이다.

공공택지에 집 지어 공기업과 건설업체만 배 불려

기존 판교 개발방식은 공기업과 민간건설업체에게 막대한 개발이익을 안겨준다는 점에서도 큰 문제였다. 경실련과 함께 추정해본 바로는 공기업과 민간건설업체들은 기존 방식대로라면 판교 개발에서 각각 최소 수조 원대의 개발이익을 챙기게 돼 있었다. 이 과정에서 건교부가 얼마나 건설업계의 이익보장에 노심초사했는지는 근거 없는 건축비 인상조치에서 명확하게 드러난다.

건교부는 판교 개발시 원가연동제의 실시로 건설업계의 이익이 줄어들 것으로 보이자, 2005년 2월 기본형 건축비를 평당 339만에서 423만 원까지 대폭 올렸다. 당초 223만 원이던 표준건축비를 2004년 9월 다시 288만 원으로 25.3%나 올린 데 이어 다시 20~50% 가량 대폭 올린 셈이다. 하지만 이처럼 건축비를 올리는 근거는 제시하지 못했다. 실제로 각종 공사현장에서 17년 가량 일해온 한 작업반장은 "철근값 등 원자재 값이 뛰었다고는 하지만 표준건축비를 이처럼 대폭 올릴 근거는 못 된 다"며 "사실 평당 건축비는 250만 원 안에서 소화할 수 있다"고 말할 정 도다. 건교부 방안대로라면 건설업계는 판교 아파트 시공과정에서 건축 비에서만 분양 평당 100만 원의 차익을 올리게 돼 있었다.

민간건설업체들은 "민간이 적절한 수익을 남기는 게 뭐가 잘못이냐" 고 따진다. 과연 그럴까. 민간업체가 사업을 할 때는 일정한 위험부담 (risk)을 떠안는 대신 일정한 수익률을 누리는 게 보통이다. 이 때문에 '저위험 저수익, 고위험 고수익' 논리가 일반적으로 통용되는 것이다. 그런데 기존 판교 개발사업의 경우 100% 분양이 사실상 확정된 상태에 서 정부가 표준건축비 인상 등 각종 제도로 건설업체의 추가수익을 보 장해주고 있다. 땅값 차액으로 배불리던 건설업체들의 수익이 원가연동 제 등으로 줄어들자 정부가 다른 방법으로 보전해준 셈이다. 국민의 부 담으로 건설업체의 배만 불리는 정책을 만드는 데 혈안이 된 관료의 '진 면목'을 보여주는 대목이다. 더구나 이 같은 수익의 대부분은 '시공에 직접 참여하지 않는 건설회사'들이 상응하는 노력 없이 챙겨가게 돼 있 었다는 점에서 분명히 폭리다. 이러한 공급자 보호정책은 우리 업체들 의 경쟁력을 저하시키는 결과로 나타난다.

무늬만 공공임대인 국내 공공임대주택

2005년 3월 논란이 된 경기도 화성 동탄지구 3차 동시분양 임대아파트 의 사례는 그 동안 정부가 추진해온 임대주택정책이 얼마나 허구적이었 는지를 여실히 보여준다. 동탄 3차의 30~35평형 일반 분양아파트의 평당 분양가는 740~760만 원. 그런데 31~35평형 임대아파트의 분양가도 평당 720만~740만 원 선이었다. 이들 임대아파트는 5년 임대 후 분양아파트로 전환할 수 있는 아파트들이다. 임대아파트 건설업체들은 청약자들이 두 가지 방식으로 계약할 수 있게 했다. 하나는 보증금과 임대료를 8대 2로 책정한 임대방식으로 계약하든지, 아니면 2년 6개월 후 분양전환시 추가부담 없이 청약단계에서 분양가로 낼 수 있도록 한 것이다. 2년 6개월 후부터 주민들과 협의 아래 분양전환이 가능하다는 점을 이용하여, 사실상 편법으로 일반 분양아파트처럼 분양되고 있는 것이다.

문제는 이들 임대아파트가 저렴한 임대아파트를 공급한다는 취지로 국민의 혈세로 조성한 공공택지를 원가 이하로 싸게 분양받은 경우라는 것이다. 토공의 자료에 따르면 3차 분양에 참여한 일반 분양아파트 용지의 평당 가격은 339만 원(분양평당 181만 원), 임대아파트 용지의 택지가격은 평당 221만 원(분양평당 155만 원)으로 임대아파트용 택지는 일반 분양아파트에 비해 평당 118만 원이나 싼 가격에 분양받은 셈이다. 정부가 무주택서민들의 주택난 해결을 위해 저렴한 임대아파트를 공급한다는 취지로 택지조성원가(평당 268만 원)보다 낮게 공급하고 있기 때문이다.

그런데 이들 임대아파트 건설업체들은 일반 분양아파트와 비슷한 수준의 '사실상 분양가'를 책정, 막대한 시세차익을 얻으려 한 것이다. 이런 식이라면 3차 분양에 참여한 문제의 4개 임대아파트 건설업체들이 올리게 될 차익은 모두 2,366억 원에 이를 것으로 추정된다. 혈세를 들여 원가에도 못 미치는 가격에 택지를 공급했지만 결국 건설업체들의 배만 불린 셈이다. 이 같은 사례는 두드러지는 경우지만 지금껏 정부의 임대주택정책을 보면 과연 서민을 위한 주택정책이 있는지 의심스러울 정도다. 구체적으로 보자.

"공공임대주택은 공공임대주택이 아니다." 이렇게 표현하면 무슨 말일까 어리둥절해할 것이다. 사실 논리적으로만 따지면 틀린 말이다. 하지만 적어도 국내 '공공임대주택'의 현실을 살펴보면 앞의 진술은 절대 틀린 말이 아니다. 현재 국내 임대주택은 정부의 일관성 없는 정책 때문에 명칭부터가 혼란스러운데 이를 정리해보자.

먼저, 1)영구임대주택은 1989년부터 건설되기 시작하여 93년 이후에는 건설이 중단됐다. 현재 19만 호 정도만 남아 있는 영구임대주택은 전용면적 7~13평으로 규모가 작고 국민기초생활수급 대상자만 입주할 수 있다. 2)98년부터 건설되기 시작한 국민임대주택은 전용면적 18평 이하로 영구임대주택보다는 큰 편이다. 김대중 정권 때부터 시작된 국민임대주택은 사실 제대로 진척되지 못했는데, 현 정부가 이를 이어 2012년까지 100만 호를 짓겠다고 약속했다. 3)현재 임대주택의 대부분을 차지하는 것은 무늬만 공공임대주택이다. 그 가운데서도 민간업체가 지은 5년 후 판매하는 임대주택이 대다수를 차지하고 있다. 이처럼 민간이 5년간 임대하다가 일반에게 분양하는 주택이 대부분이어서 사실상 '분양 대기 아파트'인 임대주택이 '공공임대주택'이라는 명칭을 쓰고 있다는 점이다. 이들 주택은 정부가 개발한 택지를 원가 이하로 싸게 특혜공급받고 국민주택기금을 저리로 빌리고 각종 세제혜택을 받는다. 법적으로 '공공임대주택'이어서 각종 혜택을 받는 셈이다. 대신, 전용면적 60평방미터(대강 25평형) 이하인 경우 임대료나 차후 분양가 규제를 받게 돼 있다. 하지만 이들 주택의 경우에도 25평형 이상 35평형(임대주택 평형 상한)까지는 임대료나 차후 분양가의 제한조차 받지 않는다.

이 같은 소위 '공공임대주택'은 입주자 과반수의 동의를 얻어 2년 6개월 만에 분양으로 전환할 수 있어서 사실상 후분양 아파트와 비슷하다. 분양대금을 미리 전세보증금 형식으로 받아 사실상 분양을 미리 해버리는 건설업체들이 대부분이었기 때문이다. 선진국의 경우 정부나 지자체가 직접 소유하면서 저렴하게 임대하는 주택을 공공임대주택이라고 하는데, 우리는 '공공임대주택'이라는 명칭을 5년 후 분양하는, 사실상의 후분양 아파트에게 빼앗긴 꼴이다.

'진짜' 공공임대주택은 전체 주택재고의 2.4% 수준

문제는 진정한 의미의 공공임대주택이라고 할 수 있는 국민임대주택과 영구임대주택 등 10년 이상 장기임대주택의 비율이 미미해 사실상 서민 주거안정에 거의 기여하지 못한다는 점이다. 건교부의 자료에 따르면 2003년 말 현재 10년 이상 임대주택의 수는 30만여 가구에 불과하다. 이는 전체 주택재고 1,267만 호의 2.4% 수준이다. 전체 개인 보유의 민간 임대주택 650만 호와 비교해도 5%가 안 되는 수준인 셈이다. 이는 공영 임대주택 비율이 41%인 네덜란드는 고사하고, 20%인 영국이나 16%인 프랑스 등에 비해서도 터무니없이 낮은 비율이다. 이는 OECD 국가 가운데 최하위 수준으로 우리나라가 '주거복지의 빈사상태'임을 적나라하게 보여주고 있다.

국내 공공분야 임대주택 현황(2003년 말 기준)

영구임대	50년 공공임대	국민임대	계
190,077호	92,730호	20,862호	303,669호

*건교부 2004년 주택업무편람

이런 상태인데도 정부는 임대주택 공급을 확충하려는 노력조차 제대로 하지 않았다. 1995년부터 지난해 말까지 10년간 모두 535만 호의 주택이 건설됐으나 장기임대아파트는 19만 호 정도가 공급됐을 뿐이다. 전체 주택공급의 3.5%에 불과한 수치다. 더구나 노태우 정권 이후에는 민간만이 임대아파트 건설을 담당해 영구 또는 50년 이상 장기 공공임대아파트는 전혀 건설되지 않았다. 김대중 정부 시절인 98년부터 국민임대라는 새로운 명칭의 장기임대주택이 건설되고 있을 뿐이다. 이는 공공택지에서조차 대부분 택지를 민간에 판매하고 최소한으로 공급된 임대주택조차 무늬만 공공임대주택인 5년 임대주택이 대부분이기 때문에 빚어진 기막힌 현실이다.

물론 공공임대주택에 대한 수요가 없었다면 문제가 아닐 수 있다. 하지만 국내 무주택 서민들의 주거실태는 눈물겨울 정도로 열악해 공공임대주택에 대한 수요는 차고 넘친다. 실제로 지난달 한국개발연구원이 발표한 '주택금융 및 저소득층 주거지원정책 분석' 보고서에 따르면 2000년 현재 우리나라 전체 가구(1,431만 가구) 가운데 23.4%인 334만 가구가 면적 및 시설 등이 최저 기준에 못 미치는 집에서 살고 있는 것으로 나타났다. 최저 주거기준인 4인 가족 기준 11.2평보다 좁고, 시설면에서 전용 입식부엌과 수세식 화장실, 목욕시설을 갖추지 못한 경우다. 또한 이제야 입주 기준으로 2만 호 정도 공급된 국민임대아파트의 경우 서울에서만 대기자가 2만 5,000여 명에 이르고 있는 실정이다.

국민주택 짓는다던 택지지구에 다시 분양아파트 대량 공급
건교부가 2004년 수립한 주택종합계획에 따르면, 정부는 2012년까지 주공과 지자체 100만 호, 민간 부문 50만 호 등 모두 150만 호의 임대아파를 공급한다는 계획을 세웠다. 문제는 정부가 이 같은 목표를 실제로 달성할 수 있느냐 하는 것이다. 노태우 정부와 김대중 정부 모두 국민임대주택 100만 호 건설 등 정책목표는 거창했으나 실제 성적표는 앞에서 본 것처럼 초라하기 짝이 없다. 정부는 현 정부 출범 2년 동안 국민임대주택 16만 3,000호를 착공했다고 밝히고 있다. 2년 동안 목표치가 18만 호였으므로 완벽하지는 않지만 목표치의 90% 가량은 달성한 셈이다. 하지만 정부 목표치를 채우기에는 아무래도 역부족으로 보인다. 정부의 목표치를 채우려면 2005년부터 2012년까지 매년 10만 호 이상이 공급되어야 한다. 판교 신도시의 주택공급수가 2만 7,000가구 정도 되므로 매년 판교신도시 3~4배의 택지가 필요한 셈이다.

하지만 건교부는 국민임대주택을 짓겠다며 그린벨트 지역을 해제해 조성한 고양 삼송과 남양주 별내 지구의 국민임대주택 공급비율을 대폭 낮출 방침이다. '판교발 집값폭등'을 막겠다며 이들 택지지구를 '판교급 신도시'로 개발하겠다고 핑계를 대면서 일반 분양아파트를 대폭 늘리겠다고 한 것이다. 고양 삼송 등 위치 좋은 곳에서 공기업과 건설업체들이 땅 장사를 하도록 또다시 변질시킨 것이다. 건교부가 집값을 안정시키겠다고 내놓은 대책을 잘 뜯어보면 이처럼 오히려 집값 상승을 부추기고, 건설업자 좋은 일 시키는 정책이 적지 않다.

이런 상황에서 기존 '임대 단지=빈민주거지역'이라는 인식 때문에 국민임대주택단지로 지정된 지역주민들의 반발이 만만치 않다. 남양주 별내, 부천 범박, 안산 상록, 시흥 장현, 수원 호매실 등이 모두 이런 곳들이다. 물론 이들 주민들 가운데는 임대주택단지 자체에 대해 반발하기보다는 토지보상비를 더 받기 위한 '전술'로 삼는 경우도 있다. 그 동안 그린벨트로 묶여 있었던 지역이지만 그린벨트가 풀린 인근 지역의 시가만큼 반영해달라는 것이다.

　정부는 이 같은 택지 문제를 돌파하는 수단으로 다가구 매입 임대나 부도 임대아파트 매입 등도 대책으로 내놓고 있다. 다가구 매입 임대는 도심지역의 다가구주택을 사들여 임대주택으로 전환해 저소득층이 일자리가 없는 외곽으로 밀려나는 현상을 극복하겠다는 취지로 도입한 사업이다. 또 부도 임대아파트 매입사업은 공공임대주택 가운데 부도 상태인 16만 호 일부를 정부가 매입해 임대주택으로 전환하겠다는 내용이다. 그러나 이 두 가지 방안으로 정부가 확보할 수 있는 임대아파트는 정부계획대로 되더라도 2008～2009년까지 2만 호에 불과하다. 이런 식의 발상으로는 임대주택 문제를 근본적으로 해결할 수 없다.

　계획대로 돼도 시원찮을 판에 이마저도 잘 진척이 되지 않고 있다. 특히 부도난 공공임대주택 매입사업이 그렇다. 이들 주택은 사업에 뛰어든 영세건설업체들이 외환위기 이후 줄줄이 쓰러진 탓도 있지만 정부와 지자체의 무성의한 관리로 건설업체들이 주택기금과 은행돈, 그리고 서민들의 임대보증금만 떼먹고 고의부도를 낸 경우도 많다. 결국 정부의 무성의한 탁상행정이 빚어낸 결과인데, 정부는 이 문제를 해결하는 데도 소극적이다. 아직 정부가 매입한 임대주택은 2005년 상반기까지 단한 채도 없었기 때문이다. 부도 아파트들을 매입하면 유지보수와 관리에 어려움을 겪을 것으로 판단하는 건교부가 입주자들을 대상으로 한 분양전환을 염두에 두고 있기 때문이다.

　민간이 공급할 공공임대주택에도 문제가 많다. 관련법의 개정으로 임대기간이 5년에서 10년으로 늘어났지만, 역시 빈틈이 많다. 현재 공공택지의 경우 전체의 40%를 임대주택용지로 조성해야 하고, 이 가운데 10%는 민간에 할당된다. 문제는 민간의 몫인 10%가 처음에는 10년 공공임대주택용지로 분양되지만, 3개월간 분양이 안 될 경우 5년 공공임대주택용지로 전환할 수 있게 해준 것이다. 더구나 6개월간 분양이 안되면 일반분양주택용지로 다시 전환할 수 있다. 실제로 인천 송도신도시 개발지구의 경우 이렇게 해서 공공임대주택용지가 결국 일반 분양아파트 용지로 전환됐다. 6개월만 기다리면 훨씬 수익성이 높은 일반 분양주택용지로 살 기회가 생긴다고 하면 공공임대용지 용도로 살 유인이 줄어드는 것은 뻔한 일이다.

지난 30여 년 간 역대 정부는 모두가 공공임대주택 대폭 확충을 약속했지만 실제로 서민들이 살 수 있는 아파트는 1년치 주택건설물량에도 미치지 못하고 있다. 지금껏 건교부의 주택정책이 서민주거안정을 이루기보다는 주택투기꾼과 장사꾼들에게 특혜를 주거나 이들을 비호하면서 얼마나 잘못된 주택정책으로 일관해왔는지를 여실히 보여주는 증거인 셈이다.

[2. 공영개발의 방법과 효과]

공영개발의 두 가지 방식

이런 맥락에서 공공택지를 제대로 활용하고 공공보유 장기임대주택을 대폭 확대하는 방안으로 공영개발이 거론되고 있다. 공영개발은 크게 공공분양과 공영임대주택 건설방안으로 크게 나뉠 수 있다.

공영개발은 공기업이 택지를 조성한 뒤 공기업이 시행사 역할을 맡아 아파트 건설사업의 관리를 맡기고 이후 정부가 소유하거나 연기금 등의 공적 투자자가 임대사업 등을 하도록 하는 방식이다. 경실련은 지난해 이렇게 공영개발할 경우 발생하는 효과를 추산한 바 있다.

먼저 공공분양을 할 경우 판교의 경우 정부가 소형은 평당 900만 원대, 중대형 평형은 1,500만 원대로 분양가를 추산하는데 공영개발해 분양을 할 경우에는 600만 원대로 분양가를 낮출 수 있다. 실제로 내가 경험한 건설 분야의 원가를 기준으로 계산해보면 충분히 가능하다.

또 정부가 소유하거나 각종 연기금 등을 활용해 20년 이상 장기임대 아파트를 건설할 경우에도 20년간 6조 829억 원의 안정적인 수익을 올릴 수 있다. 김양수 의원이 경실련 추산방식을 참고로 해서 건교부가 최근 발표한 아파트 세대수의 변경사항 등을 고려해 추산한 결과도 큰 틀에서는 별로 다르지 않다. 사업비를 우려할 수 있는데 이런 택지개발사업에서 얼마나 많은 개발이익이 생기는지를 조금만 아는 사람이라면 이런 걱정은 전혀 할 필요가 없다. 판교 택지의 경우 정부가 업무용지와 상업용지를 판 가격만으로도 7조 원 이상의 돈이 생기는데 판교를 공영개발할 경우에 들어가는 비용은 4~5조 원이면 충분하기 때문이다.

영구임대주택 건설이 해법이다

공영개발의 두 가지 방식 가운데 현재 상황으로서는 후자 쪽을 선택하는 것이 더 바람직하다. 일단 전자의 방식을 선택할 경우에는 당장 판교 신도시 아파트의 분양가는 크게 낮출 수 있지만, 분양 후에는 주변 시세 수준으로 집값이 오를 것이 확실하다. 주변 시세와의 차익 때문에 기존에 건교부가 추진하던 방식보다 훨씬 더 심한 '로또' 현상이 일어나 더 심각한 투기열풍을 불러일으킬 수 있기 때문이다.

정부가 1990년대 초에 200만 호 건설정책 때 했던 것처럼 최소 수십만 가구를 단기간에, 100만 호 이상을 3~4년 지속하는 식으로 공급한다면 모를까 그 전까지는 이 같은 부작용을 피할 길이 없어 보인다. 또한 이렇게 대규모로 추진한다고 해도 아파트 분양까지는 몇 년이 걸리므로 그 동안에 집값을 잡기도 쉽지 않다. 따라서 공영개발방식 가운데 후자의 방법, 즉 공공 소유의 영구(장기)임대주택을 건설하는 것이 해답이라고 할 수 있다.

하지만 앞으로 진행할 공공 소유 영구임대주택단지 건설은 단순히 여기서 끝나서는 안 된다. 기존의 임대주택단지는 대부분 좁고 낡은 데다 주거여건도 좋지 않은데 지어져 빈곤층 거주지라는 이미지가 있다. 이 때문에 상당수 지자체와 주민들에게 임대주택건설을 반대하는 빌미를 준 것도 사실이다.

따라서 향후의 영구임대주택단지는 단순히 빈곤층의 주거지 마련만을 위한 주택이 아니라, 대다수 계층의 국민을 대상으로 주거안정을 도모하고 쾌적한 선진국형 주거복지를 실현하는 공공보유의 첨단주택단지로 개발해야 한다. 따라서 입주를 원하는 모든 계층의 국민을 대상으로 중대형 평수를 포함, 다양한 평형으로 구성해야 한다. 또한 현재의 신도시들처럼 교육기관과 학원, 레저 오락시설, 백화점, 할인점 등 주민들이 편리하고 쾌적한 생활을 누릴 수 있는 기반시설을 충분히 갖춰야 한다. 필요하다면, 기존 임대주택과 차별화하기 위해 '렌털 타운' 또는 '렌털 시티'(말 그대로 타운과 시티는 규모에 의해 구분된다) 등의 명칭을 사용해 신선한 이미지를 전하는 방안도 고려해볼 수 있다.

그리고 이는 판교 신도시 등에서 한두 번에 그치는 것이 아니라 공공 소유의 영구임대주택이 일정한 목표치, 예를 들어, 선진국 수준인 20~30%에 이를 때까지 지속적으로 개발해야 한다. 특히 집값상승이 가팔랐던 수도권 주변에 이런 대규모 영구임대단지를 지속적으로 개발하되 중장기적으로는 부산, 대구, 대전, 광주 등 주요 대도시 주변에도 이런 대규모 공공 소유 영구임대단지를 만들겠다는 계획을 제시해야 한다.

따라서 그 첫 사례로 판교 신도시를 '렌털 타운'의 모델로 만드는 것은 매우 좋은 선례가 될 수 있다. 판교가 수도권 주변의 요지에 위치한데다 쾌적한 녹지공간과 용적률, 적절한 기반시설 등을 감안하면 우리 주택정책의 패러다임을 바꾸는 훌륭한 모델이 될 수 있기 때문이다.

영구임대주택단지 개발정책의 장점

이 정책은 많은 장점이 있는 반면 부작용은 거의 없는 방안이다. 이 방안은 우선 기존 판교 개발방안과 같은 수의 주택을 공급한다는 점에서는 아무런 차이가 없어서 총량적 측면에서 수급상황에 아무런 영향을 주지 않는다. 뒤에서 다시 부연하겠지만 공급을 줄이라는 게 절대 아니다. 다만 공급의 방식을 과거와 달리 소유(분양)하는 주택이 아니라 활용(임대)하는 주택을 공급하라는 것이다. 쉽게 말해 정부 또는 연기금 등 공공이 이들 아파트를 소유한 뒤 국민들에게 20년 이상 장기 또는 영구임대를 하는 방안이다. 이렇게 하면 일반 민간인이 차익을 위해 사고 팔 일이 없기 때문에 앞서 언급한 '로또화'로 인한 집값상승의 우려가 전혀 없다. 이 방식은 부동산투기 문제를 일으키지 않는 선에서 그치지 않고 또 다른 엄청난 장점들을 지니고 있다.

우선 쉽게 예상할 수 있는 것이 집값의 안정이다. 저렴한 임대료의 질 좋고 다양한 평수의 임대아파트에서 오래도록 살 수 있다면 누가 엄청난 목돈과 비싼 세금 및 유지비를 들여가면서 집을 사려고 하겠는가? 이런 공공보유 아파트들이 지속적으로 공급된다고 할 때 집값이 큰 폭으로 떨어질 것은 자명한 이치이다.

둘째, 비슷한 맥락이지만 다양한 평형의 공공 소유 주택을 많이 (예를 들어 20% 가량) 보유하면 정부가 집값을 조절하는 기능을 갖게 된다. 지금처럼 집값이 폭등할 때는 정부가 보유한 물량의 일부를 싼 값에 시장에 내놓으면 집값상승을 완화할 수 있는 것이다. 이렇게 하면 정부가 지금처럼 복잡한 규제나 제도, 행정지도 등을 통하지 않고도 시장의 수급원리에 의해 손쉽게 집값을 잡을 수 있는 수단을 보유하게 되는 것이다.

셋째, 이 방안은 또 노후대비 부담을 줄여 내수 활성화에 기여할 수 있다. 현재 국내 인구는 급속한 노령화와 저출산이라는 사회변화에 근본적 영향을 주는 메가트렌드(Mega-trend)가 일어나고 있고 실제로 노후대비 때문에 생기는 소비위축효과가 매우 크다. 그런데 대부분의 세대가 원래대로라면 노후걱정 때문에 집에다 넣어놔야 할 수억 원을 소비나 다른 투자처로 돌릴 수 있어 내수경기 활성화에 크게 기여할 수 있는 것이다. 이 같은 효과는 세대를 가리지 않고 모두 적용된다. 예를 들어, 장년층 이후의 세대가 임대주택에 입주하면 여유 있는 노후생활이 가능해진다. 신혼부부들도 집을 사기 위해 저축하던 돈을 소비로 돌릴 수 있게 돼 내수경제가 활성화될 것이다.

넷째, 또 노후세대의 경제적 자립이 가능해지면 복지비용부담이 줄어 재정건전화에도 크게 도움이 된다. 노후세대가 경제적 자립을 할 수 없으면 급속한 고령화사회가 도래할 경우 생겨날 노인복지부담이 얼마나 커지겠는가? 이에 대해서는 이미 많은 전문가들이 경고하고 있으므로 자세히 언급하지 않아도 될 것이다.

다섯째, 주택마련자금부담이 줄어든 만큼 돈이 증권 및 기업투자로 흘러가 경제구조가 부동산투기 중심의 자산경제에서 기업경영활동 중심의 생산경제로 바뀌어 경제구조가 건전화될 수 있다.

여섯째, 투기에 의해 막대한 불로소득을 사유화할 기회가 사라지니 계층간 갈등 및 위화감 해소에도 커다란 도움이 된다.

일곱째, 또한 부동산가격을 잡기 위해 다른 복잡한 정부대책이나 규제정책을 시행하지 않아도 된다.

이처럼 영구임대주택건설은 단순히 일시적인 집값 대책이 아니라 향후 우리 사회의 근본적인 환경변화를 고려할 때에도 매우 적절한 주택정책이다. 또한 공익성이 강한 방식이면서도 시장의 실수요에 대응하는 공급을 크게 늘리는 방식이므로, 시장기능도 전혀 위축시키지 않는다. 한 마디로 기존 주택정책의 패러다임을 바꾸는 정책임을 알 수 있을 것이다.

실제로 공영개발을 통해 주택을 공급해온 싱가포르의 경우는 공영개발을 할 경우 얼마나 큰 효과가 발생하는지를 잘 보여준다. 싱가포르는 2차 세계 대전 이후 주택문제를 국가 최고의 정책목표로 설정하고 1960년 주택청(HDB)을 설립, 5년마다 주택건설계획을 추진해왔다. 공공주택에 거주하는 국민들의 비율은 1975년 47%에서 2002년 85%까지 늘어났다. 이 동안 싱가포르는 급성장을 거듭하여, 소득수준으로는 우리보다 한 단계 높은 선진국 대열에 올라섰다. 지속적인 공영개발에 의한 국민주거안정이 싱가포르의 경제활동 활성화에 기여한 바가 컸음은 익히 잘 알려져 있다.

국민주거안정을 목적으로 해야 할 공공택지개발과 신도시 개발사업이 공기업과 건설업체들의 엄청난 불로소득과 개발폭리를 챙기는 수단으로 전락한 지 오래다. 본래 취지에 맞게 공공택지와 신도시는 지속적으로 공영개발을 실시해 공공 소유의 영구임대주택을 대폭 확충하면 현재와 미래의 주택문제를 함께 해결할 수 있다.

[3. 공영개발론의 오해와 진실]

부동산투기 때문에 내수침체와 빈부격차가 심화되는 한국경제의 현실이나 노령화와 저출산 현상이 가속화될 미래를 생각해도 공공 소유의 영구임대주택단지 개발은 매우 장점이 많은 방식임을 소개했다. 하지만 정작 주택정책의 주무 부처인 건교부와 민간 건설업체들, 그리고 기득권 언론들은 공영개발에 대해 상당히 부정적인 입장을 보이고 있다. 특히, 건설업계와 기득권 언론에서는 "판교를 공영개발하면 공급이 부족해 주변 집값이 더 뛸 것"이라며 공영개발론을 비판하고 있다. 이 같은 반발은 이미 충분히 예견됐던 일이다.

그러나 그들이 주장하는 판교 공영개발의 부작용이란 무식의 소치이거나 의도적인 왜곡일 뿐이지, 제대로 된 비판이라고 보기 어렵다. 사실 수십 년 동안의 타성과 이해관계로 얽혀 있는 이들 집단이 자신들의 기존 이익을 심각하게 침해하는 이런 사태를 두고 볼 리가 없다. 이들이 제기하는 문제점과 이에 대한 반론을 일문일답식으로 정리해보자.

－ 공영개발하면 민간 건설업계의 사업물량이 줄어드는가?
실상을 보면 공영개발로 민간 건설업계가 위축된다고 보기는 어렵다. 2000년 이후 매년 50만 호의 주택이 신규 공급되고 20만 호를 공영개발한다면 30만 호는 민간건설업자들이 공급하면 된다. 더구나 지금 판교에서 거론되

는 공영개발규모가 2만 호 정도인데 이것 때문에 민간건설업체들이 위축된
다는 것은 말이 되지 않는다. 또 공영개발이라고 해도 주공 등이 시행 주체
의 역할을 할 뿐 실제 건설공사는 민간건설업체들이 하게 되므로 건설물량
은 전혀 달라질 게 없다. 다만 건설업체들이 가져가는 개발이익이 줄어들
뿐인데 이를 반기지 않는 건설업체들과 일부 관료들이 이런 논리로 호도하
고 있다.

- 민간건설업체의 창의성이 떨어진다?

이 또한 현실을 호도하는 것이다. 건설업계가 원청-하청-재하청 등을 거
치는 복잡한 '유통단계'와 업역구분 등으로 국제경쟁력이 크게 떨어졌지만
최근 몇 년 동안 생겨난 집값거품에 안주하고 있는 상황이라는 것은 건설업
계에 종사하는 사람들이라면 누구나 잘 안다. 오히려 선분양특혜제도와 공
공택지 독점참여권 등 각종 특혜를 통해 건설업체들이 폭리를 취하는 상황
을 방치함으로써 손쉽게 돈을 벌 수 있다는 인식을 심어주어 기술자와 경영
자의 창의성을 제한하고 있는 현실이다.

거꾸로 생각해보면 이 같은 주장이 얼마나 엉터리인지 쉽게 알 수 있다.
지금까지 민간업체에 공공택지를 헐값에 넘긴 뒤 분양가 폭리를 취하게 해
서 민간의 창의성과 기술이 개발된 게 하나도 없기 때문이다. 건설업체간
담합에 유리한 환경을 조성하고 가만히 있어도 정부가 엄청난 폭리를 보장
해주며 운에 따라 공공택지를 받는데 누가 기술을 개발하려 하겠는가.

공영개발을 해도 아파트의 설계도면과 시방을 자유경쟁입찰을 통해 채
택하고 공사를 철저히 감리감독하면 오히려 민간의 기술개발을 촉진할 수
있다. 거의 대부분 공영개발을 통해 주택을 공급해온 싱가포르의 건설기술
이 우리보다 월등히 앞서 있다는 점과 주택의 질이 훨씬 우수하다는 점을

봐도 이를 확인할 수 있다. 정부가 진정 아파트 품질을 업그레이드하려면 공영개발을 통해서도 외국 설계회사 등에 시장을 개방해서 세계적인 건축물을 얼마든지 만들 수 있다.

– 싱가포르 등 도시국가에서만 통하는 개발방식이라 적용하기 어렵다?

이 같은 주장은 국내의 택지개발 및 주택공급방식이 유럽이나 미국식과는 더 거리가 있다는 점에서 설득력이 부족하다. 미국이나 유럽 등은 우리보다 국토가 크고 인구밀도가 낮아 단독주택이나 다세대주택이 대부분이다. 사실 도시 하나를 거대한 아파트 단지들로 채워 5년 만에 만들어내는 개발방식은 외국에서는 유례를 찾을 수가 없는 경우다. 특히 한정된 공간에 인구밀집도가 매우 높아 항상 집값상승의 개연성이 높은 수도권의 경우에는 싱가포르처럼 공영개발방식이 더 적절한 참고사례가 될 수 있다. 또한 과거 잠실이나 과천 등은 공영개발했는데 그때보다 기술이 나아진 지금 그런 이유로 공영개발을 반대하는 것은 말이 되지 않는다. 또한 국내에서도 집값 문제가 심각한 수도권 일부의 규모가 싱가포르와 비슷하다는 점을 고려하면 더욱 그렇다.

– 공기업의 역할이 비대해진다?

건교부는 토공, 주공 등 공기업의 역할이 비대해진다고 주장한다. 하지만 비슷한 기능을 가진 토공, 주공에다 각 지역별 도시개발공사들까지 그대로 두고 있는 건교부가 할 말은 아니다. 외환위기 이후 토공, 주공 통폐합을 반대했던 이들이 누구였나? 스스로 공기업의 역할 비대 확대를 우려할 정도라면 그 동안 방만한 토공, 주공과 각 지역개발공사를 통합하는 데는 왜 반대해왔나?

공영개발이라고 해도 주공이 하는 역할은 민간건설업체들을 선정해 공사의 진행을 감리, 감독하는 정도여서 기존 역할에서 크게 달라질 게 없다. 특히 도시설계 및 계획 등은 기존부터 해왔던 일이다. 더구나 그 동안 토공, 주공이 공기업으로서의 공공적 역할은 저버린 채 '땅장사', '집장사'에만 치중해왔다는 점에서 공영개발을 통해 공공성은 더 강화해야 마땅하다.

- 공영개발을 하면 중대형 아파트 공급이 줄어든다?

공영개발은 공급은 예전과 똑같이 하되 공급방식만 바꾼다는 것이다. 기존의 분양 위주 공급방식에서 임대(활용) 위주 공급방식으로 공급방식만 바꾼다는 것이다. 공급물량은 전혀 줄어들지 않는다. 중대형 평형의 아파트도 마찬가지다. 판교의 경우도 당초 정부가 계획한 평형 그대로 물량을 공급하면 된다. 이렇게 하면 투기세력의 표적이 되는 민영 중대형 아파트를 임대로 돌림으로써 투기의 소지 자체를 차단할 수 있다.

대한민국 모든 국민을 '로또 판교' 투기판에 몰아넣고 중대형 아파트 공급부족 운운하는 것은 억지다. 중대형 아파트의 공급은 꾸준히 계속되어 왔다. 최근 개발된 택지 중에서 중대형 아파트 공급이 부족했던 사례는 없었다. 건교부나 기득권 언론이 그토록 강조하는 '건설경기부양'이라는 관점에서 봐도 똑같은 물량이 공급되기 때문에 전혀 차이가 없다. 건설경기부양은 아파트 건설과정에서 나타나는 효과이지 높은 아파트 가격에서 생기는 것이 아니기 때문이다.

- 공영개발하면 아파트 품질이 떨어진다?

이는 주택건설의 실상을 잘 모르고 하는 이야기다. 시행사가 누구이든간에 설계에 따라 건설이 되고 설계대로 건설하는가는 감리를 제대로 하면 가능하다. 주공이라고 해서 주공이 직접 아파트를 짓는가? 시공은 모두 우수한 기업과 외국기업이 경쟁하도록 하면 된다. 결국 제대로 된 기업에게 된다.

2002년 이후 주공이 발주한 대규모의 아파트 공사의 시공사는 대부분 국내에서 손꼽히는 건설업체들이었다. 책정된 공사비 역시 민영개발에 비해 낮지 않았다. 물론 실제 시공은 또 다시 하청─재하청업체들이 맡아서 한다. 이 구조 역시 민간개발이나 공영개발과정이 전혀 다를 게 없다. 경실련이 그 동안 거듭 밝혔듯이 평당 건축비 250~300만 원대면 뛰어난 품질의 아파트를 공급하는 데 무리가 없다. 건설업계에 종사하는 사람들은 누구나 아는 사실이다.

- 공영개발하면 슬럼화된다?

몇몇 경제지에서 이런 주장을 하고 있는데 근거가 부족하다. 전체 국민의 절반이 무주택자인데 이들을 위해 양질의 아파트를 공급하면 판교가 슬럼화된다니 말이 되지 않는다. 과거 빈곤층을 대상으로 한 저품질 공공임대주택의 이미지를 덧씌워 공공보유주택론을 흠집내기 위한 의도로 보인다. 기존처럼 각종 특혜를 주고도 질이 형편없는 임대주택을 건설하는 것이 아니라 품질이 좋은 다양한 평형의 임대주택을 모든 계층에게 제공하자는 것이다. 그러면 입주자들이 쓸고 닦고 조이며 내집처럼 아낄 것이다. 일정 기간마다 연장계약을 체결해서 제대로 관리하지 못하는 사람에게는 패널티를, 잘 관리한 사람에게는 인센티브를 줘보라. 저렴한 임대료를 지불하고 품질 좋은 아파트에 살 수 있는 기회를 누가 마다하겠는가?

- 국민세금으로 임대주택자만 혜택 본다?

여기서 제시한 공영개발방식은 영구임대아파트 공급방식이다. 최초 임대자가 차익을 남기고 전매하는 방식이 아니다. 판교 공영개발론은 주택을 소유의 개념이 아닌 주거공간의 개념으로 패러다임을 바꾸자는 것이다. 입지조건이 좋은 판교 신도시가 이를 구현할 수 있는 가장 좋은 기회다. 무주택자가 판교에 저렴한 임대료로 거주할 수 있는 게 혜택이라면 강남에 집을 몇 채나 가진 사람이 몇억씩 투기이익을 남기는 데도 세금도 안 물리고 방치하는 것은 특혜 중의 특혜다. 별다른 노력 없이도 단지 주택을 여러 채 보유한 자들만이 잘살 수 있는 나라가 아닌, 덜 가진 자도 열심히 노력하면서 사람답게 살 수 있도록 집값의 거품을 빼자는 것이다.

-공영개발하면 국가재정부담이 증가한다?

국가재정부담이 증가한다는 주장도 설득력이 없다. 판교 개발은 상업용지 등을 매각한 7~8조 원의 대금으로 충분히 진행할 수 있다. 임대사업으로 인한 공공 부문 비대화도 말이 되지 않는다. 건설사 CEO 출신인 한나라당 김양수 의원도 지적했듯이 공영개발을 한다고 해도 주공이 직접 임대사업을 하는 것이 아니라 위탁하면 된다. 실제 주택시장에서 지금 일어나는 일이다. 오히려 개발업체에 막대한 차익을 올려주는 현재의 택지개발방식을 방치했기 때문에 부동산투기로 땅값이 올라 정부의 토지 수용비만 급증했다. 건교부가 2005년 기획예산처에 토지 보상비만 당초 예상보다 세 배가 늘어났다. 이야말로 국가재정부담을 증가시킨 것 아니겠는가.

-공영개발하면 임대료가 비싸 들어올 사람이 없다?

일부 언론에서는 25.7평 이상의 경우 월 임대료가 200만 원에 이를 것이라고 주장하는데 이는 택지개발이익에 따른 임대료 감소효과를 전혀 고려하지 않은 계산이다. 판교의 상업용지를 판 대금 7~8조 원만으로도 아파트

건설비용 4조 원을 충당할 수 있다. 따라서 민간 건설업체 등에 돌아가던 막대한 개발이익을 임대료 인하에 사용하면 기존보다 훨씬 낮은 임대료로 제공할 수 있다. 이론적으로는 공짜임대를 할 수도 있다. 하지만 공짜로 줄 수는 없으니 감가상각비, 수선유지비, 화재보험료 등을 고려해 적정한 임대료를 책정하면 된다. 좀더 구체적인 임대료 책정 작업이 필요하겠지만 판교의 경우 월 10~30만 원 수준이면 적정할 것으로 판단된다.

4 올바른 주택정책으로 가는 마지막 비상구

이 책을 마무리하는 시점인 2005년 7월 들어 정부가 부동산문제의 심각성을 어느 정도 인식한 듯 부동산정책의 전환을 시사하는 발언들을 부쩍 자주 내놓고 있다. 우선, 노 대통령부터 거래의 투명성과 초과이익환수, 공공 부문의 역할 확대라는 3대 원칙을 강조하고 "부동산투기와의 전쟁에서 반드시 승리할 것"이라는 의지를 다지고 있다. 이어 이해찬 국무총리와 김병준 청와대 정책실장도 "가수요 발생을 근원적으로 차단하겠다", "헌법을 바꾸는 정도로 힘들여서 바꾸지 않으면 안 될 부동산정책을 만들겠다"고 밝혔다. 정부가 이번에도 집값을 잡지 못한다면 참여정부는 주택, 부동산문제로 인해 실패한 정부로 기록될 것이다. 또한 유시민 의원이 "참여정부가 이번에도 부동산대책을 잘못 내놓으면 사망 아니면 최소한 중상"이라고 한 말은 성난 민심을 제대로 읽고 있다는 점에서 다행이다.

8월에 정부가 내놓을 대책내용에 따라 아파트가 일하는 사람에게 희망을 주고 투기세력은 물러나게 될지, 아니면 집값폭등과 투기가 지속되는 망국적 상황이 더욱 기승을 부릴지가 결정될 것이다. 그만큼 대한민국의 미래를 위해 중요한 국면이다. 따라서, 정부가 이번에는 개발세력이나 투기세력이 아닌, 땀 흘리는 근로소득자의 입장에서 한국의 미래를 위한 정책을 내놓기를 바라는 마음이 간절하다. 아파트값 거품을 빼고 열심히 일하고 경쟁력 있는 인물들이 대접받기 위해서는 어떤 방향으로 주택 및 부동산 정책을 수립해야 하는지 살펴보자.

현재의 부동산투기가 왜 일어나는지를 간략히 진단해보자. 기본적으로는 현 정부는 잘못된 정책으로 국민 모두가 부동산투기에 몰려들도록 만들어놓았고 이를 이용한 투기세력들이 준동하고 있기 때문에 부동산거품이 계속 커지고 있다. 여기에 부패한 장사꾼의 로비로 인해 공급자 위주의 주택공급 시스템, 공공보유주택의 절대 부족, 세제 정상화 등과 관련된 정책 일관성의 부족 등이 얽혀 있다. 또한 고위 정책관료들의 도덕적 해이와 건설 및 개발업자들에 포위된 정치권의 압력, 기득권 언론의 왜곡보도 또는 여론호도 등이 이 같은 문제들을 더욱 악화시키고 있다.

좀더 구체적으로 현 정부 들어 나타난 주택정책의 문제점을 살펴보자. 우선, 후분양제를 전제로 도입하기로 했던 분양가 자율화조치가 선분양제가 유지되는 가운데 전면 시행돼 집값상승의 견인차 역할을 하고 있다.

분양가 자율화 상태에서 선분양제특혜를 유지하다 보니 이를 노리고 페이퍼 컴퍼니를 비롯, 영세주택업체가 외환위기 전에 비해 4~5배 이상 증가했다. 이들 가운데 상당수가 탈세 및 부패비리의 온상이 돼 가격거품을 키우는 역할을 했다. 예를 들어, 상당수 영세업체들이 주택기금의 지원을 받은 뒤 비자금을 만들어 돈을 빼돌린 뒤, 고의부도를 내 국민주택기금을 부실하게 하고, 많은 임대주택 세입자들의 가슴에 피멍이 들게 했다. 사태가 이런데도 기금을 감독하는 건교부는 은행의 대출관리 부실을 탓하고, 은행은 건교부의 기준에 따라 대출했다고 책임을 떠넘기는 상황이다.

또한 과다대출로 많은 돈이 주택에 묶임으로써 경제왜곡이 심화되고 있다. 기업들이 생산적인 기업활동에 나서기보다 땅장사에 열을 올리고, 일반 시민들의 근로의욕은 감퇴되고 있다. 집값폭등이 잇따르는데도 단기 실적에 눈이 먼 시중은행들은 주택담보대출 경쟁에 나서 거품경기를 더욱 부추기고 있다.

또 공공택지를 건설업체에 저가로 추첨 또는 수의공급방식으로 분양해 폭리를 취하고 수도권 집값의 상승을 조장했다. 저가로 분양받은 공공택지를 민간 건설업체가 주변 시세나 입주시점 예상가격을 기준으로 분양가를 마구 올려 최소 30~40% 이상의 폭리를 취하기 때문이다. 당초 취지대로라면 집값 인하라는 형태로 공공에 돌아와야 할 이익이 건설업체들의 배를 불리는 데 사용되는 것이다.

요약해보면, 택지개발은 토공 등에 의해 공공주도로 진행되나 택지판매는 추첨이나 수의계약제도를 적용하고, 아파트를 짓지도 않고 파는 선분양제 상태에서 가격만 시장원리에 맡기는 기형적인 주택공급 시스템이 집값의 거품을 만들어내고 있다고 할 수 있다. 이는 결국 집값안정과 서민주거안정을 근거로 부여된 토지강제수용권을 이용해 정부와 공기업, 민간건설업체가 짜고 땅장사, 집장사를 한다는 의미이다.

강남권 재개발, 재건축에 대한 특혜도 문제다. 강남은 원래 서울의 주택부족난을 해결하기 위해 개발된 신도시였다. 1975년 250만 원 수준이던 강남의 13평 아파트가 30년이 지난 오늘날 그 300배인 7억 5,000만 원에 이를 정도로 집값이 폭등했다. 강남지역의 아파트값 총액이 약 500조 원, 땅값 총액은 약 1,000조 원에 이르게 됐다.

특히 최근 수년간 땅값폭등을 가속화시킨 것이 강남권 재건축, 재개발에 대한 엄청난 특혜 때문이다. 개발이익을 전혀 환수하지 않고 사유화할 수 있도록 한 상태에서 대폭적인 용적률 규제를 완화해준 것이 그것이다. 강남 신도시 조성 당시 80%이던 용적률을 250%까지 올려줬으니, 가만히 앉아서 이들 아파트의 재산가치가 몇 배씩 뛰어오르도록 만들어주고도 여기에서 생기는 개발이익은 모두 재건축조합과 건설업체들이 독차지하도록 만들었다. 이 과정에서 생기는 가격거품은 고스란히 고분양가 형태로 일반 분양자에게 전가됐다. (현재 강남권에서 일어나는 현상에 대해 재건축이라는 표현을 쓰는 것은 틀린 말이다. 원래 재건축은 원래 1 대 1로 다시 짓는 것을 의미한다. 그런데 지금 강남에서는 저층 아파트에서 고층 아파트로 증축하면서 동시에 중대형 평형으로 확대하고 있다. 이는 재건축이 아니라 사실상 재개발에 해당한다.) 예를 들어, 강남 13평 아파트(7억 5,000만 원)를 40평으로 재개발하면 14억 원(40평×2005년 기준 평당 분양가 3,500만 원)으로 두 배 가량 뛰게 돼 개발이익만 6억 5,000만 원 가량이 된다. 1999년 1억 원이던 아파트가 개발 전에는 7배, 개발 이후까지 포함하면 14배가 뛰는 셈이다.

이처럼 엄청난 개발이익이 전혀 환수되지 않다 보니 이를 둘러싼 불법, 부패, 비리의 악취가 하늘을 찌르는데도 정책당국이나 사정당국은 모르는 척 방치했다. 경찰이 검찰과의 수사권 다툼 과정에서 여론의 지지를 끌어내기 위해 재개발, 재건축 비리를 조사하자 건교부도 마지못해 조사하는 척하다 재건축 아파트의 분양을 모두 승인해줬다. 건교부나 국세청 등은 이처럼 수사기관의 사정이 예상될 때면 오히려 전시용으로 단속하는 시늉을 하곤 했다. 시티파크 분양 때도 건교부와 국세청이 불법전매를 적발하겠다고 단속에 나서 사진을 찍어대고 난리를 쳤으나 언론에 공개된 실적은 없었다. 이처럼 재경부와 건교부 등 주택정책 관련 공무원들이 이익집단화돼 있고 정부가 이를 강력하게 제어하지 못한 데서 오는 현상이 아닐 수 없다.

그럼, 이런 상황에서는 어떤 주택정책을 펼쳐야 할까. 앞에서도 언급했지만 공급은 지속적으로 이루어져야 한다. 하지만 공급방식은 바뀌어야 한다. 민간주택공급은 후분양제로 바꿔야 하고, 공공택지와 공공신도시에서는 공영개발을 통해 공공보유 장기임대주택을 대량 확충해야 한다.

하지만 이에 앞서 다주택 보유를 최대한 억제해 시장에 투기성 매물들이 쏟아지도록 만들어야 한다. 국세청은 2000년 이후 강남지역 아파트 취득자 10명 중 6명이 3주택 이상 보유자라는 것을 밝혀냈다. 이들이 탈세, 불법증여, 임대소득 탈루, 편법대출 등으로 매입한 아파트를 파악하는 반투기대책은 그들이 그런 아파트를 시장에 내놓도록 중과세하는 것이다. 아마 가장 신속한 대량공급정책이 될 것이다. 이는 또한 기존 주택을 최대한 오랫동안 실수요자가 활용하도록 하게 만든다는 점에서 우리 주택문화를 실수요자 위주로 재편하고 대량의 주택건설과정에서 생겨나는 자원고갈과 환경파괴를 막을 수 있는 방법이기도 하다. 지금처럼 집을 사기만 하면 집값이 뛰는 반면 세금은 뛰는 집값에 비해 '새발의 피' 만큼만 내게 해놓으면 아무리 주택을 공급해도 투기세력의 먹잇감만 제공하는 꼴이 될 수밖에 없다.

그러면 다주택소유를 최대한 억제하기 위한 구체적 방법에는 어떤 것이 있을까. 기본은 실거래가를 투명하게 파악해 정확한 과세기반을 확보하고 보유세와 양도세를 강화하는 한편 개발이익을 철저히 환수해 주택소유를 부담스럽게 하는 것이다. 이렇게 하면 수백만 채의 주택이 시장에 쏟아질 것이다.

실거래가의 신고 의무화

'부동산중개 및 거래신고에 관한 법률'을 조기 시행하고 허위신고에 대해서는 강하게 처벌해야 한다. 실거래가 신고제도가 실시돼 제대로 정착된다면 부동산거래의 실거래가 파악이 쉬워지고, 따라서 시장의 투명성을 높이는 기초가 될 것이다.

그러나 검인계약서나 공시지가제처럼 '종이호랑이'가 되지 않기 위해서는 넘어야 할 산이 많다. 작년 봄 이후 주택거래신고지역이 지정돼 해당 지역에서는 실거래가 신고가 의무화됐지만 신고가 제대로 되고 있는지는 의심스럽다. 만들기만 한다고 법이 자동으로 효력을 충분히 발휘하는 것은 아니기 때문이다.

따라서, 도입 초기에 집중적인 감시를 통해 신고 위반자를 신속하게 적발해 처벌하는 시스템을 갖춰, 법이 사문화되는 일이 되풀이되지 않도록 해야 한다. 기초 지자체들은 신고된 내용이 실거래가인지를 확인할 유인이 있는가? 해당 관청의 누가 어떻게 확인할 것이며, 얼마나 자주 확인할 것이며, 눈감아주고 뇌물을 받지 않게 할 방법은 마련되었는가? 따라서, 지자체의 협조를 끌어낼 중앙정부의 당근과 채찍이 더 체계적으로 갖춰져야 한다.

또한, 부동산매매를 등기할 때 실거래가를 등기항목에 포함하도록 할 필요가 있다. 이는 이미 정부당국자가 추진용의를 밝힌 사항이나, 대법

원 등과의 합의를 거쳐야 할 것이다. 매매가가 등기부에 기록되면, 과세기관뿐만 아니라 금융기관, 다른 채권자, 장래 매입 희망자 등 많은 사람에게 공개되므로 투명성을 높이고, 실거래가 신고제의 정착을 돕는 촉매역할을 할 수 있다. 매매 당사자, 중개인, 신고받는 공무원이 짜고 과소 신고를 하려다가도, 그 허위가액이 등기에 기록된다는 사실을 알게 되면 경각심을 갖게 될 것이기 때문이다.

실거래가를 과표로 한 과세 투명성 확보

정부는 부동산에 관련된 모든 세금의 과세표준을 결정할 때 반드시 실거래가를 적용해야 한다. 그래야 거래의 투명성이 과세의 투명성으로 이어지며, 보유세나 양도소득세의 역진성도 해소할 수 있다. 국회에서 정하는 법정세율과 실제 세부담을 나타내는 실효세율이 근접해져 진정한 조세 법정주의가 확립될 수도 있다. 이미 재경부가 투기지역으로 지정한 곳에서는 실거래가에 기초한 양도소득세 과세가 실시되고 있지만 제대로 실현되고 있는지는 의문이다.

1989년 공시지가제를 도입했지만 이 공시지가를 종합토지세의 과세표준으로 하자는 노태우 정부안의 핵심조항이 당시 국회에서 여야 다수의 힘으로 관련 상임위에서 삭제됐다. 이로 인해 15년이 지났어도 토지의 실효세율은 0.1%도 안 되는, 땅부자들에게는 있으나마나 한 세제로 전락했다. 실효세율을 1% 수준으로 하는 데 12년씩(2017년) 걸리는 식으로 로드맵을 짜니, 투기꾼들이 안심하고 투기에 나서는 것이다.

정보의 투명성

국세청의 강남 다주택소유에 관한 일부 정보 공개, 행정자치부(이하 행자부)의 토지소유 편중통계 공개는 국민들이 부동산문제의 심각성과 제대로 된 부동산정책의 필요성을 이해하는 데 큰 도움이 됐다. 하지만 이렇게 필요할 때마다 단편적으로 정보를 흘려서는 안 된다.

더 많은 정보가 투명하게 정기적으로 또는 상시적으로 공개돼야 한다. 예를 들면, 주택소유현황(세대 단위), 서울과 수도권의 주택보급률(다가구주택, 주거용 오피스텔 등 포함), 중대형 아파트의 실제소유자 거주비율, 중대형 아파트(서울, 수도권)의 전세가와 매매가의 비율 등이 공개되면 국민들이 부동산문제의 실태를 알고, 올바른 정책을 마련하는 기초가 될 것이다. 정확한 정보 없이는 제대로 된 투기억제대책이나 주택공급대책이 나올 수 없기 때문이다. 정부는 토지 및 주택의 편중도와 투기적 가수요의 흐름을 파악해 신속한 대책을 수립할 필요가 있다.

이렇게 앞에서 언급한 실거래가 파악과 과표 현실화가 이루어진 뒤에야 비로소 투기이득의 과세가 제대로 이루어질 수 있다. 1980년대 말 개발부담금, 종합토지세 등 여러 신법이 등장했지만, 개발이익의 환수는 평균 8%에 불과했던 것으로 추정된다.

1 | 보유세를 정상화해야 한다 _ 투기이득에 대해 제대로 과세하기 위해서는 우선 보유세의 강화가 선결요건이다. 실효세율이 선진국 수준인 1%는 돼야 한다. 보유세의 실효세율 1~2%안은 미국 대부분의 주보다 낮은 수준으로 미국 사람에게 물어보면 보수적이라는 평가를 받을 것이다. 이런 점에서 보유세 개편은 엄밀한 의미에서 '강화'하는 게 아니라 후진적인 조세체계를 선진국 수준으로 '정상화'하는 작업으로 이해해야 한다. 일부 몰지각한 언론이 보유세를 '부자 때려잡기'라고 호도하는 것은 어처구니없는 일이다. 명목세율 누진화로 서민을 위하는

척 생색내지 말고, 실제 부담이 역진적인 것부터 즉각 바로잡아야 한다.

예를 들어, 1억 원짜리 집을 소유한 사람이 10만 원을 내는데, 이보다 50배의 가치를 지닌 50억 원짜리 부동산을 가진 사람에게 겨우 10배인 100만 원밖에 물리지 않는 현실을 바로잡아야 한다. 다주택소유자의 일부는 보유세에 부담을 느껴 보유주택의 일부를 시장에 매물로 내놓을 가능성도 있다. 따라서 초기에는 훌륭한 공급정책이 될 수 있다. 현재 국내의 주택보급률은 높으나, 주택소유율은 낮은데 보유세 강화는 초기에 주택소유율을 높이는 순기능도 할 것으로 기대된다.

이처럼 보유세를 정상화하기 위해서는 해야 할 작업들이 많다. 우선, 입법과정에서 무용지물이 된 종합부동산세(이하 종부세)의 주택과표기준을 9억 원에서 6억 원으로 낮추고 선진국 수준의 실효세율 도달기간을 5년 이내로 단축하는 등 실질화해야 한다. 이를 위해 세부담 증가상한율(50%)을 대폭 높이거나 폐지해야 한다. 또한 주택과 나대지 등을 가구별로 합산 과세하고, 개발부담금제를 도입해 개발이익환수가 가능하도록 해야 한다. 종부세수가 확대되면 이를 지방세수가 적은 지자체에 지원할 필요도 있다. 또한 양도소득세에서 다주택자 누진비율을 높이고 '1가구 1주택자'도 원칙적으로 과세하되 소득공제 방식을 도입해 세부담을 줄여주면 된다. 또한 1가구 3주택 이상의 경우 은행이 담보대출을 해주지 않도록 해야 한다. 현재 동일 은행 내에서는 이 같은 대책이 실행되고 있으나 다른 은행간에는 실시가 되지 않고 있다. 따라서 모든 금융권 시스템 안에서 이를 실현하기 위해 은행간 관련 데이터베이스가 구축되어야 한다.

한편 보유세가 충분히 강화되면 이에 맞춰 취득세, 등록세 등의 거래세는 완화해 부동산거래가 활발해지도록 해야 한다. 잘 알려져 있다시

피 국내의 현행 부동산 관련 세금은 보유세 대 거래세 비율이 3 대 7 정도로 거래세 비중이 높다. 이는 보유세가 거래세보다 압도적으로 높은 선진국과 정반대의 양상이다. 따라서 거래세 세율을 보유세의 실효세율 달성과 연동해 조정할 필요가 있다.

하지만 일부 언론이 주장하는 것처럼 보유세가 확실히 정착되기 전까지 무작정 거래세수의 절대액을 일시에 낮추는 방향으로 가서는 안 된다. 국내 보유세와 거래세의 실효세율이 선진국에 비해 크게 낮기 때문에 터무니없이 낮게 설정된 거래세의 과표를 현실화해야지 무턱대고 낮출 일은 아니기 때문이다. 2005년 12월 보유세 시행 전에 이를 개정하는 부담이 따르지만 정부와 정치권이 의지만 보인다면 이 땅의 경제정의를 바라는 대다수 서민층은 적극적인 지지를 보낼 것이다.

국세인 양도소득세는 정부가 인위적으로 부동산투기를 부추기려 할 때 단골로 사용되던 메뉴다. 반면 2002년 이후 부동산가격을 안정시키려 할 때에는 거꾸로 양도소득세를 강화해 대응했다. 양도소득세를 경기조절의 수단으로 사용하는 것은 잘못된 일이다. '10 · 29 대책'에서도, 3주택 이상 소유자에 대해서는 소득세법을 고쳐 최고 60%(투기지역에서는 탄력세율 15% 포인트 및 주민세 포함시 최고 82.5%)까지 과세하도록 하겠다는 내용이 포함됐으나 아직도 검토만 계속되고 있다. 양도세 중과를 빨리 시행하기 위해서라도 보유세 정상화와 거래세의 조정이 선행돼야 한다. 양도세 중과에만 의존하면 거래가 동결되는 역효과가 있기 때문이다.

2│ 다주택 소유를 억제하기 위해 부동산 취득시 자금출처를 조사해야 한다 _
이를 위해서는 앞서 언급한 거래실태의 정확한 파악이 선행돼야 함은 물론이다. 선진국처럼 실거래가를 부동산등기부에 표기하고, 이를 데이터베이스화하여 토지 및 주택소유실태를 인터넷과 언론 등을 통해 정기적으로 또는 상시적으로 공개해야 한다.

3| 투기지역의 집값은 개발이익환수로 잡아야 한다 _ 1989년 도입됐던 토지공개념 3법 가운데 개발부담금제는 유일하게 위헌판결을 받지 않았지만, 빠져나갈 구멍이 많았기 때문에 실제로는 개발이익환수 효과가 크지 않았다. 개발이익환수법은 개발이익의 50%를 환수하는 토지공개념 3법 가운데 하나로 출발했으나 정부의 정책시행의지 및 제도시행 기반이 구축되지 않아 IMF 외환위기 때 25%로 줄었다가 그나마 작년부터 폐지됐다.

하지만, 이 같은 개발부담금제를 재도입해 개발의 계획시점과 완료시점의 지가를 정확하게 파악하고 과세표준이 제대로 산정되도록 해야 한다. 또한 지목변경, 형질변경 등 행정조치에 의해서도 지가가 급등하므로, 이러한 것도 개발이익환수의 대상에 포함시켜야 한다. 한편, 건교부가 현재 검토중인 기반시설분담금제는 '국토계획 및 이용에 관한 법률'에 있는 기반시설연동제에 따른 기반시설확충이 목적이므로 난개발방지 등의 국토관리 측면의 제도이지 부동산 투기억제 및 개발이익환수에는 걸맞지 않는 대책이다.

4| 공공택지 공급업체의 택지 전매 및 탈세 여부를 철저히 조사해 개발이익을 환수해야 한다 _ 경실련의 분석에 따르면 1999년부터 약 5년간 공급된 전국의 공공택지 가운데 절반 이상이 수의계약방식으로 특정건설업체들에 독점 분양됐다. 공공의 목적을 위해 조성한 공공택지의 절반 이

상을 특정업체들에 헐값에 넘겨준 배후에는 엄청난 비리가 잠재돼 있을 가능성이 높다. 수의계약이 아닌 추첨방식의 경우에도 공공택지를 따낸 중소 건설업체들이 이중계약을 맺어 수백억 원을 챙기고 대형건설업체에 넘기는 사례가 공공연히 벌어졌다. 심지어 공사실적도 없는 '페이퍼 컴퍼니'들이 시행사 역할을 하는 척하면서 대형 건설사에 택지를 넘기는 불법전매가 기승을 부렸다. 2004년 불거진 M사와 D사 간의 택지전매 사례가 이에 해당한다. 그런데도 수사기관의 조사와 처벌은 한 번도 없었다.

따라서 건설업체들간의 불법 택지전매를 통한 전매차익을 철저히 조사해야 한다. 또한 이들간의 이중계약 등을 통한 탈세와 비자금 조성 등에 대해서도 샅샅이 조사해 세금을 부과하는 한편 엄정한 법의 심판을 받도록 해야 한다.

5│ 신도시 및 기업도시(재벌도시), 뉴타운 등을 개발하거나 재건축을 추진할 때에는 반드시 개발이익환수 시스템을 완벽히 구축한 뒤 추진해야 한다 _ 특히 재건축은 주거환경개선이라는 공익 차원에서 접근해야 한다. 재건축으로 용적률이 늘어나면 막대한 개발이익이 발생하는데 이를 환수해 공익적 목적으로 활용하지 않고 사유화하게 하면 지금과 같은 부동산 투기는 계속 기승을 부릴 수밖에 없다.

지금까지는 아파트값 거품을 빼는 데에 초점을 맞춰 얘기했다. 그러나 정부의 주택정책이 이 정도 수준에 머물러서는 안 된다. 집값거품이 전국적인 이슈가 돼 있는 기회를 활용해 향후 우리 주택문화의 패러다임을 바꾸고, 주택의 질을 개선하는 장기적이고 근본적인 틀을 마련해야 한다.

이를 위해서는 1)지속적인 공영개발을 통한 소유가 아닌 활용 중심의 주택문화 조성, 2)후분양제의 조속한 도입을 통해 소비자 위주로 주택시장 재편, 3)건설물량 공급 위주의 정책에서 주거복지실현을 위한 정책으로 전환해야 한다.

먼저, 지속적인 공영개발을 통해 공공보유 장기임대주택을 대량으로 건설, 주택을 투기나 투자를 위한 소유가 아닌 활용 위주의 정책을 펴지 않으면 안 된다. 이 같은 정책은 급속한 고령화와 저출산이 진행되는 한국사회의 미래를 위해서도 반드시 필요한 작업임은 앞에서도 충분히 언급했다. 따라서 긴 설명은 생략하고 후분양제로 넘어가자.

앞에서 설명했지만, 주택공급자에게 일방적으로 유리한 선분양제하에서는 부실 아파트, 저품질 아파트가 지어질 개연성이 매우 높다. 특히 건설부패와 감독공무원의 도덕적 해이가 만연한 상태에서 선분양제 아파트의 품질을 높이기는 쉽지 않다. 따라서 '싸게 짓기'가 아닌 '잘 짓기'를 통한 건설경쟁력 강화를 위해서도 후분양제는 필수다. 소비자 위주의 후분양제 아래에서는 소비자의 욕구에 부합하려는 건설사들이 기술개발과 품질향상을 위해 치열한 경쟁을 펼치게 되기 때문이다.

우리의 주택품질이 낮다는 것은 주택의 수명을 보면 쉽게 알 수 있다. 국내의 재건축 아파트들은 30~40년밖에 지나지 않았는데도 부수기 경쟁의 대상이 되고 있다. 반면, 싱가포르의 아파트들은 수명이 200년이나 되고, 유럽의 주택 가운데도 수백 년 된 건축물이 적지 않다. 미국은 수명이 300년 이상 가는 아파트를 짓기 위한 노력을 펼치고 있다. 건물의 수명이 길고 강도가 강하면 건축자재절약, 건축폐기물감소, 공간절약, 건물관리비 및 에너지 절약 효과가 발생하는 등 자원을 절약하고 환경훼손을 줄이는 데도 큰 효과가 있다.

또한 후분양제 아래에서 잘 짓기 경쟁을 벌이면 건축기술자 15만 명, 기능공 80만 명의 경쟁력을 제고할 수 있음은 물론이다. 또한 널뛰기식 불확실성에 근거한 비전문적 다수의 시장참여를 막고, 소비자의 선택권을 강화할 수 있다.

또한, 양질의 민간주택사업자가 임대아파트를 공급하는 효과도 발생한다. 주택 미분양시에는 주택사업자가 미분양 물량을 갖고 임대사업을 벌이면 되기 때문이다. 실제로 선진국에서는 미분양시 사업자가 임대사업으로 전환하고 있다. 제대로 된 주택사업자는 임대가 잘 나가도록 하기 위해 주택의 품질을 높이고 유지관리에 매우 신경을 쓸 것이므로 주택문화의 발전에도 크게 기여할 것이다.

분양가 자율화의 전제조건이었던 후분양제를 즉각 도입할 필요가 있다. 사람들의 투기심리를 이용, 부동산광고로 아파트를 손쉽게 팔 수 있는 선분양제는 일부 언론의 광고물량만 늘려줄 뿐이다. 먼저 서울에서 실시하고, 이후 충청권 등 투기예상지역 등으로 확대해야 한다.

만약 정부가 후분양제를 시행하지 않고 선분양특혜를 계속 유지하겠다고 한다면 투기적 가수요를 조장하는 분양권 전매제도는 폐지해야 한다. 외환위기 이후 침체된 경기를 살리기 위해 분양권 전매를 일시 허용했는데 부동산거품이 극에 이른 지금까지도 이를 유지하고 있다는 것은 '떴다방' '기획부동산' 등을 통한 투기를 부추기겠다는 말밖에 안 된다. 이는 실수요자가 아닌 투기자의 전매를 부추겨 주택업자의 자금난은 가중시키고 실수요자의 피해는 늘리는 결과를 낳게 될 것이다.

또한 선분양을 유지할 경우에는 소비자의 권리를 보장하기 위해 분양원가를 공개해야 한다. 건교부가 판교에 적용하기로 했던 '원가연동제'

의 문제점은 가격상승을 주도하는 25.7평 초과 민간 아파트의 원가를 공개하지 않도록 하고 있는 데다, 25.7평 이하 아파트의 경우에도 택지비, 공사비, 설계감리비, 부대비용 등 주요 항목만 공개하도록 돼 있어 원가공개의 취지를 전혀 살리지 못하고 있다. 따라서 민간 대형아파트를 포함한 분양원가를 전면 공개해야 하는데 건교부 및 각계 전문가, 시민단체 등으로 위원회를 구성해 객관적인 검증장치를 마련하고 허위 공개시 면허를 박탈하는 등 강한 제재를 가할 필요가 있다. 이 같은 분양원가공개는 투기를 억제하고 주택업체에 의한 터무니없는 분양가책정을 막기 위해서도 필요하다.

셋째, 주택문화의 혁신을 위해서는 건설물량 공급 위주에서 주거복지 실현을 위한 방향으로 주택정책을 전환해야 한다. 이를 위해 우선, 선진국처럼 공사를 수주한 원도급업체가 의무적으로 50% 이상을 시공하게 하는 직접 시공제를 도입해 다단계 하청구조로 인한 건설산업의 왜곡을 개선해야 한다. 현재 대한민국에는 다단계 하청구조로 말미암아 제대로 된 건설기술자와 기능인력이 양성되지 않고 있고, 이들이 사실상 비정규직 상태에 놓여 있다. 직접 시공제를 통해 건설업체가 전문기능인력들을 체계적으로 양성하고 기술력과 생산력을 높이려 노력할 때 양질의 주택건설도 가능하다. 지금처럼 원도급업자들이 직접 시공하지 않을 경우에는 30% 이상의 관리수수료를 지급해서는 안 되며, 선진국처럼 5% 정도만 허용해야 한다.

이상 제시한 정책대안들은 사실 대부분 자본주의 선진국에서 오래전부터 실시하고 제도화된 것들이다. 상당수 기득권 언론과 몰지각한 일부 정치권과 관료들이 이를 반시장적인 정책이라고 하는데 시장원칙에 어긋나는 것은 하나도 없다.

시장경제의 기본은 투명성이며, 투명성 결여가 1997년 외환위기의 원인 가운데 하나였음은 익히 알려진 사실이다. 그러나 외환위기 이후에도 국내 부동산시장과 건설시장에서는 부패가 만연하고 투기세력이 더욱 기승을 부리고 있다. 이는 선진자본주의 국가들이 채택하고 있는 기본적 법과 제도들이 제대로 갖춰지지 않은 상태에서 정부의 엉터리 정책들이 만들어낸 시장실패 상황이다. 따라서 이는 정부가 올바른 정책대응을 통해 바로잡아야 할 사안이다.

현재 일부 정치권과 기득권 언론에서는 실질적인 내용도 없는 '토지공개념'을 거론하며 반시장적인 정책이라고 집중포화를 날리고 있다. 지금 거론되는 수준으로는 '속 빈 강정'에 불과한데 여기에다 '토지공개념'이란 거창한 포장을 하는 것은 한 마디로 코미디에 불과하다.

토지공개념이란 게 무엇인가? 토지가 전적으로 사유의 대상이 아니라는 것이다. 도시를 만들 때 공원이나 상하수도 시설과 도로교통망은 왜 건설하는가. 택촉법에서 공공택지 조성을 위해 강제수용권은 왜 부여하는가. 아무리 호화로운 100평 아파트에 사는 사람들이라도 집 밖으로 한 발자국만 나오면 열악한 인프라에, 불결한 주변 환경에 둘러싸여 있다면 그 삶이 쾌적하겠는가. 이것이 바로 토지공개념이다.

토지공개념은 공동체 구성원 전체의 주거공간과 쾌적한 삶을 영위하기 위해 필요한 최소한의 공적 인프라를 갖추도록 각종 법과 제도를 통해 마련해놓자는 것에 불과하다. 지금처럼 삶의 터전인 집과 토지를 부패한 투기세력의 먹잇감으로 놔두는 천민자본주의적 행태에서 '토지공개념'을 반시장주의로 비난하는 것은 왜곡된 이념론을 들먹이는 세력뿐이다. 사회문제가 발생하면 그 문제를 치유할 수 있는 최선의 정책대안을 찾으면 되는 것이지 왜 이념전쟁으로 몰고 가려 하는가. 그 같은 이념전쟁은 부패한 기득권 세력의 이해를 대변하기 위해 '변형된 색깔론'을 제기하는 것에 다름아니다. 그런 세력에게 시장은 기존의 특혜와 부패구조를 그대로 온존시켜 주는 장(場)일 뿐이란 말인가. 제대로 된 나라 사람들이 들으면 이상한 나라라고 할 수밖에 없는 한심한 논쟁을 촉발하는 게 이 나라의 기득권 언론이다. 선진국에서는 '토지공개념'이라는 거창한 포장 없이도, 이를 반시장주의라고 덧칠하는 저질언론 없이도 부동산시장이 효율적으로 작동하고 있기 때문이다.

공공보유 임대주택도 20% 이상인 선진국에 비해, 우리는 2.4%에 불과하다. 이를 바로잡기 위해 국가가 수용한 공공택지 위에 임대주택을 짓는 것조차 반시장주의라고 한다면 도대체 이 나라는 '시장의 천국'인가. 공공보유 임대주택의 비율이 높은 유럽의 선진국들은 모두 시장원리가 하나도 작동 안 하는 나라들인가. 네덜란드, 싱가포르, 프랑스, 영국 등이 다 우리보다 살기가 안 좋은 나라들인가. 백보를 양보해 국민을 잘 먹고 잘살게 할 수 있다면 사회주의적 접근에서 나온 아이디어라면 어떤가. 국민이 편한 개혁, 이 나라를 제대로 된 나라로 만들 수 있는 방안이라면 어떤 것이든 채용하면 되지, 왜 색깔론이라는 비겁한 공격을 감행하는지 모르겠다. 그렇게 색깔론을 제기하는 언론과 지식인들, 관료들은 그 동안 이 나라 국민들을 부동산투기의 도탄에서 빠져나올 수 있는 생산적인 대안들을 얼마나 제시했는가.

시장주의자로 위장한 이 나라의 천민자본주의 세력, 부패 기득권 세력들이 이제 정체를 드러낼 때가 되었다. 후분양제처럼 소비자 지향적인 정책도 반대하는 언론과, 국민의 혈세를 가지고 최고가로 팔지 않고 최저가로 사지 않는 정부는 시장경제를 하는 게 아니라 부패경제를 실천하고 있는 것이다. 시장경제에서도 지켜야 할 매너가 있는데, 5%도

안 되는 사람들이 90% 이상의 사람들이 가진 것을 다 빼앗아서는 제대로 된 시장경제라고 할 수도, 민주주의 국가라고 할 수도 없다. 단지 강자가 약자를 착취하고 모든 것을 가로채는 약육강식의 정글일 뿐이다. 그런데도 99개를 가진 기득권 세력들은 남이 가진 한 개를 더 가지려고 '아직도 배가 고프다'고 한다. 부패와 특혜 관행에 절어 있는 당신들의 근성을 말도 안 되는 논리로 포장하지 말고, 차라리 솔직히 특혜를 달라고 말하라.

지금까지 위에서 언급한 것은 결국 선진국에서 하고 있는 방향으로 나아가기 위한 첫걸음을 떼자는 정도의 안이었다. 이렇게 해 부동산가격폭등이라는 급한 불부터 끈 후 부동산시장에서 투기세력을 최대한 배척하고, 실수요자와 신용 있는 공급자가 지배하는 건전한 시장질서를 확립하는 기초를 놓자는 것이다.

하지만 우리가 여기서 말하고 싶은 것은 이 정도가 아니다. 이번 기회를 통해 이 나라 전체가, 모든 국민이 함께 승리하는 길을 찾자는 것이다. 거품이 빠지면 그 동안 집값거품의 단맛에 취해 있던 투기세력과 이에 가담했던 사람들은 맥이 빠질 것이다. 반면 집값폭등에 살맛나지 않던 서민들은 환호할 것이다. 하지만 국민 다수의 아픈 배가 가라앉으면 끝인가? 그렇지 않다.

우선 이번 기회를 통해 불로소득이 사회악이라는 것을 모든 국민들이 뼈저리게 인식해야 한다. 주택건설업체들은 주택장사꾼이 아닌, 주택사업자가 되어야 한다. 짓기도 전에 팔아먹는 특혜를 계속 줘서는 제대로 지을 사람이 하나도 없을 것이다. 주택을 잘 짓기 위한 기능을 발휘하게 해야지, 날림공사하고, 자재비·공사비 빼먹고, 공무원에 아부하는 경쟁까지 하게 해서는 안 된다.

주택은 우리 세대가 무덤으로 가지고 가는 것이 아니라 후손이나 미래세대가 제대로 쓰도록 남겨줘야 하는 것이기 때문이다. 이제는 정말 잘 짓기 경쟁을 통해 우리의 삶의 질도 높이고 환경도 보호하면서 국가경쟁력을 강화하는 방향으로 나아가야 한다.

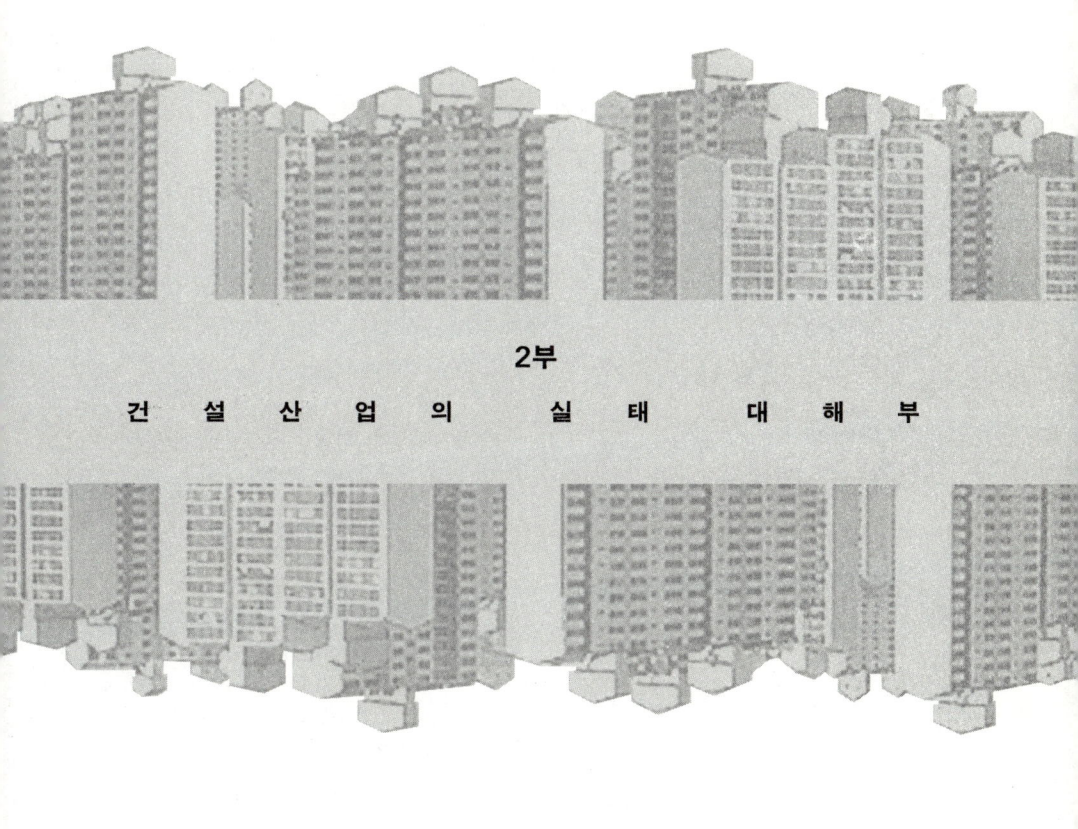

2부

건 설 산 업 의 실 태 대 해 부

1 참을 수 없는 건설부패의 고약함

[1. 대한민국은 부패공화국이다]

대상그룹 비자금조성 사건, 행담도개발 사건, 철도청 러시아유전 의혹 사건, 서울시 Y 부시장 수뢰혐의 사건, 재건축 재개발 비리 사건, 경기도 광주시장 및 지역 국회의원 구속 사건, 한국노총 회관 건립 관련 노총 간부 수뢰 사건, 대한주택공사 K 전 사장 구속, 수자원공사 K 전 사장 구속 등 2004년 하반기 이후 1년 동안에만 일일이 열거하기도 쉽지 않은 각종 비리 및 부패 의혹 사건이 줄을 잇고 있다. 한국이 마치 '부패공화국'임을 세계만방에 선포하기라도 하는 느낌이다. 사실 한국이 '부패공화국'임은 이미 국제적으로 공인되어 있다. 국제투명성기구(TI)가 지난해 발표한 한국의 부패인식지수(CPI)는 10점 만점에 4.5점으로 146개국 가운데 47위다. 우리나라 부패 수준은 95년 이후 계속 40∼50위를 맴돌고 있다. 경제규모 세계 10위권인 나라로서는 부끄러운 수준이 아닐 수 없다. 이 때문에 한국은행 김태동 금융통화위원은 기자와의 인터뷰에서 "경제규모로 선진국 턱밑까지 쫓아온 나라가 부패수준으로는 후진국과 어깨를 나란히 하고 있다"며 "이런 부패수준을 유지하고서는 소득 2만 달러를 달성하면 뭐 하느냐"고 개탄할 정도다. 2005년 3월 어느 날 시민사회와 정치권, 경제단체 그리고 정부와 대통령은 "반부패투명사회협약"이라는 행사를 가졌다. 그런 겉치레 행사로 과연 달라질까라는 생각을 했었다. 뒤이어 부패와 비리는 계속 터져나오고 지금 이 순간에도 개발 5적들의 행태는 이어지고 있다.

이처럼 '부패의 늪'에 빠져 허우적대는 한국사회 '부패의 진원지'가 바로 건설과 개발이다. 앞에서 열거한 부패사건들도 잘 뜯어보면 모두 직간접적으로 건설과 연관돼 있다는 점을 알 수 있을 것이다. 물론, 이같은 인상은 일반 국민들도 대부분 갖고 있다. 국민 대부분이 건설이라면 쉽게 '복마전'이라는 이미지를 떠올리기 때문이다. 각종 개발사업을 하려면 정치인과 중앙부처 관료의 인허가를 받아야 한다거나 민간의 건설행위도 지방공무원이 지정하는 건축사무소에 일을 맡기는 것이 유리하다거나, 공무원에게 '급행료'를 줘야 사업 인허가가 빨리 처리된다거나 하는 일은 너무 흔해빠진 이야기가 돼버렸을 정도다. 그만큼 건설산업은 일반인들의 인식 속에 부실공사의 주범, 부패한 산업으로 자리잡았고, 실제로도 우리 사회 곳곳에 독버섯처럼 퍼져 매우 심각하다.

하지만 건설부패는 사람들이 다 아는 것 같으면서도 잘 모르는 영역이다. 대부분의 사람들이 건설부패가 심각하다는 것은 알면서도, 건설부패의 양상이 얼마나 교묘하게 이루어지는지, 얼마나 심각한지, 어떻게 발생되는지는 잘 모른다는 뜻이다. 이는 거꾸로 국내 건설부패가 일반인의 상상을 초월할 정도로 심각하다는 의미이기도 하다.

국내 건설부패가 어느 정도로 심각한지를 보여주는 분석자료가 있다. 올 4월 경실련과 《경향신문》은 93년 2월 김영삼 정부 출범 이후 올해 4월 10일까지 10여 년 간 각종 언론에 보도된 부패 및 비리 사건을 조사해 유형별로 분석한 바 있다. 분석결과에 따르면 분석기간에 보도된 뇌물사건 584건 중 건설 분야의 뇌물사건이 전체의 55.3%인 320건이나 됐다. 또 뇌물을 받은 공직자 등 1,047명 가운데 64.3%인 673명이 건설과 관련돼 있었다. 같은 기간 사법처리과정에서 혐의가 입증되거나 법원에 의해 추징된 뇌물액 1,383억여 원 가운데 건설 관련은 43.4%인 600억여 원이었다. 건설부패가 사건 수 기준으로 55%, 뇌물수뢰 공직자 수 기준으로 65%, 뇌물액 기준으로 43.4%에 이른다는 것이다. 재수 없이 걸렸다고 생각하는 사건만 이 정도로서 우리 사회지도층의 부정부패의 핵심고리가 바로 건설임을 구체적인 수치로 확인할 수 있는 대목이다.

같은 자료에서 사법처리 시기를 기준으로 건설 관련 뇌물사건을 살펴보면 김영삼 정부 187건(58.4%)·418명(62.1%), 김대중 정부 58건(18.1%)·126명(18.7%), 노무현 정부 75건(23.4%)·129명(19.2%)으로 집계됐다. 김대중 정부 때 잠시 주춤했으나 노무현 정부 들어 2년여 만에 이미 건수로는 김대중 정부의 5년치를 넘어섰다. 최근으로 올수록 부패가 줄었을 것이라는 일반의 통념을 여지없이 깨뜨리는 대목이 아닐 수 없다. 노태우 정권부터 현 노무현 정권까지 집권세력의 정경유착이나 측근 비리는 과거보다 계속 감소 추세에 있는 게 사실이다. 이 때문에 한국사회의 부패수준이 크게 감소한 것처럼 '착시현상'을 일으키게 한다. 하지만 통계에서도 확인할 수 있는 것처럼 각종 개발이권과 특혜를 먹잇감으로 삼는 건설부패는 결코 줄지 않았고 오히려 늘어난 셈이다. 물론, 이 같은 통계는 건설부패를 포함한 각종 뇌물사건에 대해 수사당국이 과거보다는 좀더 적극적으로 임했기 때문일 수도 있다. 하지만 근본적으로 건설부패가 여전히 매우 심각한 상황임은 반박의 여지가 없다.

이 같은 분석결과에서 볼 수 있는 것처럼 건설부패가 한국사회 전반을 얼마나 오염시키고 있는지는 명확하다. 건설이나 개발과 관련하여 시작단계에서부터 완공단계까지 그리고 유지운영단계에서 비리 및 부패사건이 발생하고, 건설발주 및 인허가 관련 업무를 하는 공무원과 공기업 직원들이 이 같은 부패의 유혹에서 자유롭지 못함을 알 수 있다. 한 마디로 대한민국 부패는 건설에서 시작해 건설에서 끝난다고 볼 수 있을 정도다. 역으로 건설은 로비와 뇌물로 시작해 로비와 뇌물로 끝난다고 말할 수 있다. 하지만 언론에 보도된 이 같은 건설부패의 양상은 사실 빙산의 일각에 불과하다. 추정컨대 매년 수십조 원의 비자금이 만들어지고 이 가운데 절반 가량이 각종 로비와 뇌물 등 부패자금으로 흘러 지하경제를 유지하고 있다. 그러니 언론에 보도되지 않고, 사정기관에 적발되지 않는 비리와 부패가 어느 정도이겠는가. 적발된 것은 5% 미만임이 자명하다.

그러면, 왜 대한민국은 이처럼 악취가 진동하는 '건설부패 공화국'이 되었을까. 앞에서 본 것처럼 각종 건설사업과 관련된 엄청난 특혜와 이권이 존재하는데, 이 같은 특혜와 이권을 따내기 위한 공정경쟁 시스템과 규칙이 없기 때문이다. 대신 로비와 반칙, 담합과 연고에 의해 발주자에게 더 접대 잘 하고, 돈을 잘 쥐어주는 건설업자가 돈을 벌게 돼 있는 구조로 이루어져 있다. 이 같은 부패의 고리는 건설업계와 정부 등 발주처, 정치권 등 곳곳으로 마수를 뻗치고 있다.

이 같은 건설부패 통계가 보여주는 것처럼 민주화 이후에도 건설부패는 크게 줄지 않았다. 노태우 정권부터 현 노무현 정권까지 집권세력의 정경유착이나 측근비리는 과거보다 감소했다. 하지만 건설산업의 음성적인 비자금과 건설부패는 크게 줄지 않은 것으로 보인다.

이는 '준비 안 된 세력과 정당, 정치인들'이 집권한 것과도 관련이 있다. 한국경제는 90년대 중후반 이후 개발주의시대와는 질적으로 다른 경제성장단계에 접어들었다. 그런데도 우리의 낡은 정부구조와 관료시스템은 계속 개발지상주의시대의 건설경기부양, 무분별한 개발정책, 공급자 중심의 경제정책과 법규, 제도라는 낡은 틀을 깨지 못하고 유지하고 있다. 민주화 이후의 집권세력들은 정치민주화와 권력의 분산 등에는 어느 정도 성공했지만, 건설과 부동산, 주택정책 등을 포함해 경제정책 전반에 대한 선진국형 정책역량과 비전을 갖지 못했다. 그들은 '개혁'과 '실용'이라는, 국민의 삶과는 무관한 허울뿐인 이념논쟁을 지속할 뿐 일자리, 주거안정, 양극화해소 등 진정한 삶의 문제를 해소하는 구체적 정책을 만들어낼 역량이 없는 상태에서 기존 관료시스템에 포위되어버리기 때문이다.

준비 없는 상태에서 집권한 집권세력은 이 같은 정책적 무능력 때문에 경제적 난관에 봉착할 때마다 낡은 관료시스템에 의존하게 됐다. 권위주의 정권 시절 '권력의 하수인' 역할을 했던 관료집단은 민주화 이후 정책역량이 부족한 집권세력을 제치고 정책주도권을 사실상 장악해 스스로 지배세력화되었다. 재경부와 건교부가 각종 주택·건설정책에서 한 것처럼 자신들의 교묘한 논리로 대통령의 눈마저 가린다. 따라서 오늘날 대한민국의 통치세력은 '새로운 정권'이 아니라 '낡은 관료시스템'이라는 사실은 공공연한 비밀이다. 이 낡은 관료시스템은 개발주의

시대의 정책관행만 되풀이하고 있다. 건설경기부양을 통한 경기활성화, 인위적인 부양에 의한 경제성장률 목표치 달성이 체질화되어 있는 것이다. 민주화 이후 집권세력은 바로 이 지점에서 개발독재시대의 개발 5적과 다시 손을 잡게 되는 것이다. 현 정권 들어 건설경기부양에 매진했던 전 재경부장관, 전 건교부장관 기용 사례가 대표적인 경우다. 또한 집권당의 정책책임자급 대부분을 관료 출신들이 차지하는 것을 보더라도 알 수 있다. 모든 고위공직을 관료 출신이 메우고 과거 기득권 집단세력의 신임과 기득권 언론의 애정은 새삼 거론할 필요도 없다.

이에 앞서 부동산거품을 통해 경기를 자극했던 김대중 정권의 경우는 말할 것도 없다. 99년부터 경기진작과 국가재정부족 등을 이유로 대규모 민자사업과 턴키 및 대안입찰 공사물량, 공공택지개발사업 등을 대폭 늘려 대형건설자본에 특혜를 주기 시작했다. 특히, 아파트 분양가를 자율화하면서 공공택지 아파트 건설사업권을 민간에 넘겨 집값거품을 부추겼다. 외환위기 이후 화두가 된 규제개혁도 건설산업에 국한해 볼 때 대형 건설업체들의 특혜와 이권을 더욱 키우는 방향으로만 진행됐지, 국민이나 소비자를 위한 것은 아니었다. 오히려 국민의 혈세부담과 주택소비자의 비용부담만 더욱 키우는 규제개혁을 해왔을 뿐이다.

여기에 91년 지방자치제 도입 이후 각종 건설사업을 통해 겉으로 드러나는 치적을 선거운동수단으로 삼는 상당수 자치단체장까지 '개발열기'에 가세했다. 이 때문에 건설산업은 선진국형 건설산업으로 탈바꿈할 기회를 잃었고, 개발시대와 마찬가지로 부실과 엄청난 '부패의 늪'에서 헤어나지 못하고 있다. 이 같은 부패의 사슬은 또다시 30여 년 동안 잘못된 정책과 제도, 법체계를 온존시키는 기득권 구조를 오히려 강화하고 있다. 또한 부패와 특혜로 점철된 건설산업의 구조는 한마디로 담합과 독점, 경쟁은 없애고, 능력이 뛰어난 인재보다는 로비와 접대에 능한 '고학력 접대부'를 양산하고 있다.

건교부와 재경부를 중심으로 하는 낡은 관료시스템은 이 같은 건설부패를 만들어내는 제도적 환경과 틀을 유지하고 있다. 개발주의시대부터 형성돼온 막대한 특혜와 이권구조, 독점과 진입장벽, 거미줄처럼 얽힌 복잡한 규정과 제도의 틀로 유지하면서 관료들은 이익단체를 중심으로 이권을 배분하고 박탈하는 막강한 권한을 여전히 행사하고 있다. 낡은 관료시스템은 취약한 정책능력을 가진 입법부를 들러리로 세운 채 막강한 정책결정 및 집행권을 행사할 뿐만 아니라, 토공, 주공, 도공, 수공 등 각종 산하 개발 공기업 등을 수족처럼 부리며 사업결정 및 집행권까지 장악하고 있다. 판교신도시정책을 건교부 주택정책국이 좌지우지하는 것을 보면 알 수 있듯이, 대규모 건설사업의 기획부터 실행 및 완공 이후까지 사업의 전 과정에 관여할 수 있는 구조가 형성돼 있는 것이다. 반면, 판교정책의 실패에도 책임지는 사람 하나 없는 현실에서 알 수 있듯이 이들은 쉽게 책임을 면하거나 분산시키거나 떠넘기기 쉬운 제도적 장치와 구조 속에서 일하고 있다. '관'의 권한은 공공사업에서만 그치지 않는다. 민간건설사업에서도 공무원은 사업 인허가 및 사업 승인권한과 사업 제지 및 중단권한 등의 막강한 권한을 갖고 있다. 재개발 재건축 사업과 관련해서도 이들은 각종 제도와 절차를 떡 주무르듯 마음대로 변경할 권한을 가지고 있음을 2005년 들어 생생하게 목도한 바 있다. 이토록 막강한 권한을 가진 공무원의 자의적 판단에 막대한 돈이 움직이는데 이들을 향한 로비와 뇌물공세가 없을 수 있겠는가. 공무원들이 바로 건설부패의 양산자들인 셈이다. 원인은 제도결정권과 사업결정권 두 개를 모두 이들이 움켜쥐고 있기 때문이다.

이는 미국, 영국 등 건설선진국의 경우와 대비된다. 미국, 영국 등은 민간전문기업에게 사업의 진행 및 관리를 위탁하거나 민간전문가를 고용해 사업을 진행한다. 공무원이 사업의 진행 및 관리를 마음대로 좌우할 여지가 없이 전문가의 전문적·사업적 판단에 따라서 사업이 진행된다. 또한 사업의 전 과정이 투명하게 공개돼 근원적으로 부패가 일어날 소지가 매우 적다.

해외건설현장에 한 번이라도 나가본 사람들은 다 안다. 건설공사를 하면서 감독관이든, 어디든 뇌물을 줄 일이 전혀 없다. 우리가 흔히 후진국이라고 생각하는 중동이나 동남아국가도 그렇다. 우리나라보다 후진국에서도 각종 건설과 개발사업 대부분을 국제입찰을 하고 선진국의 전문사업관리업체나 전담직원이 전체 공정을 관리하기 때문이다. 만일 부패와 부실이 적발되면 엄청난 처벌과 불이익이 따르기 때문에 감히 부패에 발을 담글 생각을 못한다.

[2. 너무 어마어마해서 믿기지 않는 비자금 규모]

이제 국내 건설산업의 비자금 규모가 어느 정도인지 추산해보자. 매년 발주되는 국내공공사업의 경우 민자사업 20조 원을 포함, 연간 70조 원 정도로 추정되고 있다. 이밖에도 각종 지자체가 벌이는 사업과 재정사업 등을 합치면 연간 100조 원 정도로 추정된다. 이 가운데 비자금 규모는 10~20조 원 정도로 본다. 이 가운데 절반 가량은 건설공사과정에서 로비 및 향응, 접대, 뇌물 등에 사용되고, 나머지 절반 정도는 기업주가 비자금 형태로 은닉 또 다른 기업을 차리거나 빼돌리는 것으로 추정된다.

　연간 100조 원 규모로 추정되는 민간주택건설 및 기업설비 투자사업에서도 마찬가지로 10~20% 정도가 비자금으로 조성될 것이다. 공공과 민간부문을 합쳐 모두 연간 20~40조 원 가량의 비자금이 전국공사현장에서 만들어지고, 이 가운데 절반이 뇌물로, 또 다른 절반이 로비 및 향응접대비로 뿌려지거나 업주가 빼돌리고 있을 것이다.

　비자금 규모가 너무 커서 잘 안 믿기는가. 그러면 이렇게 계산해보자. 최저가낙찰제 평균 낙찰률이 55%, 적격심사제 78%, 대안입찰 82%, 턴키공사 95%, 민자사업 100%라고 할 때 공사물량비중 등을 고려하면 대체로 평균 낙찰률은 80%선이다. 정부 설계가격 대비 최종하도급업체의 실행원가는 40% 정도도 채 안 된다. 각종 하도급 계약내역서를 살펴보면, 최저가낙찰제공사에서도 대형 원도급업체는 직접 공사비에서 15~20% 가량을 떼먹는다는 사실이 확인된다. 따라서 정부 공공공사 물량 가운데 최소 40% 가량은 건설업체들이 중간에서 떼먹는다. 이를 연간 정부 공공공사 발주물량 100조 원에 대입하면 40조 원의 수익이 발생한다는 것이다. 민간주택시장에서도 최근 몇 년 동안 부동산투기 붐에 편승한 고분양가정책으로 개발업자와 건설업계 전체로 볼 때 30% 이상의 마진을 취한 것으로 분석한다.

　그런데 이처럼 엄청난 폭리를 취하는데도 국세청이나 건교부 등에 신고하거나 발표한 자료의 수익률은 터무니없이 낮다. 실제로, 주택산업연구원에 따르면 집값 급등세가 극에 달했던 2002년 주택업계의 매출액 대비 이익률은 3.03%로 제조업의 6.27%보다 크게 떨어졌다. 이 수치만 보면 주택업계는 폭리를 취하기보다는 오히려 박리다매형 영업을 하고 있는 것처럼 보인다. 결국 이들 업체들이 취한 이익의 절반 가량이 비자금으로 조성되지 않는다면 이 돈들이 어디로 사라지겠는가. 아무리 적게 잡아도 연간 공사 물량의 10%선인 20조 원 이상의 비자금은 만들어진다고 봐야 한다. 이처럼 거액의 비자금이 만들어지는데도 웬만한 건설업체 임원이나 간부들도 정확한 비자금 규모를 잘 모른다. 비자금 규모는 사주와 사주가 신임하는 극히 일부 사람들만 아는 '극비사항' 이기 때문이다.

이처럼 믿기 어려울 정도로 막대한 비자금이 만들어진다는 사실은 그동안의 각종 비리사건 등을 통해 간접적으로 입증된다. 지금까지 극동건설, 신화건설, 동아건설, 한보건설, 우방건설 등 부도나거나 워크아웃 대상에 오른 건설기업의 사주들이 한결같이 수백억~수천억 원대의 비자금을 빼돌렸다는 사실. 2004년 초 한강에서 투신해 자살한 N 전 D건설 사장도 모두 300억 원대의 개인 비자금을 조성했던 사실이 드러났다. 또 S건업이라는 중견 건설업체의 사주 아들이 아버지가 병원에 입원해 있는 1년 동안 76억 원의 비자금을 현금으로 마련해 모 빌라 안방에 쌓아두고 있다가 지난해 검찰에 적발되기도 했다. 중견건설업체가 1년 동안에만 그런 규모의 현금을 비자금으로 빼돌리는데 전체 건설업계의 비자금 조성 실태는 얼마나 심각하겠는가.

역으로 기업이 부채를 못 이기고 쓰러져 법정관리에 들어간 극동, 한신공영, 남광토건, 한양, 경남기업 등의 건설회사가 수백억 원대의 프리미엄이 붙어 거래되는 이유도 바로 이런 실태 때문이다. 법정관리상태에서 사주가 경영할 때보다 투명하게 회계가 관리되다 보니 비자금이 만들어질 여지가 적어 수입이 들어오는 족족 사내에 쌓이게 된다는 것이다. 사주가 사라진 이후 기업의 경영상태가 한결같이 좋아지는 이유는 예전에 비자금 등으로 빼돌려지던 돈을 수익으로 고스란히 사내에 쌓아두기 때문이지 별다른 이유가 있는 게 아니다.

건설이 주력이 아닌 기업조차도 각종 건설공사를 통해 비자금을 조성한다. 2005년 6월경 219억 원의 비자금 조성 사실이 드러난 L 모 그룹 회장의 사례가 대표적이다. L회장이 비자금을 조성하는 방식은 폐기물 처리업체를 위장계열사로 인수하고, 공장 이전 공사를 맡은 하청업체와 이중계약하는 등의 방법을 통해 이 같은 비자금을 조성한 것으로 보도되고 모 대학의 부지에 주상복합아파트사업을 하는 과정에서의 건설업체와 이중계약을 통한 비자금 조성 사건 등 이루 헤아릴 수 없다.

그러면, 이렇게 엄청난 액수의 비자금 및 뇌물이 어떤 식으로 오가는지를 살펴보자.

다단계 하도급구조 따라 '상향식 뇌물 상납구조' 형성

우선 공사현장을 중심으로 시공과정에서 오가는 뇌물상납구조를 보자. 국내 건설산업이 복잡한 다단계 하도급구조로 돼 있음은 잘 알려져 있다. 이 다단계 하도급구조를 따라 공사물량이 위에서 아래로 내려가는 것과 정반대 방향으로 이 단계를 거꾸로 오르는 거대한 상향식 뇌물·접대의 상납구조가 형성돼 있다. 공사를 수주하거나 이미 계약을 맺고 시공중인 공사에 대한 '편의'를 봐주는 대가로 뇌물 제공과 접대가 이루어지기 때문이다. 정치인과 공무원과 공기업 직원들은 대형건설업체에게 돈을 받고, 대형건설업체는 하도급업체로부터, 하도급업체는 다시 재하도급업체로부터 뇌물과 접대를 받는 식의 다단계 부패구조가 형성돼 있다. 저수층(최종 하도급업체)에서 파이프를 통해 물(돈)을 뽑아올리는 펌프를 연상하면 될 것이다. 물론 펌프형 상납구조의 정점에는 발주처 공무원이 자리를 잡고 있고 공무원 밑에는 대형건설업체, 그 아래에는 하도급업체-재하도급업체-십장, 반장 등의 '먹고 먹히는' 뇌물의 상납구조가 형성되는 셈이다. 이들은 각 단계별로 상위단계의 피식자이면서 하위단계의 포식자 역할을 하고 있다.

먼저 '제2위 포식자'인 원도급업체가 발주처 공무원에 접대하고 뇌물을 상납하는 실태를 살펴보자.

보통 한 건설현장에서 원도급업체는 주감독 하나에 보조감독 2명으로 짜여진 감독공무원에게 보통 '월례비'를 기본으로 100～200만 원씩을 상납한다. 일제시대와 개발독재, 군사독재 때부터 '공사감독님'에게 촌지를 줘왔던 관례가 지금도 계속되고 있는 것이다. 이 밖에 부서운영비로 월 200만 원 정도를 상납한다. 기성, 선금 등 원래 7일, 14일 이내에 지급받을 수 있는 것을 하루, 이틀 만에 받기 위해 50～100만 원 정도의 '급행료'를 주기도 한다. 10억 원의 기성을 하루 만에 받을 수 있으면 은행 이자나 금융비 부담 해소액(은행 빚을 지고 있을 경우)이 급행료를 능가하기 때문이다. 여기에 매월 접대비로 200～300만 원이 들어간다. 또 기성을 확인검사하기 위해 나오는 감리와 감독 등에게 분기마다, 연간 2회(여름 및 겨울)의 휴가비를 건네고 추석, 설 등 명절 기간에는 수백만 원대의 '떡값'과 각종선물비가 오간다. 또 건설업체들이 공사금액을 부풀리는 수단으로 이용하는 설계변경과 물가변동 추진비는 최소 300만 원에서 수천만 원에 이르기도 한다. 이렇게 공사감독에게 건네진 돈 이외에 또다시 고위직을 접촉하고 아래서 올라간다.

향응이나 접대비는 빼고 현금으로 가는 뇌물만 해도 이렇게 많다. 뇌물의 규모는 현장마다 공사규모마다 다소 차이가 있지만 이 같은 뇌물이 오가지 않는 공사장은 전국에 단 하나도 없을 것이다. 심지어 법정관리를 받고 있는 건설사의 경우 하도급업자에게 뜯어서라도 뇌물을 대납

한다. 건설회사는 어디서든 비자금을 만들어 이 가운데 절반을 뇌물과 접대비로 쓴다고 보면 된다.

상납대상은 공사감독에 그치지 않는다. 노동부 근로감독관에게 매월 수십만~수백만 원, 관할구역의 담당경찰에게도 월 수십만~수백만, 소방서 등 각종 점검기관 등에도 예비로 월 100만 원씩, 이런 식으로 돈을 책정하여 이렇게 뇌물을 주라고 건설업체 현장책임자가 본사에 승인을 받아 책정해 현장마다 배정을 해준다. 예를 들어, 공사액이 100~2,000억이면 공사규모의 2~3% 정도를 뇌물로 사용할 수 있도록 현장소장에게 준다는 것이다. 이는 접대비는 제외한 금액이다. 본사에서 현금으로 다 공사현장에 내려보내는 회사가 있고 현장에서 자체 조성해서 쓰도록 하는 경우 등 업체별로 구체적인 '운영방식'은 조금씩 다르다. 대부분의 경우 본사에서 비자금을 직접 조성해서 현장에 내려보내는 경우가 많다. 이는 현장에서 '사고'가 나는 것을 우려하기 때문"이라고 설명했다.

현금으로 오가는 뇌물뿐만 아니라 향응접대비도 엄청나다. 공무원들을 대상으로 최근 주말 국내 골프접대는 물론 해외 골프접대도 수시로 이뤄진다. 룸살롱, 단란주점, 안마시술소, 카지노, 접대고스톱, 일식집, 갈비집, 부페 등 '접대메뉴'도 다양하다. 접대고스톱이라면 감독관들에게 100만 원씩을 나눠주고 잃어주는 식이다. 회사마다 조금씩 다르지만 건설회사에 입사해서 10년이면 과장, 15~20년이면 차장, 부장이 되고 25년 정도 되면 임원급이 된다. 차장, 부장 등 현장 책임자급이 되면 본격적으로 '접대부' 노릇을 시작하게 된다. 골프는 최소 월 1~2회, 룸살롱 등은 월 2회, 일식, 갈비집은 주 1회씩 접대하는 식으로 현장소장과 관리책임자가 공무원을 '관리'하게 된다.

등록, 견적 초청, 수주 등 단계별로 상납, 수주 브로커도 활개

대형건설업체들의 관 접대와 각종 심사위원(연구원, 교수 등) 로비는 건설부패구조의 일부분에 지나지 않는다.

'뇌물 펌프구조'에서 공무원 아래 제2위 포식자인 원도급업체들이 하도급업체로부터 뇌물과 접대를 받는 메커니즘을 살펴보자.

대형건설업체들은 자신들과 거래하는 수십~수백 개의 하도급업체들을 '등록'하게 하고 이들에게만 자신들의 하청물량을 수주할 견적기회를 제공한다. 하도급업체 입장에서는 4~5만 개의 경쟁업체 가운데 이들 대형건설업체와 거래할 수 있는 기회만 가져도 엄청난 혜택이 아닐 수 없다. 이 때문에 하도급업체 사장과 임원은 정치권이나 고위직 공무원 등에 대형건설업체에 등록할 수 있게 해달라며 청탁한다. 등록과 함께 수주까지 보장해주면 억대의 뇌물도 종종 오간다. 50억 원짜리 공사를 하청받도록 해주면 보통 공사금액의 3~5% 정도의 뇌물이 전달된다고 보면 된다.

대형 건설업체들은 흔히 '견적 초청'이라고 부르는 입찰참여 공지를 '등록업체'에만 보낸다. 등록업체 가운데서도 대형건설업체의 현장책임자나 임원급이 추천하는 업체라야 이 같은 견적에 초청될 수 있다. 하도급업체는 견적에 참여할 기회를 얻기 위해 또다시 뇌물을 주게 된다. 실제로 전문건설업체였던 S토건은 이 같은 H건설의 견적에 참여할 수 있는 기회를 얻기 위해 1년 가량 이 업체의 임원을 계속 쫓아다녔다. 룸살롱 접대와 명절 떡값 명목 등을 포함해 일 년 동안 업체 임원 등에게 1억 원이 넘는 돈과 향응을 접대하고서야 55억 원 규모의 공사를 딸 수 있었다고 한다. 이런 식으로 업체등록, 입찰초청, 수주까지 단계별로 뇌물과 접대 없이 공사를 따는 것은 사실 불가능에 가깝다.

하지만 뇌물상납은 여기에서 끝나지 않는다. 하도급업체가 공사를 수주한 뒤에도 공사현장에서 원청업체 직원에게 뇌물을 줘야 한다. 한 하도급업체가 원청에 주는 뇌물액수는 대략 원청이 공무원에게 주는 것의 3분의 1 정도다. 원청은 한 공사에서 보통 여러 하도급업체와 거래하므로 각각의 개별업체로부터 뇌물을 받게 된다. 이런 구조 때문에 부패에 무감각해지는 것이다.

전문건설업체들이 급증해 대형건설업체에 등록해 수주하는 경쟁이 치열해지면서 이를 노린 수주 브로커들도 판을 치고 있다. 이들은 대부분 정관계 인사와의 친분을 과시하며 발주 및 수주 정보를 주고받고, 건설업체와 정치인 또는 고위공무원, 발주기관공무원과 가교 역할을 하는 것이다. 이들은 하도급업체의 회장, 부회장 등의 명함을 파서 수주브로커로 활동한다. 이들은 호텔커피숍 등에서 하루종일 죽치고 앉아 원청과 하도급회사 임직원을 만나서 업체등록이나 공사수주 등을 중개해준다. 이렇게 공사를 따주면 커미션으로 공사비의 1% 가량을 받는 게 '관례'로 되어 있다. 수주브로커는 공사 도중 안전사고가 생기거나 부실공사문제가 생기거나 불시점검 등을 통해 지적받는 등 '문제'가 생기면 '해결사' 역할을 하기도 한다.

전 모 공기업 사장과의 친분을 과시하며 중소건설업체로부터 로비자금 등의 명목으로 수십억 원을 받은 혐의로 5월말경 구속된 수주브로커 이모 씨(50)의 사례가 이를 잘 보여준다. 검찰에 따르면 이씨는 2001~2002년까지 공기업 G 전 사장과의 친분을 과시하며 S개발과 K토건 등 중소업체 두 곳으로부터 "공기업이 발주하는 공사를 하청받을 수 있도록 해주겠다"고 속여 71억 원을 받아 챙긴 혐의를 받고 있다. 공사를 따는 데 사용하기 위한 일종의 로비자금 명목으로만 두 업체에서

71억 원을 받아 챙긴 것이다. 특히 S개발 대표 K씨는 80억 원의 회사 돈을 비자금으로 빼돌려 이 가운데 47억 원을 로비자금으로 제공한 것으로 알려졌다. 건설업계에서 벌어지고 있는 비자금과 뇌물 액수가 어느 정도인지 짐작케 하는 대목이 아닐 수 없다.

한편 발주기관의 감독공무원이 하도급업자 선정에도 관여하는 경우가 적지 않다. 만약 감독공무원과 친분이 있는 사람이 A라는 전문건설업체를 운영하면 'A사에 공사를 주라'고 청탁성 압력을 넣을 때 건설업체는 이를 안 들어줄 수 없다. 실제로 2004년 경기도 북부지역의 한 지자체에서 주택사업을 추진했던 한 업체가 당한 경우가 그런 경우다. 택지개발 추진과정에서 아무런 문제가 없었고 담당계장까지 '아무 문제가 없다'고 했으나 담당 과장은 2년 가까이 승인을 내주지 않았다. 결국 한 인사를 통해 그 과장을 구워삶자 그 과장은 자신이 아는 한 하청업체에 일감을 주라는 조건을 내걸고 승인을 해주었다. 그 업체가 그 조건을 받아들일 수밖에 없었음은 물론이다.

부패고리는 여기에서 그치지 않는다. 하도급업체들은 재하도급업체들에 공사를 주면서 또다시 뇌물을 받는다. 주로 십장 출신들이 만든 시공참여자는 20~100명의 기능인력을 먹여 살리기 위해 항상 공사에 굶주려 있으므로, 공사를 따기 위해 하도급업체나 재하도급업체에 또 뇌물을 준다. 십장, 반장들도 함께 일하는 근로자들의 일감을 확보하고 노무비를 제때 지급하기 위해 뇌물을 줘야 한다. 규모에 따라 차이가 있겠지만 아파트 한 단지를 짓는다면 20~30개 정도의 하도급업체가 참여한다.

[3. 비자금은 어떻게 만들어지는가]

그러면 현장에서 어떤 수법으로 비자금을 만드는지를 살펴보자. 우선 원도급업체는 하도급업체와의 '이중계약'을 맺는 수법을 가장 많이 쓴다.

예를 들어 설명하자면 다음과 같다. 원도급업체는 가격경쟁을 통해 최저가로 입찰한, 믿을 만한 하도급업체를 선정하여, 실제 하도급금액보다 높은 금액으로 계약서를 작성하고 이를 발주처에 신고한다. 물론 높은 금액의 하도급계약서는 하도급자에게 교부하지 않고 원도급업체만 관리한다. 그리고 모든 하도급대금은 실제 거래가격으로 기재된 하도급내역대로 대금을 지급하지만, 세금계산서는 이중계약서대로 끊도록 하는 것이다.

'이중계약' 외에 여러 방법이 동원된다. 공사에 동원된 인부들의 수와 근무일수, 지불임금 등을 조작하면 손쉽게 비자금을 만들 수 있다. 공사장 인부들은 대부분 일용직이어서 이들의 수입 등이 국세청 등에 잘 잡히지 않는 맹점을 노린 것이다. 한 공사장의 노무관리직원은 한 가마니의 목도장을 가지고 다닌다. 또 이미 사망한 사람까지도 고용한 것처럼 처리되는 경우도 발생한다. 물론 올 1월부터 1개월 미만 일용직 노동자들에게도 고용보험이 확대적용돼 이 수법을 통해 형성되는 비자금이 줄어들지는 더 지켜볼 대목이다. 건설현장에 동원하는 중장비 대수 및 가동 일수, 사용하는 각종 자재의 수량 및 단가를 조작하는 방법도 비자금을 만드는 수법이다. 또 '페이퍼 컴퍼니'를 만들어 비자금을 조성하고 탈세를 하거나 하청업체와의 거래금액을 부풀리는 등의 수법도 동원된다. 특히 소규모 '페이퍼 컴퍼니'는 신설과 폐업이 쉬워 3~5년

간격으로 이뤄지는 국세청 세무조사를 손쉽게 피해나갈 수 있어 비자금 조성의 주요 수단으로 쓰인다. 건설업체들은 매출액을 실제보다 적게 분식회계해 세금을 줄이기도 한다. 이때 이용되는 게 공사진행율이다. 아파트 건설공사는 1년 만에 끝나는 공사가 거의 없기 때문에 올해 공사가 40% 진행됐더라도 30%만 진행된 것으로 바꿔 매출액을 줄이기도 한다.

정책, 제도, 입찰방식 로비에 사활 걸어

그러나 이 같은 현장의 관행은 정치권과 중앙부처의 관련 정책을 바꾸거나 특정업체에 특혜성 사업을 주도록 하는 데 드는 뇌물에 비하면 미미한 편이다. 건설업체 입장에서는 건설 관련 정책부터 실제 사업결정 및 수주와 관련된 모든 과정이 로비 및 뇌물 공세의 대상이다. 건설 관련 정책 및 제도 결정, 사업결정, 입찰방식변경, 담합입찰, 선급금지급, 공공주택단지나 신도시 건설과정, 재개발재건축 승인 등등 다 열거하기도 힘들 정도다.

특히 공공사업은 재정사업으로 할지, 민자사업으로 할지 여부에 따라 건설업계의 이해가 달라지기 때문에 치열한 로비대상이 된다. 또 국가 재정사업으로 한다면 다시 턴키나 대안, 적격심사제, 최저가낙찰제 등 어떤 입찰제도로 할지에 따라 건설업체에 돌아오는 몫이 크게 달라진다. 따라서 사업 및 입찰방식 결정도 건설업체의 핵심 로비대상이다. 실제로 앞서 언급한 경실련 분석결과에서도 수뢰명목을 기준으로 볼 때 공사수주·낙찰·수의계약을 내세워 돈을 받은 게 156명(23.1%/197억여 원)으로 가장 많았다. 또 받은 뇌물도 1인당 평균 1억 2,600만 원으로 가장 많았다.

이 때문에 이와 관련된, 로비 및 뇌물 공세의 주대상이 되는 것이 바로 정책 및 사업자 결정권을 가진 중앙부처 및 지자체, 공기업 등이다. 주택사업이나 도시개발사업, 등 핵심사업 등의 사업자 결정권은 모두 건교부 등 중앙부처에 있다. 건설업체들은 이런 대규모 개발사업의 사업권을 따내기 위해 건설업체들은 공무원과 공기업, 국회 등에 로비를 펼친다. 정부관료와 지자체장, 공공기관장이나 정치인 등이 개입해 사업방식의 결정과 입찰방식결정 업체의 선정 등과 관련 규칙과 절차 등을 얼마든지 바꿀 수 있기 때문이다. 특히 각종 건설정책과 제도, 개발사업을 결정하는 정부와 산하 공기업은 이들의 핵심 로비 대상이다. 예를 들어, 공공택지사업과 관련해 건교부는 어떤 공공택지에서는 대형주택건설업자들 주축으로 택지를 분양받게 하고, 어떤 곳은 중소형 주택건설업자들만 분양에 참여할 수 있도록 하는 막강한 권한을 발휘할 수 있다. 건교부 관료들이 어떻게 하느냐에 따라 건설업체들의 명암이 교차하는 것이다.

건교부 산하 중앙건설기술심의위원회(중심위)와 지방자치단체의 지방기술심의위원회는 연초에 정부 재정사업의 발주방식을 결정하기 때문에 참여하는 위원들이 치열한 로비대상이 된다. 대형건설업체들은 발주방식 결정과정에서 손쉽게 돈을 남길 수 있는 턴키 및 대안물량비율을 늘이기 위해 치열한 로비를 펼친다. 또 설계를 완료하고 가격입찰경쟁을 하기 직전에도 대형건설업체의 임원진들이 발주기관장을 찾아다니며 턴키 및 대안입찰방식으로 발주방식을 바꾸도록 로비를 한다. 이렇게 건설업체들 요구에 따라 입찰방식을 바꾸고 이를 특정업체가 수주하기 유리하도록 해달라는 청탁과 돈을 주고받는다.

이런 가운데 대형건설업체 중심으로 '노다지'나 다름없는 턴키공사를 둘러싼 '로비전쟁'은 이공계 교수나 학자들까지 '부패의 늪'으로 빠뜨리고 있음은 이미 알려진 사실이다. 중앙정부와 지자체의 턴키입찰설계와 기술심사위원으로 참여하는 이들 전문가 그룹이 사실상 공사 수주의 열쇠를 쥐고 있기 때문이다. 정부예산가격 1,500억 원짜리 공사가 최저가 낙찰제라면 800억 원이지만, 턴키방식으로 따면 1,450억 원 가량에 수주할 수 있다. 최소 650억 원의 차익을 챙길 수 있다는 계산이 나온다. 더구나 각종 심사결과 설계점수에서 1~2점 정도의 극히 적은 점수차로 공사수주가 좌우되기 때문에 업체들은 사활을 건 치열한 로비전을 펼친다. 중간간부 이상 모든 임직원이 동원된다.

이 같은 로비전이 얼마나 치열한지를 보여주는 사례가 2003년과 2004년 초 잇따라 발생한 접대직원들의 과로사이다. 이 가운데 한 사람은 대형 건설업체인 S사의 현장소장으로 매일 아침 7시 전후에 출근해 주중에는 계속 공무원을 상대로 접대하고, 주말에는 교수들을 상대로 골프와 술 접대 등을 하다가 지난해 말 과로사로 쓰러졌다. 이들은 현장업무 말고도 접대로 밤낮, 평일과 주말을 가리지 않고 시달리다 보니 24시간, 365일, 제대로 된 휴식과 휴가는 없었던 셈이다.

부패에 대한 처벌도 없어

이렇게 건설부패의 양상이 갈수록 심각해지는 이유는 뭘까. 여러 이유가 있겠지만 제대로 된 처벌이 없기 때문이다. 검찰 등이 수사를 해도 결국 건설부패에 연루된 사주나 고위직 임원들에 대한 처벌은 드물고, 하위직 직원들만 희생양으로 삼는다. 그나마 처벌받은 건설업체 경영진들은 각 정권마다 '경제를 살린다', '사회화합을 도모한다'는 명목 아래 사면을 받아 풀려난다. 그런데 부패관행에 젖어 반칙과 불법으로 사업을 키워온 경영진들이 어떻게 대한민국 경제를 살리고, 사회화합에 기여하겠는가. 오히려 이들에 대한 사면은 대한민국이 선진경제로 탈바꿈하는 것을 저해하고 평범한 서민들의 위화감과 박탈감만 심화시킬 뿐이다.

우리 정부나 사법시스템이 행한 '솜방망이 처벌'과 '면죄부'의 일례를 살펴보자. 김대중 정부가 들어선 뒤인 99년 검찰에서 설계용역업체들에 대한 대대적 수사를 진행했다. 하지만 구체적인 뇌물수수와 비리에 관한 사실관계를 대부분 밝혀놓고도 이 가운데 일부만 공개하고 제대로 처벌하지 못했다. 재경부, 건교부 등 정부부처와 정치권의 상당수 인사와 언론 등이 나서 "건설업이 어려우니 이번에는 봐주자"는 동정론을 펼쳤기 때문이다. 그나마 이들 가운데 처벌된 인사들 대부분이 2000년 '밀레니엄 대사면'을 통해 풀려났다.

2002년과 2003년, 서울지하철 9호선 공사와 관련한 대형건설업체들의 담합비리사건도 마찬가지였다. 경실련이 고발해 공정위가 일부 사실을 밝히기는 했지만 이마저도 '솜방망이 처벌'에 그쳤다. 공정위가 부과한 과징금(73억 원)이 이들이 취한 폭리(600억~1,000억 원대로 추정)에 비해 '새 발의 피'에 불과했다. 또한 재판에서는 전관(前官) 변호사들을 내세운 건설업체들이 기존 판결을 모두 뒤집기도 했다.

선진국의 경우, 부패행위에 대해 강력히 처벌함으로써 부패사건의 재발 가능성을 줄이고 있다. 2002년 주한미군 육군 현역 대령이 기지 내 군인가족 주택건설사업 등 이권에 영향력을 행사하고 한국업체들로부터 약 70만 달러(약 7억여 원)를 받은 사건은 시사하는 바가 크다. 문제의 현역 대령이 한국 건설업체인 모 기업이 공군기지 주택건설, 캠프 캐럴 등 다른 기지 내 몇몇 병영건설 공사에 최저가로 응찰하지 않았는데도 뇌물을 받고 이 회사가 낙찰받게 한 혐의를 받았다. 이 현역 대령은 이 건과 관련해 무려 11가지 혐의로 기소됐으며, 유죄가 인정될 경우 115년형에 처해지게 돼 있었다. 수사당국은 이 사건에 가담한 그의 부인은 100년, 모 업체 직원 허모씨는 20년형을 구형했다. 이 건 하나를 수사하는 데에만 미 육군범죄수사대와 FBI, 미 국세청이 동원돼 공조수사를 펼쳤다. 만약 이 사건에 연루됐던 허씨가 국내 법정에 섰다면 어떤 처벌을 받을까. 모르긴 해도 훨씬 경미한 처벌을 받았을 것이다.

그런데 국내의 경우는 어떤가. 지난 정권 최대의 부패 스캔들로 현직 대통령의 아들과 자치단체장 등이 연루된 '부정부패의 종합백화점'으로 기록됐던 분당 'P 게이트' 사례를 보자. 당시 이 사건의 주인공인 회장은 2심에서 징역 3년 집행유예 4년형을 선고받고 출소해 현재 사업 마무리 활동에 전념하고 있다. 그가 우선 감옥에서 출소했다는 사실 자체가 기막히다. 그는 분양으로 수천억의 순이익을 남긴 것으로 추정된다. 법을 어겨가며 신도시 구조를 왜곡시킨 대표적 비리사건이지만 이 사건의 주역은 단 몇억 원으로 사업을 시작해 엄청난 떼돈을 벌게 됐다. 징역을 살지도 않고 집행유예로 풀려난 뒤 수천억을 벌 수 있다면 "괜찮네"라고 달려들 건설업자들이 한둘이 아닐 것이다. 건설부패를 더욱 키우는 대한민국이 아닐 수 없다.

또한 당시 서울대 모 연구소장으로 이 사건에 연루됐던 Y 부시장은 제대로 된 처벌이 없을 때 범죄는 반드시 재발할 수밖에 없음을 보여준다. Y 부시장은 당시 사업의 용역을 한 대가로 아파트를 사전 분양받는 특혜를 누리고, 별도로 H개발로부터 4,000만 원 이상을 받았으나 처벌되지 않았다. 검찰조사에서 "다시는 이런 일이 없도록 하겠다"고 말했던 그의 말은 지켜지지 않았다. 2005년 6월 또다시 거액의 뇌물을 수수한 혐의로 구속됐으니 말이다. 비리를 저지르고도 엄정한 법적 심판이 따르지 않는다는 것을 경험한 범법자가 법의 심판을 얼마나 우습게 알게 되는지를 쉽게 알 수 있는 대목이다.

건설부패는 아니지만 불법대선자금에 연루됐던 인사들이 지금 어떤 상황인지를 봐도 국내의 부패처벌실태를 쉽게 알 수 있다. 참여연대에 따르면 S그룹 D구조조정 본부장은 여야 대선캠프에 385억 원의 불법자금을 제공한 혐의로 '불구속' 기소돼 징역 2년 6월에 집행유예 4년을 선고 받았다. 그는 2003년 말 대선자금수사로 곤욕을 치른 뒤 2004년 초 그룹 내 인사에서 부회장으로 승진했다. 불법자금 150억 원을 차떼기로 전달한 L그룹 G부회장도 징역 1년 6월에 집행유예 3년을 선고 받았다. H그룹 K총괄부회장도 100억 원의 대선자금을 전달한 혐의로 징역 2년에 집행유예 4년을 선고받는 데 그쳤다. 앞서 언급한 주한 미 대령이 처벌받은 것과는 비교도 안 될 만큼 가벼운 형량을 받았다. 그나마 이들은 2005년 5월 석가탄신일을 맞아 모두 사면됐다. 더구나 이들은 '궂은 일을 한 대가'로 그룹 내에서 계속 승승장구하고 있다.

여기에서 본 것처럼 한국 부패구조의 핵심고리를 이루고 있는 것이 바로 건설부패다. 특혜와 반칙이 만들어내는 건설부패 구조는 대한민국을 망치는 최대의 '오염원'이다. 그런데도 이를 단죄해야 할 검찰 등 국내 사정기관의 처벌은 미약하기 짝이 없다. 이는 법조계 사정에 밝은 한 변호사가 평소 알고 지내는 한 검찰 수사관의 얘기를 기자에게 귀띔해준 내용에서도 알 수 있다. 그 수사관은 한 재벌건설업체의 거액뇌물 비리 단서를 상당히 구체적으로 포착했는데도, 상부의 지시로 내사를 중단했다는 것이다.

이제는 대한민국 최대의 오염원을 정화할 때가 됐다. 사정당국의 대대적인 수사를 통한 건설부패 청산 없이는 '선진 한국'은 요원하다. 이탈리아가 '마니 폴리테(깨끗한 손이라는 뜻으로 이탈리아 검찰이 정경유착 등에 대해 대대적으로 벌인 사정을 일컫는다)'를 통해 건설업계의 부패를 뿌리뽑자, 건설공사비가 절반 수준으로 뚝 떨어진 사례는 시사하는 바가 크다.

사건이 터지면 미꾸라지처럼 빠져나가는 관료들과 건설업주들에 대한 어정쩡한 심판으로는 건설부패를 뿌리뽑을 수도, 건설을 개혁할 수도 없다. 건설업계에 매년 뿌려지는 검은 돈 20~40조 원으로 연구개발을 한다면 이 나라는 세계 초일류 기술강국이 될 수 있었을 것이다. 이 모든 것이 정치민주화 이후에도 재벌들의 논리에 놀아나는 관료와 아직도 힘을 발휘하는 부패정치인, 기득권 논리를 재생산하는 일부 언론과 가면 쓴 학자들로 이뤄진 강고한 기득권 구조가 우리 사회의 경제민주화를 방해하고 있기 때문이다. 이제라도 우리 사회가 미몽에서 깨어나 특혜와 반칙을 바로잡고, 부패를 일소해 많은 이들이 정당하게 일한 대가를 챙길 수 있는 민주적인 경제시스템을 구축해야 한다. 지금 그 일을 시작하지 않는다면 대한민국은 영원히 2류 또는 3류국가로 전락할지 모른다.

2 공공공사 예산낭비, 나라를 덮고도 남는다

[1. 대한민국 공공공사에서 건물을 짓는 방법]

당신이 한 대기업의 CEO라고 생각해보자. 당신은 지방공장에서 근무하는 사원들의 주거복지를 위해 사원용 아파트를 짓기로 하고 관련법에 따라 하게 되어 있는 설계용역을 A건축설계사무소에 맡겼다. A건축설계사무소는 정부가 정한 원가산정기준에 따라 설계를 하여 1,000억 원이 든다고 산출했다. 하지만 시중에서는 이 정도 규모의 공사를 600억 원대에 하겠다는 건설업체들이 줄을 선 상황이었다. 혹시나 건설업체들이 싸게 공사를 수주해 부실공사를 하지 않을까 사정을 알아봤다. 그런데 사실은 설계금액을 산출하는 근거가 되는 원가산정기준이 실제 시장단가보다 30~40% 이상 부풀려져 있다는 사실을 알게 되었다. 그래서 경쟁입찰을 붙여 견적을 받아 보니 대체로 550억에서 500억대였고, 그래서 가장 낮은 금액인 500억 원을 써낸 B건설사를 선정해 시공을 맡기며 계약이행보증은 계약금액의 50%를 받고, 감리를 예정보다 보강하여 공사를 했다.

자, 이번에 당신은 정부의 신청사 신축공사의 발주를 담당하는 공무원이다. 똑같이 A건축설계사소에 설계용역을 맡겼더니 마찬가지로 1,000억 원이 든다고 한다. 그런데 시중에서는 이 공사 또한 600억 원이면 할 수 있다고 한다. 여기서도 사정을 알아보니 정부가 정한 원가산정기준이 잔뜩 부풀려져 있음을 알게 되었다. 자, 당신이라면 어떻게 하겠는가. 백이면 백 당연히 경험 있는 기업을 초청하여 가격경쟁입찰을 붙여 가격이 가장 싼 600억 원대에 공사계약을 할 것이다. 그리고 당신이 좀더 사명감을 가진 공무원이라면 부풀려진 원가산정기준을 해당부처에 알려 이를 바로잡지 않겠는가.

그런데 이처럼 너무나 당연해 보이는 것을 상식에 반해 행동하는 사람들이 있다. 바로 대한민국의 공공공사 발주 담당 공무원들이다. 문제는 이 같은 행태가 한 번에 그치지 않고 수십 년 동안 지속적으로 반복되고 있다는 사실이다. 심지어는 정부 스스로 원가산정기준이 심각하게 부풀려져 있다는 사실을 인정한 뒤 10여 년이 지나도록 원가산정기준을 바로잡지 않고 있다는 사실이다.

이처럼 부풀려진 원가산정기준 때문에 생기는 폐해는 엄청나다. 우선 엄청난 예산낭비와 비리와 부패의 확대·재생산, 그리고 능력 있는 기술자의 퇴출현상을 들 수 있다. 뒤에서 설명할 후진적인 입찰제도와 복잡한 건설업역 구분 및 다단계 하도급 등의 문제들도 예산낭비의 원인이지만 부풀려진 원가산정기준이 예산낭비의 출발점인 셈이다. 부풀려진 원가산정방식은, 입찰 이후 공사과정에서도 예산낭비의 수단으로 악용되고 있다. 설계변경 등에 따른 계약금액을 조정할 경우 건설업체에 추가로 인정해주는 조정금액이, 부풀려진 표준품셈에 따라 시장가격보다 훨씬 높다 보니, 건설업체들은 불필요한 설계변경을 하는 경우가 적지 않다. 물론, 대부분 설계상 하자로 인한 것이지만 이로 인해 건설업체들이 부정한 이익을 취할 수 있도록 구조적으로 보장해주는 셈이다. 이처럼 부풀려진 원가산정기준을 근간으로 한 불합리한 제도들 때문에 약 30% 이상의 예산이 낭비되는 것으로 추정된다. 정부의 공공공사 발주규모가 한 해에만 50조 원에 이르므로 매년 최소 15조 원의 예산이 낭비되는 셈이다. 실제로 낭비되는 공공공사 예산규모는 이보다 훨씬 더 크지만 부풀려진 원가산정기준에 의해서만 이 정도의 예산낭비가 발생한다는 것이다. 이 같은 방식이 수십 년간 이어져 왔으니 그 동안 낭비된 예산은 현재 가치로 따졌을 때 수백조 규모에 이를 것으로 추정된다.

너무나 어처구니없는 이 같은 일이 왜 계속 반복돼 왔을까. 이에 답하기에 앞서 원가산정기준이 무엇이고, 어떻게 이 기준이 부풀려져 왔는지를 알아보자.

표준품셈, 무엇이 문제인가

표준품셈은 단위 공정별로 대표적인 공종, 공법을 기준으로 삼아 여기에 필요한 재료량, 노무량 및 기계경비 등을 수치로 제시한 것이다. 이러한 표준품셈은 정부에서 발주하는 건축, 토목, 전기, 통신공사 등 모든 공공공사 발주의 원가산정기준으로 활용되고, 표준품셈에 의한 원가계산방식을 통해 작성된 예정가격이 예산편성과 공공공사 입찰시의 기준금액이 된다. 이 같은 표준품셈제도는 세계에서 거의 유일하게 우리나라에만 있는 것으로 일본 방식을 그대로 모방했다. 문제는 일본은 90

년대 '건설족'의 비리가 드러난 뒤 건설산업의 후진성을 극복하기 위해 이 제도를 사실상 폐지했는데도 유독 우리나라만 아직도 버리지 못하고 있다.

표준품셈제도는 공사에 필요한 자재, 인력, 장비 등에 대해 적정한 시장가격을 조사하고 시공인력과 장비의 생산성을 실제 측정하고 조사하여 이를 바탕으로 기준을 만드는 방식이다. 그러나 우리나라는 복잡하게 나누어진 기준과 전문적인 조사기관이나 인력이 전혀 없기 때문에 이 같은 방식으로는 시장의 실태를 즉각 반영할 수 없어 시장가격과 동떨어진 가격이 산출될 수밖에 없다. 건교부가 스스로 밝힌 자료에서도 표준품셈은 시장가격을 적절하게 반영하지 못하는 것으로 나타났다. 94년부터 97년까지 표준품셈 제·개정현황을 보면 전체 1,500여 개(현재 1,900여 개) 품셈항목 중 연간 제·개정되는 숫자는 50~100개(2~5%) 정도에 그쳤다.

현실과 동떨어진 표준품셈 때문에 공사비를 산출하는 데도 막대한 인력과 시간이 들 수밖에 없다. 조금 과장하면 대한민국 대부분 건설회사의 기술관리직원들이 매일 출근해서 하는 일이라곤 컴퓨터 앞에 앉아서 엑셀로 숫자 꿰맞추는 게 업무의 거의 대부분이다. 그래서 업계 종사자들은 스스로를 '엑셀맨'이라고 자조하고는 한다. 이들 엑셀맨들은 시장단가가 제대로 반영된 단가조사 결과만 있다면 안 해도 될 일을 매일 반복하고 있다. 외국처럼 정부나 공공기관이 직접 나서면 수백 명의 전문조사요원을 통해 만들 수 있는 시장단가가 제대로 반영된 표준이 없으니, 국내 건설인력 가운데 10만 명 정도는 이런 허드렛일에 매달리고 있는 것이다.

이 같은 인건비 낭비는 돈으로 따지면 약 10조 원 가량이 된다. 10만

명을 고용하는 데 들어가는 임금 및 각종 비용을 평균 1억 원이라고 보면, 10조 원이 매년 낭비되고 있는 것이다. 이 10만 명이 전체 건설 관련 서류의 60~70%를 만들고 있다. 길지만 한 번 열거해보자. 일위대가표, 단가산출서, 설계내역서, 도급내역서, 실행내역서, 하도급내역서, 설계변경내역서, 도급변경내역서, 실행변경내역서, 하도급변경내역서, 도급기성내역서, 실행기성내역서, 하도기성내역서, 시공참여기성내역서, 물가변동금액산출내역서, 설계변경을 위한 가격검토비교내역서, 현장실정보고서 등등 일일이 다 열거하기도 힘들다. 바로 엉터리 표준품셈 때문에 이 많은 서류덩어리들이 불필요하게 만들어지는 것이다. 예를 들어, MP3 플레이어나 핸드폰 가격을 표시할 때 시장에서 거래되는 가격만을 표시하면 되는데, 지금 방식은 각 부품을 다 해체해서 하나하나 원가계산을 하고, 여기에다 적용할 품을 계산하고, 단위량을 일일이 다 계산하는 꼴이다. 시장가격 하나면 될 것을 일일이 재료비, 노무비, 경비로 풀어서 100~1,000개로 나눠 원가계산을 하고 있다. 이렇게 하면 시장에서 10만 원이면 되는 제품의 원가가 20~30만 원이 나온다. 대량 생산하는 것도, 생산효율도 전혀 감안이 안 된다. 20년 전 원가 계산했던 것을 그대로 쓰니까 20년 동안 기술 발전 사항이 전혀 반영이 안 된다.

그러면 왜 설계용역업체들은 시중에서 600억 원에 건설되는 것을 알면서도 1,000억 원짜리로 설계할 수밖에 없을까. 정부가 그것을 정했기 때문이다. 물론 표준이 없어서 사업마다 매번 설계를 해야 용역업체의 일감이 생기는 '밥그릇' 문제도 있지만 도덕적 해이에 빠진 공무원들 탓도 크다. 설계업체가 표준품셈과 다르게 단가를 적용하거나 잘못 적용하면 설계를 잘못한 업체로 인식되어 정부로부터 벌점을 받고 불이익을 받기 때문이다. 그러니 설계업체는 실제와 전혀 맞지 않는 줄 알면서도 도식화된 틀 속에 맞지도 않는 표준품셈을 그대로 적용하는 것이다.

우리와 달리 미국, 영국 등 거의 모든 건설선진국은 실적공사비 적산방식(Previous Bid Pricing Method)을 쓰고 있다. 실제로 이미 실시한 공사의 입찰가격과 실적조사를 바탕으로 한 기준으로 분기별 또는 1년 간의 데이터를 분석해 이를 기초로 발주예정가격을 마련하는 방식이다. 한마디로 각 공종별로 가장 최근의 실제 시장가격을 기준으로 삼는 방식이다. 이 방식에 따르면 건설시장에서 형성된 시장가격보다 발주예정가격이 부풀려질 염려도 없어 적정가격을 산출하기에 합당하다. 복잡하게 건설공사장에 투입될 재료비와 인력 등에 대한 단가를 산정하느라 막대한 인력과 시간을 낭비할 필요도 없어진다. 물론, 공사실적이 없거나 신공법이 활용될 경우에는 이 방식을 적용할 수 없다. 하지만 건설선진국은 이럴 경우에 한해 원가계산방식을 보완적으로 활용하므로 아무런 문제가 없는 셈이다. 이 제도를 도입하고 낡은 표준품셈을 폐지하면 앞에서 본 것 같은 예산낭비와 인력낭비가 없고, 건설현장에서 사용하기 매우 편리하게 바뀌는 것이다. 그런데도 우리네 건설관료와 건설업주들은 이 제도를 도입하면 '충격'을 가져온다고 한다.

얼마나 부풀려졌나

그럼 표준품셈은 실제 시장단가보다 얼마나 부풀려져 있을까. 공종에 따라 다르겠지만 시장가격과의 괴리를 보면 최소한 30~40% 이상은 부풀려져 있을 것으로 추정된다.

구체적인 사례를 통해 살펴보자. 표준품셈 가운데 가장 많이 부풀려져 있는 공종이 덤프운반비다. 지방국토관리청이 2001년 발주한 한 국도 건설현장의 설계금액을 보면 덤프운반비는 총 사업비 334억 원(직접

공사비 249억 원, 간접비 85억 원)의 20% 가량인 64억 원이었다. 덤프트럭이 운반해야 할 흙과 돌의 양은 40만 입방미터로 입방미터당 1만 6,000원으로 계산돼 있다. 원도급업체인 A사는 적격심사제 방식으로 낙찰률 77.8%인 260억 원에 이 공사를 따냈다. 이 가운데 덤프운반비는 49억 원. A업체는 덤프운반비 49억 원 가운데 절반 가까운 24억 원을 챙기고, B전문건설업체에 덤프운반 부분을 25억 원에 전량 하도급을 줬다. 이 B업체는 다시 일정액을 챙기고 알선업자를 통해 다시 덤프업자에게 재하도급을 줬다. 덤프업자들이 받는 하루 일당이 28만 원 정도이고 이들이 하루 75입방미터 정도를 운송한다고 치면 입방미터당 3,500원꼴인 셈이다. 따라서 총물량 40만 입방미터인 덤프운반 물량의 총공사비는 약 14억 원으로 추산된다.

여기서 한 번 따져보자. 표준품셈에 근거해 만들어진 정부 설계금액상의 덤프운반 단가가 64억 원이었으므로 덤프운반비의 표준품셈은 무려 4.6배 가량 부풀려져 있음을 쉽게 알 수 있다. 이 같은 실태는 비단 이 현장에 머물지 않는다. 어떤 공사현장의 하도급내역 등을 들춰봐도 비슷한 상황임을 쉽게 알 수 있다.

이렇게 정부설계금액이 부풀려지는 이유는 바로 부풀려진 품셈 때문이다. 표준품셈에 따르면 덤프트럭은 고속도로에서 시속 50~60km, 포장도로에서는 30~35km, 비포장 도로에서는 10~15km로 적용토록 돼 있다. 하지만 이 같은 운행속도는 수십년 전 도로사정이 매우 열악하고 지금보다 장비성능이 낮은 때 적용되던 기준으로 실제 운행속도와는 동떨어진 기준이다. 길게 설명하지 않아도 덤프트럭이 표준품셈상의 기준보다 얼마나 빨리 달리는지는 독자들이 그 동안의 경험으로 잘 알 것이다. 품셈상의 운행속도는 실제의 절반에도 못 미치는 것으로 보인다.

또 품셈상에는 적재량이 5~8입방미터(15톤 덤프트럭 기준)를 싣도록
돼 있으나, 덤프연대의 주장에 따르면 보통 7~11입방미터를 싣고 있다
고 한다. 더구나 실제 공사현장에서 많이 이용되는 25톤 트럭은 아예 품
셈에서 빠져 있다. 또 품셈에서는 흙을 싣고 나서 덮개를 설치하는 데
3.77분이 걸리는 것으로 돼 있다. 과거에는 손으로 트럭을 여닫았기에
이 정도 시간이 걸렸을지 모르지만 이제는 자동으로 덮개가 개폐된다.
아예 덤프트럭을 이용하지 않고 사람이 흙을 뜨는 것처럼 해서 단가를
부풀릴 수도 있다. 덤프트럭 제조업체의 노력으로 덤프의 성능은 계속
발전하고, 도로상태도 계속 좋아졌는데 품셈기준은 수십 년 전 그대로
화석처럼 굳어 있는 것이다.

이런 상황에서 운반거리, 운반속도, 도로폭, 도로포장 상태, 교통체증
상황, 덤프트럭 용량 등 하나하나가 운반단가에 영향을 미치기 때문에
총공사비의 7~15% 정도를 차지하는 덤프운반 단가는 설계금액 부풀
리기에 '약방의 감초'처럼 활용된다.

덤프운반뿐만 아니다. 자세히 언급할 필요까지는 없겠지만, 한 댐공
사의 도급 내역서를 보면 '암굴착' 품셈은 1만 800원을 적용했다. 하
지만 시장단가는 3,000원 정도에 지나지 않는다. '석산 암개발'의 단가
도 1만 1,800원으로 잡혀 있지만 실제로는 4,000원 정도면 할 수 있는
공사다.

경실련이 2005년 5월, 건교부 산하 지방국토관리청이 99년 이후 수행
한 8개 국도 건설현장의 자료를 분석한 결과, 표준품셈에 근거한 정부
예정가격은 시장가격보다 약 2배 가량 부풀려져 있었다. 특히 토공사에
서 2.6배 가량 부풀려져 확인됐다. 부풀려진 품셈을 통해 산정된 정부
예정가격이 부풀려지고 있어 엄청난 예산낭비의 출발점이 되고 있음이

명백히 드러난다. (이 사례는 나중에 자세히 따로 살펴보겠다.)

　문제는 이렇게 부풀려진 엉터리 품셈 때문에 예산이 줄줄 새는데도 각 발주기관에서 수만 명의 공무원이 알면서도 문제제기 한 번 하지 않았다는 것이다. 원도급업체들은 공사를 수주한 뒤 하도급계약을 맺으면 30일 내에 발주기관에 하도급내역을 통보하게 돼 있다. 앞에서 언급한 국도공사 사례에서도 봤지만 하도급내역만 들여다봐도 품셈이 얼마나 부풀려져 있고, 중간에서 건설업자들이 얼마나 떼먹는지 빤히 보이는데 이를 수십 년 동안 방치했던 셈이다. 매년 수조 원, 수십조 원씩을 지출하는 건교부 등 정부부처와 공기업 등 발주기관이 자신들이 건설업자들에게 지불하는 돈이 과연 적정한지를 따져야 하는 것 아닌가. 민간기업에서 이와 같은 일이 일어난다면 당장에 해고됨은 물론 단단히 문책을 받을 일인데 왜 정부에서는 아무런 조치도 하지 않는가? 또 민간이면 금방 고칠 일인데도 공무원들은 품셈이 '꿀단지'라도 되는지 꼭 끌어안고 고치지 않고 있다. 건교부나 공기업에서 수만 명이 수십 년 동안 매번 반복되는 문제로 엄청난 혈세가 낭비되는 사실을 알고도 이를 고칠 생각을 안 했다면 이들은 어느 나라 사람들인가? 정부가 제정신차리고 눈만 똑바로 뜨면 매년 수조 원의 혈세를 줄이고 거품은 빠지게 돼 있는데도 말이다.

정부의 계속된 미루기

건설업자들 말이라면 일사천리로 정책에 뚝딱 반영하는 정부가 국민 돈 아끼고 국민 편하게 할 개혁은 제대로 하는 것을 못 봤다. 12년 전부터 폐지하겠다고 한 표준품셈도 마찬가지다. 과거 어떤 비누 광고에 나왔던 문구처럼 십수 년이 지나도 '아직도 그대로네'라는 말이 나올 수밖에 없다. 정부가 품셈폐지작업을 얼마나 질질 끌면서, 국민을 속이고 건설업자들의 이익에 봉사해왔는지 한 번 살펴보자.

표준품셈이 처음 제정된 것은 1962년. 일본의 품셈을 그대로 본따 만든 것으로 정부가 이를 관리해왔다. 하지만 80년대 후반부터 독립기념관 화재사고(1986년)와 행주대교 붕괴사고(1992년) 등이 잇따르자 현실을 반영하지 못하는 품셈에 대한 비판여론이 들끓었다.

이에 건교부와 학계 등은 미국, 영국 등 선진국의 실적공사비제도를 도입키로 큰 방향을 잡았다. 이를 위해 건교부는 92년부터 건설기술연구원과 국토개발원에 국내외의 적산제도를 검토하고 선진국형 실적공사비 제도 도입방안을 연구토록 했다. 이 연구용역의 결과 정부는 품셈을 없애고 적산사 제도와 민간의 전문 적산기관을 육성하기로 했다. 하지만 그뿐이었다. 수십억 원의 예산을 들여 실적공사비 제도 도입을 위한 연구용역을 실시하고도 건교부는 표준품셈을 폐지하지 않았다.

오히려 이후 실제 진행방향은 정반대로 흘렀다. 건설업계 등을 중심으로 정부가 예산을 적게 책정해서 자꾸 부실공사가 생긴다며 품셈이 실제 시장가격을 반영해야 한다고 주장한 것이다. 물론 당시에도 품셈은 결코 과소하게 잡혀 있지 않았다. 다만 건교부는 매년 품셈을 제대로 관리하지 못해 품셈이 부풀려지자 정부 노임단가를 낮춰 '적절히' 상쇄하는 방식을 취했을 뿐이었다.

이 같은 건설업체의 주장에 건교부는 그 동안 표준품셈을 제대로 관리해오지 않은 책임을 면하기 위해 95년 엉뚱한 조치를 취했다. 품셈의 관리 및 재개정 작업을 일반건설업체들의 이익단체인 대한건설협회로 이관한 것이다. 고양이에게 생선을 맡긴 격이었다. 이후 건설협회는 자신들에게 유리한(부풀려진) 품셈항목은 그대로 놔두고 매년 한두 차례

덜 오른 품셈을 부풀리는 데에만 치중해왔다.

예를 들어, 건설협회는 96년 '철근 가공 및 조립' 품셈을 간단, 보통, 복잡 등 3단계로 나눴던 것에 '매우 복잡'을 추가해 실제로 비싼 품셈단가를 적용하게 했다. 역시 건설협회가 관리를 맡고 있는 노임단가도 마찬가지로 계속 부풀렸다. 건설공사현장에 외국인 기능인력이 수도 없이 들어와 평균 노임단가가 크게 떨어져도 이는 전혀 반영되지 않았다. 또 지하철, 터널 등 한 장소에서 대량으로 시공하는 경우 작업효율이 높아져서 노임단가가 높아질 이유가 없었지만 계속 올라갔다.

이처럼 정부는 건설업계가 집단적으로 엄청난 불로소득을 취하는 것을 방치하면서도 실적공사비 적산제도의 도입은 계속 미뤄왔다. 95년 제정된 국가계약법 시행령에서 이미 수행한 사업을 토대로 축적한 실적공사비를 기준으로 예정가격을 결정토록 했으나, 10년이 지난 지금도 이 제도는 적용되지 못했다.

따라서 정부관료들이 정말 이 제도를 시행할 의지가 있는지 의심스러울 수밖에 없다. 건교부 관료들은 장관이 지시한 사항도 이행하지 않는 경우도 허다하다. 심지어 현 정부출범 초기 건교부장관이 약속한 내용도 안 지켜지고 있는 실정이다. 2003년 4월 필자는 당시 건교부장관을 면담해 후진적인 건설제도 전반에 대해 건의하면서 실적공사비 적산제도의 도입을 요구했다. 장관은 그 자리에서 즉각 표준품셈을 폐지하는 방안을 검토하겠다고 약속했고, 실제로 건교부는 20여 일 만에 품셈을 폐지하고 2004년부터 실적공사비 적산제도인 시장단가를 도입하겠다고 발표했다.

이 같은 건교부 발표가 나오자 대한건설단체 총연합회와 전경련, 건설단체 산하 연구기관 등에서는 실적공사비 적산제도를 '단계적으로'

도입해야 한다고 주장했다. 실적공사비 적산제도를 일시에 도입하면 충격으로 중소건설업체들이 다 도산한다는 논리였다. 실적공사비 적산제도의 도입을 막을 명분이 없기에 '단계적 도입'을 주장했지만 사실상 도입하기 싫다는 것이 이들의 속셈이었다. 부풀려진 품셈을 통해 가만히 앉아서 공사비의 30% 이상을 버는데 실적공사비 적산제도를 건설업계가 반길리야 있겠는가. 하지만 대부분 국가에서는 시장단가방식을 적용하는 데 유독 우리나라에 적용하면 건설업체가 망한다는 주장은 이해하기 어렵다. 하지만 이들의 조직적인 로비는 성공한 것으로 보인다. 2004년 폐기하겠다던 품셈이 사실상 그대로 유지되고 있기 때문이다.

시민단체의 문제제기로 표준품셈을 해당 건설업계의 이익단체인 건설협회가 관리하던 잘못된 관행은 없어졌다. 하지만 실적공사비 적산을 맡게 된 건교부 산하 한국건설기술연구원(건기연)의 실상을 뜯어보면 건교부의 폐지 약속은 시늉에 지나지 않는다는 것을 쉽게 알 수 있다. 표준품셈 제도가 제 기능을 발휘하기 위해서는 많은 조사인력을 투입해 공사장에 투입될 재료비와 인력 등의 단가를 일일이 조사해 복잡한 계산과정을 거쳐야만 한다.

하지만 정부는 건기연에 3명의 인력이 이 모든 일을 담당하도록 하고 있다. 품셈유지관리를 위한 예산지원도 미흡한 형편이다. 정부가 품셈 유지관리에 책정한 예산은 2004년과 2005년 각각 4억 원씩에 불과했다. 별도의 적산연구기관에 수백, 수천 명 이상의 인력을 두고 있는 미국 등과는 비교가 되지 않는 규모인 셈이다. 연간 수십조 원의 재원투입을 좌우하는 품셈이 말도 안 되는 수준의 적산전문인력과 예산으로 허술하게 관리되는 것이다.

이런 답답한 현실 속에서 경실련은 2005년 5월 건교부 산하 국토관리청이 발주한 국도공사의 토공사비가 낮은 품셈 때문에 2.6배 가량 부풀려져 있다는 사실을 밝히고, 실적공사비 적산제도의 전면실시를 또 한 번 주장했다. 이에 건교부는 2009년까지 대부분의 공종을 실적공사비로 전환하겠다며 제도의 전면 시행을 또다시 4년 뒤로 미뤘다. 2007년까지는 현재 총 공종의 18%만 적용되고 있는 실적공사비 제도를 50% 수준으로 확대하겠다는 계획도 함께 발표했다. 참여정부 임기 동안에는 전면시행할 계획이 없음을 재차 밝힌 것이다. 연간 50조 원 규모의 공공공사발주의 기준을 바꾸는데 왜 이렇게 뜸을 들이겠다는 것인지 모를 일이다. 더구나 노임단가는 여전히 건설협회가 관리하고 있다. 또한 과학기술부와 정보통신부 등이 관리하는 전기공사, 통신공사 등의 품셈도 잔뜩 부풀려져 있지만 이들 부처들은 손댈 생각을 안 하고 있다.

일본의 사례

국내의 표준품셈이 어느 정도 부풀려 있을지는 우리가 모델로 삼은 일본의 사례를 보면 쉽게 짐작할 수 있다. 또한 후진적인 품셈 대신 시장단가를 도입했을 때의 효과도 쉽게 알 수 있다. 똑같다고 할 수는 없지만 한국 건설산업의 제도와 관행이 거의 일본과 유사하다는 점에서 일본의 사례는 우리에게도 큰 시사점을 준다. 일본도 90년대 거품경제가 붕괴된 이후 '건설족'의 기득권을 보장하는 후진적인 건설산업을 개혁하려는 움직임이 일어났고 이 과정에서 실적공사비 적산제도가 93년부터 도입됐다.

이 제도의 도입으로 인한 효과는 2003년 11월 열린 '한일 실적공사비 적산제도 세미나'에 참석한 한 일본 건설기술업체 사장의 육성으로 생생하게 드러났다. 이 세미나는 건교부의 실적공사비 적산제도 도입방침

이후 한 단체에서 사실상 이 제도의 도입을 늦추기 위해 마련한 세미나였다. 이날 일본 측 발표자로 참석한 구스야마 도키오(楠山登喜) 후타베 엔지니어링 대표도 이들이 초청한 인사였다. 하지만 그는 일본의 경험을 토대로 실적공사비를 도입한 효과가 얼마나 큰지를 실감 있게 전하며 한국도 이 제도의 도입을 서둘러야 한다고 주장했다.

그의 발표내용 중에서도 실적공사비 도입 이후 토목공사에서 가장 많이 쓰이는 철근공사가격의 변화 추이는 매우 인상적이었다. 그의 발표자료에 따르면 70년대에 4만 엔(40만 원) 수준이었던 철근공사의 예정가격은 점진적으로 상승해 80년대 후반 8만 엔대에 이르렀다. 이후 88년부터 '헤이세이 경기'라는 거품경기로 예정가격은 잔뜩 부풀려져 15만 엔대까지 치솟았던 철근공사비는 93년까지 12만 엔 수준으로 주저앉았다. 여기까지는 경기의 이상과열로 생겼던 거품이 빠진 것으로 볼수 있다. 하지만 93년 이후 토목공사에 시장단가를 도입한 뒤 철근공사비가 6~7만 엔대로 내려앉았고, 98년부터 건축공사에도 시장단가를 도입하자 70년 수준인 4만 엔대로 떨어졌다. 결국 시장단가를 도입한 시점부터 따져도 시장단가의 도입으로 철근공사의 예정가격이 무려 3분의 1 수준으로 떨어진 것이다. 이는 거꾸로 과거 일본의 품셈제도하에서 예정가격이 얼마나 부풀려졌는지를 입증한다.

물론 일본 국내의 철근공사비가 이처럼 극적으로 하락한 것은 건설산업 전반의 효율화 대책과 맞물린 것이기는 하다. 뒤에서 더 자세히 소개하겠지만 일본에서는 90년대 초반 이후 부동산거품이 꺼지면서 일본 내 건설공사의 비효율성과 부패한 관행이 여론의 도마에 올랐다. 특히 94년 가네마루 사건 등 공공공사와 관련된 뇌물과 부패사건이 잇따라 터지면서 일본 국내와 해외의 건설공사비 가격분석을 해본 결과 미국과

독일 등 유럽국가에 비해 공사비가 30~100% 가량 비싸다는 연구결과
가 잇따라 나왔다. 이는 총리 주재의 '공공공사 비용절감대책'을 마련
해 운영하고 실적공사비 적산제도와 각종 경쟁체제를 도입했다. 물론
일본의 건설산업개혁도 강력한 '건설족'의 저항과 로비로 지지부진한
편인데도 이런 극적인 결과가 나온 것이다. 일본과 비슷한 건설공급자
위주의 정책과 제도, 부패비리 관행이 횡행하는 한국 건설제도에도 이
제 햇볕을 내려쪼일 때가 됐다. 건설개혁은 바로 실적공사비 적산제도
를 하루빨리 전면 도입하는 데서 시작해야 함은 물론이다.

[2. 땅 짚고 헤엄치는 공공건설 입찰제도]

여기 두 가지 입찰제도가 있다. 하나는 정부공사를 수주한 건설업체에
게 최소 20% 이상의 불로소득을 챙길 수 있도록 보장해주는 제도다. 대
신 이렇게 하면 국민의 혈세 10조 원이 더 들어간다. 반면 다른 하나는
철저한 가격경쟁을 통해 낙찰자를 결정하는 제도로 건설업체에게 돌아
가는 이윤 폭은 줄어들지만 국민의 혈세 10조 원이 절약된다. 그리고 건
설업체의 원가절감과 기술개발을 유도해 건설산업의 경쟁력과 국가경
쟁력을 제고할 수 있는 방안이다.

전자는 적격심사제(일명 복권추첨방식)이고, 후자는 가격경쟁방식인
최저가낙찰제이다. 어려운 용어가 나온다고 걱정할 필요 없다. 정부와
지자체, 공기업 등이 공공공사를 발주할 때 사용하는 입찰제도다. 적격
심사제는 정부가 일정한 선에서 적정한 가격을 심사해 건설업체들의 이
윤을 보장해주는 방식이다. 최저가낙찰제는 경험 있는 건설업자간의 가

격경쟁을 통해 말 그대로 가장 낮은 가격을 써낸 입찰자에게 공사를 주는 방식이다. (물론 해당 공사를 제대로 이행할 수 없을 정도의 부실한 업체가 덤핑가격을 써내는 경우에는 낙찰받을 수 없도록 하는 장치는 있어야 한다.)

이 방안 중 상식이 있는 사람이라면 모두 가격경쟁방식(최저가낙찰제)을 택할 것이다. 실제로 국내의 모든 민간건설업체들도 하청업체를 결정할 때 가장 낮은 가격으로 공사하겠다는 업체를 선정한다. 선진국을 포함해 거의 대부분 나라도 후자의 방식을 택하고 있다. 국내건설업체들이 해외에서 공사를 수주할 때도 기본적으로 이 방식이 사용된다.

사실 국내에서도 오래전부터 관급공사의 계약은 '원칙적으로는' 최저가낙찰제를 시행하도록 법으로 정해져 있었다. 정부의 예산지출과 관련한 계약행위를 총괄하는 국가계약법 제10조 제2항에는 '국고의 부담이 되는 경쟁입찰에서 충분한 계약이행능력이 있다고 인정되는 자로서 최저가격으로 입찰한 자'를 선정한다고 규정했다. 하지만 이 항의 마지막에는 '기타 계약의 성질 규모 등을 감안해 대통령령으로 특별히 기준을 정한 경우에는 그 기준에 가장 적합하게 입찰한 자'라고 예외 규정을 두고 있다. 최저가낙찰제를 원칙으로 하되 예외적인 경우에 한해 시행령으로 별도 규정을 두어 낙찰방식을 정하게 한 것이다.

하지만 문제는 예외가 원칙을 압도해 사실상 시행령이 법의 취지를 완전히 훼손하고 있다는 점이다. 국가계약법시행령 제42조 제1항에는 '국고의 부담이 되는 경쟁입찰에 있어서는 예정가격 이하로서 최저가격으로 입찰한 자의 순으로 당해 계약이행능력을 심사하여 낙찰자를 결정한다'고 규정, 사실상 '적격심사제도'가 원칙이 되도록 만들어놓았다. 또 이 시행령에 따라 적격심사기준을 만들어 각 부처가 각종 입찰계약 시 사용할 수 있도록 하고 있다. 결국 정부관료들이 국회 동의 없이 손쉽게 바꿀 수 있는 시행령이나 적격심사기준 등을 통해 법을 '빈 껍데기'로 무력화하고 있는 것이다. 수조 원의 혈세가 좌우되는 공공공사 입찰제도가 아무런 국민적 견제와 감시 없이 극소수 관료가 마음대로 좌지우지할 수 있도록 돼 있는 셈이다.

적격심사제는 요행에 의한 제비 뽑기?

우선, 적격심사제가 어떤 제도이고 어떤 문제가 있는지 살펴보자. 적격심사제는 공공사업 발주자인 정부가 부실공사 방지를 명목으로 일정 낙찰률 미만으로 낙찰되지 않도록 일정 수준의 낙찰 하한선을 만들어두는 제도다. 명목은 그럴듯 해보이지만 현실에서는 정말 기가 막힌 현상을 낳고 있다. 가장 큰 문제는 적격심사제도가 사실상 복권추첨식의 요행에 의해 낙찰자가 결정된다는 것이다. 한 마디로 국민의 막대한 혈세로 건설업체의 기술력이나 공사이행능력 등과는 아무런 상관 없이 재수 좋은 건설업체들의 '공공공사 수주 로또'인 셈이다. 이 때문에 적격심사제도는 운에 의해 결정되는 낙찰제라는 의미에서 '운찰제(運札制)'로도 불린다. 평가항목 가운데 당해 공사수행능력, 하도급 관리계획, 시공여유율 등 비가격 평가항목에서 거의 모든 건설업체들이 만점을 받기 때문에 사실상 입찰가격에 따라 낙찰자가 정해진다. 현행 적격심사제 아래에서는 정부가 정한 범위 안에서 가장 낮은 가격을 써내는 입찰자가 공사를 따내게 돼 있는 것이다. 정부는 입찰 당일 15개의 예비가격 가운데 4개를 추첨한 평균가격을 예정가격으로 사용해 가장 근접한 가격을 써내는 업체에 공사를 준다. 결국 15개의 복수예비가격 가운데 4개를 맞히는 로또와 다름 없는 방식인 셈이다.

실제로 99년 8월 24일에 입찰이 이뤄진 J시 관내 국도대체 우회도로

건설공사 입낙찰 사례를 보자. 이 공사에 입찰했던 업체 29곳 가운데 27
개 업체가 사전심사(PQ)를 통과했고 통과업체의 절반이 만점을 받았
다. 이들 업체들이 적격심사 점수인 85점을 받을 수 있는 72.99%에 가
장 근접한 가격을 써낸 K업체가 낙찰받았다. 반면 72.89%나 73.15%
를 써낸 업체들은 탈락했다. 업체의 시공능력이나 가격 경쟁력과 상관
없이 운에 의해 낙찰이 결정된 것이다.

이렇게 운에 의해 낙찰이 정해지다 보니 입찰업체마다 명산대천을 돌
아다니면서 기도를 올리거나, 용하다는 역술인을 찾아다니는 웃지 못할
코미디가 벌어지고 있다. 또 건설업체들마다 '자매결연'을 맺은 사찰도
생겨났다. 어떤 절에서는 국내 굴지의 건설업체들에게 팩스를 보내 '천
도제'를 지내면 공사수주가 잘 된다는 광고까지 하고 있는 실정이다. 또
입찰에 참가할 때마다 낙찰가격을 정확히 맞춘 견적직원이 '공로'를 인
정받아 승진하는 웃지 못할 일까지 생기고 있다.

이처럼 운에 의해 낙찰이 결정되기 때문에 입찰에 참가하기 위한 '페
이퍼 컴퍼니'들이 우후죽순처럼 생겨나고 있다. 건설업체들이 최대한
'당첨확률'을 높이기 위해 사실상 '입찰용 자회사'들을 양산하기 때문
이다. 심지어 별도 직원이 따로 없는 이들 '페이퍼 컴퍼니'의 입찰을 대
행하는 신종 업체마저 생겨나고 있다.

최저가낙찰제 안 해 10조 원 이상 낭비

이처럼 요행에 의한 복권당첨식 낙찰제도로 변질된 적격심사제의 폐해
는 한두 가지가 아니다. 우선 운에 의해 낙찰업체가 정해지므로 건설업
체들이 원가절감이나 기술혁신을 할 유인이 전혀 없다. 건설업체의 시
공능력이나 예산절감 가능성을 보고 발주하는 게 아니기 때문이다. 이

는 우리 건설산업의 경쟁력 저하로 이어질 수밖에 없다.

또 정부가 적격심사제도를 통해 건설업체에 일정 수준의 수익을 보장해주다 보니 공사수주를 위해 로비가 성행하고 있다. 관계 공무원들을 통해 입찰정보를 알거나 입찰자격을 확보해 입찰기회를 늘리는 것이 도움이 되기 때문에 '검은 거래'의 온상이 되는 셈이다.

하지만 가장 큰 문제는 막대한 예산낭비다. 2001년부터 2003년까지 최저가 대상 공사의 낙찰현황을 살펴보면 조사대상 107개 공사의 낙찰률은 각 정부부처나 공기업이 예산안을 짤 때 기준으로 삼는 예정가격의 62.8%선에 머물렀다. 재경부 자료에 따르면 2004년에는 59.7%까지 떨어졌다. 반면 적격심사제도 아래에서는 이보다 20~25% 가량 높은 80~85% 선에서 낙찰율이 형성된다. 2005년 정부나 지자체, 공기업 등이 발주하는 공공건설사업규모는 40~50조 원 가량으로 추정된다. 최저가낙찰제 도입을 통해 전체 공사금액의 20% 가량을 절감한다고 할 때 한 해에만 무려 10조 원을 줄일 수 있는 셈이다. 또 당초 올해 최저가낙찰제 확대 실시대상인 100억 원 이상 사전심사 대상 공사의 사업규모를 35조 원으로 잡으면 7조 원 가량을 절감할 수 있는 셈이다. 기존 최저가낙찰제의 시행으로 매년 2조 1,000억 원 정도가 절감된 것으로 추정되므로 이번 확대조치가 예정대로 시행됐다면 추가로 수조 원 가량을 더 절감할 수 있었던 셈이다.

실제로 경실련이 분석해본 결과 건교부가 재경부 산하 조달청에 입찰계약을 의뢰한 2001년 이후 100억 원 이상 사전심사 대상 134개 국도공사에서만 적어도 1조 6,600억 원의 예산이 낭비되었다. 재경부가 약속을 지키지 않는 바람에 8조 400억 원이면 충분했던 134개 국도공사를 9조 7,000억 원에 계약을 했던 것이다. 이렇게 낭비된 정부예산은 직접 시공도 하지 않은 대형건설업체의 수중에 고스란히 들어갔음은 물론이다.

요즘 부동산폭등으로 웬만한 액수에는 놀라지 않게 됐지만 10조 원이면 어떤 돈인가. 매년 1억 원짜리 임대주택 10만 가구를 지을 수 있고 빈곤계층 50만 가구에 가구당 2,000만 원씩을 지원할 수 있는 돈이다. 국민 한 사람 한 사람에게 골고루 나눠줘도 20여만 원이 돌아가는 거액이다. 거꾸로 말하면 우리 국민들은 한 사람당 20만 원씩을 걷어 소수 대형건설업체들의 배를 불려주는 '강제 성금'을 내고 있는 셈이다. 그것도 한 해에 그치지 않고 지난 수십 년 동안 그렇게 해왔다는 것이다. 건설업체 지원과 보호를 명목으로 국민의 혈세 수조 원을 펑펑 써대는 정부가 과연 제대로 된 정부일까. 대다수 국민을 위한 실질적인 경제회생조치보다는 소수 건설업체들을 위해 국민의 돈을 퍼붓는 정책을 실행하면서 과연 '민생경제'를 운운할 자격이 있는 것일까. 대형건설업체들은 해외공사 수주 때나 자신들이 하청을 줄 때에는 모두 최저가낙찰제를 시행하면서 유독 정부와 일을 할 때에는 최저가낙찰제를 시행하지 않는다. 결국 국민 돈을 임자 없는 돈으로 여기는 건설업계와 정부관료들의 도덕불감증이 최저가낙찰제 시행을 가로막고 있는 것이다.

10조 아낄 수 있는 제도도입에 미적거리는 정부

이처럼 한심하기 짝이 없는 운찰제로 변질된 적격심사제 방식을 최대한 유지하려는 사람들이 있다. 대부분의 건설업체들과 재경부, 건교부 관료들이다. 정부공사를 직접 수주할 수 있는 일반건설업체들은 별다른 노력 없이도 '공공의 혈세'를 바탕으로 손쉽게 수익을 올릴 수 있으니 이 제도를 고집하려 할 수밖에 없다. 하지만 '국민의 봉사자'라고 자처하는 정부관료들은 왜 그럴까.

2004년 말 100억 원 이상 공사에 대한 최저가낙찰제 도입확대가 유보된 과정을 살펴보면 이 같은 의문을 어느 정도 해소할 수 있다.

'최저가낙찰제는 최근의 건설경기상황 등을 고려하여 당초의 확대계획(현행 500억 원 이상 사전심사 공사, 2005년 100억 원 이상 모든 공사)을 조정하여 추진. 내년 하반기에 건설경기 회복추이 등을 보아가며 확대시기, 대상규모 등을 검토.'

2004년 12월 29일 노무현 대통령 주재 아래 전 부처 장관 등 38명이 참석한 가운데 열린 '경제민생점검회의 겸 국민경제자문회의'에서 확정된 '2005년 경제운용방향'에 포함된 내용이다.

최저가낙찰제 확대시행을 사실상 2005년 하반기 이후로 미루겠다는 내용이다. 문제는 10조 원의 혈세가 좌우되는 제도시행을 83쪽의 자료 가운데 단 두 줄로 언급하고 있다는 점이다. 그것도 'SOC 조기 확충'이라는 연관성 없는 제목 아래 놓여 있다. 도대체 최저가낙찰제 확대 유보가 SOC 조기 확충과 무슨 상관이 있다는 말인가. 관료들은 최저가낙찰제 확대시행을 유보하면서도 당초 계획을 '조정'하여 추진한다고 두루뭉실하게 표현했다. 대통령과 청와대 관계자, 다른 부처 장관 등 입찰제도 변경의 효과를 제대로 알지 못하는 회의 참석자들이 혹시 알아볼까 내심 두려웠던 것은 아닐까. 실제로 이날 회의에 참석했던 청와대 인사들은 이 부분이 포함돼 있는지도 모르고 회의를 끝냈다. 필자가 그 일이 있은 후 한 청와대 인사에게 "이날 회의에서 이 사실이 포함돼 있는 줄 알았느냐"고 묻자 금시초문이라는 반응이었다.

이 제도는 재경부가 2004년 6월까지 당초 계획대로 확대 시행할 것임을 확언했던 사안이다. 그런데 2004년을 3일 남기고 재경부가 이처럼 갑자기 방향선회를 한 이유는 뭘까. 갑작스러운 정책선회 과정에서 재경부가 의견을 들은 것은 재벌들과 건설업계뿐이었다.

2004년 10월 11일 대한건설협회 등 11개 건설사업자 단체와 전경련이 정부에 건설산업 활성화를 위한 '정책개선 과제'로 최저가낙찰제 확대 시행을 유보해달라는 건의서를 냈다. 며칠 후인 10월 19일 전 경제 부총리는 이와 관련, "신중히 검토를 해보려고 한다"며 수용의사를 시사했다. 이후에도 전경련과 건설사업자 단체들은 이 제도의 유보를 위한 로비를 집중적으로 수행했다. 결국 이에 따라 정부는 지난해 12월 29일 확대시행 유보방침을 밝힌 것이다. 건설업계의 특혜를 유지하기 위한 전형적인 '밀실행정'이 아닐 수 없다. 수조 원의 막대한 혈세를 낭비하는 제도를 유지하는 중요한 결정을 내리면서 의견을 들은 것은 건설사업자 단체뿐이었기 때문이다. 국민들이 요구하는 정책은 백년하청인데 비해 재벌과 건설업자 단체들이 요구하면 단 두 달여 만에 즉각 정책에 반영해주는 정부는 진정 국민의 공복(公僕)인가. 관료들이 국민들의 목소리에 이렇게 귀를 기울였다면 우리나라가 지금처럼 서민들이 고통받는 나라가 되지는 않았을 것이다.

재경부가 전경련과 건설업계 등의 요구에 굴복해 이들의 안을 그대로 수용했음은 정책결정의 실무 책임을 맡은 재경부 담당과장이 기자와의 통화에서 사실상 시인했다. 그의 말이 우리 정책관료들의 잘못된 사고방식을 한눈에 보여준다는 점에서 통화내용을 잠깐 소개한다.

그는 최저가낙찰제 확대 연기를 결정하는 과정에서 외부 공청회나 토론회 한 번 하지 않았음을 시인했다. 그는 또 이 같은 결정을 내리는 과정에서 전문적이고 객관적인 연구기관의 용역보고서 등을 참고하지도 않았다고 했다. 기자가 "정책결정에 참고한 자료가 있으면 알려달라"고 하자 그는 한참 근거자료를 찾는 것처럼 하더니 결국 내놓은 자료가 바로 전경련과 11개 건설업계 단체의 건의서였다. 기자가 "결국 전경련과 건설업계 단체의 로비가 통했다는 것 아니냐"고 묻자, "로비는 아니고, 이들 단체들의 정책건의를 수용해 종합적으로 판단해 결정을 내렸다"고 얼버무렸다. 기자가 "종합적으로 판단했다는 게 뭐냐"고 묻자 그는 다시 뜸을 들인 뒤 "건설경기 악화와 업체부실 우려 등을 종합적으로 고려했다"고 건설업계 건의서에 나오는 내용을 되풀이할 뿐이었다. 그는 "최저가든, 적격이든 최종하도급 단가는 똑같은데 이러한 실태에 대해 조사해봤느냐"는 물음에는 "해본 적이 없다. 그런 것은 건교부에서 하지 않겠느냐"고 책임을 미뤘다.

더욱 한심한 것은 이후의 답변이었다. 그는 최저가낙찰제하에서 지나친 가격하락을 막을 수 있는 저가심의 방안에 관한 용역을 건설단체연구원에 맡겼다고 밝혔다. 건설자본으로 운영되는 연구소가 이에 관해 객관적이고 중립적인 연구를 할 수 있을까. 기자가 "도대체 건산연이 제3자적인 입장에서 객관적인 제도를 연구할 수 있는 기관이라고 생각하느냐"는 질문에, 그도 할 말이 없었던지 뜸을 들이다 "그래도 전문성이 있는 기관 아니냐"고 변명했다. 세상에 어느 나라 정부가 업계의 이해관계를 좌우할 제도를 결정하는데, 업계 산하연구소에 연구용역을 맡긴다는 말인가. 연구용역 주체를 선정할 때의 기준은 전문성과 더불어 객관성이 생명임은 말할 나위도 없다. 그런데 건설업계의 이해만을 줄기차게·대변해온 건산연이 정말 객관적인 연구용역을 해줄 것을 이 관료는 기대하고 있다는 말인가. 지금까지 건산연이 해온 연구를 보면 전문성도 의심스럽지만, 전문성이 있다 치더라도 이런 '이해 관계자'에게 연구용역을 줘서는 안 되는 법이다. 건설업계와 밀접하게 유착돼 있다 보니 이런 행태쯤은 아무렇지도 않게 여기는 우리 관가의 풍경을 보는 것

같아 착잡할 뿐이다.

최저가낙찰제와 관련, 정책 결정자들이 원론적으로는 제도시행을 추진한다고 하면서도 실제로는 이를 연기하고 무력화한 사례는 한두 번이 아니다. 재경부와 건교부는 90년대 말부터 최저가낙찰제 도입확대를 여러 차례 약속해왔다. 특히 정권이 바뀌거나 각종 건설관련 비리가 터질 때마다 공공사업 효율화, 선진화, 투명화 방안의 주요 수단으로 각종 보고서와 대책에서 최저가낙찰제 도입과 확대를 단골메뉴로 발표해왔다.

1999년 3월 김대중 정부 당시 건교부는 대통령에게 '공공건설사업 효율화 종합대책'이라는 장문의 보고서를 제출했다. 건교부는 보고서에서 "공공사업비의 10%만 절감하더라도 공무원 10만 명을 감축하는 예산절감 효과가 있다"며 "공공사업 효율화를 통해 2002년까지 약 20%의 예산절감을 달성하겠다"고 발표했다. 최저가낙찰제를 포함한 정부계약제도 대폭 개편 약속도 이때 나왔다.

이후 2000년 4월 건교부는 '뉴밀레니엄 시대의 건설산업 구조개편 방안'을 통해 스스로 "낙후된 입찰제도를 '글로벌 스탠더드'에 맞추겠다"며 국가계약법 시행령을 개정해 2001년부터 1,000억 원이상 사전심사 공사에 최저가낙찰제를 도입하겠다고 약속했다. 같은 해 8월에는 재경부, 행자부, 건교부, 기획예산처, 금융감독위원회 5개 부처에서 '건설업 경쟁력 강화방안'을 발표하였고, 주요내용으로 2002년 500억이상, 2003년 100억 이상 공사에 대하여 최저가낙찰제를 단계적으로 확대시행할 것을 거듭 국민에게 약속하였다.

2000년 후반부터는 이행보증증권제도와 같은 최저가낙찰제 시행에 따른 여러 보완대책도 함께 발표하기도 했다.

국민의 정부와 참여정부의 최저가낙찰제 약속 및 이행

사업규모		2001. 1	2002. 1	2003. 1	2004. 1	2005. 1	2006. 1
국민의 정부	약속일정	1,000억 원 이상	500억 원 이상	100억 원 이상	모든 공사	—	—
	약속이행	이행	불이행	불이행	불이행	—	—
참여 정부	약속일정	—	—	—	500억 원 이상	100억 원 이상	모든 공사
	약속이행	—	—	—	이행	불이행	미도래

2001년 주요 업무계획에서도 건교부는 "능력 있는 업체가 우대받을 수 있도록 2003년부터는 100억 원 이상 공사에 확대적용하겠다"며 제도확대의 필요성을 재차 강조하기도 했다.

하지만 이 같은 약속은 지켜지지 않았다. 2002년 500억 원 이상 공사, 2003년부터 100억 원 이상 공사에 최저가낙찰제를 확대적용하겠다던 방침은 2004년 말과 똑같이 '건설경기부양'을 이유로 뒤집혔다. 업계의 막강한 로비와 대통령 선거 등을 목전에 둔 상황이어서 정책담당자들이 약속을 지키겠다는 의지가 없었던 것이다.

현 정부가 들어서자 재경부, 건교부 등 정책 당국자들은 또다시 최저가낙찰제를 확대적용하겠다고 약속했다. 건설산업의 경쟁력 강화와 투명성 제고, 예산낭비 요소 제거 등 최저가낙찰제 확대도입의 필요성을 강조하는 이유도 예전과 똑같았다.

2003년 재경부는 '새정부의 경제운용방향'에서 "예산절감 효과가 큰 최저가낙찰제를 단계적으로 확대하겠다"고 했다. 같은 해 7월에는 "2005년 1월부터 공사비 100억 원 이상까지 확대하고, 2006년부터는 모든 공사에 대해 과감히 확대시행하겠다"고 의지를 다지기도 했다. 하지만 이 같은 정부의 약속은 다시 재벌이익단체인 전경련과 건설업체들의 로비공세에 또다시 허물어졌던 것이다.

정부는 최저가낙찰제 도입확대를 미루기만 한 게 아니라, 이를 무력화하기 위해서도 안간힘을 썼다. 2003년 정부는 단순 최저가공사를 막는다는 취지로 저가심의제를 도입했다. 선진국에서도 가격경쟁 입찰방식을 운용할 때 무조건 최저가를 써낸다고 낙찰자로 선정하는 것은 아니기 때문에 겉으로 보면 그럴듯했다. 저가심의제는 발주처가 수주업체의 시공경험이나 기술능력 등을 평가해 신뢰할 수 없는 부실업체를 걸러내는 장치이다. 하지만 이는 수주업체가 직접 시공하는 선진국의 얘기일 뿐, 우리 경우는 다르다. 국내의 경우 공사를 수주한 업체가 시공하는 경우는 10% 미만이고, 대부분 하청을 주게 되므로 실제 시공자를 발주처가 직접 평가할 수 없기 때문이다. 직접 시공도 하지 않는 건설업체의 기술능력 등을 평가해 저가 여부를 심의한다는 게 설득력이 있는가. '장님 코끼리 다리 만지는 격'일 뿐이다. 결국 이렇게 도입된 저가심의제는 최저가낙찰제를 적격심사제와 비슷한 또 다른 운찰제로 만들고 있다. 2003년 발주된 관급공사의 58.2%인 21조 2,000억 원이 적격심사제로 발주됐고, 18.8%인 6조 3,000억 원이 턴키 대안으로 발주되었으며, 14.3%인 3조 2,000억 원만이 저가심의제가 도입된 최저가낙찰제로 발주됐다. 전체 관급공사의 77%가 운에 의해 낙찰자가 결정되거나 로비로 공사를 수주하는 제도를 운영하는 게 이 나라 관료들이다.

또 일반건설업체들이 중간에서 많은 돈을 챙긴다는 사실을 아는 재경부는 2002년 9월 원도급업체들이 낙찰율 70% 이하로 공사를 딸 경우 하도급 대금을 직접 지급토록 해 낙찰률을 높이려 하기도 했다. (이 제도는 시행 1년여 만에 건설업체들의 반발로 철회됐다.) 심지어 전직 건교부장관은 건설공제조합에 낙찰율 75% 미만에 대해서는 아예 계약보증서를 떼주지 말라고 압력을 행사하기도 했다. 또한 최저가낙찰제가 도입된 직후에는 낙찰률 70% 미만으로 응찰한 업체에 사전심사 점수에서 횟수에 따라 누진적으로 감점을 주는 누적감점제도를 도입했다가 철회한 적이 있다. 정부가 이런 제도들을 시행하면서 '낙찰률 하락으로 인한 부실공사를 막겠다'는 명분을 내세웠다. 이런 논리가 얼마나 터무니없는지는 뒤에서 자세히 거론하겠지만 정부가 예산낭비를 막기보다는 건설업계 전체의 수익을 보장하는데 더 혈안이 돼 있음을 보여주는 증거들이 아닐 수 없다. 앞서 재경부 회계제도과장이 건산연에 연구용역을 맡겼다는 저가심사제 보완방안도 최저가낙찰제를 무력화하려는 또 다른 시도가 되지 않을까 걱정스럽다.

이처럼 최저가낙찰제 도입을 최대한 미루고, 도입된 제도마저 무력화하려는 재경부의 모습은 10여 년 동안 실적공사비 적산제 도입을 질질 끌어온 건교부의 모습과 다른 게 하나도 없다.

그러면 개발 5적들이 경쟁입찰 방식도입을 계속 미루는 논리는 뭘까. 집값상승이 상대적으로 주춤했던 2004년 하반기 건설업계는 '건설경기가 가라앉고 있다'고 엄살을 피우며 2004년 초반부터 하반기까지 줄기차게 최저가낙찰제 시행유보를 정부에 건의했다. 이를 받아들여 재경부는 2004년 12월 29일 올해부터 시행할 예정이던 100억 원 이상 공공공사의 최저가낙찰제 시행을 유보한다고 발표했다. 정부는 확대시행을 유보하는 이유로, 2004년 하반기 이후 건설투자 증가율이 대폭 둔화되는 등 건설경기 선행지표가 급격히 위축되고 있으며, 최저가낙찰제의 낙찰률이 지나친 수주경쟁으로 지속적으로 하락하고 있기 때문이라고 설명했다. 건설경기 위축에 따른 건설업계의 채산성 악화가 수주경쟁을 심화시키고, 수주경쟁 심화가 다시 채산성을 악화시킨 논리였다.

이 같은 정부의 논리는 이보다 두 달 전인 2004년 10월 대한건설협회 등 11개 건설사업자 단체와 전경련이 정부에 건의한 내용과 사실상 똑같다. 앞에서 소개한 J모 과장이 실토한 그대로다. 건설업계는 '건설산업 활성화를 위한 정책개선과제'라는 건의서에서 "최저가낙찰제 시행으로 최근 낙찰률이 급락하는 등 덤핑이 속출하고 있어 건설산업의 기반와해 및 국가경제에 심각한 영향을 초래할 우려가 있다"고 주장했다. 업계는 또 최저가낙찰제를 시행할 경우, 예산절감효과는 발생하나 장기적으로 공사부실증가에 따른 추가비용이 발생하고, 건설업계의 적자누적에 따른 경영악화 및 기술개발 투자여력 상실로 산업경쟁력이 사라지며, 부실소지가 있는 공공시설물 이용으로 국민 안전에 위협이 된다는 것이 이들의 논리였다.

언뜻 들으면 그럴듯하지만 정부와 건설업계의 논리는 사실과는 거리가 멀다. 국민의 호주머니에서 수조 원의 돈을 걷어 건설업계에 몰아주는 현실을 호도하는 논리일 뿐이다. 왜 그런지를 조목조목 뜯어보자.

20%씩 남기면서도 '밑진다'고?

건설업계의 덤핑수주 우려는 사실일까. 우선 단기적으로 밑지면서도 장기적으로 이익을 보는 것까지 덤핑수주로 정의해야 할지 논란이 일 수 있다. 하지만 일단 공사 한 건당 밑지고 수주하는 것을 덤핑수주라고 정의해보자. 이렇게 따져도 대형건설업체들이 최저가낙찰제 시행 이후 지금까지 정부 공공발주 공사를 밑지고 수주한 적은 한 번도 없다.

재경부 자료에 따르면 최저가낙찰제의 낙찰률은 65.8%(2001년)→63.0%(2002년)→60.1%(2003년)→59.7%(2004년)로 지속적으로 하락해왔다. 하지만 대형건설업체들은 이 정도의 낙찰률로 공사를 수주해도 손실을 보지 않을 뿐더러 상당한 수준의 이윤을 남기고 있다.

한국도로공사의 '2001년~2002년 부대입찰현황' 자료에 따르면 2001년 최저가낙찰제에 따라 시행된 공사 가운데 가장 낮은 낙찰률을 보인 공사는 익산~포항간 고속도로의 제3공구 건설공사였다. 정부 예정가격 1,080억 원이었던 이 공사를 S기업은 599억여 원에 수주했다. 당시 낙찰율 53.95%는 2004년 이 제도시행 대상 공사의 평균낙찰률보다 6% 가량 낮은 수준. 하지만 이 공사에서 S기업은 전문건설업체인 S토건에 토공공사와 철근콘크리트공사 부분 235억 원어치를 186억여 원에 하청을 줘 여기에서만 20%인 49억 원 가량의 마진을 남겼다. 이들 공사 수주업체들의 각종 관리비용이 5%도 안 된다고 본다면 이들은 상당한 수익을 올리는 셈이다.

다른 예를 들어보자. 건교부의 한 국토관리청이 발주한 어느 국도공사 B공구는 최저가낙찰제 방식으로 입찰이 진행됐다. 정부가 해당 구간의 예정가격으로 책정한 금액은 1,357억 원. K기업은 예정가격의 65.7%인 892억 원에 B공구 공사를 수주했다.

K기업은 이를 다시 전문 건설업체인 H기업에 63%에 토공사 하도급을 줬다. 실제 공사가 정부 예정가격의 불과 41.4%에 진행됐음을 의미한다. 표준품셈에 근거한 정부 예정가격이 실제 시장가격보다 얼마나 부풀려져 있는지 알 수 있는 대목이다. 토공사 부분만 따로 떼놓고 보면 K기업이 정부로부터 받은 금액은 126억 원이었고, 하청금액은 80억 원(63%)이었다. K기업은 직접 공사비의 37%인 46억 원을 앉은자리에서 떼먹고 H기업에 하청을 준 것이다. K기업은 이 같은 저가 하도급 사례를 숨기기 위해 이 국토관리청에 직접 시공하는 것처럼 허위신고를 하

기도 했다.

최저가낙찰제 아래에서 상당히 낮은 수준으로 수주한 경우라도 공사를 수주한 건설업체들은 상당한 마진을 남기고 공사를 시행하고 있는 셈이다. 이렇게 수주한 공사의 대부분은 하청과 재하청을 거치기 때문에 실제 공사원가는 더욱 낮아진다. 한 마디로 실제 공사의 시장단가는 이보다도 훨씬 더 낮다는 것이다.

상황이 이런데도 경쟁력 없는 기업들을 살린다고 정부예산으로 적정가격보다 더 높은 가격을 덤으로 얹어줘야 할까. 또한 정부는 예산이 줄어드는 최저가낙찰제를 찬성해야 하는데 오히려 건설업계의 수익을 걱정하며 최저가낙찰제 확대시행을 계속 미루고 있다. 이는 건설업계와의 밀착구조 때문이지 나라와 국민을 우선하는 행정은 아니다. 그리고 최저가낙찰제를 시행한 결과 지금까지 막대한 예산이 절감되었는데도 우리 관료들은 이러한 사실을 홍보할 생각도 안 한다. 올바른 제도를 도입해 '국민 돈을 아껴줬다'고 생색낼 생각을 왜 안 하는 걸까. 지난날 자신들이 건설업체들에게 퍼준 것이 모두 다 들통날까봐 걱정돼서는 아니라고 믿고 싶다.

최저가낙찰제 공사는 부실공사?

적격심사제도를 유지하자고 부르짖는 정부관료들이 내세우는 가장 큰 명분은 "건설업체에 적정한 수준의 공사비를 보장해줘야 부실공사를 방지할 수 있다"는 것이다. 건설업체들도 '최저가낙찰제를 시행하면 과당경쟁으로 낙찰률이 낮아져 부실공사로 국민안전에 위협이 될 수 있다'고 주장한다. '싼 게 비지떡'이라는 논리인데 결국 고품질을 유지하려면 고비용을 들여야 한다는 논리다. 정말 그럴까. 하지만 지금까지의 사

주요 대형공사의 부실시공과 낙찰률

사고일자	공사명	낙찰률	시공사	시공결과
1992. 7. 31	신행주대교 건설공사	98.20%	B건설	교각붕괴
1993. 3. 28	부산구포철도노반시설공사	95%	S물산	부실붕괴, 78명 사망
1994. 10. 21	성수대교 건설공사	93% 이상(추정)	D건설	붕괴, 32명 사망
1999. 5. 7	서해대교 1공구	94.75%	D산업	교각붕괴, 4명 사망
2000. 1. 22	대구지하철 2-8공구	94.01%	S물산	지반붕괴, 3명 사망
2001. 6. 15	제천시 국도대체우회도로	93.06%	S물산	램프고가교량붕괴

례를 보면 양상은 전혀 그렇지 않다.

  B건설이 시공했던 행주대교와 D산업이 시공한 서해대교 1공구는 공사 도중 교각붕괴 사고가 발생했다. S물산이 시공한 대구지하철 공구 공사에서도 공사 도중 지반 붕괴사고가 발생했다. 역시 S물산이 시공한 충북 제천시 국도대체 우회도로는 준공 한 달 만에 램프고가교량이 무너지기도 했다. 이들 공사의 낙찰률은 93~98%로 2004년 최저가낙찰제 공사의 평균 낙찰률보다 무려 35% 가량 높았다. 최저가낙찰제의 낙찰률과 비교할 때 엄청난 고비용을 들였음에도 불구하고 부실시공이 이뤄진 셈이다. 거꾸로 2001년부터 단계적으로 최저가낙찰제가 도입돼 2004년까지 200여 건의 대규모 공공공사가 시행됐지만 한 건도 부실시공 사례가 발견되지 않았음은 건교부와 조달청의 국회답변자료 등을 통해 확인됐다. 이는 부실시공이 공사비 또는 입찰제도의 방식 때문에 일어나는 게 아니라는 점을 보여준다.
  또한 '최저가낙찰제=부실공사'라는 등식이 성립하려면 낙찰제도에 따라 실제 공사실행원가가 달라진다는 게 전제돼야 한다. 하지만 공공공사를 수주한 대형 일반건설업체들은 하도급업체 선정시 항상 최저가 낙찰에 붙인다. 입찰제도에 따라 얼마에 수주했는지 여부와는 전혀 상관이 없는 것이다. 적격심사든, 가격경쟁(최저가낙찰제)방식이든, 심지어 뒤에서 언급할 턴키나 대안입찰 등 모든 경우에도 최종 하도급업자의 공사 실행단가는 아무런 차이가 없다. 한 번 생각해보라. 정부가 50억 원에 할 공사를 80억 원에 발주했다고 해서 이 공사를 수주한 원도급업체가 '정부가 후하게 줬으니 당신들도 후하게 먹으라'고 하도급업체에게 공사비를 더 주겠는가. 실제로 원도급 건설업체에 그런 직원이 있다면 그 직원은 당장 해고당할 것이다. 결국 적격심사제를 유지하면 건설현장에 실제로 풀리는 돈은 똑같고 중간에서 원도급업체의 배만 불려줄 뿐이다. 자신들은 최저가낙찰제를 고집하면서 정부 공공공사의 경우에는 적격심사제를 실시하라고 주장하는 건설업체들의 주장도 앞뒤가 안 맞지 않는가.

또 최저가 낙찰제하에서 덤핑수주를 한다고 해서 부실공사가 생겨난다는 논리는 성립되지 않는다. 굳이 따지자면 인과관계는 역으로 성립한다. 즉, 부실공사를 해도 행정당국에 안 걸릴 수 있고, 걸려도 뇌물을 주고 피할 수 있다는 기대 때문에 덤핑수주를 하는 것이지 덤핑수주 때문에 부실공사가 생기는 것은 아니다. 건설업계의 논리는 이 같은 인과관계를 잘못 판단하고 있는 것이다. 부실공사는 공사단계에서 발생하고 오히려 감리감독과정에 뇌물이 오가는 부패구조가 형성돼 있어서 부실공사를 눈감아주는 대신 뇌물을 받는 관행이 남아 있어 부실이 생기는 것이다. 따라서 감리감독을 철저히 하면 부실공사는 충분히 막을 수 있다. 또 공제조합 등이 과점하는 공사이행 보증시장을 개방해서 건설업체의 주거래은행 등이 계약단가와 내용을 충분히 검토하여 공사의 적정성 여부를 따져 보증하게 하는 것이 덤핑을 막고 부실한 기업에게 수주기회를 차단하며 부실시공을 막을 수 있는 선진국형 장치다. 이처럼 부실기업과 부실공사는 시장에서 자율적으로 스크리닝될 수 있도록 해야지, 정부가 이러한 제도 도입을 미루면서 입찰가격을 통제한다고 되는 게 아니다.

실제로 품질과 낙찰가격의 상관관계가 낮음은 건설업 종사자와 공무원들도 어느 정도 인정하고 있다. 97년 감사원이 건설업 종사자와 공무원 1480명을 대상으로 설문조사를 한 결과 부실시공의 원인으로, 기능공의 능력부족(20.88%), 사전조사 부실(16.46%), 설계부실(14.80%), 시공업체 의지 부족(8.15%), 공기 부족(7.7%) 등이 꼽혔으며 공사비 부족은 5위 안에도 들지 못했다. 99년 한국건설산업연구원이 정부 발주 관계자와 감리원, 시공자 등 962명을 대상으로 '건설공사의 품질결정 요소'를 조사한 결과에서도 공사수주 낙찰률은 5위(5.3%)에 머물렀다. 시공자의 성실성(42.9%), 공사 참여자의 책임의식(33.2%), 감리, 감독체계(9.4%), 공사 수행능력(8.7%) 등이 이보다 앞에 왔다.

국민 돈으로 건설업계 먹여 살려야 하나?

정부나 건설업계에서는 건설경기가 위축된 가운데 최저가낙찰제를 확대하면 중소건설업체의 경영난이 가중된다고 주장한다. 중소건설업체들의 경영난은 경제에도 부담이 되므로 이들을 어느 정도 보호해야 한다는 논리다.

위에서 보았듯이 최저가낙찰제를 시행해도 원도급업체가 손해를 보는 경우는 사실상 없다. 하지만 중소하도급업체의 사정은 다른 게 사실이다. 원도급업체가 수주한 공사의 대부분은 하청과 재하청을 거쳐 시공되기 때문에 실제 최종 공사원가는 상당히 낮아진다. 또 단기적으로는 예상 못한 자재가격의 인상, 예산부족, 계획변경, 공기지연 등의 사정으로 적자공사를 하게 되는 하청업체도 나올 수 있다. "자재와 건설장비를 놀리느니 공사를 한다"는 것이다. 실제로 상당수 최종 하도급업체는 정부 예정가격의 40%선에서 공사를 해왔다. 그나마도 원도급업체들이 공사대금을 현금 대신 어음으로 주는 경우도 많아 '돈가뭄'에 시달리는 이들 업체들은 경영난에 봉착하기도 한다.

하지만 하청을 주로 하는 전문건설업체들과 시공참여자 등이 '돈 가뭄'에 시달리는 것은 복잡한 업역구조와 다단계 하도급 구조 및 불공정거래 등 후진적이고 왜곡된 건설산업구조 때문이다. 최저가낙찰제 자체에 기인하는 것으로 보기 어렵다. 적격심사제를 최저가낙찰제로 바꾸었을 때 생기는 가장 큰 변화는 원도급업체가 취하던 폭리가 줄어든다는 것뿐이다. 설사 건설업계의 주장대로 하도급 및 재하도급 업체들의 이윤 폭이 줄어든다고 해서 막대한 국민의 혈세를 낭비해야 할 이유는 어디에도 없다.

또한 건설업체들이 정말 밑진다면 그런 공사를 왜 수주하느냐고 묻고 싶다. 일부 하도급업체들은 보유하고 있는 공사설비와 인력 등을 놀릴 수 없어서 '울며 겨자 먹기식'으로 공사를 하게 된다고 주장한다. 물론 상당수 하도급업체들의 열악한 처지 등을 감안하면 전혀 근거 없는 주장은 아닐 것이다. 하지만 일부 하도급업체들이 기업유지 등을 위해 정말 밑지고 공사를 한다 해도 그것은 어디까지나 건설업체들 스스로의 경영상 문제일 뿐이다. 덤핑현상이 있다고 해서 정부가 시장에 개입해 적정 이윤을 보장해주는 것은 경영노력에 의한 비용절감을 통한 시장경쟁을 부정하는 것이다. 덤핑은 어디까지나 건설산업계 자체의 문제이며, 건설업계가 적정한 코스트를 의식해 경쟁하게 하면 되지 왜 정부가 건설업계의 수익까지 걱정해주는 것일까. 경쟁을 통해 생존할 수 없으면 시장에서 퇴출되게 하는 게 요즘 관료들이 밥 먹듯 말하는 시장원리인데 왜 관료들은 공공발주 건설공사에 대해서는 시장원리를 적용하지 않을까. 정부관료들은 시장원리도 자신들이 원하는 곳과 재벌과 건설업체가 원하는 시장에서만 적용하는 모양이다. 또 대형건설업체의 사장은 하청기업에게 최저 적정가격보다 20% 이상 높은 가격에 하청을 주는 직원이 있으면 당장에 처벌하거나 해고할 것이다. 그런데도 정부관료들 가운데 이 때문에 지금까지 처벌받은 관료는 없다. 현 관료 시스템 전체가 국민의 세금을 '임자 없는 돈'이라고 얼마나 가볍게 여기고 있는지를 단적으로 보여주는 사례가 아닐 수 없다. 정부는 예산을 아끼고 기업의 경쟁력을 키우고 국가의 경쟁력을 높이고 부패와 비리가 사라지게 하는 가격경쟁방식인 최저가낙찰제를 찬성해야 하는데 오히려 건설업계의 수익과 존립만을 걱정하며 시행을 계속 미뤄왔다. 현 정부가 국민의 공복인지, 건설업계의 대변인인지 묻고 싶을 정도다.

오히려 실력보다는 요행에 의해 좌우되는 적격심사제와 달리 최저가낙찰제를 시행하면 건설업체들이 기술개발과 인력의 효율적 관리 등을 유도해 건설산업의 경쟁력을 키울 수 있다. 경쟁력 없는 기업들을 살린다고 정부예산으로 적정가격보다 더 높은 가격을 덤으로 얹어줘야 할 이유가 없다. 중소 하청업체의 하소연에도 불구하고 결국 불필요하게 만들어진 다단계 구조로 인해 국민의 혈세가 낭비되는 본질은 달라지지 않는다. 다단계 하청구조로 공사를 따기 위한 뇌물과 접대가 오가는 것은 일상사가 돼 있다. 이 같은 복잡한 '유통단계'는 적격심사제 때문에 유지돼온 측면도 크다. 정부가 어느 정도 이윤을 보장해주므로 건설업체들이 원가를 절감하거나 기술을 혁신할 노력을 하기보다는 '로비 능력'을 키워왔기 때문이다.

반대로 최저가낙찰제가 도입되면 경쟁력이 없는 일부 업체는 어려워지겠지만 경쟁이 촉발돼 장기적으로는 기술개발과 인력의 효율적 운용을 위해 노력하는 회사가 더 유리해질 것이다. 경쟁력 있는 기술자가 대우를 받고 능력 있는 인재를 필요로 하게 되며 업계 전반의 풍토도 그런 방향으로 움직여갈 것은 뻔한 이치다. 그렇게 해서 좋아지는 것은 국민과 나라 전체이다. 반대로 외환위기 이후 수천 개씩 늘어난 건설업체들을 국민 돈으로 모두 먹여 살리겠다는 발상은 정상적인 시장경쟁을 통해 퇴출돼야 할 기업을 살려두는 것으로 건설산업의 경쟁력을 저해해 경제에도 도움이 안 된다. (뒤에서 설명하겠지만, 다단계 하도급 구조를 타파하기 위해서는 대형 업체와 대규모 공사를 위주로 '직접시공제'가 조속히 도입돼야 한다.)

무조건적인 최저가는 항상 가격 대비 최선의 품질을 보장하는 것은 아니다. 미국이나 영국 등 건설선진국에서는 최저가낙찰제 공사에서 일정 수준의 품질을 유지하기 위한 각종 제도가 함께 갖춰져 있다.

이 때문에 국내에서도 단순히 입찰제도만이 아니라 최저가낙찰제의 정착을 위해서는 건설제도 전반을 함께 혁신해야 한다는 지적이 많다. 특히 계약이행보증제도 개선과 감리감독의 강화 등은 최저가낙찰제 도입과 직결된 개선책으로 지적돼 왔다. 정부도 2001년 최저가낙찰제 도입과 동시에 정부공사의 품질확보와 덤핑방지를 위한 공사진행단계의 감리강화와 계약이행 보증비율 상향조정, 건설업자단체가 과점하고 있는 보증시장개방 등을 약속했다.

하지만 정부는 최저가낙찰제뿐만 아니라 이 같은 제도 개선책의 도입에서도 매우 미온적이었다. 이런 가운데 정부와 건설업계는 역으로 '감리 및 보증제도의 개선 등이 이뤄지지 않아 최저가낙찰제 유보가 불가피하다'고 엉뚱한 핑계를 댄다. 최저가낙찰제가 제대로 정착되기 위해 병행해야 할 작업들을 간략히 살펴보자.

공사이행보증제도 개선

현재의 입찰제도 아래에서는 업체간 변별력이 거의 없고, 개별 발주기관이 자체 기준을 적용하면 특정 업체에 대한 특혜 시비에 휘말릴 수 있다. 따라서 업체간 변별력을 확보하고, 이를 통해 민간시장에서 자연스럽게 선별되도록 해야 하는데, 그 방안의 하나가 보증시장을 개방하고 계약이행보증한도를 크게 높이는 것이다. 선진국의 경우 건설공사와 관련된 보증을 철저한 신용평가를 기반으로 하여 건설업체의 주거래은행 등이 담당한다. 발주기관은 주거래은행의 보증 등을 요구함으로써 주거래은행조차 보증하지 않는 부실한 기업은 보증을 받지 못하여 정부공사의 입찰참가부터 못하도록 하고 있다.

이 때문에 우리 건설업체가 해외공사를 하는 경우 국내 시중은행도 신뢰를 얻지 못해 산업은행 등을 통해 국가가 보증을 해줘야 국내업체가 입찰에 나설 수 있다. 외환위기 이후 대형건설사의 부실을 정부가 떠안는 일이 벌어지고 있는 것은 선진국의 이행보증제도가 얼마나 철저한지를 보여주고 있다.

하지만 우리나라 건설보증시장은 건설공제조합이 80% 이상을 점유하고 있고 일부를 서울보증보험이 담당하고 있다. 특히 건설공제조합이 조합에 투자하고 있는 기업의 보증을 자체적으로 하는 모순점도 존재한다. 보증방식도 연대보증 같은 전근대적 보증방식을 아직도 정부가 사용하는 등 덤핑공사와 부실공사를 막는 기능을 제대로 하고 있는 지 의심스럽다. 또한 이들 기관에서 보증하고 있는 보증율은 10~40% 정도로 덤핑방지와 부실기업에 대한 수주기회 박탈, 부실시공에 대한 예방 등 보증단계에서의 사전 검증기능으로 미흡한 실정이다. 외국의 경우에는 보증율이 100~150%에 이른다. 따라서 공사이행보증의 현실화를 위해 공사비 대비 보증율을 대폭 높여 부실기업의 수주, 덤핑수주와 부실시공에 대한 예방적 기능과 시스템이 시장에서 자연스럽게 작동하도록 해야 한다.

또 보증기관도 시중은행과 보험사 등으로 확대할 필요가 있다. 시중은행은 대부분 상장돼 있는 대형 건설업체들의 재무상태를 알고 있으므로 이들에게 보증을 맡길 경우 보증의 신뢰성이 크게 높아질 것으로 보인다. 재경부도 이 같은 보증제도의 개선 필요성을 알고 98년도부터 시장개방을 주장했지만 가시적인 조치는 여전히 뒤로 미루고 있다.

감리 강화

가격경쟁에 따른 부실시공 우려가 적지 않은데 계약 이후 감리를 강화하고 감리에게 권한을 주고, 감리를 철저히 하면 부실시공은 충분히 막을 수 있다. 정부는 행주대교와 성수대교 등 대형 사고가 난 뒤인 93년 책임 감리제도를 도입했다. 하지만 건교부는 법이나 시행령에서 감리원의 권한을 규정했지만 실제로는 감리업무시행지침 등을 통해 공무원의 감독을 받도록 했다. 특히 설계변경과 기성 등 돈과 관련한 권한을 공무원들은 그대로 틀어쥐고 있다. 이처럼 감리에게 실질적인 권한이 없다 보니 이들에 대한 대우도 낮은 편이다. 또한 감리들이 문제를 지적해도 이를 그대로 시정하는 경우도 드물고 다른 한편으로는 감리와 시공사의 유착도 잦다. 이 같은 문제점을 줄이기 위해 2003년 12월이 되어서야 부터 감리원의 수를 조금 늘이고 감리를 강화하도록 국가계약법 시행령을 개정했으나 이를 어길 경우의 처벌조항 등이 없어 실효성은 여전히 없는 상태다. 특히 4~5년 전부터 공무원 출신 감리단장이 우대받는 제도가 생겨 전현직 공무원간의 '유착관계'가 감리의 부실을 초래한 지적도 끊이지 않고 있다. 이제는 감리권한을 강화하고 감리대가를 충분하게 보장 한 후 그들을 전문가로서 대우하고 강한 권한을 주되 이에 상응하는 철저한 책임을 묻는 방향으로 가야 한다.

설계변경의 제한

최저가낙찰제하에서 낙찰률은 점점 떨어져 2004년의 경우 49% 정도까지 내려간 것으로 추정된다. 이 같은 낙찰률을 통해서도 이윤을 보는 건설기업이 적지 않지만 적자를 감수하고서도 공사물량을 확보하거나 실적을 쌓으려는 업체들도 꽤 있기 때문으로 풀이된다. 하지만 상당수 건설업체들은 이처럼 낮은 낙찰률을 이후 설계변경 등을 통한 공사비 증액으로 만회할 수 있다는 기대감을 갖고 있다. (실제 대부분의 설계변경은 부실한 사전기획과 설계부실 등에 원인이 있지만, 발주자나 설계업체 등에는 책임을 거의 묻지 않으며, 시공사는 부실한 설계를 편법적으로 공사비를 증액하는 수단으로 삼는 경우가 많다) 한편에서는 감독관청이 이 같은 공사비 증액을 위해 의도된 설계변경이나 부실시공을 대부분 눈 감아주고 있다는 얘기다. 따라서 덤핑낙찰을 해서 시행하는 공사는 반드시 손해를 본다는 기본 원칙을 확립할 필요가 있다. 이를 위해 부실한 설계에 대한 설계회사의 책임을 강화하고, 일정 낙찰률 이하

의 금액으로 수주한 공사에 대해서는 설계변경조건을 엄격히 제한하는
방법 등을 도입할 필요가 있다. 또 부실시공 등을 눈 감아주는 조건으로
'뒷돈'을 챙기는 공무원에 대한 처벌을 강화하는 것은 말할 것도 없다.

◉ 지하철공사 강경호 사장 인터뷰

"최저가낙찰제를 도입하면 부실공사가 많아진다." "외국은 몰라도 최저
가낙찰제는 우리나라엔 안 맞는 제도다." "지금으로선 시기상조다." 등
등. 최저가낙찰제 전면 도입을 둘러싸고 반대 논리가 기승을 부리고 있
다.

그런데 최저가낙찰제의 확대 도입에 대한 갖가지 우려를 정면으로 반
박해주는 사례가 있다. 2004년 3월부터 최저가낙찰제를 도입한 서울지
하철공사의 사례다. 2003년 적격심사제 방식에 따라 지하철공사가 발
주한 사업의 평균 낙찰률은 86.33%. 하지만 2004년 서울지하철공사의
평균 낙찰률은 67.73%로 크게 떨어졌다. 이를 통해 지하철공사는 당초
예산액의 25~30% 가량인 300억 원 가량의 예산을 아낄 수 있었다. 서
울지하철공사는 이와 함께 최종 시공사가 바로 공사를 수주할 수 있게
해 몇 단계에 걸치던 복잡한 중간단계를 없앴다. 강경호 공사 사장은
"최저가 낙찰제를 시행하면서 복잡한 중간단계를 줄이고, '나눠주기식'
으로 배정하던 공사물량을 하나로 묶어 일괄 발주해 공사도 예산을 절
감하고 건설업체도 충분한 이윤을 남길 수 있었다"며 "우리도 하는데
다른 정부기관이나 공기업이라고 못하겠느냐"고 말했다. 강사장은 한
라중공업 대표 출신이라 건설을 모르는 사람도 아니다. 강사장은 공사

내부의 우려와 관련 건설업계 등의 반발을 무릅쓰고 이 제도를 시행, 거액의 혈세를 절감한 것이다. 물론 이는 최저가낙찰제뿐만 아니라 하청과 재하청 과정 등 중간단계의 생략, 전자구매 등을 통한 노력이 함께 어우러진 결과였다. 공사는 '최저가낙찰=부실공사'라는 세간의 우려는 철저한 감리감독을 통해 불식시켰다. 어떻게 이런 일이 가능했는지 강사장과의 인터뷰를 소개한다.

- 최저가낙찰제를 도입한 이유가 뭔가.

현행 공공기관 낙찰제도의 중심이 되고 있는 적격심사제는 부실공사 방지 등을 위해 도입된 제도이나 적격심사기준의 변별력 부족으로 경쟁력 있는 우량업체를 선별하지 못한다. 수주만을 목적으로 하는 건설업체(Paper Company)를 양산하고 있고 특히 일정 낙찰하한선을 보장해 운에 의하여 낙찰자가 결정된다. 결국 이는 경쟁력 있는 건전한 건설기업의 육성을 저해할 뿐만 아니라 시민의 세금으로 운영되는 공기업의 예산을 낭비하게 되는 결과를 초래한다. 우리 공사의 취약한 재무상태와 지속적인 시설투자에 수반되는 막대한 예산 소요액을 감안할 때 예산의 효율적 운용이 불가피했다. 그래서 최저가낙찰제를 2004년 3월부터 시행했다. 일부에서 부실공사 우려를 제기하는데, 사실 외환위기 이전에는 덤핑 입찰도 있었지만 외환위기 이후에는 밑지는 공사에는 업체들이 입찰을 안 한다. 지금까지 부실공사가 한 건도 없었다. 철저하게 감리를 하고 있기 때문이다. 예산절감 효과가 커서 바람직한 걸로 보고 있다. 일정 시간이 지나 부작용이 있다면 보완책을 마련해야 하겠지만 지금으로서는 아무런 문제가 없다. 고도의 기술이나 실적을 필요로 하는 경우에는 2단계 동시입찰을 실시한다. 업체의 실적이나 규모 등을 정해놓고 1차 통과된 기업들에 한해 경쟁입찰을 하고 있다.

- 최저가낙찰제 도입 결과 나타난 예산절감효과를 구체적으로 말해달라.

최저가낙찰제를 도입해 경쟁입찰하게 한 결과 30~40%의 예산절감 효과가 있었다. 1,180억 원 가량의 예산을 잡았는데 이 가운데 300억 원 정도를 절약했다. 약 25% 정도 절감된 거다. 시민들 세금을 그만큼 줄여준 것이다. .

(중략)

- 이 제도를 처음 추진할 때 얼마나 힘들었나.

남들 안 하는 것을 하니 얼마나 저항이 심하겠나. (정부나 공공기관의 계약 행위를 규정한) 국가계약법에 얽매인 줄 알고 이 제도를 시행하겠다고 하니 큰일날 줄 알더라. 그런데 자문 들어보니 다 할 수 있다고 하더라. 정부도 사실 이 제도를 시행한다고 발표를 했다. 저항이 있으니 주춤하고 연기를 하는 것일 뿐이지. 건설협회 등은 상당히 많이 저항한다. 우리 경우 공사를 많이 하는 통신사업자, 전기협회 등에서 연명으로 민원을 넣더라. 최저가낙찰제를 하면 수지가 안 맞아서 부실공사가 된다는 거지. 그래도 입찰하는 것 보면 남으니까 하겠다는 게 아닐까.

- 건설업체들은 건설 경기가 침체한 가운데 최저가낙찰제를 시행하면 경영상황이 더 나빠진다고 주장하는데.

믿기가 어렵네. 경쟁입찰을 하게 하면 수주단가는 내려간다. 실력 있는 기업이 공사를 따게 된다. 우리는 예산을 아끼고, 실력 있는 기업이 공사를 따는 건 당연한 것 아닌가.

- 최저가낙찰제나 전자입찰을 시행하면서 중간단계를 건너뛰면 중간단계에 있

던 업체나 사람들은 이권이 없어지므로 반발하지 않나.

경쟁력 없는 사람들은 쫓겨나고 그런 사람들은 불만을 토로하겠지. 하지만 그렇게 해야 우리는 싸게 사고 투명하게 좋은 물건을 살 수 있다. 우리 공사 안에서는 각 파트별로 나눠서 하던 것을 일괄해서 주문하니 일도 많이 줄었다. 예산절감과 함께 업무절감도 큰 효과 중 하나다.

– 외국에서는 어떻게 하나.

우리처럼 다 하고 있지. 물건이라는 건 전 세계에서 가장 싼 걸 싸야 하지 않나. 이제는 프라이스 퀄리티(Price Quality)다. 제품에 대한 품질이 어느 정도 수준을 넘고 그러면서도 싸야 한다. 뭘 해도 세계에서 제일 좋고 제일 싼 게 돼야 한다. 그런데 그렇게 해서 줄이는 비용이 엄청난 것이다. 말이 10%, 20%이지 돈으로 환산하면 얼마냐. 정부관리들이 내 물건을 산다면 웃돈 주고 그렇게 사겠느냐 말이다. 그렇게 살 사람 아무도 없을 것이다.

(기자가 '그런데도 정부관료들이 왜 그렇게 하지 않느냐'고 묻자) 이해관계 때문 아니겠느냐. 또 제도를 바꾸어야 하고 절차를 밟아야 하니 그렇겠지. 적격심사제를 바꾸는 것은 어려움이 있더라. 건설협회 등의 로비도 있고…

– 정부는 건설을 통한 경기부양도 최저가낙찰제를 미루는 이유로 내세운다. 중소 건설업체의 수익을 어느 정도 보장해줘야 한다는 것인데.

다른 측면에서 생각해야지. 국민 세금으로 운용하는 정부기관이 공공사업에서 세금 아낄 생각부터 해야지. 정 건설경기를 부양하고 싶으면 다른 프로젝트를 만들든지 해서 부양해야지 왜 그런 식으로 하나. 입찰 자체는 경쟁적이고 투명하고 공정하게 해야 한다. 다른 민간기업들도 그렇게 다 하잖아. 우리는 막대한 운영적자를 지고 있으니 어떤 형태로든지 경비를 줄여야 한다. 줄인 경비를 바탕으로 시설 개선과 안전에 대한 투자도 할 수 있다. 나름대로 할 수 있는 모든 분야에서 경비를 줄이자는 것이다. 그렇게 해서 1년에 1,000억 원씩 적자폭을 줄였다. 2002년에 3,600억 적자 난 게 2003년에 2,690억, 지난 해엔 1,652억 원으로 줄였다.

- 최저가낙찰제에서 덤핑 입찰이나 오찰 등의 문제점이 나타날 수 있지 않나.

덤핑 입찰이나 오찰 등으로 공사를 낙찰받은 후 공사를 포기하는 경우가 있을 수 있는데 이를 보완하기 위해 입찰자 평균입찰 금액의 70% 이하 입찰자를 낙찰대상에서 제외하는 제도를 지난해 10월부터 도입했다. 그 동안 입찰 사례들을 분석해보니 기술개발 등의 요소를 감안해 30% 정도면 적당할 것으로 본 것이다. 그 이하 금액으로 들어오면 덤핑으로 보고 아예 자격을 안주는 거다.

- 그래도 가격과 부실공사가 상관관계가 있다는 주장이 있는데.

가격과 부실과의 상관관계는 없다. 입찰 사양을 정확하게 해주고 사후 감리 감독을 철저히 해주면 아무 문제 없다. 입찰의 문제가 아니라 구매방법의 문제일 뿐이다.

- 공사에서 한 방식을 전 정부부처나 공공기관에 확산하면 엄청난 예산을 아낄 수 있을 것 같은데.

그렇지. 공공공사 규모가 매년 45조, 50조인데 그 가운데 10조는 아낄 수 있지 않을까. 숫자는 자꾸 만지고 따지면 줄게 돼 있다.

[3. 재벌은 혈세를 먹으며 자란다]

정부와 지자체, 공기업 등이 공공공사를 발주할 때 사용하는 입찰방식에는 적격심사제와 최저가낙찰제가 있음을 설명했다. 경실련은 '로또식 운찰제'인 적격심사제 대신 90년대 후반부터 가격경쟁방식으로 '글로벌 스탠다드'인 최저가 낙찰제 도입을 주장했다. 이에 따라 지난해까지 500억 원 이상 사전심사 대상 공사에는 최저가낙찰제가 도입돼 가격경쟁효과로 공공공사비에 끼어 있던 20~30% 정도의 거품이 빠졌음은 물론이다. 이제도 역시 2003년 2월 참여정부 대통령직인수위에서 국정과제로 삼았고 6개월간 업계와 조달청 그리고 재경부 등 관련 당사들간 다시 논의를 해서 겨우 시행시기를 결정했다.

하지만 적격심사제에서 손쉽게 폭리를 취했던 대형건설업체들이 자신들의 이윤이 줄어들자 2000년부터 눈독을 들인 것이 턴키 및 대안입찰 방식이다. 턴키 및 대안입찰방식 발주공사는 대형업체들이 참여하기 때문에 업체들끼리 담합할 경우 손쉽게 낙찰률을 높일 수 있었기 때문이다.

현행 턴키 및 대안입찰제도의 문제점을 살펴보기 전에 턴키제도 및 대안입찰이 어떤 것인지, 어떤 과정을 거쳐 도입됐는지 알아보자.

한국형 턴키제도는 돌연변이?

원래 턴키제도는 일괄계약방식 공사의 하나로 도급계약자가 건설공사의 재원조달, 토지구매, 설계와 시공, 시운전 등을 모두 마친 뒤 발주자에게 인계하는 공사를 의미한다. 미국 등 외국의 경우 제한적으로 도입하며, 턴키방식은 표준적이거나 반복적인 건축공사와 공장건설 등에 적용되는 사례가 대부분이다. 쉽게 말해 어떤 공장을 잘 짓는 전문화된 건설업체가 있다고 할 때 발주자가 그 업체가 기존에 지은 공장과 같거나 비슷하게 지어달라고 하는 것이 턴키방식인 셈이다. 이렇게 하면 기존 설계도면을 재활용하거나 약간 변형하면 되므로 설계에 들어가는 시간과 비용을 크게 줄일 수 있는 셈이다. 이 때문에 외국의 턴키방식은 공기단축 및 비용절감을 목적으로 사용된다.

하지만 턴키제도를 원형 그대로 국내에서 실현하는 것은 원천적으로 불가능하다. 우리의 경우 설계와 시공, 감리 등의 업역이 완전히 분리돼 있어서 이를 통합해서 공사를 진행하는 턴키방식이 작동할 수 없는 구조가 돼 있다. 예를 들어, 미국에서는 한 건설회사가 스스로 설계해 시공하고 사업관리까지도 할 수 있지만, 국내 최대건설회사도 설계 자체를 할 수 없거나 하지 않고 있다. 또 건축물을 짓기 위해서는 표준도면, 표준시방서, 표준품셈 등 각종 설계와 시공표준이 잘 정리돼 있어야 하는데 국내의 경우 이 같은 표준이 아예 없거나 매우 부실한 상황이다. 턴키제도가 실현되려면 신뢰할 수 있는 시장기준을 만들고 특정 건축물에 대해 전문화된 건설업체가 있어야 하는데 표준도면과 시방서도 제대로 없는 나라에서 어떻게 이 같은 시공방식을 택할 수 있겠는가.

이 때문에 국내의 턴키방식은 대형건설업체가 당락의 가장 중요한 요소인 설계도면을 설계회사에 용역을 주고, 이렇게 작성된 설계도면에 대해 높은 점수를 받은 건설업체가 낙찰받는 설계도면 비교방식이라 해도 과언이 아니다. 다른 요소인 공사비는 거의 담합을 하고 대형업체끼리 시공능력 등을 이용하여 담합입찰하는 방식으로 변질되고 있다. 이 때문에 정부관료들도 이 방식을 '설계시공 일괄입찰'이라는 한국식 명칭으로 부르고 있다. 그런데 엄밀히 말해 이 명칭도 맞지 않다. 건설표준이 미비한 국내의 경우 설계가 완성되지 않으면 정확한 공사비 산출이 안 된다. 설계가 완성돼 정확한 수량과 규격이 나와야 품셈에 의한 가격산출이 가능하기 때문이다. 따라서 사실은 설계와 공사비를 동시에 제시하는 '설계-공사비 병행 입찰'인 셈이다.

실상이 이렇다 보니 턴키방식의 장점인 비용절감과 공기단축 효과가 국내에서는 거의 없는 것으로 나타난다. 외국에서는 턴키방식을 적용하면 실시설계와 시공을 동시에 하는 '패스트 트랙(Fast-Track)'이 가능한데 국내의 경우 입찰제도상 실시설계 적격심의를 거친 다음에야 착공에 들어갈 수 있기 때문이다. 한 마디로 기존에는 발주처가 설계회사를 통해 설계용역을 마친 뒤 시공회사를 선정했던 것을 시공사가 설계회사와 짝을 이뤄 입찰하게 한 것일 뿐이다.

필자는 사전 여건이 갖춰지지 않은 상태에서 도입된 기형적인 턴키입찰방식이 얼마나 많은 문제를 양산하는지 깊이 체감한 적이 있다. 93년 지하철 공사현장에 직접 참여했을 때의 일이다. 이 사업입찰 당시 건교부 중앙건설기술심의위원회(중심위)가 설계심사를 맡았다. 9개 업체가 입찰에 참여했는데, 기본설계를 통과한 회사가 다시 실시설계를 할 수 있는 적격자로 선정되는 방식이었다. 다시 실시설계 심의를 통과하면 공사계약을 할 수 있게 되는 방식이었다. 그런데 중심위가 처음에는 실시설계 내용을 매우 꼼꼼히 심사하다가 시간이 계속 늘어졌다. 이에 해당 건설업체는 6개월 동안 계약이 안 되니 발주기관에 계약을 서둘러달라고 졸라댔다. 이렇게 되자 중심위는 실시설계 문제점을 보완한 뒤 계약하라고 하고서는 중간에서 손을 놓아버렸다. 이 상태에서 발주처는 중심위에서 지적한 사항을 건설업체가 계약금을 증액하지 않고 시공하겠다는 각서를 받는 조건으로 계약했다. 업체들은 실시설계가 완성되지 않은 상태에서 계약을 했으므로, 막상 일을 하려면 완성된 설계도면이 없는 것이다. 사업에 착수는 했으나 현실에 맞지 않는 입찰방식의 문제점은 거기서 끝나지 않았다.

지하철공사라면 출발점부터 종착점까지 한 회사가 다 시공을 맡는 게 원래 턴키방식의 취지다. 하지만 발주기관은 업체들에게 골고루 물량을 배정하기 위해 이 사업의 구간을 20여 개로 나눠 발주해 진정한 의미의 턴키 방식이라고 할 수 없었다 (참고로, 20여 개로 나눠진 구간에 모두 턴키방식이 적용된 것은 아니고, 다른 입찰방식 등으로 발주된 구간도 있었다). 이는 실시설계에도 고스란히 반영됐다. 업체별로 설계한 것을 나중에 맞춰 보니 A업체는 터널을 동그랗게 설계한 반면, B업체는 말발굽형 터널을 상하행으로 따로 나눠 설계했다. C업체는 말발굽형 터널 안에 상하행이 합쳐져 한꺼번에 다닐 수 있도록 설계를 해놨다. 이런 코미디 같은 상황이 어디 있는가. 이렇게 해서 실시설계를 다시 현장상황에 맞추는 데만 업체들마다 6개월에서 2년의 시간을 추가로 허비해야 했다. 그런데 2년 반이 흐르자 발주기관에서 내진설계에 대비해 콘크리트 시방서가 바뀌었으니 모든 설계를 다시 하라고 지시했다. 업체들은 '울며 겨자먹기'로 실시설계를 다시 해야 했다. 그런데 콘크리트 시방서가 잘못돼 철근이 너무 많이 들어가는 바람에 콘크리트를 타설할 수 없을 정도가 됐다.

당시만 해도 턴키입찰은 가격점수의 비중이 높아 가격경쟁이 치열해 평균 낙찰률은 예정가격의 55% 선에서 형성됐다. 그런데 이 공사를 꼭 따겠다고 생각한 S건설이라는 업체는 예정가격의 39%로 공사를 따냈다. 이 회사는 낙찰가격의 두 배 이상의 공사비를 쏟아붓고 결국 망하고 말았다. 단순히 낙찰가격을 낮게 써낸 때문이 아니었다. 외국의 턴키입찰방식에서라면 가능했던 일인데도 국내 현실 때문에 빚어졌던 '코미디 같은 비극'이었던 것이다.

당시 잇따른 부실공사에 대한 방지책으로 도입된 책임감리제가 국내 턴키공사현장에도 적용됨으로써 이 업체는 타격을 입었다. 이 업체의 공사현장에는 실제 시공인력이 30명인데 감리가 30여 명이나 배치돼 도저히 일을 할 수가 없었다. (이 공사현장에는 발주처 감독직원이 100여 명, 9개 감리사의 감리인원이 450명, 원청 관리직원이 500명 이상 나와 공사를 관리감독했다. 그런데 실제 공사를 맡은 하청회사직원은 그보다 적었다. 이 때문에 이 사업의 관리비를 분석해보니 직접공사비의 30~40% 수준에 육박하기도 했다. 국내 건설현장에는 이처럼 실제 시공인력보다 '완장차고 왔다갔다하는' 인력이 더 많은 경우가 비일비재하다.) 예를 들어, 이 회사는 스웨덴 등에서 10~15m씩 터널을 한 번에 뚫도록 돼 있는 공법을 설계에 반영했는데도 감리가 이를 못하게 막았다. 당시까지 국내에서는 지하철 터널은 한 번에 1.5m씩만 뚫는 게 '표준'처럼 돼 있었기 때문이다. 이 업체는 이런 식으로 해서 결국 당초 예상공기를 훌쩍 넘기고 계약금액의 2배 이상의 공사비를 들여야 했던 것이다. S건설의 경우가 아니더라도 공기단축, 효율성강화라는 턴키방식은 이 사업 전 공구에서 전혀 실현되지 못했다. 94년부터 시작해 3년 반만인 97년 말경 끝날 예정이었던 이 사업은 이보다 3년 뒤인 2000년 말에나 끝이 났다.

그런데 S건설의 사례는 이후 엉뚱하게도 턴키제도를 개악하는 데 악용됐다. 건설업체들이 S건설 사례를 들며 대대적인 로비를 벌여 이후 턴키 심사기준에서 가격점수비중을 대폭 낮추게 한 것이다. 총사업비의

97% 가량이 시공비용이고, 설계비용이 3% 전후라는 점을 고려할 때 이는 터무니없는 평가기준이었다. 하지만 가격경쟁을 제한하기 위한 업체들의 정책로비는 먹혔다. 이 같은 변화는 건설업체들로 하여금 입찰가격을 담합하는 대신 설계점수로 경쟁하는 구도를 만들었다. 특히 상위 10위권 재벌급 건설업체들 사이에서는 이 같은 담합합의가 거의 공공연했다. 하지만 건설업체가 직접 설계를 하지 않는데다 설계의 품질 차이가 크지 않아 결국 현실적으로는 건설업체들간의 '가격담합구조하의 로비경쟁'으로 이어졌다.

이 같은 턴키입찰실태의 변화는 2000년 이후 최저가낙찰제의 도입과 궤를 같이한다. 앞에서도 설명한 바와 같이 최저가낙찰제 도입으로 폭리를 계속 취할 기회가 사라진 대형건설업체들이 담합이 용이한 턴키 및 대안입찰에 눈을 돌리기 시작한 것이다. 93년 서울지하철공사의 사례 때문에 턴키제도에 부정적이던 대형건설업체들의 주문으로 갑자기 '턴키입찰을 활성화해야 한다'는 요지의 각계 용역보고서들을 쏟아지기 시작했다. 이 같은 용역보고서를 근거로 대형건설업체들은 주무 부처인 건교부를 비롯, 정부 발주기관과 각 지자체를 대상으로 전방위 로비를 펼쳐 턴키발주물량을 크게 늘리도록 했다. 건교부 등도 이에 적극적으로 호응했음은 물론이다. 이 때문에 업계에서는 공공연히 "턴키공사는 일부 재벌, 대형건설회사를 위해 건교부가 차려준 잔칫상"이라고 비난하고 있다. 이런 흐름 속에서 97년 외환위기 이후 주춤했던 턴키대안 입찰방식 수주액이 2001년 약 4조 4,000억 원, 2002년 약 5조 2,000억 원, 2003년 6조 3,000억 원으로 크게 늘어나고 있다. 이렇게 새롭게 변질된 턴키제도는 예전보다 훨씬 더 심각한 문제들을 만들어내고 있다.

막대한 예산낭비, 재벌건설업체 배만 불려

턴키입찰방식이 낳고 있는 대표적인 문제점이 막대한 예산낭비다. 이해를 돕기 위해 다음 사례를 보자.

S지방국토관리청이 2002년 발주한 경기도 S~J 도로 건설공사 1공구와 2공구 현장. 두 공구의 발주예정가격은 각각 3,301억 원과 3,032억 원으로 공사규모에서 큰 차이가 없었다. 그런데 두 공사현장의 낙찰가격은 각각 1,478억 원(44.8%)과 2,853억 원(94.1%)으로 두 배 가량 차이가 났다. 어떻게 이런 차이가 난 것일까.

두 공구의 발주방식이 달랐기 때문이다. 1공구는 가격경쟁입찰제도인 최저가낙찰제로 공사가 발주됐지만 2공구는 턴키방식으로 발주됐기 때문이다. 발주방식만으로 이런 엄청난 차이가 생긴 것이다. 그렇다고 1공구와 2공구의 실제 공사원가가 다른 것도 아니다. 턴키방식이든, 최저가든 최종 하도급업체 입장에서는 같은 단가를 적용해 덤프트럭도 쓰고, 굴착과 발파도 하기 때문이다. 그러면 공사의 난이도가 크게 다른 것일까. 기본적으로 도로공사다 보니 흙을 깎아 나르고 터널을 뚫는 등의 작업이 똑같아 기술적 난이도가 크게 다를 것도 없다.

이 경우뿐만 아니다. 철도청이 2001년 발주한 중앙선 복선사업의 경우 턴키입찰방식의 공사구간의 낙찰률이 일반경쟁입찰방식의 낙찰률보다 35% 이상 높게 형성됐다.

청량리에서 덕소 구간을 3개 공구로 나눠 최저가낙찰제를 적용한 4, 5공구는 60%대에 낙찰됐지만 턴키방식으로 진행된 3공구에서는 96.28%에 낙찰된 것.

또 한국도로공사가 발주한 동해고속도로 확장공사 10개 공구에서도 최저가낙찰제와 턴키입찰방식에서 30% 이상 차이가 나는 점을 쉽게 발

중앙선 덕소~원주간 복선전철 낙찰률 현황

공사명	예정가격 (백만원)	낙찰금액 (백만원)	낙찰률	입찰방식	시공사
제3공구	192,600	182,935	94.48%	턴키	S물산
제4공구	124,463	75,712	60.85%	최저가	S기업
제5공구	162,809	97,982	60.18%	최저가	S건설

견할 수 있다. 이처럼 규모와 공사내용이 비슷한 건설공사에 대해 일반 경쟁입찰방식 대신 턴키방식으로 공사를 발주할 경우 공사를 수주한 대형 건설업체의 배만 잔뜩 불리고 엄청난 국민의 혈세를 낭비하는 결과를 낳는 셈이다.

대형건설업체 전유물로 변질한 턴키입찰방식

턴키입찰방식은 시공사가 설계회사에 용역을 줘 설계도면을 갖고 입찰해야 하므로 선(先) 투자비가 공사비의 약 3% 가량 된다. 이 때문에 자금력이 없는 중소업체들에게는 '그림의 떡'인 셈이다. 또한 명확한 심의기준이 없어 설계심사위원들의 주관적 판단에 영향을 미치기 위한 엄청난 로비가 벌어지고 있다는 것은 업계의 공공연한 비밀이다. 각 지방별로 사업장을 두고 있어 전국적 로비력을 발휘할 수 있는 대형건설업체들이 우위에 있음은 물론이다.

이 때문에 대형건설업체들의 턴키공사수주 독점현상은 수치로도 명확하게 나타나고 있다. 중견건설업체들이 연대해 2002년 말 분석한 자료에 따르면 2000~2002년 3년간 턴키공사 낙찰현황을 보면 H건설, D건설, D산업, S물산, S건설, H개발 등 상위 6개 회사가 낙찰금액 기준

2002년도 턴키대안공사 입 · 낙찰 현황(단위:억원)

공사명	구분	입찰일	참여사	낙찰가(율)
전라선 성산~신풍간	TK (턴키)	4. 2.	D산업+S건설 : 낙찰 S물산+H건설 H개발	1,188 (94.72%)
충주시 우회도로	대안	4. 9.	S건설+S물산 : 낙찰 H건설 D건설+D산업	1,590 (84.28%)
광양항 3단계 준설토 투기장	TK	4. 26.	D건설+H개발 : 낙찰 H건설 S물산+D산업	2,480 (94.98%)
광양항 3단계 1차 컨테이너 터미널	대안	6. 19.	H건설+D산업 : 낙찰 D건설+S물산	1,878 (80%)
광명 경륜돔 경기장	TK	6. 24.	D건설+S물산 : 낙찰 H개발 D산업	1,596 (99.88%)
경찰종합학교 청사 이전	TK	8. 26.	H건설+D건설 : 낙찰 D산업	1,414 (99.7%)
한탄강댐	TK	10. 9.	D산업 : 낙찰 H건설	2,523 (94.83%)
거금도 연도교 가설공사 2단계	TK	10. 4.	H건설 : 낙찰 D산업	1,894 (89.31%)
부산신항연결잔교 및 다목적부두 축조공사	대안	10. 17.	S물산+H건설 : 낙찰 L건설 : 원안	800 (83.5%)
부산신항만 배후철도 제3공구	TK	11. 8.	H개발+D건설 : 낙찰 D산업+S물산	1,805 (94%)
부산신항만 배후철도 제4공구	TK	11. 8.	S물산+S건설 : 낙찰 D건설+H건설	1,523 (93.78%)

으로 79.7%를 차지한 것으로 나타났다. 특히 특수 플랜트공사 등 전문 업체를 제외할 경우 실제 시장점유율은 90% 이상이며, 그나마 원가율 이 좋지 않아 상위 6개사가 참여하지 않은 공사를 제외하면 시장점유율

은 사실상 100%에 가까운 것으로 분석됐다.

건설단체 산하 모 연구원 자료에 따르더라도 대형건설회사 들의 독과
점 현상은 뚜렷하다. 2003년 전체 턴키 · 대안입찰공사의 수주금액 6조
3,384억 원 가운데 상위 6개 업체가 60.0%인 3조 8,051억 원 어치를 수
주했다. 이는 금액기준으로 상위 10개 업체의 전체 건설시장 수주 점유
율이 2002년 16.9%인 것과는 상당히 대조적이다.

업체들, 나눠먹기식 담합 구조로 낙찰률 높이기

또한 턴키제도는 소수 대형건설업체들간의 담합으로 낙찰률을 잔뜩 올
리는 구조로 돼 있다. 사실상 '그들만의 리그'로 진입장벽이 쳐지다 보
니 소수 대형건설업체들간의 담합구조가 형성된 것이다. 상위 6개사는
상호 공동도급 형태로 돌아가면서 공사를 따 나눠먹는 식으로 입찰에
참가하고 있다. 2002년에 이뤄진 턴키 및 대안입찰공사에서 대형건설
업체들의 짝짓기 행태를 보면 이를 쉽게 알 수 있다.

이처럼 상위 6개사의 나눠먹기식 담합구조가 형성되다 보니 턴키공
사의 낙찰률은 현저하게 높아졌다. H건설연구소의 이모 연구원의 분석
에 따르면 2003년 시공사가 선정된 51건의 턴키입찰공사의 평균 낙찰
률은 94.4%에 이르렀다. 이는 같은 해 최저가낙찰제 공사의 평균 낙찰
률 보다 30~35% 가량 높은 수준이다. 2003년 턴키 및 대안입찰 수주
액 6조 3,000억 원어치를 모두 최저가낙찰제로 돌렸을 경우에는 약 2조
원의 예산절감이 가능했다는 계산이 나온다.

이 같은 턴키 및 대안입찰공사의 문제점을 적나라하게 보여주는 것이
서울시 지하철 9호선 공사의 사례다. 서울시는 2001년 7월 지하철 9호
선 건설공사 5개 공구를 모두 턴키방식으로 발주했다. 5개 공구 가운데

4개 공구에는 2개 업체군, 나머지 1개 공구에는 3개 업체군만이 응찰했다. 참여업체들은 대표입찰자가 아니더라도 대부분 공구에 공동도급사업자로 참여해 사실상 모두 한 건씩은 공사를 수주한 셈이 됐다. 이처럼 5개 공구에서 20개 미만의 대형건설업체들만이 참가한 가운데 진행된 이 공사의 평균 낙찰률은 98.3%였다. 이는 2001년 1000억 원 이상 대형 공사 낙찰률이 65% 안팎에서 결정된 것보다 33% 이상 높은 수치였다. 과거 같은 턴키방식으로 진행된 S시 2기 지하철의 평균 낙찰률도 68% 정도였던 것에 비춰봐도 30% 이상 높았다. 결국 당시 건설업계 내부에서는 입찰참여업체들간의 담합이 이뤄졌다는 소문이 파다했고 이는 경실련 고발로 이뤄진 공정위 조사에서 일부가 사실로 입증됐다. 공정위는 이듬해인 2002년 7월 H산업개발과 D건설이 두 구간에서 양사가 '들러리 교차입찰' 방식으로 담합한 사실을 밝혀내고 두 업체에 33억여 원의 과징금을 물렸다.

이듬해인 2003년 5월에는 S시 스스로가 지하철 ○호선 입찰가가 부풀려져 있었음을 반증하는 조치를 취하게 된다. 지하철 ○호선 전체 구간을 발주한 지 1년도 안 지난 상태에서 그 해 8월말까지 모든 구간을 재설계하도록 한 것이다. 물론 이는 당시 시장이 핵심사업을 원활히 추진하기 위해 기존 사업경비에서 빼서 쓰는 개발시대의 '고전적 수법'을 사용한 것이 아닌가 싶다. 엔지니어링 업계에서 비중 있는 한 인사는 2005년 5월 가진 포럼에서 "서울시에서 어느 쪽 사업(모 개발사업을 지칭)의 자금이 부족하다 해서 설계기준을 바꿔 지하철 사업에서 돈을 줄여 몇십%의 돈을 그 쪽으로 뺄 수 있었다"며 "그 이야기는 몇십%의 돈을 비경제적으로 쓰고 있었다는 얘기"라고 꼬집기도 했다. 또한 S시의 조치는 재설계로 공기가 늘어나고 관료들의 필요에 따라 공사진행이 좌우돼 공기단축과 민간의 창의성을 살린다는 턴키도입명목을 무색케 했다.

이와 같은 공무원들의 설계기준변경은 경제성을 감안한 최적의 설계자에게 시공을 맡겨 기술력 향상을 꾀하겠다는 턴키제도가 도입 취지와 다르게 이뤄지고 있음을 반증하는 것이다. 왜냐하면 설계경쟁으로 낙찰된 업체의 설계가 최상이 아니었으며, 오히려 서울시가 감액한 금액 이상으로 과다 설계됐을 가능성이 높음을 의미한다. 즉 S시는 이미 턴키제도가 시민의 혈세를 건설업체들에게 퍼주는 제도임을 알고 있었는데도 턴키방식을 적용했다가 다른 사업예산을 편법적으로 확보하기 위해 설계를 멋대로 다시 바꾼 것으로 볼 수밖에 없다.

식사, 술자리, 골프, 금품...턴키 공사 수주 위해 전방위 로비, 들끓는 부패와 비리

떡고물이 있는 곳에는 벌레가 꼬이는 법. 이처럼 국민의 혈세로 대형건설업체들에게 엄청난 폭리를 취할 수 있는 턴키공사를 수주하기 위한 재벌계 건설업체들의 로비규모는 상상을 초월한다.

우선 업체들은 턴키입찰 로비비용으로 공사비의 3~5%를 책정한다. 그 중에 일부를 용역을 맡긴 설계업체에 준다. 설계용역업체들은 평소 설계심의를 받으러 다니면서 심의위원들을 잘 알기 때문에 로비가 잘 통하기 때문이다. 턴키방식에서는 설계용역시장이 커지고 대형 건설업체들로부터 후하게 설계비용을 받기 때문에 이들은 적극적으로 활동한다.

또 과장급 이상 직원은 연고가 있는 턴키 심의위원인 교수나 연구원 리스트를 제출해야 한다. 자기가 아는 발주기관의 공무원 리스트도 작성해야 한다. 그리고는 평소에 꾸준히 이들을 대상으로 식사 및 술자리 대접, 골프 대접을 해야 한다. 교수들이 해달라는 것은 다 해준다. 지방 교수가 서울로 출장 온다고 하면 호텔을 잡아주고 교수 부인들이 해외 여행 가는 것까지 챙겨주기도 한다. 평소에 이렇게 꾸준히 심의위원들을 접촉해 로비한다는 사실을 알리기 위해 회사에 영수증을 많이 갖다 내야 한다. 교수가 소속된 학교에 필요한 시설, 기자재 등을 지원해주기도 한다. 또한 대학원 등에 등록해 교수들과 친분을 쌓기도 한다.

또 자기 회사가 대표회사로 참여한 턴키공사의 경우 심의위원 예상자 명단을 뽑아서 사내 외 관련 인사들을 총동원해서 심의위원을 밀착 마크 한다. 다른 업체 사람을 만나는지 동향 파악도 한다. 그렇게 해서 예상자 중에 심의위원이 결정되면, 발주기관에서 하루나 이틀 전 미리 심의위원 명단을 빼낸다. 그때부터는 24시간 그림자처럼 심의위원을 따라다닌다. 그렇게 해서 공사를 따내면 심의위원에게는 '성공사례금'으로 수천만 원에서 억대를 주기도 한다는 사실은 공공연한 비밀이다. 심의위원 10명에게 1억 원씩 10억 원이 들어간다고 해도 공사 하나 따면 수백억~수천억 원을 벌기 때문에 '껌값'이다. 이것 말고도 각종 음식 및 술 접대비로 10억 원, 일반 경비로 10억 원 등 수십억이 고정적으로 들어간다. 1년에 200~300억 원 정도는 뿌려질 것이다. 입찰에서 떨어지면 로비력이 부족해서 떨어진 거라고 생각해서 오히려 로비자금을 더 늘리고 로비인력도 더 늘리는 회사도 적지 않다.

이처럼 턴키입찰을 둘러싼 거대한 부패고리는 그 동안 일부 비리 수사 과정에서 빙산의 일각이지만 사실로 드러나기도 했다. 2003년 경찰청 특수 수사과는 군장성들에게 뇌물을 준 혐의로 구속한 H건설 김모 상무보를 수사하는 과정에서 압수한 사내 문서는 이 같은 실태를 잘 보여줬다. '공공부문 입찰업무 분석'이라는 문서에 '턴키입찰 심의위원 선정방식 개정 현황 및 당 사업본부 대응전략'이라는 항목에는 구체적인 지침이 드러나 있었다. 기존 학계위원 관리체계를 중심으로 다른 직종의 심의위원까지 담당 지역별로 배분하되, 공무원이나 유관기관 업계의 경우 공사수행과 관련해 직접 또는 과거 인연이 있는 사람들을 통해 관리하도록 하고 있다. 또 로비의 과정에 대해 '밀접한 관계 형성 후 심의위원 선정대상범위 유도→기초확정명단 입수 등을 통해 신속하고 효율적으로 접촉→입찰진행기간 중 심의 주관부서와의 관계를 더 밀착관리 등으로 단계별로 언급해놓았다. 턴키공사수주를 위해 대형건설업체들이 얼마나 '전방위적 로비'를 펼치는지를 보여주는 문건이었던 것이다.

건교부 산하 공기업인 D공사의 L 전 사장이 2005년 징역 5년을 선고받은 것도 턴키입찰과 관련된 뇌물수수 때문이었다. L 전 사장은 2002년 10월 발주한 H 댐 공사 입찰경쟁에 참여한 A건설로부터 공사수주와 관련해 1억 원을 받은 것으로 드러났다. D공사는 당초 H댐을 대안입찰 방식에 붙이기로 했으나 자체 기술심의위원회를 열어 입찰방식을 턴키 방식으로 바꿨다. 당시 수자원공사는 기술심의위원회에서 입찰방식을 바꿔놓고도 이를 주무부서인 건교부에 통보조차 하지 않은 것으로 나타났다.

이에 앞서 99년에는 서울대, 연세대, 고려대 등 14개 대학 교수 46명이 턴키입찰 참여업체들로부터 600~5,000여만 원과 향응대접 등을 받아 배임수재 혐의로 구속 또는 불구속 기소되기도 했다.

이처럼 '한국형 턴키입찰'은 사실상 국민의 혈세로 대형건설업체들의 폭리를 보장해주고 부패와 비리를 양산하는 제도로 전락했다는 데 업계 관계자들은 대부분 동의하고 있다. 심지어 2002년 11월에는 두산중공업, 남광토건, 신동아, 포스코건설, 신한, 임광토건, 계룡건설, 동부 건설 등 상위 6개사를 제외한 상위 50위권 업체들이 연명으로 '턴키·대안 입찰제도 폐지 건의서'를 부방위와 건교부, 재경부 등에 제출했다. 건설회사들은 건의서에서 "턴키 및 대안입찰제도는 많은 구조적인 문제점들을 노정해 국익에 백해무익한 제도가 되고 있으며, 오히려 건설산업의 경쟁력을 약화시켜 건설업계 전체에 고통을 주면서 건설 경제 부흥의 암초가 되고 있다"고 주장했다. 이들은 턴키 및 대안공사의 문제점으로 여섯 가지를 지적했다. 간단히 살펴보자. 1) 한 공사당 수십억 원에 이르는 설계비 부담을 감내할 수 있는 극소수 대형건설업체들만의 잔치가 되고 있다 2) 제도도입 이후 극소수의 대형건설업체들의 독과점현상이 계속되고 있는 반면 턴키대안 입찰공사의 확대에 따른 시장축소로 최악의 수주난을 겪고 있다 3) 과중한 설계비 부담의 해소와 과다설계를 만회하기 위해 수익확보를 위해 극소수의 대형건설업체들은 높은 낙찰률로 수주할 수밖에 없어 심각한 국고낭비를 초래한다 4) 설계심의과정에서 건설기술개발에 매진해야 할 심의위원과 업체 종사원들 모두를 부패와 타락의 온상으로 유인하고 있으며 이는 결국 엄청난 국력낭비와 사회적 병폐로 이어진다 5) 초대형 건설업체들은 턴키대안입찰 공사수주를 위해 불가피하게 설계심의위원들을 상시관리하고 그에 따른 비용부담이나 노력이 엄청나게 소요되고 있으며 공동도급사인 중견, 중소건설업체들도 과중한 부담을 공유하게 된다 6) 턴키 및 대안입찰은 시장확대에 따른 이익증가를 바라는 설계업체들의 이익과 합치되는 것으로서 결국 소수 대형설계업체들과 대형 시공업체들간의 고리관계는 '그들만의 잔치'로 만드는 것이다.

물론 이 같은 지적은 '잔치에 초대받지 못한 손님들'이 배가 아파 집단적으로 항의한 것으로 비쳐질 수도 있다. 이들 행동의 발단이야 '밥그

룻 챙기기'일 수 있겠지만 적어도 이들의 주장만큼은 문제점을 정확히
짚고 있다.

부패방지위원회에서도 2002년 턴키입찰제도를 둘러싼 부패상을 확
인하고 이에 대한 제도개선을 건교부 등 관련 부처에 권고하기도 했다.
대한민국 모든 건축, 토목 및 설계 관련 교수들을 술독에 빠뜨리고 부패
에 끌어들이는 제도로 인식했기 때문이다.

하지만 건교부와 재경부는 이 같은 실태를 두고도 코방귀만 뀔 뿐 "도
대체 뭐가 문제냐"는 식의 태도를 보이고 있다. 이 문제로 기자와 통화
한 건교부 담당자는 "최저가와 적격심사에서 중견 및 소형 건설업체들
이 상대적으로 공사를 많이 따고 있는데 기술력이 있는 대형 건설업체
들이 턴키를 독식한다고 해서 무슨 문제가 있느냐"며 "각각 건설업체군
별로 적절히 밥그릇을 챙겨줘야 하지 않느냐"고 말했다. 건설업체 보호
와 물량 나눠주기식의 개발주의시대 사고방식에 푹 젖어 있음을 적나라
하게 드러내는 말이었다. 그는 "기술개발에 효과적인 턴키제도는 앞으
로도 계속 활성화해 나갈 것"이라는 강한 '소신'마저 드러냈다. 앞에서
언급한 S~J 국도공사에서 턴키로 발주된 2공구의 경우 건교부 관계자
는 "장대(長大) 교량이 있어서 턴키로 발주했다"고 말했다

건교부 관계자에게 묻고 싶다. 턴키제도를 도입해 눈에 띄게 발전한
건설기술이 정말 어떤 게 있는지. 건교부 관계자가 말한 정도의 교량 시
공이 정말 턴키방식으로 발주해야 할 만큼 기술적으로 어려운 것인지에
대해 많은 업계관계자들은 고개를 갸우뚱할 것이다. 정말 건교부 설명
대로라면 장대 교량의 교각을 세우는 구간만 턴키로 발주하면 될 것인
데 왜 3,000억 원대의 2공구 전체를 턴키로 발주했는지도 이해하기 어
렵다. 국도공사의 대부분은 흙을 깎아 덤프로 운반해 다지는 단순작업

인데 이를 턴키방식으로 발주하는 나라는, 세계에서 유례가 없다. 결국 장대 교량 하나를 핑계로 최소 1,000억 원을 더 얹어준 꼴밖에 되지 않는 셈이다.

과거 기술적으로 어렵다는 터널, 항만, 교량 공사 등을 기존 입찰방식으로 다 해왔다. 그런데 재벌 건설업체들 배 불려줄 생각이 아니라면 우리 실정에 맞지도 않는 턴키로 굳이 할 이유가 없다. 최저가낙찰제로도 똑같이 할 수 있는 공사를 턴키제도로 바꿔서 낙찰률이 30~40% 가량 높아지면 그만큼 대형 건설업체들이 폭리를 취하는 것은 앞에서도 보았다. 그런데 그 돈들은 다 어디서 오는가. 결국 국민의 돈으로 발주자와 재벌 건설업계가 상상도 못할 비리 및 폭리 잔치를 벌이고 있는 것 아닌가.

더구나 모든 턴키공사가 사실상 담합에 의해 이뤄져 건설업체간 기술경쟁과 가격경쟁은 전혀 없고, 있다면 로비경쟁뿐인데 기술개발이 이루어질까. 경쟁입찰제도인 최저가낙찰제 확대는 계속 미루면서 턴키로 해야 기술개발이 이뤄진다는 정부 주장은 거짓말이라는 생각밖에 안 든다. 건설업역 구분 폐지와 '건설표준' 확립 등 턴키도입을 위한 전제조건이 충족되기 전에는 국민 혈세로 재벌 건설업체들의 배만 불려주는 턴키제도는 폐지하는 게 당연하다.

그런데도 정부와 지자체들은 턴키공사가 금덩이라도 만들어내는지 입찰방식을 계속 턴키방식으로 바꾸느라 정신이 없다. 앞에서 예를 든 국도공사는 말할 것도 없고 심지어는 택지조성공사처럼 고난도의 기술이라곤 전혀 필요 없는 공사마저도 턴키 또는 대안입찰방식으로 발주하는 지자체가 생겨나고 있다. 당초 최저가 공사로 예정됐던 사업들이 속속 턴키나 대안입찰방식으로 바뀌는 요지경 속을 이해하기 힘들다. 중앙정부, 지방정부 할 것 없이 공무원들이 극도의 도덕적 해이에 빠져 있다는 생각을 지울 수 없다.

건교부 발주 8개 국도공사비 시장가격 대비 2.6배 부풀려져

지금까지 표준품셈과 정부입찰제도의 실태와 이로 인한 예산낭비 등 문제점을 설명했다. 다음 주제로 넘어가기 전에 2005년 5월 말 경실련이 분석한 자료를 토대로 이 같은 문제점을 정리해 보자.

경실련이 건교부 산하 5개 지방국토관리청이 시행하는 8개 국도사업의 '토공사'의 설계예산서, 도급내역서, 하도급내역서 등을 분석한 결과다.

분석 결과 정부가 책정한 가격이 실제 공사에 들어가는 시장가격보다 무려 2.6배나 부풀려져 막대한 예산낭비가 초래되고 있음을 확인할 수 있었다. 경실련은 정부가 산정한 정부가격, 원청업자가 정부로부터 수주한 원청가격, 그리고 시공업체인 전문건설업체가 원청업체에서 수주한 시장가격을 비교했다. 그 결과 정부가격은 1624억 원이었으나 원청가격은 949억 원이고, 시장가격은 631억 원으로 밝혀졌다. 또한 공사를 수주한 원청업체는 100% 전문건설업체에 하도급을 주는 과정에서 가만히 앉아서 318억 원을 챙기고 있었다. 정부가격 중 직접비는 국도사업을 위해 직접 투입돼야 할 비용으로 정밀한 원가계산을 통해 산출된 것으로 시장가격보다 부풀려져서는 안 된다. 직접비가 시장가격보다 2배 부풀려져 있다는 것은 정부의 원가계산이 엉터리라는 것을 의미한다. 이는 앞에서도 지적했지만 부풀려진 품셈에 기인한다. 또 간접비도 정부가격은 411억 원으로 책정돼 있지만, 실제 시장에서는 10분의 1도 안 되는 34억 원만 지급되고 있어 12배나 부풀려져 있었다.

입찰방식에 따라서도 어떤 차이가 있는지를 보자. 턴키(성남~장호원 2공구), 적격심사제(원주시우회도로), 최저가낙찰제(거제시우회도로) 등 각각 다른 입찰방식으로 수주한 3개 사업을 분석해봤다. 하지만 입찰방식은 달라도 공사를 수주한 원청업체가 하청을 주는 가격은 비슷했고, 단지 원청업체가 떼어먹는 액수에서만 차이가 났다.

턴키로 발주한 성남~장호원 2공구의 직접비는 시장가격이 39억 원이나 원청가격은 106억 원으로 원청업자가 정부로부터 받은 금액 중 64%인 67억 원을 챙긴 것으로 드러났다. 적격심사제로 공사를 발주한 원주시 우회도로의 경우 시장가격은 123억 원이나 원청가격은 178억 원으로, 직접비의 31%인 55억을 챙겼고, 최저가낙찰제를 실시한 거제시 우회도로의 경우에도 시장가격은 100억 원이나 원청가격은 117억 원으로 직접비의 15%인 17억 원을 챙기고 있었다. 이를 보면 "최저가낙찰제를 하면 부실공사가 일어날 수 있다"는 정부와 건설업계의 주장이 얼마나 터무니없는지 명확하게 드러난다. 실제 현장 시공비용이 같은데, 적격심사제면 부실이 아닌데, 최저가낙찰제 아래에서는 부실이 생긴다는 것인가.

결국, 이 분석결과를 통해 건설용 중장비 제조업체가 기술개발을 통해 성능과 질을 개선해 가격이 하락하고 있는데도 정부의 원가계산기준인 품셈이 잔뜩 부풀려져 있음을 다시 한 번 확인할 수 있었다. 더구나 정부는 원청업체가 하도급 내역을 통보하기 때문에 실제 시장가격을 알고 있음에도 불구하고 2배 이상 부풀려진 원가계산기준을 그대로 유지하고 있다는 사실도 확인했다.

이에 대해 건교부는 "표준품셈 적정성 재검토 및 시장가격을 반영한 실적공사비에 의한 제도를 점차 확대 적용토록 할 계획"이라며 "현재

실적공사비는 총 공종의 18%(340개 공종)를 적용하고 있으며, 2007년까지 50%로 확대를 추진하겠다"고 밝혔다. 앞에서도 보았지만, 턱없이 부족한 예산과 인력으로는 실효성 있는 실적공사비 시스템을 구축하기 어렵다. 더구나 '발파암 깎기', '덤프 운반' 등 건설업체들이 가장 폭리를 취하는 공종 등에서는 여전히 시장단가를 적용하지 않고 있다. 이래서는 현재까지 정부가 구축한 실적공사비는 표준품셈과 별다른 차이가 없는 부분만 생색용으로 하고 있다는 비판을 면하기 어려울 것이다.

[4. 민자사업자로 위장한 대형건설업체들]

정부 공공공사의 입찰방식에 따라서 적격심사제와 최저가낙찰제, 턴키 및 대안입찰방식으로 나뉘고 입찰방식에 따른 예산낭비 실태를 앞에서 자세히 설명했다.

하지만 이보다 더 큰 문제가 되는 것이 민자 SOC사업이다. 민자 SOC사업은 외국자본 등 민간자본 등을 끌어들여 도로, 항만, 철도 등 부족한 사회간접자본을 확충하기 위해 마련된 제도다. 당초 목적은 외환위기 이후 외자유치를 위한 것이었다. 이를 위해 정부는 98년말 '사회간접자본시설에 대한 민간투자법'을 제정해 이 제도를 강력히 뒷받침하고 있다. 취지는 좋다. 영국 등 선진국에서도 부족한 SOC를 확충하고 민간의 창의성을 활용하기 위해 제한된 범위 안에서 도입하고 있는 제도다.

하지만 국내 SOC사업을 선진국의 SOC사업처럼 생각하면 오산이다. 국내의 민자 SOC사업은 당초 목적은 온데간데 없이 내자(內資)만 난무하는 사업으로 변질됐다. 내자도 따져보면 주로 재벌건설업체들의 컨소시엄으로 이뤄진 출자회사들 일색이어서, 사실상 재벌건설업체들의 폭리를 보장하는 잔칫상으로 전락했다. 심하게 말하면 정부가 민자를 유치하기보다는 건설업체들이 폭리를 취하는 사업에 정부예산을 대주는 꼴이 되고 말았다.

어떻게 이런 일이 가능할까. 현재 민자사업의 기본구조를 들여다보면 쉽게 알 수 있다. 현행 민자사업방식으로는 정부가 민자 SOC 건설비용의 20%를 대주고, 60%는 산업은행 등과 시중은행 등 재무적 투자자에게 정부가 사실상 보증을 서고 알선해준다. 결국 건설업체들은 자기 돈의 20%만 투입하면 되는 셈이다. 이렇게 건설한 뒤 민간사업자가 20년간 운영한 뒤 국가자산으로 귀속시키거나(BTO), 정부에 넘긴 뒤 20년간 리스 해 운영수익을 남기는(BTL) 것이다.

이해를 돕기 위해 가상의 예를 들어보자. A고속도로를 정부가 민자 SOC 방식으로 만든다고 하자. 이럴 경우 5개 건설사가 A고속도로㈜라는 공동 출자회사를 만든다. 이 고속도로의 총사업비가 1조 원이고, 5개 건설사가 평균 20%씩 출자한다고 가정해보자. 사업비의 80%는 정부가 직접 지원해주거나 자금을 알선해주므로 실제로는 사업자 부담금 20% 부분에 대해서만 출자를 하면 된다. 따라서 실제 사업비 1조 원의 20%인 2,000억 원에 대해 각 건설사가 20%씩인 400억 원씩만 출자하면 된다. 하지만 건설회사들이 이만큼씩 다 출자한다고 생각하면 또한 오산이다. 실제로 건설회사들이 출자하는 금액은 불과 수억 원에 불과한 경우도 많다. 왜냐하면 출자회사를 만들어 정부의 사업권만 따내면 정부 지원금액과 융자자금만으로도 충분히 공사를 하고도 남기 때문이다. 건설회사들이 출자하는 수억 원도 기초조사자료와 제안서작성, 로비비용 등으로 쓰일 뿐이다. '행담도 개발사업'에서도 돈도 거의 없었던 개발업자가 K기업에서 120억 원을 빌려 정부와 도로공사의 보증을 받은 뒤 사업에 착수할 수 있었던 것도 이 같은 구조 때문에 가능했다.

이 같은 민자사업구조가 가능한 이유는 민자사업비용이 엄청나게 부풀려지기 때문이다. 정부예정가격 대비 낙찰률은 최저가낙찰제(55%), 적격심사제(78%), 턴키(95%), 대안입찰(85%) 정도지만 민자사업은 사실상 99~100%라고 볼 수 있다. 민자사업의 경우 민간사업자가 하자는 대로 총사업비가 거의 그대로 정해지기 때문이다. 시민단체의 문제제기 후 각 부처 담당 공무원들이 사업비를 깎는 시늉을 하지만 이렇게 깎는 액수는 '새 발의 피' 수준이다. 전문성도 없는데다 건설업자들에 한없이 우호적인 우리 관료들이 깎으면 얼마를 깎겠는가. 이렇게 해서 실제로 1조 원이면 충분히 할 수 있는 공사를 2조 원으로 사업비가 결정된다. 1조 원이 들어갈 공사에 2조 원의 80%인 1조 6000억 원을 정부나 재무적 투자자로부터 지원받는데 건설회사들이 자기 돈을 출자할 이유가 뭐가 있겠는가. 정부가 지원해주거나 융통해주는 돈만으로도 사업을 진행하고도 막대한 차익이 남으니 이 차익만으로 사업자 분담금을 내면 되는 것이다. 사정이 이런데도 이를 민자유치사업이라고 할 수 있을까. 그게 아니라 정부가 건설회사들에게 막대한 돈을 벌게 해준 뒤 이 가운데 일부를 나중에 민자사업자 분담금이라는 명목으로 뱉어내게 하는 구조일 뿐인 셈이다.

건설회사는 이렇게 막대한 폭리를 취하는 대신 일반 국민들의 통행료 부담은 높아만 간다. 사업비가 1조 원일 때 통행료가 1만 원이라면, 2조 원일 때는 2만 원이라고 하자. 건설회사는 1조 원밖에 안 들였으면서도 2조 원에 공사를 했다는 명목으로 건설회사는 통행료를 높여달라고 하고, 정부도 이를 들어준다. 그런데 문제는 정부가 통행료 운영수입의 85%까지 보장해준다는 점이다. 이는 통행료를 2만 원에 책정했다면, 민자 사업자들이 비싼 통행료를 책정한 탓에 돈을 못 벌어도 85%선인 1만 7,000원까지는 정부가 이를 메워준다는 뜻이다. 이 조건에 따르면 극단적으로는 차가 한 대가 안 다녀도 85%까지는 정부가 수입을 보장해주게 된다. 사실 민자사업자 입장에서는 차가 적게 다닐수록 도로의 유지관리비도 적게 들어 좋다.

민간 건설업자 5개사 입장에서 보면 총사업비를 부풀리는 수법으로 고속도로 건설과정에서 이미 1조 원 규모의 차익을 남기고, 고속도로 운영 과정에서도 20년 간 추가로 수조 원을 벌 수 있는 구조다. 사업구조를 잘 알고 자본여력이 조금이라도 있는 업체라면 누가 이런 사업을 마다하겠는가. 실제로 정부 및 각 지자체가 추진하는 민자사업에 각 건설업체들이 서로 참여하겠다고 난리인 것도 이 때문이다.

여기까지 설명하면 너무 기가 차기도 하고, 터무니없게 느껴져서 이를 믿지 않는 독자들이 많을 것이다. 지금까지는 독자들의 이해를 돕기 위해 가상의 사례를 들어 설명했지만, 이제부터는 이런 '의심 많은 독자들'을 위해 실제사례를 가지고 설명하겠다.

엄청나게 부풀려진 공사비, 민자 사업 실행원가 50~60%에 불과

D~B간 고속도로의 도급 및 실행 내역을 살펴보면 민자사업 공사비가 얼마나 부풀려져 있는지 쉽게 알 수 있다. 이 사업의 공사비는 모두 1조 7,360억여 원. 이 가운데 직접공사비 8,720억 원과 간접공사비 1,699억 원 등 실제로 투입된 비용은 1조 419억 원. 결국 참여 건설업체들은 이 사업에서만 무려 40% 가량인 4,942억여 원의 폭리를 취했다. 특히 토

공사만 따로 떼놓고 볼 경우 직·간접비를 합쳐 3,791억 원의 공사비가 책정됐으나 실제로는 1,659억 원만 들어 무려 2,132억 원(56%)의 차익을 남긴 것으로 나타났다.

보통 건설업체들의 컨소시엄으로 구성된 사업시행자가 사업을 추진하면 건설회사들은 자신들의 출자비율만큼 시공권을 나눠 갖는다. 참여 건설업체들은 전체적으로 공사비의 30~40%를 떼먹고 기존 국내 건설사업처럼 다단계 하도급을 거쳐 공사를 진행한다. 따라서 다단계 하도급을 거쳐 최종 하도급자가 시공에 들이는 단가는 당초 사업비의 40% 이하일 것으로 추정된다.

대형 건설업체인 S사가 99년 작성한 '영업전략 회의자료'를 봐도 건설업체들에게 민자사업이 얼마나 땅 짚고 헤엄치기식 사업인지 명확히 드러난다.

이 자료의 '별첨 1-2. 민자 SOC사업 사업비 구성 및 시점별 투자계획'에 따르면 S사는 C~N간 고속도로 사업을 기준으로 삼아 총사업비 가운데 실행원가를 47%로 잡고 있다. S사가 원도급사의 입장에서 잡은 실행원가가 47%이므로 현실상 2~3단계의 하도급이 더 이어진다는 것을 감안하면 실제 공사원가는 불과 40~50%선에 불과하다는 추정이 나온다.

S사는 민자사업 시공으로 인한 총사업비 대비 이익률도 31%로 잡고 있다. 기준을 공사비에 대한 비중으로 바꾸면 공사이익율은 40%로 올라간다. 당시 외환위기 직후 12% 가량의 고금리를 기준으로 한 건설이자와 세금 등을 총사업비의 22%로 높게 잡았는데도 이 정도 수익을 올렸다는 것이다.

왜 공사이익율이 이처럼 높은지에 대해 이 자료는 '설계가 대비

99.9%로 공사비를 인정받음으로써 실행원가율이 낮게 나타' 나기 때문으로 분석했다. 일반적인 공공사업의 낙찰률인 설계가격의 60%(최저가낙찰제)~80%(적격심사제)보다 20~40% 이상 높은 셈이다.

돈 한 푼 안 들여도 민자 사업 가능해

건설업체들은 이처럼 막대한 이익이 남는 건설공사를 대부분 수의계약 형식으로 체결하면서도 비용 부담은 매우 적다. 사업비를 100으로 봤을 때 20% 가량은 재정에서 지원하고 60% 가량은 정부보증으로 금융기관 등에서 자본을 끌어다 대주기 때문이다. 이 때문에 건설업체들은 사업비의 20% 정도만 투자하면 된다. 하지만 대부분 민자사업의 경우 여러 개 건설업체들이 출자해 별도의 회사를 설립하므로 실제 비용부담은 사업비의 5% 미만이다. 이것도 사업완료시점까지 지불하면 된다. 하지만 위에서 본 것처럼 잔뜩 부풀려진 공사비에서 30~40%의 수익을 챙기기 때문에 실제로는 공사수익만으로도 충분히 이를 충당하고도 남는다. 초기 출자자금만 있으면 수조 원대의 사업을 하고도 막대한 수익을 보장받는 '저위험-고수익' 아니 '무위험-고수익' 사업인 셈이다.

앞서 언급한 S사의 자료는 이 같은 실태도 명확히 보여준다. 이 자료는 '민자사업은 리드 타임(사업준비부터 실제 착공까지 걸리는 기간으로 통상 2~3년 정도) 기간에는 실제 소요자금은 거의 없다'고 지적하고 있다. "컨소시엄 운영비, 사업타당성 조사비, 컨셉 설계, 주무 관청과 협상 등(에 드는) 소요비용 약 1억 원 정도"라며 "1억 원 정도 비용으로 사업시행자로 지정됨으로써 사업물량(을) 확보"할 수 있다고 분석했다. 이는 총사업비의 0.02~0.03%에 불과해 자금을 외부 금융기관 등에서 빌려 주택건설사업을 하는 경우 토지매입비 등으로 총사업비의 20~30%를 들여야 하는 것에 비해 비교도 안 될 정도로 낮은 것이다. 이 자료는 또 "총사업비의 30%에 해당하는 출자금은 통상 공사기간 중에 시공이윤으로 타인자본이 입금되기 시작한 후부터 준공시까지 대다수 회수되는 것이 민자사업의 특징"이라고 지적했다.

이는 순전히 시공과정만 본 것으로 공사완공 후 운영수입까지 고려하면 한 건설회사가 가져갈 수입은 훨씬 더 늘어난다. 이 같은 민자사업조건이 건설업체에 얼마나 엄청난 혜택인지도 이 자료는 보여준다. "향후 민자사업 적극 추진회사와 소극적 회사간 격차는 2~3년 후부터 만회하기가 어려울 정도로 크게 벌어질 것"이라고 추정한 것이다.

과도한 최소운영수입 보장으로 혈세 낭비

부풀려진 공사비뿐만 아니라 시설운영과정에서도 엄청난 예산낭비가 발생하고 있다. 사업시행자들이 통행량을 의도적으로 과대평가해 생기는 운영수입의 부족분을 모두 정부가 세금으로 메워주고 있기 때문이다.

2004년 10월 건교부가 국회 건교위에 제출한 국정감사 자료에 따르면 민자고속도로인 인천신공항고속도로에 2001~2003년 동안 지급된 손실보전비용이 모두 2,936억 원이었다. 이는 인천공항고속도로 건설시 투입된 민간투자액 1조 4,602억 원의 20.1%에 해당하는 금액. 기획예산처가 최소 운영수입 보장비율을 조정하기는 했지만 결국 인천신공항고속도로 한 곳에만 운영수입 보장기간인 20년 동안 약 2조 원 가량의 혈세가 들어갈 것으로 보인다. 민간사업자는 투자액 전액을 회수하고도 수천억 원의 차익을 남기는 셈이다. 문제는 이 같은 상황이 여기서 끝나지 않는다는 점이다. 정부는 2003년 처음 운영된 천안~논산 고속도로에도 497억 원의 국고를 지원했다.

이렇게 운영과정에서도 거의 아무런 위험 없이 '고수익'을 올릴 수 있다 보니 사업운영권마저 수백억 원대의 웃돈이 붙어 거래된다. 삼성물산, 한진중공업, 동아건설, 포스코개발 등 11개 건설사가 출자해 구성된 신공항 하이웨이(주)의 지분은 이후 교원공제회, 교보생명, 삼성생명 등에 나눠 팔렸다. 또 LG건설, 금호산업, 한화건설, 대우건설 등 11개 건설사가 출자해 만든 천안논산고속도로(주)도 이후 대우건설만 제외하고는 모두 한국도로 인프라투융자, 국민은행 등에 지분이 넘어갔다. 여기에서도 웃돈이 오갔을 것으로 추정된다.

사업시행자에게 보조금을 주는 이 제도는 기획예산처가 민간자본을 유치하기 위해 도입한 제도. 각 사업별로 구체적인 조건은 다르지만 정부는 민자사업 시행자별로 20~30년 동안 추정 운영수입의 80~90%선의 최소운영수입을 보장했다. 하지만 이는 외국에는 없는 제도로 사실상 기업이 손실을 볼 일이 전혀 없는 특혜를 준 꼴이었다. 사업위험이 없으니 민자사업의 도입취지 가운데 하나인 민간의 창의력 발휘는 공염불로 끝날 공산이 커졌다. 도대체 사업 위험성 하나 없이 돈 벌게 해주는 사업에 과연 '투자'라는 이름을 붙여도 되는지 의심스러울 정도다. 실제로 각 사업 시행자들은 이 같은 계약조건을 악용, 추정 운영수입을 잔뜩 부풀려 정부 재정지원을 받는 길을 택했다.

엉터리 교통수요 예측도 민자사업 예산낭비에 한몫하고 있다. 민자사업의 타당성, 건설보조금, 사용료, 최소운영수입보장금 등을 결정하는 기초자료가 되는 교통수요예측은 매우 엄밀한 검증과정을 거쳐야 했다. 하지만 현실은 정반대였다. 실제로 2004년 10월 감사원이 서울~춘천간, 서수원~오산~평택간 2개 민자 고속도로를 대상으로 교통수요 예측 자료를 점검한 결과 통행량 기준을 과다 적용하는 등 문제점이 곳곳에서 드러났다. 예를 들어, 서울시가 민자 사업으로 건설한 우면산 터널의 경우를 보자. 당초 서울시는 하루평균 6만 5,958대의 교통량이 발생할 것으로 예측했지만 현재 이 터널은 하루 1만 1,000대 정도만 다니고 있다. 이 사업은 예측교통량 대비 실제 교통량이 21.7%에 그치다 보니 해마다 250억 원을 민간사업자에게 지원해주고 있다. 이렇게 교통량이 잔뜩 부풀려졌지만 교통량을 부풀린 용역기관에 책임을 물릴 장치도 없었던 것으로 드러났다.

이런 부풀려진 공사비, 터무니없는 최소 운영수입보장 수준, 엉터리 교통수요 예측 등에 따라 통행료가 잔뜩 올라갔음은 뻔한 사실이다. 그런데 일부 마음씨 착한 시민들은 민자도로가 품질이 더 좋아서 통행료가 비싼 걸로 착각한다. 심지어는 '이런 도로에 차가 안 다녀서 건설회사나 사업 운영자들이 힘들겠다'고 동정하는 이들도 보았다. 대한민국의 현실이 안타까울 뿐이다.

부실한 사업자 선정 과정

이처럼 민자사업이 남발되는 것은 부실한 사업결정 및 사업자선정 과정과 맞물려 있다. 500억 원 이상 국가재정사업의 경우에는 99년부터 예비타당성 검토를 하도록 돼 있다. 하지만 대부분 수천억 원~수조 원대의 민간제안사업은 단지 '민자사업'이라는 이유로 이런 과정이 생략돼 있다. 이 때문에 사실상 경제성이 떨어지는 사업까지 민자로 건설돼 정부재정에 부담을 주고 있다. 실제로 우면산 터널은 개통 이후 실제 통행률이 예상치의 21.7%에 불과한 것으로 나타났는데, 이런 터널이 정말 필요하기는 했을까. 또한 인천신공항고속도로의 경우 인천공항으로 통하는 독점도로여서 애초부터 수익성을 지상목표로 하는 민간에 맡길 사업이 아니었다. 이후 비싼 통행료 때문에 많은 항의와 비판이 잇따랐는데 애초부터 민간사업자에 독점적 사업운영을 맡기면서 적절한 통행료를 책정하기를 바라는 게 무리였다.

또한 사업결정 및 사업자선정 과정이 국제적 기준에 부합하지 않고 불투명하고 자의적으로 진행되고 있다. 특히 정부의 재정투자요건, 운영수익 보장범위 등 주요 핵심사항들이 정부 담당자의 판단에 따라 좌우될 수 있도록 돼 있는 것은 심각한 문제다. '주무부처의 장이 필요하다고 인정하는 경우', '~할 수 있다'는 등의 표현은 사실상 정부 담당자의 자의적 판단에 맡기고 있는 표현들이다.

갈수록 증가하는 민간제안사업은 더 큰 문제를 낳고 있다. 국내 민자사업에는 크게 국가계획사업과 민간제안사업이 있다. 대구~부산간 고속도로 사업처럼 정부가 애초 사업계획을 세웠으나 돈이 부족해 민자 사업으로 돌리는 경우가 국가계획사업이다. 반면, 수락산, 우면산 터널 등 건설업자가 도면을 그려서 정부에 제안하는 사업이 민간제안사업이다.

민간제안사업이 얼마나 문제가 많은지는 현재의 사업결정구조를 보면 쉽게 알 수 있다. 민간제안사업의 경우 사업의 시행 여부는 전적으로 각 부처 관료들의 판단에 달려 있다. 제대로 한다면 정부가 민자사업 우선협상대상자를 결정하려면 업체간 자유경쟁을 해야 하고 정부가 총사업비 규모를 판단해야 사업자의 제안을 구체적으로 비교할 수 있다. 그런데 사업자간 경쟁도 없고, 사업자가 제시한 조건이 적절한지를 검토할 수 있는 비교기준도 없이 부처 공무원들의 자의적으로 판단해온 것이다. 건설업체들이 기본설계도 안 됐거나, 기본설계만 된 상태에서 총사업비만 결정해오면 이걸 수용할지 여부를 결정하는 것이 현재의 민간사업제도의 구조다.

그런데 생각해보자. 민자 SOC사업의 본래 취지에 따르면 도로를 민자SOC사업으로 건설한다고 할 경우 꼭 필요한 사업인데 정부예산이 부족할 때 해야 하는 것이다. 그런데 국가의 중장기적 계획에 없던 사업을 민간이 제안해서 아이디어가 좋다고 그대로 시행하는 경우가 어디 있는가. 민간이 제안했는데 꼭 필요한 사업이라고 생각하면 사업타당성과 경제성을 검토하고 시급성 여부를 따져 국가 예산에 반영해서 하면 된다. 사업 제안자에게는 그 아이디어에 대한 적절한 인센티브 정도만 주면 된다. 그런데 현행 국내 민간제안사업 방식은 불요불급한 사업이 남발돼 정부의 재정부담이 커지고, 사업제안자에게 사업권까지 직접 주니 특혜성 사업이라고 아니 할 수 없다. 실제로 사업제안자가 제안한 사업이기 때문에 총사업비 규모도 부풀리기가 훨씬 쉽다. 최소한 사업에 대한 기본계획은 정부가 갖고 있는 방식이어야 사업자를 선정할 때도 경쟁입찰방식으로 결정할 수 있는 것이다. 사업자가 좋은 아이디어를 갖고 왔다고 해서 그 사업자와 덜컥 수의 계약하는 나라는 지구상에 우리나라밖에 없다. 현재 정부방안대로라면 예를 들어, 재벌이 그룹 계열사 땅이 많은 곳을 지나는 도로건설사업을 제안해 사업권을 받을 수도 있다. 민간제안사업은 이 같은 민간의 사욕 채우기를 막을 방법이 없다.

심의과정도 부실하기 짝이 없다. 민자 사업의 기획 및 추진 부처인 기획예산처와, 가장 많은 민자사업계약을 체결해온 건교부 모두 민자사업투자심의위원회가 만들어져 있지만 제대로 가동된 적이 없다. 단적인 예로 이들이 전체 회의를 가진 적이 한 번도 없다는 점이 이를 보여준다. 국민 혈세가 지원되는 대규모 사업인데도 심의위원들이 함께 모여 제대로 심의하는 과정도 없었던 셈이다. 기획예산처의 한 민자사업 심의위원은 "다 함께 모여 논의하면 여러 가지 문제가 드러날 수 있는 사업도 개별 위원들이 서면으로 심의하게 되면 개별적인 의견으로 끝나버리게 된다"며 "이 때문에 심의위원들은 정부결정을 정당화해주는 들러리 역할에 불과하다는 생각이 든다"고 말했다. 이 위원은 "정부 부처가 개별 서면심의하면 각 위원들을 대상으로 각개 격파하는 것이 쉽다고 생각하는 것 같다"고 덧붙였다.

건교부의 한 심의위원도 "내가 발견한 문제점을 공식적인 회의자리에서 논의하면 논란이 일 수도 있을 텐데 서면심의로 이런 것을 지적하면 이후 아무런 반응이 없이 그냥 사업이 진행된다"며 "공무원들이 심의위원회를 사후 문제가 있을 때 책임을 회피하기 위한 형식적인 절차 정도로 여기는 것 같다"고 꼬집었다. 이 위원에 따르면 민자 사업방식으로 추진되는 한 고속도로의 사업비를 산정한 구체적 근거를 몇 차례 요구했는데도 이 자료를 얻지 못했다. 그는 "공무원이 이런 자료도 확보하지 못한 상태에서 민자 사업 실시 여부를 결정하고 있었다니 놀라울 따름이었다"고 말했다. 그는 결국 그 사안에 대해 '자료 부족으로 판단할 수 없다'고 했지만, 그 사업은 이후 일사천리로 진행됐다. 우리 정부가 이들 심의위원회를 자신들의 역할을 합리화해주는 '들러리 위원회', '거수기 위원회' 정도로만 생각하고 있음을 잘 보여주는 행태가 아닐 수 없다.

민간자본 유치? 건설자본 배 불리는 사업으로 변질

대형건설업체들이 민자사업을 '노나는' 공사물량을 확보하기 위한 수단으로 삼다 보니 민자사업 참여자도 대부분 건설업체들이다. 당초 의도했던 국내외 유휴 민간자본 활용은 고사하고 건설자본을 살찌우는 사업들로 변질된 것이다.

2003년 6월 현재 국가관리사업 출자자 구성현황을 보면 건설업체가 156건을 출자해 전체의 87.2%를 차지했다. 금융기관은 6건(3.4%), 공공기관 8건(4.5%), 외국업체 9건(5.0%) 등이었다. 또한 건수별 상위 출자자 현황을 보면 H건설(12건), G산업(10건), D산업(9건), D건설(8건), H개발(7건), (주)H(7건), L건설(6건), H건설(5건) 등 8위까지 모두 건설자본이 차지했다.

이들 건설업체들이 출자해 설립한 회사가 협약을 맺은 민자사업의 시공은 당연히 이들 건설업체들이 맡는 것은 물론이다. 사업에 참여하고자 하는 업체끼리 컨소시엄 형식의 단일사업체를 만들어 단독으로 참여하므로 경쟁이 전혀 이뤄지지 않는다. 실제로 기획예산처 자료에 따르면 2004년 말까지 복수 사업신청자간 경쟁이 발생했던 사업의 비중은 28%(40/142건)에 불과했다. 이마저도 국내의 대형건설업체들이 대부분 차지하고 있다.

이 같은 현실은 민자사업제도의 탄생 배경과도 무관하지 않다. '외자 유치를 위한 원스톱 서비스'를 명분으로 내걸었으나 지난 정권 때 당시 실세들이 이권사업을 챙기는 수단으로 곧바로 전락했기 때문이다. 이 때문에 민자 사업은 외자 유치는 고사하고, 내자 유치, 그것도 건설자본만 유치하는 원스톱 서비스로 변질된 것이다.

투명한 사업자 선정, 시공은 공개 경쟁 입찰 거쳐야

과다한 교통수요 예측 억제, 민간사업자간 경쟁 활성화, 최소운영수입 보장 등의 방안은 감사원과 국회 예산정책처 등이 이미 여러 차례 지적했다. 이에 따라 기획예산처 등도 이와 관련한 보완책을 이미 내놓은 바 있다. 하지만 민자 유치사업 선정 및 사업자 선정 과정을 투명하고 공정하게 하지 않는 한 '민간투자자로 위장한 건설회사' 들이 국민 혈세로 폭리를 취하는 구조는 바뀌기 쉽지 않다 .

이런 점에서 영국 A사와 인천시가 출자해 만든 'K개발' 이 사업시행자로 선정돼 추진되고 있는 인천 ○○사업은 미흡하지만 민자사업추진방식에서 그나마 모범으로 삼을 만하다. 이 사업에서는 사업시행자 선정 후 공개경쟁입찰을 거쳐 건설공사 시공자를 선정하는 2단계 방식을 사용했다. K개발은 자신들이 사업시행 우선 협상대상자로 선정된 뒤 시공회사를 공개모집했다. 이 회사는 또 시공비용과 자신들이 투입한 소액의 사업수행비용을 합한 금액으로 총사업비를 결정하자고 주문했다. 가격 대비 최고의 품질(Best Value)을 가진 업체에 시공을 맡겨 좋은 시설을 만든 뒤 연육교 운영수입을 통해서만 돈을 벌겠다는 것이었다. 국내 건설업체들이 민자사업 공사비를 잔뜩 부풀려 정부를 상대로 수의계약을 맺어 시공과 운영과정 모두에서 엄청난 폭리를 챙기는 것과는 전혀 다른 행태였다.

이후 K개발과 정부는 함께 전문가그룹으로 심사단을 꾸려 실시설계와 시공비용 등의 상업성과 기술력 등을 종합 평가해 시공회사를 선정했다. 이처럼 인천 ○○사업의 시공회사 선정과정은 비교적 투명하게 진행됐다.

국내 건설사업자에 수의계약 형태로 특혜를 주는 방식과는 차원이 달랐던 것이다. 인천 ○○사업의 경우처럼 정부가 시공자 선정시 공개경쟁입찰을 통해 사업자를 선정해야 투명성을 제공할 수 있다. 또 선설계 완료 후 가격경쟁을 시키면 두 배 가량 부풀려진 민자사업의 공사비 거품을 뺄 수 있다. 이렇게 해야 건설업체 위주의 독점사업자 구성을 막을 수 있고 금융기관이나 외국인 투자기업 등 진정한 의미의 민간투자자의 참여를 늘릴 수 있다.

국민 혈세로 신용할부구매에 열 올리는 정부

상황이 이런데도 지금 정부는 어떤가. 이미 2004년까지 약 39조 원어치의 민자사업물량이 계획돼 있다. 그런데 민자사업을 총괄하는 기획예산처는 올 들어 사업방식을 기존 BTO에서 BTL 방식으로 바꿔 6조 2,000억 원어치의 사업을 발주하겠다고 한다. 정부는 기존에 정부재정사업으로 계획됐던 5개의 고속도로를 모두 민자사업으로 돌렸다. 심지어 도로공사 노조원들이 가격경쟁방식으로 이 사업들을 진행하면 정부예산도 줄이고, 통행료도 절반으로 낮출 수 있다고 주장하는 데도 정부는 건설업체들에 돈을 퍼주기로 작정했는지 정책을 바꿀 생각을 전혀 안 한다.

2005년 5월 ○○학회 주최 토론회에서 만난 기획예산처 담당 관료의 발언은 한심하기 그지 없었다. 그는 "올해 계획중인 6조 2000억 원 가량의 민자사업 물량을 유치하기 위해 당시까지 모두 26조 원 가량이 몰려들었다"고 자랑했다. 이 관료는 "경쟁이 이렇게 치열하니 민자사업에 경쟁이 없다는 것은 다 옛말"이라며 "이 많은 사업자들 가운데 좋은 사업만 고르면 되므로 예산낭비성 사업은 안 하게 될 것"이라고 자신한다. 하지만, 그는 뭔가 착각하고 있다. 지금 몰려드는 민자사업자들의 경쟁은 저렴한 가격에 고품질 공사를 하겠다는 경쟁이 아니다. 앞서 보여준 사업구조로 민자사업제도가 돼 있는 한 아무리 많은 사업자들이 모여들어도 정부예산은 절약되지 않는다. 지금 몰려드는 민자사업자들은 정부의 '눈먼 돈'을 먼저 따먹기 위한 경쟁이지, 효율성과 창의성을 발휘하기 위한 경쟁구조가 아니기 때문이다. 정부관료들은 이런 민자사업의 실태와 문제점을 몰라서 그런 것일까. 건교부 민자 도로과의 한 공무원은 "민자 사업에서 건설업체들이 얼마나 남기는지 실제로 잘 모른다"고 실토했다.

하지만 모든 공무원들이 이런 실태를 모르는 것 같지는 않다. 민자사업 시행을 주관하는 기획예산처의 안에 반대해 재정경제부는 '금융투자자 중심의 민자사업' 개편안을 제시한 바 있다. 2004년 재경부 관계자는 필자를 만나 "기획예산처의 민자사업 추진방식은 문제점이 매우 많다"며 "최대한 이를 막아달라"고 부탁하기도 했었다. 정부 안에서도 현행 민자사업제도에 문제가 많음을 인정하고 있는 것이다. 꼭 다른 정부부처에서만 그런 비판이 있는 것은 아니다. 민자 사업의 실상을 대체로 알고 있다는 기획예산처의 한 고위관료는 "민자사업의 문제점이 심각하다는 것은 알지만 다른 부서의 업무영역에 우리가 문제를 제기하기는 어렵다"고 말할 정도다. 우리 관료 시스템의 문제를 단적으로 보여주는 대목이 아닐 수 없다.

기획예산처는 우리나라 살림을 총괄하는 곳으로 다른 정부부처가 올린 예산안을 '대패질' 하는 곳이다. 이 때문에 기획예산처는 다른 부처처럼 각종 건설사업을 하지 않는 곳이다. 그런데 민자SOC사업을 관리하게 돼 건설업자들이 달려와 황제처럼 떠받들어서 그런지 이 사업을 놓을 줄을 모른다. 마치 '반지의 제왕'에서 절대반지를 놓치지 않으려는 골룸의 집착을 연상케 할 정도다. 예산을 가장 아껴야 할 기획예산처가 지금 하고 있는 행태는 국민이 준 신용카드로 미래의 재정부담을 엄청나게 키우는 '외상할부구매'를 마구잡이로 하는 격이다. 외상 할부 구매란 당장 수중에서 빠져나가는 돈이 적어 보여서 쉽게 돈을 자꾸 쓰게 된다. 이런 현실 때문에 기획예산처의 예산 낭비성 민자 SOC사업은 제동장치 없이 앞으로도 대폭 늘어날 것 같다. 기획예산처의 신용할부

구매에 돈 대주는 국민들은 '신용불량자'로 전락해도 괜찮은 것일까.

[5. 왜곡된 건설사업에서는 기술경쟁력도 없다]

노무현대통령_ 건설의 미적 감각에 대해 보고하라고 한 것 같은데 어떻게 건설기술에 대해 더 많이 보고했지요.

과학기술보좌관_ 처음에 건축문화에 대해 보고하라고 하셨는데 미국 클린턴 행정부에서 건설산업을 지식기반산업으로 육성한 사례를 보시고 건설기술에 대해 다시 보고하라고 하셔서 그렇게 했습니다.

노무현대통령_ 제 지시에 따라 한 것인가요. 제가 가끔 지시해놓고 엉뚱한 소리를 합니다. 장관, 우리의 건설기술 수준이 어느 정도지요.

강동석 전 건교부장관_ (잠깐 뜸을 들이다가)저도 내용을 알아보고 놀랐는데 선진국과 비교해서 60~70% 수준밖에 안 됩니다.

노무현대통령_ 국민소득 2만불로 간다는 게 단순히 맛있는 것 잘 먹고 재미나게 노는 것을 의미하는 것은 아니지요. 집을 예로 들면, 집을 한 채 지어도 예술품처럼 시각적으로 아름다우면서도 매우 편리한 집을 지어 쾌적하게 지어야 할 것 같아요. 생활의 질적 만족도를 높여가야 합니다. 선진국처럼 안전성도 높이고, 선진국 지수가 단순히 국민소득뿐만 아니라 교통사고 사망자도 적고, 건설 안전사고도 적은데 이런 식으로 가야지요. 이렇게 건설기술에 관해 좀더 획기적인 연구를 하고 발전시킬 수 있도록 건교부에서 기획해봐 주세요. 필요하면 대통령이 주관하고 관장하는 위원회를 만들어서라도 범 정부적인 역량을 모아봅시다. 건설기술선진화, 일류화 추진위원회 같은 것을 한 번 검토해봅시다.

2005년 3월 7일 건교부 업무보고에서 오간 대화내용의 일부다. 건설기술 발전에 대한 내용이었던 셈인데, 본론에 들어가기에 앞서 우선 짚어야 할 부분이 있다. 바로 강 전 장관의 답변 내용이다. 그는 국내 건설기술 수준에 대해 묻는 대통령의 질문에 "내용을 알아보고 놀랐는데 선진국과 비교해서 60~70% 수준밖에 안 된다"고 했다. 마치 국내 건설기술 수준이 상당히 높은 줄 알았는데 실제로 알아보니 상당히 뒤떨어져 있다는 사실을 알게 됐다는 투였다.

강 전 장관의 이 답변은 어느 쪽이든 매우 문제가 많은 답변이었다. 우선 강 전 장관이 우리 건설기술의 수준이 어느 정도인지를 몰랐다면 이는 주무 부처 장관으로서 자격이 없음을 고백한 것이다. 그가 건설의 문외한도 아니고, 수십 년 간 건설교통 분야 관료로 성장했고, 인천공항공사 사장까지 역임하며 인천공항을 건설한 사람이기에 그렇다. 이런 사람이 우리 건설기술의 수준을 몰랐다면 이는 자신이 맡고 있는 업무 영역을 제대로 파악하지도 못하고 건설행정을 해왔다는 것을 고백하는 것으로, 문제가 심각하다.

하지만, 강 전 장관처럼 건설산업을 잘 아는 사람이 평소 우리 건설기술 수준을 몰랐다고는 믿기 어렵다. 따라서 그가 알고도 대통령에게 그런 식의 보고를 했다면 그는 국정의 최고 책임자에게 이중적 보고를 했다는 비난을 피할 길이 없다.

실제로 가능성은 전자보다는 후자 쪽에 가깝다고 여겨진다. 그 동안 정부 차원에서 여러 차례 개선 계획을 세웠지만, 이를 제대로 실천하지 않은 과거 행태를 감추고 싶어서 그랬던 것은 아니었을까. 정부는 97년 '건설산업진흥기본계획'을 시작으로 99년 '공공건설사업 효율화 종합 대책', 2000년 '건설산업 구조개편 방안'과 '건설업 경쟁력 강화대책'을 세웠다. 또 2002년에는 '제2차 건설산업진흥 기본계획'에 이어 2004년에도 '건설산업 선진화기획단 보고서'가 만들어지기도 했다. 하지만 제대로 실천되지는 못했다. 수십 년 된 낡은 틀에 익숙한 부처 관료들과 건설업계의 반발 때문이었다. 예를 들어, 설계와 시공의 겸업제한을 폐지하려 할 때마다 설계업계가 반발했고 과학기술부는 이를 대변하는 역할을 했다. 또 전기·통신공사의 분리발주를 없애려 하면 역시 관련업계가 반발했고, 전기공사를 운용하는 산업자원부, 통신공사를 운용하는 정보통신부가 이들 업계를 감싸고 돌았다.

특히, 2000년부터는 건설경기부양을 앞세워 건설경쟁력 강화 방안들은 사실 모두 무력화됐다. 오히려 과거 개발주의시대 때에도 없었던 각종 특혜제도가 엄청나게 도입돼 건설산업을 더욱 퇴행적으로 만들었다. 그런 사정을 잘 모를 게 뻔한 노 대통령이 다시 이를 끄집어냈으니 반가움보다는 '이번에도 시늉으로 끝나지 않을까' 하는 우려와 냉소부터 앞선다. 실제로 이후 진행되는 상황은 '허수아비 위원회'가 하나 더 생기는 방향으로 가는 것 같다. 대통령이 진심으로 건설기술과 건설문화의 발전을 원한다면 지금의 인식과 의지로는 턱없이 부족하다.

이제 본론으로 들어가 국내의 건설기술 수준에 대해 얘기해보자. 현재 국내 주택의 재고가 약 1,400만 채이고 자동차도 1,500만 대 정도 된다. 그런데 자동차는 외국에 수출해서 경제성장에 큰 기여를 했지만 우리 건축기술은 제대로 수출 한 번 해본 적이 없다. 외국 건설공사를 수주해도 고부가가치 영역은 모두 미국, 영국 등 선진국 차지이고 대부분 단순시공 위주의 공사를 해왔을 뿐이다. 그나마도 90% 이상 최근에는 거의 모든 공사를 밑지고 오는 경우가 대부분이라는 것을 업계 전문가들은 이미 다 안다. 얼마나 건설경쟁력이 뒤처지면 우리보다 후진국이라는 중국에도 진출을 못하겠나.

값만 비싸고, 질은 낮고, 오래 걸리고, 멋이라곤 없는 한국 건설

건설기술이 발전하려면 다른 나라보다 건축물을 질은 높게, 기간은 빠르게, 값은 싸게, 모양은 멋있게 만들 수 있어야 한다. 이 네 가지 가운데 적어도 하나는 충족시켜야 한다. 세 가지는 비슷하면서 하나라도 나아야 다른 나라에 비해 기술력이 있다고 할 수 있다. 이런 기술력이 있을 때 경쟁력도 생기는 것이다.

우선, 첫째 가격을 따져보자. 우리 건축물은 다른 나라보다 훨씬 비싸다. 공공사업의 경우 대부분 30~40% 이상 부풀려진 가격에 공사가 발주된다. 경실련이 2004년부터 아파트 분양원가를 공개해왔지만 일반 주택이나 아파트 건설에도 필요 이상으로 많은 돈이 들어간다. 정부가 정한 표준건축비보다 구청에 신고된 단가를 비교해보면 두 배 이상 부풀려져 있다. 여기에 최근 부동산투기까지 가세해 우리는 지금 서울 노른자위 아파트일 경우 평당 2,500만 원을 바라보는 시대에 들어서고 있다. 과연 이런 비용으로 선진국과 경쟁이 되겠는가? 가격이 비싸다 보니 다른 나라보다 철도, 공항, 고속도로 등의 이용료가 비싸고, 물류비용이 높아지고 서비스의 질에 비해 통행료도 갈수록 비싸지고 있다. 주거비도 경제규모나 국민소득 수준 대비 다른 나라보다 월등히 비싸게 부담하고 있다. 가격경쟁력이 다른 나라에 비해 형편없이 뒤지는 것이다.

둘째, 좋고 튼튼하게 짓는지를 따져봐도 그렇지 않다. 강남신도시는 30년 만에 재건축하고, 청계고가는 만든 지 30년 만에 부수며, 한강다리가 불안해 철거하고 다시 확장건설했다. 팔당대교, 올림픽대교, 행주대교는 만드는 과정에서 모두 한 번 이상 무너졌다. 충북 제천고가는 만든 지 한 달 만에 비틀어져 주저앉았다. 이밖에도 독립기념관 화재 사고, 구포 열차사고, 대구지하철 붕괴 사고, 삼풍백화점 붕괴 등에서 볼 수 있듯이 워낙 부실해서 품질 자체를 따지기가 어려울 정도로 지어진 시설물도 부지기수다.

민간 주택은 또 어떤가. 부산에서는 주공이 20여 년 전에 지은 아파트가 무너지기 직전이고, 마산, 울산의 아파트들 가운데는 지은 지 몇 달 되지도 않아 아파트가 내려앉은 곳도 있다. 20~30년밖에 안 된 대한민국 아파트가 안전에 문제가 있다고 다 재건축을 하겠다고 난리다. (물론 이 경우는 많은 사람들이 재건축을 통한 개발이익을 추구한 탓도 있다) 2005년 상반기에는 도시 및 주거환경정비법(도정법)에 따라 10년 미만 주택이 70%라도 재개발을 허용하는 시행령을 발표하는 나라다. 얼마나 품질에 대해서 자신감이 없는지를 보여주지 않는가.

자동차 수명을 15년으로 잡는데, 아파트나 지은 지 10년도 안 된 주택까지 재개발과 재건축을 허용해준다는 것은 주택의 수명이 자동차보다 못하다고 공인하는 것이다. 국내 건설기술이 선진국 대비 60~70% 정도라고 하는데, 수명을 기준으로 하면 선진국의 20%밖에 안 된다. 싱가포르가 공영개발을 통해 짓는 건축물의 수명은 200~300년으로 보고 있고, 유럽 국가들은 400~500년 전 주택도 수리해서 쓰는 경우가 많다. 미국 뉴욕 등에도 50~100년 된 건물들이 그대로 서 있다. 그런데 우리는 뭔가. 80년대 부실하게 지은 '63빌딩'을 재건축한다고 하기가 부끄러우니, 리모델링한다고 한다. 한국의 대표 건축물처럼 돼 있는 건물이 이 정도다.

셋째, 빠르게 짓느냐 하면 그것도 아니다. 보통 아파트나 주택단지를 만들 때 택지조성이나 개발은 빠른 편이다. 대충대충 하니까 그렇다. 하지만 건축 공사를 시작해서 완공에 걸리는 시간은 다른 나라에 비해 한참 뒤진다. 한국건설산업연구원에 따르면 국내 업체의 주택시공능력은 선진국에 비해 현저히 뒤져 있다. 2000년 이후 국내 5개 대형 건설사가 건설한 22층짜리 고층 아파트의 공사기간은 평균 30개월인 반면, 미국에서는 30층짜리 아파트를 짓는 데 평균 11개월밖에 걸리지 않았다. 건축구조물의 한 층을 올리는데 일본은 하루나 이틀 걸리는데, 우리는 일주일에서 열흘 걸린다. 일본은 아래층에서 건축구조물을 만든 다음 이를 자동차 수리 때 쓰는 잭처럼 들어올리는 공법을 이미 10여 년 전에 도입하고 있다. 한 세기 전에 지어진 미국의 엠파이어스테이트 빌딩은 100일 만에 100층의 철골구조가 올라갔다.

마지막으로, 멋있게 짓지는 못한다. 즉, 외국에 비해 오랜 시간에 걸쳐 많은 비용을 들여 지었다는 건축물 가운데 세계에 내놓을 만한 게 없다. 노 대통령도 지적한 게 건축문화였다. 아마 정상외교를 위해 유럽이나 미국 등 선진국을 다니면서 느낀 바가 있어서 이 같은 지시를 했을 것이다. 마찬가지로 유럽이나 미국 등에 한 번이라도 다녀온 사람이라면 우리 건축물이 얼마나 멋이 없는지는 길게 설명하지 않아도 잘 알 것이다. 경복궁이나 불국사 등 전통 건축물이나 모를까, 근대 건축이 시작된 이래로 지은 건물 중 우리가 세계에 자랑할 만한 건축물이 하나라도 있는가. 필자가 많은 건설업계 종사자들에게 물어봤지만 이에 대해 자신 있게 대답하는 사람 하나 보지를 못했다. 획일적이고 일률적인 성냥갑 같은 아파트만 가득하고 특색 있고, 관광상품이 될 만한 건물은 단 하나도 없다. 우리보다 후발주자인 중국 상하이의 건축물만 봐도 우리보다 공간배치가 잘 된 가운데 더 잘 만들어지고 있다는 느낌이 든다. 경쟁국인 홍콩, 싱가포르, 대만만 가봐도 우리보다 월등히 건축기술이 앞서 있다는 것을 알 수 있다. 전통 건축물이든, 현대식 건축물이든 건축물 하나하나가 관광상품이 되는 미국과 유럽 국가들과는 아예 비교도 할 수 없는 수준이다.

과보호, 업역구분, 표준부재, 부실한 심의가 기술력 저하 불러

그러면, 이렇게 기술력이 떨어지는 주원인이 뭘까. 첫 번째는 정부가 건설업체를 50년간 과도하게 보호했기 때문이다. 그것도 대형 기업체와 기업주만 과보호하고 건설기술자들은 오히려 무시하는 정책을 써왔다. 과보호는 지금까지 본 것처럼 표준품셈을 부풀려 돈을 퍼주고, 아파트를 짓기도 전에 팔도록 선분양 특혜를 주는 등 특혜구조를 만들어냈다. 이런 특혜구조 아래 로비와 경쟁을 제한하는 담합을 일삼아왔는데 어떤 건설사가 원가절감, 기술혁신에 노력을 기울이겠는가. 이런 상황 아래에서 건설회사들이 신공법을 개발할 연구원과 숙련되고 전문적인 건설기술인력을 왜 필요로 하겠는가.

두 번째로 건설업역 분리로 설계와 시공, 감리감독, 유지보수 운영이 모두 제각각인 구조를 만들어 효율성이 떨어졌기 때문이다. 전체 건설업역뿐만 아니라 시공영역 안에서도 일반건설과 전문건설을 구분하고, 건설업체들의 규모별로 군을 나눠 입찰참가를 제한, '나눠먹기' 식 구조를 만들어 경쟁을 제한했다. 또한 일반건설-전문건설-시공참여자-십장-반장 등으로 이어지는 다단계 하도급 및 재하도급 구조로 불필요한 유통단계를 늘려 '고비용 저효율' 구조를 만든 것도 원인이다. 이 같은 다단계 구조는 또한 건축물의 품질에 대한 최종 책임 소재를 모호하게 해 수요자인 공공 발주자나 민간 소비자의 요구에 둔감한 환경을 만들었다. 소비자의 요구에 둔감한 건설사가 기술개발에 사활을 거는 일이 있을까.

이처럼 복잡하게 업역이 분리된 구조에서는 기술자의 통합적인 기능을 키우기도 힘들다. 진정한 기술자는 설계와 감리, 시공, 유지 운영 등 건설의 전 영역을 어느 정도는 모두 경험해봐야 유기적인 기술전문성을 키울 수 있다. 하지만 업역이 분리돼 있고 여기에 맞춰 각 건설기업이 따로 따로 설립돼 있으니 그런 경험을 쌓을 수 있는 구조가 안 돼 있다. 이런 게 안 되니 현장에 적용하기 힘든 설계가 나오고, 시공과정에서 나온 혁신적 요소를 다음 설계과정에서 반영할 수 없는 것이다. 이런 통합적 기술력을 갖출 수 있는 미국과 영국 등의 건설기술이 우리보다 훨씬 앞서 있는 것도 이 때문이라고 할 수 있다.

세 번째로는 기술의 진전 여부를 평가할 수 있는 시스템이 없다. 국내에서는 업체의 기술력을 평가하는 기준이 과거의 공사실적인 것처럼 돼 있다. 하지만 이 기준으로 기술력을 제대로 평가할 수 있을까. 예를 들어, 한 업체의 과거 공사실적이 많았다고 해도 그 실적의 대부분이 부실공사, 저품질 공사였다면 그 업체는 기술력이 있다고 할 수 있을까. 특히, 국내처럼 건설산업 초기에 높은 진입장벽 아래 정부에 의해 보호, 육성된 대형건설회사의 공사실적이 좋을 수밖에 없는데 과거의 껍데기 공사실적만으로 기술력이 뛰어나다고 할 수 있을까.

기술력을 평가할 시스템이 없는 것은 국가표준이 없기 때문이다. 표준이 없으면 물건이 싼지 비싼지, 좋은지 나쁜지, 멋있는지 안 그런지를 비교 평가할 수 없다. 예를 들어, 컴퓨터라면 최소한 이 정도 사양에 이런 품질을 가져야 한다는 표준이 있어야 그 표준을 기준으로 제품의 질을 평가할 수 있다. 또한 컴퓨터 기술의 발전에 따라 표준도 지속적으로 업그레이드돼야 기술의 진척을 계속 확인할 수 있다. 그런데 앞에서도 설명했지만 건설 부문에서는 이 같은 표준이 사실상 없거나 매우 부실한 상태라고 할 수 있다. 정보화시대에는 정부가 이 같은 표준을 정해 국가 행정정보망 등에 올려 관련 분야의 누구라도 참조할 수 있게 해야 하는데 정부는 이런 작업을 도외시하고 있다. 그나마 시대에 뒤떨어진 표준품셈조차도 정부가 온라인상에 공개하기보다는 개인사업자에게 '책장사'를 하도록 방치하고 있다.

건설표준이 왜 중요한지는 2003년 발생한 대구지하철 참사에서도 충분히 알 수 있다. 선진국이라면 전동차의 내장재 표준으로 모두 불연재를 사용하고 있다. 그런데 국내에서는 전동차 제작에 관한 국가표준이 없었다. 이 화재 사고 뒤인 2004년 내장재 표준이 만들어졌는데, 이것도 '내장재를 불연재로 사용할 수도 있다'라고만 규정했다. 이는 전동차 제작업체 입장에서는 사실상 안 해도 된다는 것을 의미한다. 불연재가 아니라 난연재나 형식적으로 불연처리만 된 자재를 쓰면 원가가 10배 가량 싸진다. 정부가 이런 식으로 위험한 저질 전동차가 만들어지도록 방치하고 있는 셈이다.

물론 건교부에서는 표준시방서는 있다고 반론을 펼 것이다. 하지만 그것이 지금 제 기능을 하고 있는가. 정부가 96년부터 건설공사 표준시방서를 만들기는 했다. 하지만 이 표준시방서의 품질이 문제다. 이 표준시방서는 미국과 독일, 영국, 일본의 표준시방서를 골고루 베낀 것이다. 베끼려면 우리 실정에 가장 잘 맞거나 모범으로 삼을 만한 것을 하나만 베끼면 되는데 '짬뽕'으로 베낀 게 문제다. 1억 원 안팎의 용역비를 주고 표준시방서를 만들게 하니 여러 나라 시방서를 베끼는 수밖에 없었던 모양이다. 수백 명의 연구인력이 투입돼 표준시방서를 만들고 이를 지속적으로 개선하는 선진국과는 비교되는 대목이다. 그나마도 한 번 만들고 난 뒤에는 몇 년에 한 번씩 찔끔찔끔 예산이 배정돼 표준이 제대로 업그레이드되고 있지도 않다. 더구나 표준도면, 표준설계는 아예 없는 상태다. 모양(표준도면)이 없는 채로 질(표준시방)이 존재한다는 것도 '서글픈 코미디'가 아닐 수 없다.

이는 설계업자들의 반발과 로비에 기인하는 측면이 크다. 표준도면과 설계가 제정되면 불필요한 반복작업이 줄어들어 설계업무가 간소화되는 반면 기존 설계용역업체의 일감은 크게 줄기 때문이다. 예를 들어, 한 해 40만~50만 채 지어지는 아파트의 표준설계도가 나온다고 생각해보라. 지금은 각 아파트 건설현장마다 매번 완전히 새로운 설계작업을 해야 하지만 표준설계도가 있으면 현장상황이나 소비자의 요구에 맞게 약간만 변형해도 되지 않겠는가. 국가가 표준을 정해두면 불필요하게 반복업무를 안 해도 되는데, 설계업체들의 일감을 만들어주기 위해 표준을 안 만드는 게 과연 좋은 일일까. 이렇게 불필요한 반복업무에 매달리다 보면 설계의 품질이 떨어지는 것은 불을 보듯 뻔하다. 또한 설계도면의 개선과 발전을 위해 들이는 돈과 시간을 아무래도 줄일 수밖에 없어 설계기술의 발전에도 도움이 안 된다. 더구나 표준을 안 정하면 업체들마다 제멋대로 설계를 하게 되고 시공업체의 이익을 키우기 위한 설계변경이 잦아지게 된다. 건축물의 수명과 품질을 높이기 위한 것이 아니라 질을 떨어뜨리고 수명을 단축시키더라도 건설업주가 최대한 폭리를 취할 수 있는 설계변경이 이뤄지게 되는 것이다. 이렇게 볼 때 건설기술의 표준을 만드는 일이 시급하다. 200~300명의 인력을 투입해 국가표준만 정해놓으면 건설종사자 수십만 명의 불필요한 반복업무를 줄일 수 있다. 건설기업들은 더 싸고 더 좋게, 더 빠르고 더 멋있게 만들지 않으면 살아남을 수 없게 돼 기술의 발전이 이뤄진다.

넷째로, 불투명하고 형식적인 설계심의 등 정부와 지자체 산하 위원회의 각종 심의기능도 문제다. 건교부 중앙건설기술심의위원회(중심위) 등 각종 심의위원회가 정부부처에 수십 개나 있다. 그런데 여기에 참여하는 대부분의 전문가라는 사람들이 실제로 건설에 참여해본 경험은 전무한 학자들이거나 연구인력이 대부분이다. 갈수록 경험지식이 중요해지고 있지만 특히나 건설 분야는 경험지식이 매우 중요한 산업이다. 더구나, 건교부 중심위가 최근 10년 동안 한 일은 건설공사 입찰방식을 결정한 것밖에 없다. 사실 입찰방식은 경영학 전공자들이 더 적임자일 수 있는 일이다. 그런데 이 위원들이 건설기술 발전을 위해 도입했다는 제도가 겨우 턴키제도다. 이 턴키제도가 건설기술 발전은 가져오지 못하고, 관련 교수들의 '주가'만 얼마나 높여놓았는지는 다시 설명하지 않겠다.

클린턴 행정부에서 배워라

이밖에도 국내 건설기술이 뒤처진 이유와 해법은 많지만 이쯤에서 줄이고 건설 초강대국 미국의 사례를 한 번 살펴보자. 미국은 클린턴 행정부 시절인 1994년부터 국가과학기술자문회의를 구성, '국가 건설 목표(NCG, National Construction Goal)'를 설정해 공기 50% 단축 등을 목표로 공공사업의 효율화를 추진해왔다. 클린턴 대통령은 직접 위원장을 맡고 관련 16개 연방 정부부처가 모두 참여하게 해 범정부적으로 이를 추진했다. 당시 재정적자가 심각한 상황에서 정부예산 가운데 가장 비중이 큰 공공건설사업의 효율화를 꾀한 것이다. NCG의 구체적 목표와 추진 과제를 보면 건설산업의 효율화는 지방정부나 민간이 아닌, 정부가 주도해야 하는 과제라는 인식이 분명하다. 그렇지 않아도 세계가 인정하는 건설강국인 미국은 이를 통해 자국의 건설산업을 타의 추종을 불허하는 세계 최고로 키웠다는 평가를 받고 있다.

당시 미국 정부가 세운 4대 비전과 건설산업이 추구해야 할 7대 목표를 잠시 살펴보자. 먼저, 4대 비전은 '고품질의 건설시설물은 미국 산업 전체의 경쟁력 제고와 삶의 질 개선에 기여한다' '미국은 세계시장에서 관련산업의 품질과 경제성을 이끌어야 한다' '에너지면에서 효율적이고 환경 친화적이어야 하며, 안전하고 인체에 유해하지 않아야 한다' '자연재해나 인재가 대형사고의 원인이 되어서는 안 된다' 는 것이다.

7대 목표는 공사 기간 50% 단축, 시설물 유지관리와 에너지 비용 50% 절감, 시설물 사용자의 생산성 및 쾌적도 30% 향상, 시설물 사용자의 질병 및 상해 50% 감축, 폐기물 및 공해 50% 감축, 시설물 내구성 및 유연성 50% 감축, 건설인력 질병 및 상해 50% 감축 등이다.

클린턴 행정부는 1994년부터 여기에 10년간 모두 70억 달러(약 7조 원)의 예산을 투입, 이를 실질적으로 뒷받침했다. 이 결과, 미국 신시내티의 한 학교 기숙사를 짓는 데는 약 5년 가량 걸리던 공사기간이 16개월로 대폭 줄었다. 또 이 기간 동안 캘리포니아주에 지어진 건축물 5,000개를 조사해본 결과 공사기간은 평균 30% 단축하고, 건설비용은 20% 가량 줄일 수 있었다.

클린턴 행정부가 했던 작업을 우리라고 못할 이유가 없다. 막대한 예산이 들까봐 걱정되면 시범프로젝트를 하면 된다. 예를 들면, 판교신도시 개발과정에서 일정한 아파트를 공사기간과 비용을 줄이고, 품질을 높일 수 있는 신공법을 적용해 시범적으로 건설해보면 어떨까. 그렇게 해서 일반적인 경우보다 비용이 더 들어간다면 정부가 그만큼을 연구개발예산으로 보조해주면 된다. 대신 그 과정에서 나온 모든 자료는 외부에 공개해 누구나 활용할 수 있도록 해야 한다. 만약, 정부가 100억 원을 지원해 개발한 기술을 민간이 효과적으로 습득하면 그 파급효과는 1조 원이 될 수도 있다. 정부가 민간기업을 지원하는 것은 바로 이런 식이어야 되지 국민의 돈으로 특혜성 사업을 챙겨주는 것이 아니다.

필자는 미국과 영국, 일본의 건설개혁사례 등을 책자로 만들어 97년부터 정부관료 및 건설정책에 직간접적으로 관여하는 학자와 연구원들을 만나 건네주었다. 필자의 주장을 토대로 정부는 건설 개혁과 예산절감을 위해 당시 건교부 최종찬 차관 주도로 '공공건설사업 효율화방안'이라는 보고서를 만든 적이 있었다. 이 보고서는 99년 3월 대통령에게 보고돼 높은 평가를 받았으나 그뿐이었다. 이후 전개과정을 보면 이 보고서 내용은 정부부처에서 전혀 실천되지 못했고, 결국 6개월 만에 휴지로도 사용되지 못했을 것으로 판단된다. 필자가 시민들을 위해 나선 이유도 국민이 편해지는 개혁은 끊임없이 미루는 우리 관료들의 잘못된 행태를 제대로 알리기 위해서였다.

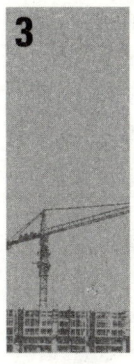

3 하도급 실태, 이보다 더 나쁠 수는 없다

[1. 시공하지 않는 건설업체들]

통계청 자료에 따르면 정부나 공기업에서 직접 공사를 수주할 수 있는 일반건설업체는 외환위기 전인 96년 3,051개에서 2003년말 1만 1,162개로 늘었다. 같은 기간 주택건설업체도 4~5배 가량 늘었다. 이들 일반건설업체에서 하청받는 전문건설업체는 약 6만 개 정도 된다. 일반건설업자나 전문건설업자가 아닌 개인사업자나 법인은 숫자가 파악이 안 될 정도로 많아졌다.

이처럼 건설업체들이 폭증한 이유는 우선 부동산투기 붐과 정부의 무분별한 각종 개발정책 때문이다. 떼돈을 벌 기회를 제공하기 때문이다. 또 창업비용이 다른 형태의 기업창업에 비해 돈이 적게 들기 때문이다. 1억 원만 가져도 건설업체를 거뜬히 차릴 수 있다. 특별한 설비투자도 필요 없다. 또 실력보다는 연줄을 잘 타고 로비력만 있으면 누구나 할 수 있다고 생각한다. 외환위기 이후 건설업 등록에 관한 규제가 완화되면서 등록제에서 신고제로 바뀐 것도 한 원인이다.

97년 외환위기 직전과 직후 많은 건설업체가 쓰러졌다. 99년 이후 중소 일반건설업체들은 복권추첨식 입찰제도 속에서 당첨확률을 높이기 위해 사무실 하나에 5~10개의 일반 및 전문건설업체를 만들어 운영하고 있다. 하나를 빼고는 모두 '페이퍼 컴퍼니', '핸드폰 컴퍼니'인 셈이다. 명목상의 회사 수를 늘려 운에 의한 수주 확률을 높이기 위한 것이다. 이렇게 해서 운 좋게 공사를 따면 친인척 등의 명의로 돼 있지만 사실상 자기가 소유한 전문건설업체에 하청을 주고 비자금을 만든다. 대형건설업체들은 이들대로 민자사업을 위한 페이퍼컴퍼니, 주택사업을 위한 페이퍼컴퍼니를 계속 만들고 있다. 민자사업 한 건 하고, 공공택지 한 필지만 따면 수백억~수천억 원씩이 벌리니 누군들 이렇게 안 하겠는가.

하도급업체라고 하면 주로 법제도상으로는 전문건설업을 말한다. 이는 70년대 중반 불법 다단계 하도급을 양성화하기 위해 생겨난 제도다. 당시 건설현장의 십장, 반장 출신들이 이 제도를 통해 대거 전문건설업체를 차렸다. 또 정부는 하도급업체들을 보호한다는 명분으로 공공공사의 20~30% 가량을 의무적으로 하도급을 주도록 했다.

그런데 대형건설업체들은 이 같은 의무하도급제를 핑계로 자신들은 직접 시공도 안 하고 모두 하도급을 주고 있다. 특히 외환위기 이후 이 같은 양상은 더욱 심해졌다. 보통 국내 건설업체들의 업무는 자재조달, 시공, 관리업무 등 크게 세 부분으로 나눌 수 있는데 이들 대형 건설업체들이 하는 일이라곤 관리 업무밖에 없다. 자재는 제조업체가 경쟁납품을 하고, 시공은 전부 하청을 주기 때문이다. 대형건설업체는 수주한 뒤 관리만 하고, 수주 물량 중 자재와 시공 모두 하청을 준다. 미국에서는 보통 수주한 업체가 절반가량은 직접 시공해야 한다. 그런데 국내에서는 고정인원을 최소화하고, '아웃소싱'이라는 명목 아래 모든 위험부담을 하도급업체에 떠넘기고 있다.

하도급업자는 또다시 재하도급을 준다. 불법 재하도급이 만연하자 정부는 99년 '시공참여자'라는 이름으로 이들마저 양성화했다. 복잡한 업역 구분과 일반 건설업체만 수주하게 한 낡은 제도적 틀은 그대로 둔 채 다단계 하도급이 생겨나면 이를 양성화하는 식으로 대응해온 것이다.

문제는 건설업체들이 직접 시공하지 않으면 기능인력 양성과 기술개발이 전혀 이루어지지 않는다는 점이다. 기술 경쟁력과 뛰어난 기능인력이 없어도 얼마든지 수주할 수 있으니 일반이든, 전문 건설업체든 누가 인력을 직접 고용하고 양성하려 하겠는가. 이러다 보니 전문가로서 대우받지 못하는 건설기술자들은 '한시적 정규직' 신분으로 이 현장, 저 현장을 떠돌 수밖에 없는 것이다. 하청 또는 재하청 업체의 기술직 직원들 가운데 5년 이상 한 회사에 다니는 경우는 매우 드물다. 2005년 6월 한 전문 건설업체 직원으로 등록돼 있는 기술직원의 이력을 보면 이 같은 실상을 알 수 있다. 이 직원은 건설업계에 몸 담은 지 20년 동안 모두 12개 회사를 옮겨 다니며 18개 공사현장에서 일한 것으로 돼 있었다.

건설기술자들의 대부분이 이런 대우를 받는다면 어떤 젊은이가 건설기술자가 되려고 하겠는가. 이래서는 한국건설의 국제경쟁력은 계속 뒤처지게 될 뿐이다. '건설하지 않는 건설업체'의 문제점은 이미 여러 차례 지적됐지만 건교부는 근본적인 개선작업을 미루고 있다. 건교부는 2004년말 법 개정을 통해 의무하도급제도를 없애면서 2006년 1월부터 직접 시공제도를 도입하겠다고 했다. 그런데 건교부가 만든 법과 시행령을 보면 대형건설업체는 제외하고 중소건설업체만을 대상으로 공사비 30억 원 미만인 공사에 대해서만 30%를 직접 시공하도록 규정했다. 건교부는 "불법 재하도급을 막기 위해서였다"고 변명하는데, 이렇게 해서는 '시공하지 않는 대형건설업체'의 폐해를 시정할 수가 없다. 이러한 문제를 해결하려면 일반과 전문이라는 세계에서 유례가 없는 업무영역 구분을 철폐하여 누구나 공공공사 수주를 가능케 하고, 이들 건설업체들이 모두 절반 이상 직접 시공하도록 하는 직접시공제를 조속히 제도화해야 한다.

하도급업체가 대형건설업체의 파트너가 되기 위해서는 엄청난 로비와 접대를 해야 한다. 또 원도급업체로부터 각종 불이익을 받으면서도 아무런 문제를 제기하지 않아야 거래관계를 지속할 수 있고 '신뢰'를 받을 수 있다. 그런 과정에서 하도급업체는 원도급업체를 위한 비자금 조성 등 각종 탈법, 불법 행위의 전문가가 돼야 한다. 그렇지 않으면 '밥줄'이 끊겨 제대로 된 기업형태를 유지할 수 없기 때문이다. 한편으로는 하도급업체는 '만약의 경우에 대비해' 대기업의 약점을 확실히 알고 있어야 기업을 유지할 수 있기도 하다. 이를 원도급업체에 대한 압박카드로 쓸 수 있기 때문이다. 싸고 좋은 제품을 만들 수 있는 기업이 뻗어나가기보다는 원도급업체를 위해 불법과 탈법을 서슴지 않는 비윤리적인 하도급업체만이 생존하고, 성장하는 구조인 셈이다. 이런 대기업과의 불법, 탈법을 통한 공생관계를 맺어 안정된 공사물량을 확보해 연간 500억~1,000억 원의 매출을 올리는 대형 전문건설업체들은 100여 개 정도. 100위권 이하의 중소 하도급자들은 원도급자로부터 하도급법에서 금지하는 갖은 불공정행위는 사실상 다 당하면서 일을 하게 된다.

'솜방망이'만 휘두르는 공정위

이런 일이 지속 가능한 것은 하도급업체들이 원도급업체의 우월적 지위 남용이나 불공정행위에 대응할 능력이 전혀 없기 때문이다. 하도급 관련 법은 공정하지도 않지만 그나마도 제대로 지켜지지 않는다. 하도급업체들을 보호한다는 명목으로 전두환 정권 시절인 84년말 '하도급 거래 공정화에 관한 법률'을 만들었지만 20여 년이 지난 지금도 건설 하도급거래는 불공정 행위로 점철돼 있다. 하도급업체를 보호하고 공정질서를 확립해야 할 공정거래위원회가 제 역할을 못하고 있는 것도 문제다. 그 동안 공정위는 턴키입찰담합이 만연해 있는데도 이를 딱 두 번 적발했으며, 아파트 분양가 담합을 밝힌 것은 2004년 용인 동백지구의 경우가 처음이었다. 공정위는 기업간 담합행위가 경쟁을 제한한다든지, 특정 기업이 우월적 지위를 남용하고 있지 않은지 감시해야 하는데 그 역할을 제대로 못하고 있는 것이다.

특히 건설분야에서 공정위는 20여 년 동안 거의 손을 놓다시피 해서 건설산업의 하도급 질서는 문란하기 짝이 없다. 대형건설업체들의 우월적 지위 남용도 거의 일상사처럼 돼 있다. 김영삼 정부 때 당시 문희갑 공정거래위원장이 직접 건설회사를 찾아가는 등 강도 높게 조사는 했으나 이후 제재는 시정, 권고 등의 '솜방망이'만 휘두르는 선에서 그쳤다. 김대중 정부 시절인 99년부터는 현장조사는 거의 하지 않고 서면실태조사로 전환했다. 거래 상대방이 잘못한 것이 있으면 자진 신고하라는 것인데, 사실상 형식에 불과하다. '고양이 앞에 쥐' 격인 하도급업자가 거래 상대방인 대형업체의 불공정행위를 신고하겠는가.

2003년 노무현정부가 들어선 뒤 필자는 다시 공정위를 방문, 이 제도의 문제점을 지적했지만, 아직까지 뚜렷한 조치는 나오지 않고 있다. 이 문제와 관련, 공정위는 하도급거래 서면실태조사를 확대하고 실효성을 제고하겠다고 밝혔다. '부당한 하도급단가 인하 신고센터' 운영을 강화하겠다는 계획도 내놓고 있다. 하지만 대부분의 중소 하도급업체들이 신고에 따른 보복을 두려워하는 상황에서 이 같은 조치들이 얼마나 효과가 있을지는 의문이며 왜 공정위 공무원마저 이 모양인지 답답하다. 약자의 입장인 하도급업자가 마지막 수단으로 원도급업체의 불공정행위를 신고해도 공정위는 확인도 제대로 하지 않는다. 또 가물에 콩 나듯 하도급자가 공정위에 대형건설업체들의 불공정행위를 신고해도 공정위는 '당사자간에 좋게 풀라'고 할 뿐 문제의 업체들에게 제대로 된 조치를 취하지 않는다. 최근 몇 년 동안 경실련이 재벌건설업체들간의 턴키담합 사실을 신고해도 "대기업의 이야기를 들어보니 이해가 된다"는 식의 궤변을 늘어놓으며 '솜방망이 처벌'에 그치고 있다. 민주노총 건설산업노조연맹 최명선 정책부장도 "불법 다단계 하도급을 근절하겠다며 정부가 내세운 대책들은 탁상행정 발상에서 나온 게 많다"며 "현장에서 불법 다단계 하도급 문제를 고발해보면 어떻게 처리해야 되는지조차 모르는 공무원도 부지기수"라고 꼬집을 정도다.

미국 등 선진국의 경우 불공정행위가 적발되면 이 사건뿐만 아니라 전반적인 실태를 파악하는 한편, 불공정행위가 밝혀질 경우 엄벌에 처하고 있다. 업체들은 한 번 적발되면 엄청난 피해가 돌아오는 것을 두려워하므로 같은 일이 재발되는 경우는 드물다. 그런데 우리 공정위는 적발에 적극적이지도 않지만 적발해도 경미한 처벌에 그친다. 그나마 처벌을 받아도 일정한 시일이 지나면 사면되고, 수주 등 기업활동에도 거의 지장을 받지 않는다. 예를 들어, 뇌물수수 혐의가 드러나 사주가 구속됐다 풀려난 대형건설업체들이 지금도 멀쩡히 공사를 수주하고 있다.

사정이 이렇다 보니 건설업계의 불공정행위는 근절되기는커녕 더욱 기승을 부리는 형국이다.

공정위 자체 자료만 살펴봐도 이 같은 실태는 금방 알 수 있다. 공정위 자료에 따르면 2001~2004년 동안 매년 공정위가 실태 조사를 한 전체 업체의 3분의 2 가량이 불공정 하도급 거래로 실정법을 위반한 혐의가 있는 것으로 조사됐다. 불법 하도급 거래가 건설업계 전반에 얼마나 만연해 있는지를 단적으로 보여주는 수치다. 그런데 2003년 공정위가 하도급법 위반으로 검찰에 고발한 업체의 숫자는 고작 한 건에 지나지 않았다. 같은 해 공정위가 시정명령을 내렸거나 경고와 같은 '솜방망이 처벌'이라도 내린 업체 수는 1,583개였다. 조사대상이었던 4만여 개 업체 중 4%에도 못 미치는 비율이다. 대다수의 업체가 위법행위를 저지르고 있는데도 극히 일부 업체만 경미한 수준의 경고조치를 받는 것이다. 이러니 원도급업체는 반칙과 편법을 동원해 부당이익을 챙기고, 경제적 약자인 하도급업체는 이들의 횡포를 견디다 못해 부도 위기에 처하는 경우가 적지 않다. 이런 상황에서도 하도급업체들은 돈 없는 티를 내면 다음에 수주할 기회를 박탈당할까봐 제대로 손실보상 청구도 못한다. 또 은행에 공사진척을 위한 빚을 못 빌릴까봐 분식회계를 서슴지 않기도 한다.

대형건설업체들의 온갖 횡포와 불법행위에 시달리다 부도 직전에 몰리는 하도급자만이 마지막 수단으로 대형건설업체들에게 대항한다. 원도급자의 불법행위 등을 약점으로 잡아 밀린 공사대금 등을 받는 식이지만, 이들을 도와줄 정부기관이나 전문가집단조차 변변히 없는 실정이다. 하지만 그렇게 해서 파국을 면했다 해도 그 건설업체는 업계에서는 살아 남기 힘들다. 대형건설업체들 임원들이나 공무직원들 모임 등에서 이 같은 정보를 공유하고 조직적으로 업계에서 '왕따'를 하기 때문이다. 이러니 회사의 파산을 각오하지 않는 이상 불공정행위를 신고하는 하도급업체는 드물고, 건설업계의 불법, 탈법 행위가 세상에 잘 알려지지 않는 것이다.

한편 건설공사와 관련한 계약조건도 하도급업체나 발주처인 정부나 공기업에 매우 불리하게 돼 있다. 국내에서는 재경부가 정하는 '공사계약 일반조건'이라는 표준약관을 근거로 해 연간 50조 원 규모의 공공공사 계약이 이뤄진다. 그런데 선진국에 비해 국가나 공기업과의 계약조건에서는 원도급자에게 매우 유리하게 돼 있다. 재경부가 왜 스스로 정부의 위치를 불리하게 만들었는지 이해하기 어렵다. 공정위 표준약관에 따르는 원도급자와 하도급자간 계약조건은 하도급자에 매우 불리하게 돼 있다. 그나마 하도급자는 사정이 좋은 편이다. 시공참여자 제도가 도입된 지 5년 이상 지났지만 시공참여자나, 덤프트럭 업주와 같은 개인 사업자에 관한 표준약관은 아예 없기 때문이다. 하도급업자는 형식적이나마 법의 보호를 받지만 현장에서 실제로 일하는 더 열악한 경제적 약자들은 아예 보호받지 못하고 있다. 덤프사업자들이 사업자로서 법의 보호를 받지 못하는 것도 이 때문이다.

더구나 이처럼 미약한 법규정조차도 제대로 지켜지지 않는다. 원도급자가 현장설명서 또는 계약서에 첨부되는 특약이나 특별조건, 특기사항 등에서 공정위가 정한 표준약관의 취지에 반하는 일방적인 조건을 제시해도 전문건설업체들은 이를 따를 수밖에 없다. '공사중 발생하는 모든 민원이나 사고를 모두 하도급업자가 모두 책임진다'는 등의 내용이 대표적인 예다. 원도급자가 이런 내용을 근거로 작업을 지시하면 법을 잘 모르는 약자인 하도급업자는 그대로 따를 수밖에 없는 것이 한국의 현실이다.

하도급업체 파트너 삼아 허위 신고하고 돈 빼돌리기 횡행

실제 한 국도건설 사업현장에서 빚어지는 상황을 통해 우리 하도급 업체들의 실태를 한 번 짚어보자.

2002년 모 지방국토관리청이 발주한 강원도의 한 국도공사 B공구 현장. 대형건설업체인 K기업은 전문건설업체인 H기업과 토공사 하도급 계약을 체결했다. 2002년 계약체결 당시 계약금액은 자신이 도급받은 금액의 63%에 하청을 줬다. K기업은 이런 내용을 2002년 12월 감리단을 거쳐 발주처인 지방청에 통보했다.

하지만 지방청은 K기업이 너무 낮은 가격에 H기업에 하도급을 줬다고 부적정 판정을 내렸다. '건설공사하도급심사지침'의 적용을 받는 이 공사는 하도급율이 82% 미만이면 심사를 받아야 하기 때문이었다. 지방청은 K기업에 대해 "하도급 계약 내용을 바꾸거나 하도급업체를 변경하라"고 지시했다. 그러자 K기업은 한달 뒤 "그렇다면 자기들이 직접 공사를 시행하겠다"며 하도급 계약 자체를 취소한 것처럼 보고했다.

하지만 K기업의 보고는 거짓말이었으며 실제 공사는 원래 하도급 계약내용 그대로 H기업이 계속 진행했다. 이런 상황에 대해 감리단이 지적을 하자 K기업은 6개월 가량이 지난 2003년 7월 감리단을 거쳐 지방청에 H기업과 원래 계약 내용 그대로를 다시 통지했다.

감리를 맡고 있던 K엔지니어링은 다음날 바로 K기업에 'H기업과의 하도급 문제는 이미 저가 하도급으로 반려했던 사항이므로 승인할 수 없다"고 통보했다. 감리단은 "만약 발주처의 요구에 응하지 않으면 법에 따라 B공구 도급계약 자체를 해지할 수 있다"고 통지했다.

하지만 이뿐이었다. 이 뒤로도 K기업의 불법행위는 계속됐지만 국토청과 감리단은 이에 대해 아무런 조치도 취하지 않았다. K기업의 불법행위를 알고 있었음에도 2년 동안 사실상 묵인 내지 방관하고 있었던 것이다. 이런 상황 속에서도 H기업은 계속 K기업이 지시하는 대로 공사를 진행할 수밖에 없었고 공사대금을 제때 받지 못해 2005년 5월 결국 부도를 맞았다. 이 사례는 공무원과 대형건설업체, 감리단이 서로 다른 조직에 속해 있지만 이 같은 불법행위를 묵인, 방조하는 과정에서는 한 몸처럼 움직이고 있음을 보여준다. 경제적 약자인 중소하청업체들은 이런 불공정 행위를 당하면서도 어떠한 항의조차 제대로 할 수 없는 실정이다. 대형 업자가 하도급 통보를 허위로 해서 이익을 취하는 사례는 이밖에도 수두룩하다.

서울지방국토관리청이 발주한 한 국도공사의 경우, 공사를 수주한 H건설 등은 하도급비율 계산수치를 조작하는 방법으로 허위보고를 했다. 자신들이 가져가는 간접비는 축소하고 하도급비율 계산에 포함돼서는 안 될 항목을 추가하는 방식으로 실제 58.8%에 불과한 하도급비율을 84.9%라고 허위 통보한 것이다. 26.1%에 해당하는 130억 원 가량을 이 회사는 어떻게 했겠는가?

또 다른 국도공사를 수주한 I토건의 경우에는 아예 직접비에서는 세부 항목별로 모두 원도급금액과 한치의 오차도 없이 100%로 하도급을 줬다고 발주청에 통보했다. 가격경쟁을 통해 하도급을 줬는데도 도급금액과 1원 하나 안 틀리게 하도급을 줬다고 허위로 통보한 것이다.

이런 불법 하도급 문제를 해결하기 위해서는 무엇보다 정부 공사를 수주받은 대형건설업체들이 50% 이상 직접 시공하는 제도를 만들어야 한다. 대형건설업체가 직접 시공을 하지 않았을 경우에는 공사관리비용이 포함된 간접비를 30%에서 5% 수준으로 삭감해야 한다.

헛돈 쓰는 정부 상반기 예산 조기집행

다음 얘기로 넘어가기 전에 반드시 짚어야 할 문제가 하나 있다. 불공정한 하도급 관계 때문에 정부의 조기예산 집행이 무용지물이 되고 있다는 사실이다. 2005년 상반기에 정부예산의 60%를 조기집행한다고 기획예산처가 점검하는 등 난리를 쳤지만 각종 공사현장에서는 돈 구경하기가 어려웠다. 정부가 조기예산 집행으로 지불하는 건설선급금을 100으로 잡았을 때 중소기업인 전문건설업체에는 10% 정도밖에 안 가기 때문이다. 정부로부터 500억 원을 받은 원도급업체는 하도급업체에는 40~50억 원 정도의 선급금밖에 안 준다는 얘기다.

왜 이런 일이 생길까. 예를 들어, 2004~2006년에 걸쳐 2000억 원짜리 공사를 한 대형건설업체들이 수주했다고 치자. 이 공사를 수주한 대형 건설업체들은 정부의 경기 활성화를 위한 예산조기집행 방침에 따라 연차별로 공사할 금액의 절반을 선급금으로 받는다. 이렇게 받은 선급금 가운데 60~70% 가량은 아예 처음부터 선급금으로 지급할 대상이 아니다. 일단 자재비는 거래관행상 미리 안 준다. 정부에서 미리 준다고 자신들도 자재대금을 미리 주는 원도급업체들이 있겠는가. 마찬가지로 직원급료도 미리 안 준다. 대기업이 정부에서 돈을 미리 받았다고 직원들 월급을 미리 당겨주겠는가.

결국 건설 대기업이 정부에서 받은 돈을 '조기 집행'할 수 있는 돈은 기껏 하도급 업체들에게 주는 공사대금뿐이다. 이는 정부 예산 집행액에서 겨우 30~40% 정도를 차지한다. 그런데 이마저도 실제 집행해야 하는 액수의 보통 3분의 1밖에 집행을 안 하고 있다.

예) 한해의 선급금으로 300억 원(=500억X선급금율 60%)을 원도급업체에게 지급한 경우 실제공사
를 수행하는 하도급자에게 지급되는 금액 실태

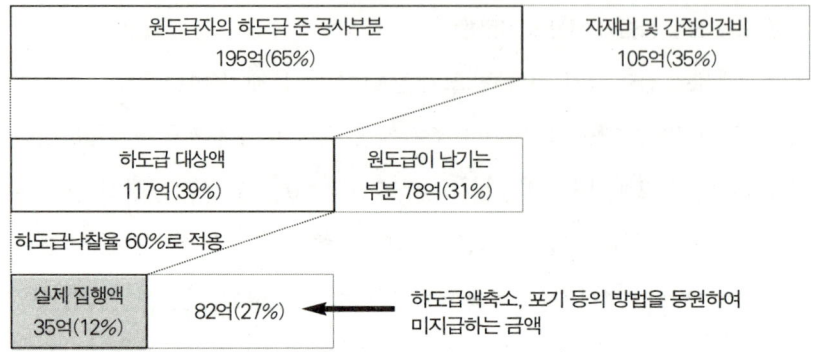

철도공사를 하청하는 H기업의 사례를 보자. 이 업체는 원도급업체가 정부로부터 공사대금 선급금을 받은 것을 확인했다. 원도급업체는 정부에서 공사대금을 받은 뒤 '하도급거래 공정화에 관한 법률'에 따라 15일 이내에 자기가 정부에서 받은 같은 비율만큼 하청업체에 줘야 한다. 하지만 원도급업체는 2005년 공사물량이 원래 100억 원이라면 50억 원어치 공사만 하는 것처럼 축소하고, 선급금 적용 비율도 최대한 줄였다. 이런 방법으로 이 업체는 원래 받아야 할 돈의 30% 수준밖에 못 받았다. 예산 집행액의 30~40% 가운데 다시 원래 받아야 할 돈의 30% 수준만 하도급업체에 전달됐으니 결국 이 업체에는 정부예산 집행액의 9~12%만이 전달됐다. 이런 양상이 이 업체에만 국한된 게 아니라 전국적인 양상이다.

이런 식이면 정작 돈이 필요한 하도급업체에는 돈이 내려가지 않고, 대기업에만 다 머물러 있게 되니 정부가 경기부양을 한답시고 돈을 꾸어다가 재정을 풀어봐야 효과가 없다. 정작 도움을 받아야 할 중소건설

업체와 건설근로자들은 돈 구경하기가 어렵고, 최근 몇 년간 부동산붐으로 현금을 주체하지 못하는 재벌건설업체들의 배만 더욱 불려주는 꼴이 되고 있다. 이렇게 해서야 무슨 경기부양의 효과가 있겠는가. 정부가 예산을 조기집행했으면 제대로 줬는지를 감시해야 한다. 하지만 각 해당 부처는 대기업에만 돈을 줬으면 예산을 집행했다고 기획예산처에 통지하고, 기획예산처는 이를 '실적'으로 잡아 홍보하고 있다. 정부가 혈세를 들여 정책을 실시했다면 실제로 현장에까지 내려가는지, 그래서 정책적 효과가 있는지 제대로 평가를 해야 한다. 매년 이런 정책을 쓰면서도 한 번도 제대로 실태를 조사해 평가한 적이 없다. 무조건 대형건설업체에 돈만 갖다 안긴다고 정책 효과가 생기는 것이 아니지 않는가. 그러면서도 정부관료들은 조기예산 집행이 효과가 있다고 착각하는지 매년 조기집행을 하고 있다. 최근 몇 년 동안 고분양가로 국민들의 떼돈을 긁어 모아 돈을 주체할 수 없는 대형건설회사들에게 왜 다시 돈을 안겨주는지 모를 일이다. 무주택서민들은 은행에서 대출 한 번 받는 것도 쉽지 않은데 대형건설업체들은 직접 시공하지도 않는 관급공사를 수주했다는 이유 하나만으로 수백억~수천억 원의 현금을 미리 받는 엉터리 같은 일이 벌어지고 있는 것이다. 이렇게 하는 과정에서 또다시 엄청난 예산이 낭비되고 있다. 예산을 조기 집행하려면 국채를 발행해야 하고 정부는 거기에 해당하는 이자를 지급해야 하기 때문이다.

이 모두가 우리 정부 관료들이 국민 세금으로 조성된 예산을 '임자 없는 돈'이라고 생각하니 벌어지는 일이다. 그 돈이 자신들 돈이라고 생각하면 이런 일이 있을 수 있을까. 공공사업을 진행하기도 전에 정부가 돈을 막 퍼주는 나라가 어디 있을까. 대형 건설업체에 자꾸 특혜를 만들어줄 게 없어 안달이 난 정부 같다. 가만히 있어도 정부가 돈을 마구 안겨주는 나라에서 어떤 건설기업이 기술개발이나 경쟁력 향상에 신경을 쓰겠는가. 대기업이 돈 받아 이자놀이하고 부동산투기에 열을 올리도록 못된 버릇만 키우는 특혜일 뿐이다.

[2. 온갖 불공정행위 다 겪은 S토건의 사례
- "이보다 더 나쁠 순 없다"]

2005년 초 부도를 낸 S토건이 공사를 진행하는 과정에서 겪은 불공정행위 사례는 국내건설현장의 실태를 적나라하게 보여준다. 이야기가 길어지더라도 S토건의 사례를 자세히 소개한다. 이 사례를 제대로 이해하기 위해서는 다음 두 가지 용어를 알아야 한다.

1| **부대입찰이란?** _ 원도급자가 공공공사에 입찰할 때 자신의 투찰금액과 하도급업체의 금액을 동시에 제출하는 제도이다. 이 제도가 도입되기 이전에 원도급업자들은 직접공사비뿐만 아니라 간접공사비에서도 엄청난 폭리를 취하고서 하도급을 주고 있어, 정부가 전문건설업자들의 항의를 무마하기 위해 입찰과 동시에 하도급금액을 일정 비율 이상으로 주면 가점을 주기 위하여 도입되었다. 물론 부대입찰한 하도급금액대로 계약을 하지 않으면 제재를 받는다. 그러나 최저가낙찰제 아래에서는 이 같은 제도가 실정에 맞지 않는다는 원도급자들의 요구에 따라 2004년 1월에 재차 폐지되었다.

2| **의무하도급이란?** _ 일반건설업체가 수주한 공공공사 물량의

20~30%에 해당하는 부분을 전문건설업체에게 의무적으로 하도급 하도록 한 제도로, 89년에 구 건설업법 당시에 도입되었다. 그러나 건설하지 않는 건설회사들은 대부분을 하도급하고 있는 실정으로 사문화된 조항으로 인식되고 있었고, 시장원리에 맞지 않는 제도라는 지적에 따라 2008년부터 폐지될 예정이다.

두 제도는 정부가 제도적으로 건설업체들을 일반건설(일면 '종합건설')과 전문건설로 업무영역을 나누었고, 직접 수주에 참여하지 못하는 전문건설업체에게 발주물량을 나누어주기 위한 제도라는 공통점이 있다. 또한 경쟁을 제한하고 합법적인 담합을 조장하는 제도이기도 하다. 일일이 거론할 수는 없지만 국내 건설 관련 제도는 이런 식의 제도가 한두 가지가 아니다.

1. A도로확포장공사

부대입찰방식으로 이뤄진 이 공사에서 S토건이 부대입찰가격으로 써낸 금액은 127억 원. 하지만 5개월 후 실제 하도급계약을 체결할 때는 이 금액은 68억 원으로 바뀌었다. 원도급업체가 자사의 한 고위 임원이 퇴임해서 설립한 전문건설업체에 공사를 나눠줬기 때문이었다.

S토건은 한 시공참여자를 임원으로 등재하는 편법을 써서 이 공사를 불법으로 일괄 재하도급을 줬다. 이 과정에서 S토건은 5억 원을 챙겼다.

이 국도공사의 당초 예정 공사기간은 약 4년 5개월. 정상적으로 공사를 진행하기 위해서는 1년에 하도급 공사계약금액의 약 23% 가량의 공사 예산이 배정돼야 했다. 하지만 1년이 지나도록 도로 용지도 제대로 확보되지 않았고, 공사대금도 2% 정도밖에 나오지 않았다. 2년차까지도 전체 공사용지의 30%, 공사예산의 8%밖에 확보되지 않았다. 정부가 공사용지와 예산도 제대로 마련하지 않고 발주만 서둘렀던 탓이다. (사실 이런 경우는 준비도 안 된 상태에서 정부 부처가 '걸쳐놓기' 식으로 소액의 예산이라도 배정받아 발주하는 관행 때문에 국내에서 매우 자주 발생하는 경우다. 정치권의 선심성 요구를 들어주거나 정부 부처가 자체 판단으로 꼭 하고 싶어하는 사업을 관철하기 위해 동원되는 편법인 경우가 많다.) 공사용지 미확보와 예산부족으로 걸핏하면 작업이 중단돼 공사효율이 크게 떨어졌다. 또 덤프트럭의 토사 운반로도 설계와 달리 다른 곳으로 가는 등 문제는 잇따랐다. 결국 참다 못한 채 하도급업자가 S토건에 8억 원어치 일을 하는 과정에서 4억 5,000만 원 가량 적자가 났으니 이 가운데 최소 4억 원의 추가공사비를 원도급자에게 받아달라고 요구했다.

하지만 S토건은 불법 재하도급을 준 약점 때문에 마지못해 원도급업체에게 구두로 추가 공사비를 요청했다. (권력관계상 하도급업체가 원도급업체에 서면으로 요청할 경우 '불경죄'에 걸려 엄두도 내기 힘들기 때문에 통상 구두로만 요청한다.) 하지만 먹히지 않았다. 관행상 설계변경이나 추가공사분에 대한 비용 등은 1년에 한, 두 번 계약변경을 통해서만 가능했기 때문이다.

S토건이 재하도급자에게 이를 알리자 그 업체는 작업을 중단하고 노무자와 장비기사까지 동원해 S토건 사무실을 부수는 등 '시위'를 벌였다. S토건은 할 수 없이 재하도급업체의 요구 가운데 추가비용 일부를 주기로 하고 계약을 무효화한 뒤 직접 공사에 나섰다.

하지만 S토건도 똑같은 난관을 겪어야 했다. S토건은 이후 3년 동안 공사를 하면서 기성 대가로 22억 원을 받았으나 설계변경과 물가변동으로 인한 추가 공사비용 등 37억 원 가량은 받지 못했다. S토건은 결국 부도 위기에 몰리자 원도급업체의 보복도 감수할 각오로 추가 공사대금을 요구했다. 하지만 원도급업체측은 '공정위나 발주기관에는 신고하지 말라'면서도 공사대금 지급을 계속 끌었다. 결국 S토건은 이 업체에 요구한 금액의 3분의 1도 받지 못했다.

2. B고속도로 공사구간

이 공사도 S토건이 부대입찰방식으로 하도급을 받은 경우다. 원도급업체는 토공사와 구조물공사, 터널공사, 포장공사 등을 모두 568억 원어치의 공사를 약 90%선인 513억 원에 S토건에 하도급을 주겠다고 발주처인 도로공사에 제시했다. 하지만 최저가낙찰제로 공사를 수주한 원도급업체는 실제로는 설계금액의 60%도 안 되는 343억 원에 S토건에 하도급을 줬다.

이후 원도급자는 하도급계약을 전문면허별로 여러 건으로 분할해 계약을 체결하자고 S토건에 요구했다. 일반적으로 전문건설업체의 경우 하도급 기회를 늘리기 위해 여러 건의 전문면허를 가지고 있는데 이 점을 이용한 것이다. 더구나 S토건의 시공능력평가액이 80억 원 이하여서 평가액 이하로 7차례에 나눠 순차적으로 계약됐다. (참고로 시공능력평가액은 단순한 참고 수치에 불과한 것으로 하도급계약을 체결하는 데에는 아무런 지장이 없다.)

공사 첫 해에는 S토건이 원도급 소장과 감독 등에 억대의 술접대 등을 하면서 비교적 원만한 관계를 유지했다. 하지만 1년 가량 공사를 하는 동안 발주자와 원도급자는 설계상에 없는 추가공사를 S토건에 지시했다. 원래는 이런 경우 사전에 계약금액을 조정한 후 공사를 해야 하지만, 원도급자는 나중에 설계변경을 통해 공사대금을 추가로 받으면 S토건에 추후 정산하겠다고 했다. 결국 S토건은 자금 압박을 받으면서도 추가 공사를 계속해야 했다. 이때 S토건은 원도급업체의 서슬에 눌려 추가 공사와 관련한 기록조차도 원도급자에게 제시하지 못했다. 이런 식으로 S토건은 2년 동안 계약한 공사 물량 190억 원 외에 78억 원 어치의 추가공사를 해야 했다. S토건은 이에 대한 공사대금을 원도급업체에 요청했으나 답이 없자 발주처로 달려갔다. 이 과정에서 한 가지 문제가 불거졌다.

원래 이 공사는 D건설이 낙찰률 58.6%에 최저가낙찰제로 수주한 공사여서 발주처는 하도급업체인 S토건에 직접 공사대금을 지급하게 돼 있었다. 재경부가 2002년 9월 최저가낙찰제 공사의 낙찰률 하락을 막기 위해 낙찰률 70% 이하 공사의 경우 발주처가 하도급업체에 공사대금을 직접 지급하도록 했기 때문이다. 하지만 원도급업체는 편법을 써서 공사대금을 자신들을 거쳐 받도록 했다. 원도급업체는 우선 '원도급자를 거쳐 공사대금을 받겠다'고 S토건에 각서를 쓰게 한 뒤 발주처에 제공했다. 하지만 발주처가 이를 승인하지 않자 원도급업체는 S토건에 계좌를 만든 뒤 통장과 도장을 자신들에게 맡기도록 해 사실상 자신들이 결국 공사대금 지급을 관리했다. 사실 이런 경우는 국내 건설현장에서 허다하다. 이는 원도급업자가 발주처와의 계약단가가 하도급업체에게 알려지는 것을 꺼리기 때문이다. 원도급자들은 많은 이익을 남긴다는 사실과 설계변경과 물가변동 등을 통해 받는 금액조정 내역, 선급금 내역 등을 하도급업자가 아는 것을 싫어한다. 중간에서 돈을 떼먹을 여지가 줄어들기 때문이다. 같은 이유로 원도급자는 하도급자에게 제공해야 하는 설계단가산출서나 설계내역서, 도급내역서, 도급단가산출서, 설계도면, 시방서 등의 설계도서를 주지 않는 경우가 태반이다. 실제 공사를 맡는 하도급자는 모든 설계도서를 가져야 정확한 시공을 할 수 있는데도 이런 어처구니없는 일이 일어나고 있다. 발주기관은 원도급자에게만 이들 도서를 준 뒤 원도급자들이 하도급자에게 전해주는지를 확인하지 않는 경우가 대부분이다. 발주기관은 부실공사를 막기 위해서라도 감리를 통해 이들 도서의 전달 여부를 확인해야 하는데 이 같은 기본적인 임무도 제대로 안 하고 있는 것이다. 이렇게 규정을 어겨도 처벌규정이 없는 게 현실이다. 비슷한 문제로 하도급계약 체결시 하도급자는 계약금액의 10%에 해당하는 금액의 계약이행보증서를 원도급자에게 제출하게 돼 있다. 반면 원도급자는 하도급대금 지급보증서를 제공하게 돼 있다. 그런데 원도급자는 하도급자로부터 계약이행보증서는 꼬박꼬박 받아들이면서 자신이 이행해야 할 하도급대금 지급보증서는 발급하지 않는 경우가 태반이다. 이를 발급받은 경우에도 하도급업자에게 주지 않는 경우가 많다. 이 경우도 역시 공정위나 발주기관은 이런 내용에 대해 제대로 실태조사를 하지 않고 방치하고 있다.

발주처도 문제가 많았다. 당시 물가변동, 설계변경 등에 관해 원도급자가 하도급자에게 내용을 안 알려주거나 조정받은 금액을 지급하지 않는다는 민원이 쏟아지자 당시 공기업 사장이 직접 자기 직원과 원도급자에게 이를 시정토록 지침을 보냈다. 이 문제가 불거지기 전 1년 전에 이 지침이 전달됐는데도 해당 발주처 직원들은 이를 제대로 확인하지도 않고 있었던 것이다. 이에 발주처 감사실에서 이 사실을 확인해 잘못한 직원들을 징계하고 S토건 관계자들을 불러 잘못을 바로잡겠다고 약속했다. 하지만 약속뿐이었다. 이렇게 석달이 지나도 발주처는 하도급대금을 직접 S토건에게 지불하지 않았고, 그 사이 S토건은 부도의 외길로 치닫고 말았다.

3. 전남 나주의 또 다른 국도공사

S토건은 1년여 동안 원도급업체 임원에게 온갖 접대를 다한 뒤 겨우 견적 기회를 얻어냈다. 원도급업체가 2001년 12월 발주처에 신고한 하도급 금액은 55억 원. 하지만 원도급업체는 7개월 뒤인 2002년 7월경 당초 발주처에 신고한 내용과는 전혀 다른 내용으로 하도급 계약 체결을 요구했다. 하도급 물량을 소액으로 분할해 계약할 것을 요구한 것. 첫해에는 당초 계약금액 9억 원이 2억 원으로 줄어들었고, 둘째 해는 6억 원, 다음 해는 7억 원, 이런 식으로 나뉘어 계약을 체결하였다. 그나마 S토건이 실제로 이 현장에서 2002년 7월부터 약 28개월 동안 하도급 대금으로 지급받은 금액은 14억 원으로 월 평균 5,000만 원 정도밖에 되지 않았다. S토건은 이 기간 동안 원도급업체의 횡포와 공사지연 등 온갖 난관을 다 겪어야 했다. 우선, 설계상에 나와 있는 토취장이 실제로는 도저히 토취장으로 활용할 수 없는 곳이어서 새로운 토취장을 결정해야 했다. 원도급자는 이 부담을 S토건에 떠넘겼다. 이후 원도급자는 2003년 7월 토취장과 관련된 보상비와 진입도로 복구비, 인허가 비용, 토취장 임대료, 공사 완료 후 토취장 복구 등 모든 제반 비용을 S토건이 떠맡는 새로운 계약조건을 제시했다. '공사에 필요한 돌 깨는 값을 원도급업체에 요구하지 않겠다' 는 내용의 각서도 써야 했다. '고양이 앞에 쥐' 격인 S토건으로서는 내키지 않았지만 원도급업자의 요구를 들어줄 수밖에 없었다. 토취장이 바뀌면 운반경로가 바뀌므로 계약조건에 따른 운반비용 또한 조정돼야 하지만, 일단 S토건이 추가 비용을 우선 부담해야 했다. 또 해당 시청에 토취장 인허가 신청을 하는 과정에서 생기는 각종 민원처리비용 등 1억여 원을 물어야 했다. 난관은 계속됐다. 겨우 토취장 문제를 해결하고 2개월 정도 작업을 하다 보니 신설도로 부지에

대한 발주처의 용지매수가 끝나지 않아 작업을 중단해야 했다. 다시 두 달 후 작업을 재개했더니 이번에는 송전철탑 등 지장물이 이설되지 않아 또 작업을 중단해야 했다. 또 수로 복구를 위한 예치금으로 1000만 원을 나주시청에 납부해야 했다.

이렇게 3년 동안의 공사과정에서 물가변동에 따른 계약금액 조정분과 설계변경으로 인한 추가 공사비용 등은 모두 8억 원. S토건은 더 이상 참지 못하고 이에 대한 지급을 요청했다. 그러나 원도급업자는 이를 계속 미뤘다. 발주처에 금액조정을 요청하는 과정에서 하도급업체인 S토건과 불법으로 이중계약을 맺은 사실이 드러날까봐 두려웠던 것. 원도급업체는 결국 S토건에 직접 추가 공사비의 일부인 5억 원 가량을 지급한 뒤 계약을 해지해 거래관계를 단절했다.

S토건은 이런 식으로 터널공사, 구조물 공사, 도로확장 공사, 고속도로 공사, 건축 터파기 공사 등 10여 개 공사를 진행하다 대부분 적자를 면치 못해 결국 2005년 초 부도를 냈다.

S토건의 사례를 보면, 하도급업체는 발주기관의 방조와 대형업체의 횡포에 짓눌려 격심한 고통을 겪고 있는 것을 알 수 있다. 물론 S토건도 불법 재하도급을 주는 등 건설업계 전반의 비리 관행에 편승하고 있기는 하다.

하지만 여기서 주목해야 할 부분은 주먹구구식, '걸쳐놓기식' 발주로 인한 부담이 고스란히 하도급업체에 전가된다는 것이다. 용지보상도 안 돼 있고, 예산확보도 안 된 상태에서 하도급업체는 공사비도 제대로 못 받고 선투자를 해야 하는 상황이다. 설계가 잘못돼 있어도 이를 금액변경을 통해 반영하기 전까지는 모두 하도급업체가 떠맡아야 한다. 더구나 이런 주먹구구식 졸속 발주로 생겨나는 공기 지연이나, 각종 민원에 대한 부담도 하도급업체에 전가된다. 이를 뒤집어보면, 매년 공공공사의 시공효율이 떨어져 사업기간이 질질 늘어지고 이에 따라 각종 금액조정을 통한 예산낭비도 막대하다. 이런 주요인은 정치인을 위한 정치적 발주관행 때문이다. 예산과 용지 확보가 되어 있지 않은 상태에서 지역발전을 위한다는 이유로 정치인을 위한 공사가 무모하게 전국적으로 벌어지고 있기 때문이다.

또 하나 정부가 원도급업체에 제공하는 간접경비와 직접공사비가 엄청나게 부풀려져 있으며, 원도급업체는 거의 하는 일도 없으면서 중간에서 부당하게 엄청난 이득을 챙기는 것을 알 수 있다. 간접경비는 공사비 전체로 볼 때는 약 30%, 직접 공사비 대비로는 약 35% 정도를 배정하는데 원도급자는 실제 시공도 안 하면서 이 비용을 대부분 챙긴다. 원도급자는 하도급자에게는 공사비 전체의 5~6% 정도의 간접비만 지급하고, 원칙적으로는 '공사원가' 개념이어서 떼먹어서는 안 되는 직접공사비에서도 30~40%씩을 떼먹고 있는 것이다. 여기에다 발주처와 원도급자들은 자신들이 해오던 행정업무와 도면작성 및 변경, 수량산출, 단가산출 등의 업무와 측량과 측량확인, 검측서류 작성과 시공계획서 작성 등의 모든 잡무까지도 하도급업체에 떠넘기고 있다. 외환위기 이후 원도급업체들이 정리해고한 인력의 상당수가 전문건설업체에 흡수되어 서류업무능력을 보유하게 되자 원도급업체들은 자신이 해야 할 업무까지 함께 맡긴 것이다. 원도급업체의 우월적 지위를 활용, '아웃소싱'과 '효율화'라는 미명 아래 자신들의 리스크를 모두 하도급업체에 떠넘기는 것이다.

또 원도급업체와 하도급업체가 짜고 '예산 부풀리기용' 설계변경(엄밀히 말하면 금액변경)이 남발되고 있지만, 거꾸로 정당한 금액조정 요구가 받아들여지지 않는 경우도 허다하다는 것이다. 발주처나 원도급자의 책임 있는 사유로 인해 추가공사비가 발생할 경우에는 이를 보상하게 돼 있으나 이를 무시하는 발주자가 많다. 또 원도급자는 특별한 경우가 아니고서는 하도급자가 요청하는 비용을 발주자에게 청구조차 않는경우가 비일비재하다. 이는 원도급자가 간접비와 직접비를 통틀어 엄청나게 남기고 있고, 이를 발주자가 알고 있기 때문에 추가 금액조정을 받아들이지 않는 경우가 많기 때문이다. 특히 위에서 본 것처럼 이중계약등을 통해 원도급자가 비자금을 조성하고 있을 때는 이를 숨기기 위해서라도 금액조정 신청을 소홀히 하는 것이다.

이 때문에 정부로부터 부풀려진 공사대금을 받아 원도급업체는 살을불리는 반면, 하도급업체들은 살아남기 위해 몸부림치는 경우도 많다.이 업체들이 살아 남으려니 덤프트럭이나 중장비업자를 쥐어짜고, 직원과 현장 근로자들의 임금을 깎는 등 비용 최소화에 골몰하게 되는 것이다. 근래 우리 사회에 중소기업과 대기업간 양극화와 개인간 소득 양극화가 극심해지는 상황이 이 같은 잘못되고 부조리한 구조와 직결돼 있는 것이다. 불로소득자들은 정부 예산으로 '호화 파티'를 벌이고, 덤프트럭, 일용직 노무자, 건자재 업자 등과 같이 열심히 일하는 근로계층이피를 보는 나라가 과연 제대로 된 나라라고 할 수 있을까.

[3. 후진적이고 왜곡된 건설산업이 양산한 사회문제들]

지금까지 왜곡된 건설산업의 문제가 얼마나 많은 예산낭비를 초래하고비리와 부조리, 불공정 행위를 양산하는지를 구체적으로 봐왔다. 이 같은 왜곡된 건설산업 문제는 여기에서 그치지 않고, 노사간 대립과 갈등을 촉발하는 근원적 배경으로 작용하고 있다. 하지만 이들 사회문제에 대한 정부의 대책을 보면 이 같은 구조적 문제에 대한 정확한 진단과 정밀한 처방이 없는 것 같다. 그러다 보니 문제를 단순히 봉합하거나 갈등의 분출을 최대한 억압하는 식으로 일관해 장기적으로 문제를 더욱 키우는 구태를 되풀이하고 있다. 여기에서는 2005년 상반기에 잇따라 일어난 '덤프트럭 파업사태'와 '플랜트건설노조사태'를 통해 이들 사회문제들이 건설산업의 왜곡된 구조와 어떻게 맞닿아 있는지를 설명한다. 이를 통해 왜곡되고 후진적인 건설산업이 왜 엄청난 예산낭비와 기업양극화 및 빈부격차, 노동자들의 삶의 질 저하를 초래하는지를 생생히 알 수 있게 될 것이다. 또한 이에 대처하는 우리 관료 시스템이 얼마나 무능하고, 무책임한지를 알 수 있을 것이다. 이에 더해 이들 문제를 심층적으로 접근하기보다는 단순한 노사갈등, 노동자들의 과격시위 문제로만 오도하는 우리 언론이 사태의 본질을 어떻게 왜곡하고 있는지도 간접적으로 이해할 수 있을 것이다.

덤프연대 파업, 불법다단계 하도급 구조에서 '착취' 당하는 덤프운전사들

'도저히 못살겠다. 차라리 죽여라!' 2005년 5월 전국의 덤프트럭 기사 노동자들이 거리로 나섰다. 전국 건설운송노조 덤프연대 소속 노동자 1500여명은 부당한 과적단속 철폐, 유가보조비 지급, 불법 다단계 하도급 금지 등을 요구하며 12일 간 파업을 벌였다. 이들은 언론의 무관심과 왜곡보도로 제대로 국민의 관심도 못 받고 자진해산하고 말았지만 이들의 사정은 매우 절실한 것이었다.

덤프기사 노동자들은 15톤 트럭과 25톤 트럭을 할부로 구입해 건설현장을 다니며 토사, 골재, 폐기물 등을 운반하는 특수고용직 노동자들이다. 이들은 하루 10~15시간의 노동을 하면서도 경유가 인상과 부당한 과적, 불법 다단계 하도급 구조 아래 평균 부채가 3800만 원에 이르는 신용불량자로 전락하고 있다.

"한 달 동안 빡세게 일해봤자 10일 일하면 다행이에요. 일당 30만 원을 받으면 한달 수입이 300만 원인 셈인데 기름값, 덤프트럭 할부 갚고 나면 남는 게 없습니다. 정부가 설계예산에 책정한 하루 덤프트럭 운송단가는 100만 원인데 대형 건설업체들과 중간 업체들이 60~70만 원을 그냥 가져갑니다. 오죽하면 파업을 하겠습니까." 미디어다음이 소개한 파업 당시 한 덤프트럭 운전기사의 주장이다. 이 주장은 건설업계에 일반화된 불법 다단계 하도급 구조와 후진적인 건설산업제도 때문에 발생하는 예산낭비 실태를 잘 보여준다.

특히 덤프연대 파업의 경우 복잡한 다단계 하도급 문제가 극명하게 드러난 사례로 볼 수 있다. 정부 발주공사를 대형건설업체가 수주하고, 일반건설업체와 전문건설업체에 1차, 2차 하도급이 이뤄지는 것은 어느 사업장이나 마찬가지이다. 하지만 덤프운송의 경우 여기서 또다시 시공에 참여한 덤프업자에게 재하도급이 이뤄지고 한두 단계 소개업자를 거쳐서야 비로소 개인사업자인 덤프기사에게 일감이 주어지는 구조다.

일례로 A건설업체 등이 컨소시엄을 형성하고 시공중인 한 도로공사의 경우 실제 덤프트럭 기사가 받는 돈은 일당 30만 원 선이다. 하지만 당초 대형건설업체가 국가로 받은 공사비용 중 덤프운송단가는 실거래가의 3배 이상인 100만 원이다. 대형건설업체가 전문건설업체에 도급을 주는 과정에서 50만 원 가량 이익을 남기고, 다시 하도급업체와 다단계 알선업체에서 수수료 명목 등으로 15~20만 원 가량을 챙긴다. 건설비용의 대부분이 직접 시공에 참여하지 않는 건설주체에 지급됨으로써 정작 일선 건설노동자들은 열악한 노동조건에서 일할 수밖에 없는 구조인 것이다. 이 같은 현상이 전국적으로 공통된 현상이므로 이에 따르는 예산낭비는 엄청나다.

정부와 공기업이 발주하는 고속도로, 국도, 철도, 공항, 댐 등 전체 공공공사에서 덤프운반비가 얼마나 부풀려지고, 중간과정에서 얼마나 떼이는지 한 번 계산해보자. 건설협회와 건교부 등에 따르면 연간 공공공사는 정부 재정사업으로 50조 원, 민간투자사업 20조 원 등 모두 70조 원 가량이다. 여기에서 덤프운반비가 차지하는 비중은 공사종류에 따라 다르지만 7~20% 가량 된다. 중간값인 14%를 평균으로 잡으면 연간 덤프운반비로 지출되는 예산 규모는 9조 8,000억 원(70조×0.14) 규모로 추산된다.

하지만 덤프연대가 주장하는 일당과 가동률을 감안해 덤프기사들이 챙기는 몫을 보면 2조 8,000억 원(덤프일당 28만 원×200일×5만 대) 정도에 불과하다. 따라서 정부 설계가 12조 8,000억 원은 실제 시장원가보다 10조 원 가량 부풀려져 있음을 알 수 있다. 또 대형 건설업체와 하도급업체, 알선업체 등이 건설도 안 하면서 중간에서 무려 6조 8,000억 ~7조 원이나 떼먹는 것이다.

결국 정부는 덤프운송비로 엄청난 예산을 퍼주지만, 정작 돈은 중간에서 일도 안 하는 건설업체들이 떼먹어서는 안 될 직접 공사비까지 엄청나게 떼먹고 있는 구조인 셈이다. 재주는 곰이 피우고 돈은 떼놈이 버는 격이 아닐 수 없다. 정작 일하는 자는 정당한 대가는커녕 다단계 하도급 구조의 열악한 현실에서 시달리고 '구경꾼'들에게는 엄청난 불로소득을 안겨주는 것이다.

당초 정부예산으로 책정된 100만 원 중에서 다단계 하도급 구조만 해소되더라도 덤프트럭 기사들은 지금보다 훨씬 나은 삶의 질을 누릴 수 있지 않겠는가. 다단계 하도급을 묵인하는 현행 제도로는 이 같은 구조를 바꿀 수 없다.

　　덤프연대파업에서 불거진 문제 중에는 불법하도급 문제 외에도 속칭 '어음깡'으로 불리는 운송비 지급방식, 유류비 현금결제를 통한 비자금 조성 등 건설업계에 만연한 부조리를 보여주는 사례들도 많다. 덤프트럭 운전사들은 대부분 중간 알선 소개업체와 서면계약과 구두계약이 따로 노는 형태로 계약을 맺어 일을 하고 있었다. 덤프트럭 기사들은 서면으로는 일 단위나 월 단위로 덤프를 임대하는 방식으로 계약을 맺지만, 실제로는 속칭 '탕 뛰기'라고 불리는 방식으로 운반작업량에 따라 돈을 지급 받았다. 이 때문에 덤프운전자들은 계약서 없이 일을 하다가 매일 몇 탕 뛰었다는 걸 확인해주는 확인서류만 작성하고 일할 뿐이다. 이런 서류를 보면 마치 출퇴근부처럼 덤프트럭 기사들이 현장을 오고 간 횟수가 빽빽하게 기록되어 있었다. 상차와 하차를 기다리는 순간을 제외하고는 쉴 틈이라곤 전혀 없는 덤프트럭 기사들의 고단한 일상을 알 수 있는 대목이다.

　　덤프트럭 기사들이 과적과 과속을 밥 먹듯 할 수밖에 없는 이유도 바로 이 '탕 뛰기' 계약방식 때문이다. 서면계약과는 달리 한 번이라도 더 많이, 더 많은 물량을 싣고 가야 더 많은 돈을 받을 수 있는 구조이기 때문이다.

　　문제는 이들이 노동자의 신분이 아니라 개인사업자라는 이유로 노동법의 보호를 못 받고, 전문건설업체의 시공에 단순 참여하는 사람이라는 이유로 하도급법의 보호도 못 받는 법의 사각지대에 놓여 있다는 점이다. 특히 이들이 불법 재하도급의 피해를 당하고 있음에도 하도급법의 보호를 받지 못해 생기는 문제는 심각하다. 장비 가동률이 성수기에도 50%를 밑도는 등 공급과잉 상태이고, 한 현장에 평균 1주일 정도 구두계약으로 일하는 경우가 많아 다단계 알선구조의 피해를 당하지만 개선되지 않고 있다.

이 같은 다단계 알선 구조는 1980년대 중반이후 건설회사 중기사업부가 외주로 돌려지고, 1990년 중반 이후 개인사업자화되고 알선업자들이 생기며 본격화됐다. 하지만 현재는 외주 초기 건설회사 재무구조를 건전화하는 등의 순기능은 사라지고, 큰 역기능만을 낳고 있다.

대형건설회사들이 최근 몇 년 동안 사상 최대 실적을 올릴 수 있었던 것은 이들 덤프노동자들을 쥐어짜는 불법 다단계 하도급 구조가 자리잡고 있는 셈이다. 이러한 문제를 해결하기 위해서도 건설회사의 직접시공제를 도입해, 덤프차량을 건설회사가 소유하거나 지입제 형태의 도입이 필요한 상황이다.

건설플랜트노조 사태 계기로 본 건설산업의 문제

'우리의 요구는 휴식공간을 만들어달라는 것이다. 건설현장에 안전시설을 만들어달라는 것이다. 밥 먹을 수 있는 공간을 만들어달라는 것이다.'

'근로기준법에 맞게 건설노동자를 대우해달라.' '더 이상 노예로 살고 싶지 않다. 인간으로 대접해달라.'

2005년 5월 23일 서울시 종로구 마로니에 공원. 울산 건설플랜트 노조 소속 560여 명이 상경해 집회를 갖고 있었다. 아직 5월인데도 이들의 얼굴은 모두 한여름 뙤약볕에 그을린 것처럼 까무잡잡했다. 이들은

배관, 용접, 기계 등의 건설 직종에서 일하며 석유화학공장, 발전소, 조
선소 등의 건설 및 유지 보수를 담당한다. 이들은 지난해 1월 노조를 만
든 뒤 3월 18일 파업에 나섰다. 하지만 23일로 이들의 파업이 67일째를
맞고 있는데도 사태는 전혀 진전이 없었다. 노조가 요구하는 것은, 하루
8시간 노동, 유급 휴일 및 주월차 수당 확보, 불법 다단계 하도급 금지,
작업장 안전장구 지급, 식사 제공, 탈의실 휴게실 샤워장 식당 설치 등
이다. '채용장사'를 하거나 뇌물을 수수한 '귀족노조'나 '비리노조'도
아닌 이들의 '소박한' 요구조건은 한 마디로 사업자들이 법을 지켜달라
거나 인간적인 대접을 해달라는 것뿐이었다. 그런데도 이들은 이날 전
원 경찰에 연행됐다. 사업자들은 서로 자신들 책임이 아니라고 떠넘기
고 정부는 "실태 파악이 어렵다"며 적극적인 태도를 보이지 않는다. 왜
이런 일이 벌어질까.

　건설플랜트노조 사태는 관행화된 불법하도급과 복잡한 업역구조 등
왜곡된 건설생산구조가 단적으로 드러난 사례다. 그런데 문제를 단순한
노사문제 차원으로 축소시켜 보려 하기 때문에 문제의 해법이 쉽게 드
러나지 않고 있다. 심지어 이 기간 동안 상당수 신문과 방송은 오랜 억
눌림 끝에 터져나온 이들의 과격시위만 부각시켜, 문제의 본질을 호도
하는 양상까지 보였다.

건설플랜트 노동자들의 기막힌 사연

문제를 살펴보기 위해 문제를 제기하는 쪽의 이야기를 먼저 들어보자.
다음은 플랜트건설노조 소속 평범한 노동자 3명의 생생한 얘기다.

　A씨(42)는 20년간 플랜트 건설 현장에서 일했다. 회사측이 작업복이
나 안전화도 지급하지 않는다. 식당도 없어서 뙤약볕 아래에서 밥을 먹

는다. 휴식공간은 고사하고 세면장은 비정규직에게는 개방도 안 한다. 월급에서 점심값 명목으로 3,500원을 떼는데, 실제로 점심 제공 업체에는 2,500원만 제공하고 1,000원은 하도급업체들이 챙긴다는 사실을 확인했다. 그런데 하청업체의 지급 명세를 보면 우리에게 점심값을 지급한 것으로 돼 있다. 우리에게 주게 돼 있는 점심값도 안 주고 떼먹으면서 걷어간 점심값마저 가로채는 셈이다. 작업복도 마찬가지다. 우리에게 지급한 걸로 돼 있지만 실제로 지급하지 않는다. 근로계약할 때 이런 것들을 다 지급 받았다고 서명하라고 하니 서명 안 할 수가 없다. 그리고는 작업복과 안전화를 직접 시장에 가서 사라고 한다. 이런 데서 빼돌린 돈으로 원청과 하청업체 직원들은 밤에 술 마시고 감리나 감독관에게 봉투를 돌리고 있다.

일당 10만~12만 원을 받는데 포괄임금제라고 해서 하청업체 측은 여기에 주월차 수당과 퇴직금, 연장근로수단이 다 포함돼 있다고 주장한다. 노동강도는 10년 전보다 훨씬 높아졌고, 물가도 엄청나게 올랐는데 임금은 10년째 제자리걸음이다. 기본 근무시간은 아침 7시 출근, 오후 6시 퇴근으로 돼 있지만 실제로는 밤 10시, 12시까지 연장근로를 밥먹듯 하고 철야 근로를 하는 경우도 허다하다. 이렇게 해도 연장근로수단이 없다니 말이 되는가. 힘들어서 못하겠다고 하면 바로 잘리니 뼈가 부서져라 일할 수밖에 없다. 이렇게 일해도 1년 가운데 7~8개월만 일하고 4~5개월은 일이 없어 일을 찾아 다녀야 한다. 1년으로 평균하면 살인적인 노동을 하고도 한 달에 150만~200만 원밖에 못 받는다.

B씨(38)는 배관, 철구조물, 가스저장용 탱크 설치 작업 등을 하는데, 플랜트건설의 특성상 위험이 많이 따른다. 그런데 비계 등 기본적인 안전시설조차 안 갖춘다. 비계를 설치해달라고 하면 '집에 가서 애나 보

라'고 한다. 그만두라는 얘기다. 지금 우리가 파업을 하니 다른 지역의 B, C급 인력에게 우리보다 일당을 더 주고 일을 시킨다고 하더라. 하지만 기량이 떨어지는 사람들로 공사를 하면 부실공사가 돼 위험할 가능성이 상당히 있다.

다단계 불법 하도급업체들이 중간에서 다 떼먹는다. 원청이 100원에 받은 공사가 몇 단계를 거쳐 내려와 실제 공사하는 우리들은 40원도 안 되는 금액을 나눠먹는 꼴이다. 우리만 그런 게 아니라 모든 건설현장이 다 그렇다. 그러니 우리는 죽도록 노예처럼 일하는데도 정작 중간에서 다 가로채간다. 그러다 보니 안전은 뒷전이고, 무조건 공기를 서두르게 돼 있다. 정해진 공기는 6개월인데 몇 단계를 거쳐 공사가 내려오면 우리는 2, 3개월 안에 공사를 끝내야 한다. 온갖 위험을 감수하면서 수명 줄여가며 일하고 싶지는 않다. 하지만 '곧 배 들어온다' 등등 온갖 명목으로 일을 재촉하고, 철야근무까지 시킨다. 결국 공기를 맞추기 위한 '노예'로 전락했다는 느낌밖에 안 든다.

C씨의 경우를 보자. M(주)에서 조합원 명부를 울산 전역에 다 돌렸다. 일종의 '블랙리스트'인 셈이다. 한 종교단체에서 우리에게 빵을 배식해줄 계획이었다가 경찰의 압력이 작용해 빵도 못 먹었다. 우리는 도시락업체에 밥도 못 시켜먹는다. 도시락을 시킬 때마다 며칠이 지나면 '우리는 더 이상 도시락을 못 대겠다'고 나온다. 일부 신문에서 타워크레인에서 고공농성중인 노동자들이 호화호식을 한다고 보도했는데 정정보도임을 나중에 인정했다. 우리가 담당 기자에게 물어보니 '경찰이 알려준 대로 썼다'고 한다.

파이프 용접을 할 때 길이 45cm짜리를 작업하다가 중간에 용접불꽃을 떼면 불량이 난다. 그런데도 안전장구가 부족하다 보니 용접불꽃이

허벅지에 튀어 살이 타 들어가도 용접불꽃을 뗄 수가 없다. 중간에 용접 불꽃을 떼서 불량이 나면 다음날로 해고되기 때문이다. 그렇다고 안전 장구를 제대로 지급해달라고 해도 업체측은 지급도 안 해주면서 이렇게 협박한다. 이렇게 다친 사람이 한두 사람이 아니다.

건설 노동자 세 명의 사례에서 보듯 이들의 근로조건을 보면 '현대판 노예'나 다름없다. 근로기준법에 따라 일하는 것은 고사하고 최소한의 인간적 대우도 못 받고 살고 있는 셈이다. 이들뿐만 아니라 건설현장에서 일하는 150만 명 이상의 일용직 노동자들의 삶이 대부분 이렇다. 특히 플랜트 건설공사처럼 위험이 많이 따르는 공사에서도 이들은 최소한의 안전장구도 갖추지 못한 채 작업을 하고 있다. 이들은 "화장실도 없어서 숨어서 오줌을 누어야 하고 비가 와도 피할 곳이 없어서 빗물에 밥을 말아먹어야 한다"고 말한다. 또 "쇳가루와 시멘트가루가 날리는 현장에서 하루 종일 일을 해 땀에 흠뻑 젖어도 씻을 곳 하나 없다"고 하소연한다. (사실 어떻게 보면 이들의 사정은 '막노동꾼'으로 알려진 건설잡부보다는 나은 편인데도 이렇다. 나름대로 특정 분야의 기술을 갖고 있다는 이유로 어느 정도 '대우'를 받는다는 이들이 이 정도인데, 일용직 건설노동자들은 정말 죽지 못해 살 정도로 비참한 생활을 하는 경우도 많다.)

건설플랜트 노조가 파업을 강행한 뒤에는 사측의 탄압이 잇따르고 있다. 노조가 "우리 업체에는 조합원이 없기 때문에 교섭대상이 아니다"고 주장하는 업체들을 교섭 테이블로 불러내기 위해 공개했던 조합원 명단은 곧장 '블랙리스트'로 변했다. 조합원들 대다수가 노조탈퇴를 종용받거나 즉각 해고됐던 것. 심지어 이후에는 원청업체들이 '조합원 탈퇴확인서'를 받아와야 공장출입과 취업을 시켜준다고 해 노조에 탈퇴확인서를 받으러 오는 노동자까지 생겼다. 기자와 인터뷰에 응한 노동자들도 "이름이 알려질 경우 일을 못 하게 된다"며 한사코 이름을 알려주지 않았다.

왜곡된 건설산업이 불러온 고통

문제는 플랜트건설 노동자들의 비참한 현실은 명백한데 '가해자' 는 명확하지 않다는 점이다. 이 같은 현실을 초래한 것은 사실 개별 '악덕업체' 라기 보다는 왜곡된 건설생산구조 때문이다.

이번 경우를 예로 들어보자. 울산 플랜트 발주자는 M(주), S정밀화학 등이다. 이들 발주자들이 발주한 공사는 M건설 등이 수주해 J, I, S 등 전문건설업체들에 하청을 줬다. 이들 하청업체들은 다시 시공참여자들에게 도급을 주고 이들은 다시 십장, 반장 단위의 시공팀을 꾸려 시공하게 한다. 울산 현장의 경우 대부분 시공참여자 밑에 알선업체 또는 중간 브로커 역할을 하는 불법 하도급자들이 한두 단계 더 끼어들어 있다.

이렇게 복잡한 단계를 거치다 보니 노조의 협상대상이 명확치 않다. 플랜트 발주자로부터 하청을 받은 전문 건설회사는 70여 개이지만 근로계약을 맺은 게 확인된 12개 업체만이 노조의 교섭대상이 돼 있다. 단기공사인 경우 아예 근로계약도 맺지 않는 경우가 대부분이기 때문에 60개 가량의 업체들이 교섭대상에서 빠져나간 것이다. 교섭대상 12개 업체 가운데 10개 업체가 M(주) 발주 공사를 하고 있어 노조의 타깃이 되고 있는 셈이다.

다단계 하도급 구조에서 원청, 전문 건설업체, 시공참여자, 불법 알선업체 등은 사실상 일부 관리감독과 기획기능 외에는 하는 일이 거의 없으면서도 정부 발주 예산의 절반 이상을 가져간다. 이 때문에 관급공사의 경우 예를 들어, 100억 원에 발주된 공사가 40억 원 이하에 시공되는

경우가 허다하다. 특히 원도급자는 정부가 따로 책정하는 관리비 30%
외에 직접 공사비의 30% 이상을 가만히 앉아서 챙기는 게 관행처럼 돼
있다. 직접 시공하지 않아도 이렇게 쉽게 돈 벌 수 있는데 어떻게 하도
급 구조가 사라지겠는가.

반면 실제 일을 하는 최종 하도급자는 실행원가 이하의 공사를 하는
경우도 허다하다. 이렇다 보니 돈은 중간에서 다 빼먹고 공사현장에서
직접 땀 흘리며 시공하는 건설 기능공과 노동자들은 최소한의 인간적인
대접조차 제대로 못 받고 있는 셈이다. 다단계 구조에서 아래로 내려올
수록 마진은 박해질 수밖에 없고, 결국 최종 하도급자는 마진을 남기기
위해 건설노동자를 사실상 '착취' 하는 구조로 가는 것이다.

한국 건설현장에 만연된 비리와 부패도 이들의 열악한 사정에 한몫하
고 있다. 하청업체들은 당연히 지급하게 돼 있는 도시락 값과 안전장구,
피복비 등을 지급하지 않고 있다. 또 《한겨레신문》 2005년 5월 19일 보
도에 따르면 석유화학공장 설비를 보수하는 전문건설업체들이 작업반
장들과 불법 하도급 계약을 맺은 뒤 실제보다 부풀려 임금을 지급하고,
이 중 일부를 리베이트로 다시 돌려받는 불법 관행이 확인됐다. 예를 들
어, K사의 '2004년 1월치 일용 노무비 지급명세서' 에는 한 작업반장 소
속 노동자 39명에게 5,600만 원을 지급한 것으로 돼 있다. 하지만 이 가
운데 10여명은 작업에 실제로 참여하지 않았다. 그만큼 비자금이 조성
된 것이다. 이처럼 조성된 비자금은 하도급 단계를 거꾸로 올라가는 상
납구조가 형성돼 있다는 것은 건설업계의 공공연한 비밀이다. 결국 건
설노동자에게 돌아가야 할 정당한 노력의 대가가 이중계약 등을 통해
비자금으로 빼돌려져 각종 로비와 향응, 접대에 쓰이고 있는 것이다.

어떻게 해결할 것인가

파업 당시 플랜트건설노조와 이들을 고용한 전문 건설업체들은 단체협상 방식 등을 두고 실랑이를 벌였다. 원청인 M건설은 "안전장구나 피복비 등을 지급할 수 있는 공사비를 충분히 지급했으며 직접 근로계약을 맺은 전문 건설업체들과 노조가 해결할 문제"라고 외면했다.

하지만 이 문제는 한국 건설산업의 구조적 문제점이 하나의 현장에 집약돼 폭발한 사태라는 점에서도 단순히 노사문제 차원에서 해결할 수 있는 게 아니었다. 건설산업의 혁신 등 구조적 해법과 맞물릴 수밖에 없기 때문이다. 이 역시 덤프연대 파업과 마찬가지로 '시공하지 않는 건설회사'의 문제와 불법 다단계 하도급 문제 등의 모순 때문에 불거져 나온 사태인 셈이다. 결국 이 문제도 업역구분을 없애고, 직접 시공제를 의무화해 직접 건설기능 인력을 고용하게 하는 정책을 마련하는 것이 근본적 해법이다. 지금처럼 '아웃소싱'이라는 명목으로 불법 다단계 하도급이 횡행하고 최종 하도급 업체는 밑지지 않기 위해 현장 근로자들을 '쥐어짜는' 구조로는 근본적인 해법을 기대하기 어렵다.

하지만 이런 상황에서도 문제해결의 키를 쥐고 있는 건교부는 노동부에 짐을 떠넘긴 채 수수방관하고 있었다. 기자의 확인 결과 건교부는 노조측이 불법하도급 실태에 대해 고발해도 현장실태조사도 한 번 안 했다. 심지어 《한겨레신문》이 내부고발자를 통해 불법 다단계 하도급 실태 및 비리 내용에 관해 보도했지만 이조차도 확인하지 않았다. 전문건설업체들에게 노조 고발내용에 대한 소명을 요구해 사실상 '불법 하도급이 없었다'는 업체측의 주장만 인정해주는 꼴이 됐다. 건교부 관계자는 "울산 남구청을 통해 전문건설업체측의 소명을 들어보니 불법 하도급 실태를 발견할 수 없었다"며 "불법 하도급이 많이 이뤄지고 있다는 이야기는 들었지만 실제로 그런 실태를 확인하기는 어렵다"는 변명만 늘어놓았다. 이번 사태가 불법 하도급 실태 및 건설산업의 문제점 때문에 발생한 문제라는 것을 인정하면서도 문제를 해결하려는 의지조차 보이지 않는 게 바로 이 땅의 관료들이다.

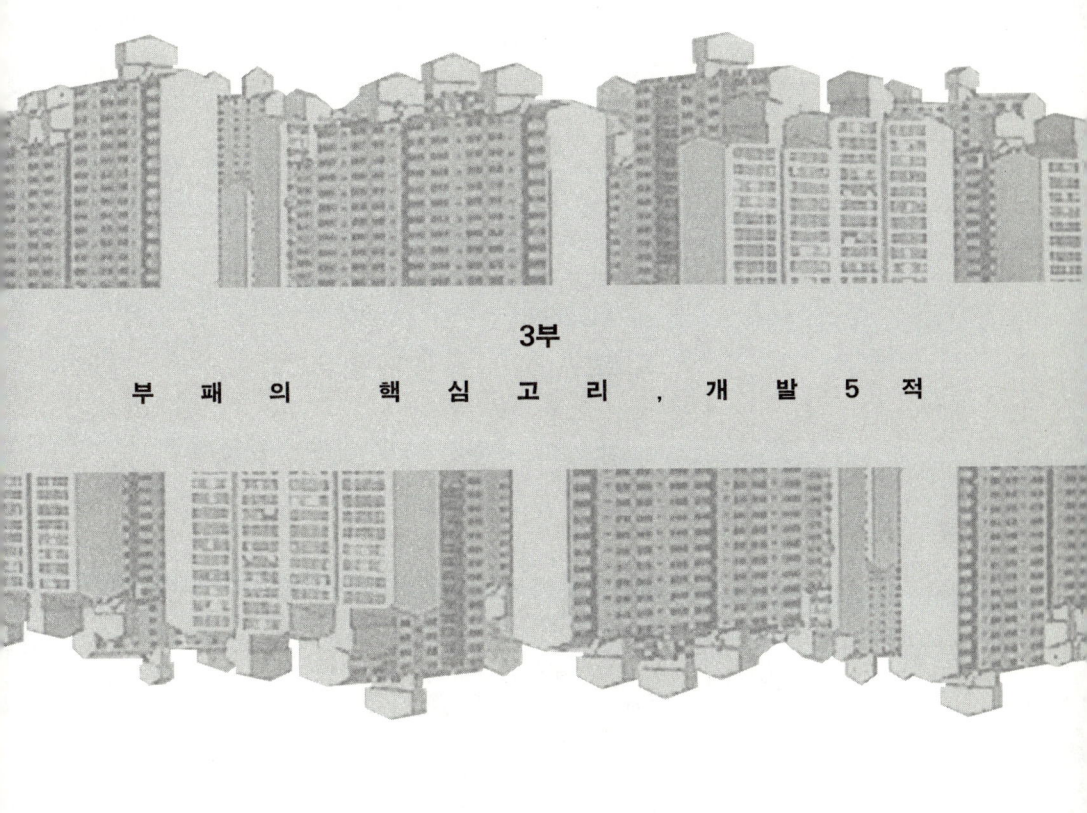

3부

부 패 의 핵 심 고 리 , 개 발 5 적

예산낭비와 부동산거품의 핵심고리, 개발 5적을 해부한다

[1. 개발공사들이 개발독재시절을 지탱하다]

"관료들은 집값 잡는 해법 몰라서 안 하는 것이 아니고, 알고도 안 하거나 알고도 못한다. 집 없는 서민들 위한다는 말은 단지 사탕발림일 뿐이다. 30년 부지런히 일해서 건설업체들이 터무니없이 올려놓은 아파트 살 수밖에 없는 구조로 만들어놨다. 평생 죽어라고 일해서 대기업 아파트 건설업자들만 배 불리는 구조에서 못 빠져나가게 만들어놓았다. 이것이 형태만 바뀌었지, 조선시대의 부패한 관료와 양반들이 사회하층민 노동력 착취하는 것과 무엇이 다르겠는가!"

2005년 4월 미디어다음의 토론방에 한 독자가 올린 글 가운데 일부다. 이처럼 많은 국민들은 부동산투기로 심한 위화감과 박탈감에 사로잡혀 땅값과 집값 안정을 바라는데도 집값은 계속 치솟고 있다. 분명히 집값에 거품이 잔뜩 끼어 있다는 게 대부분 사람들의 인식인데도 투기세력에 의한 매매 없는 호가 급등현상이 나타나고 있는 셈이다.

앞에 인용한 네티즌의 글처럼 많은 이들은 정부가 집값을 못 떨어뜨리는 게 아니라 안 떨어뜨리는 것이라고 보고 있다. 실제로 부동산정책의 주무 부처인 강동석 전 건교부 장관이나 이헌재 전 재경부장관은 지속적으로 집값을 '상향' 안정화시킨다는 메시지를 금년 초까지 지속적으로 던져왔다. 건교부나 재경부만이 아니라 건설,주택산업연구원 등 건설업계의 이해를 대변하는 연구기관은 집값 거품이 끼지 않았다며 집값이 추가 상승할 여지가 있음을 시사하는 각종 보고서를 내놓는다. 일부 언론은 '정부의 규제책이 오히려 집값 상승을 부추겼다'며 규제책을 무장 해제하라는 내용을 보도한다. 선진국의 10분의 1 수준인데다 집부자가 오히려 세금을 적게 내는 보유세 실태를 지적하기보다는 정부의 '생색내기' 보유세 강화 정책조차도 금방 재산세 파동이 날 것처럼 보도해왔다. 보유세가 불과 수십만 원 오르는 사이 집값이 몇억 원이나 올랐다는 사실은 쉽게 전면에서 사라진다.

이처럼 잠깐만 훑어봐도 대한민국에는 집값 하락을 원하지 않는 강한 기득권 구조가 형성돼 있음을 쉽게 알 수 있다. 이 같은 기득권 구조에 의해 저질러지는 무차별적 개발과 건설사업, 이로 인한 땅값, 집값 상승에 편승하는 분위기를 학계에서는 '토건국가 현상'으로 규정하고 있다. 반연간지 '민주사회와 정책연구'는 2005년 초 소장학자들의 토론을 거쳐 '한국, 또 다른 토건국가'라는 제목의 특집을 내고 한국의 각종 개발 현상을 토건국가 현상의 맥락에서 분석하기도 했다. 홍성태 상지대 교수가 한 인터뷰에서 설명한 내용을 통해 '토건국가'의 개념을 파악해보자. "개번 매코맥이라는 사람이 쓴 『일본 허울뿐인 풍요』라는 책이 있다. 거기서 현대 일본을 분석하면서 '토건국가'라는 개념을 썼는데, 토건업체, 지방 토호, 국회의원, 정부가 한통속으로 묶여서 개발사업을 계속 벌이면서 돈을 벌고, 그런 식으로 굴러가는 사회 시스템을 가리킨다. 땅값 상승, 부동산투기에 대한 기대심리로 일반인들도 이것을 방관하거나 여기에 편승한다."

학자들은 국내의 경우 일본 못지않게 토건국가적 성향이 더 강하다고 지적한다. OECD국가 중 건설과 부동산 등이 차지하는 비중이 25%로 가장 높다는 점이 이를 웅변한다는 것이다. 또한 콘크리트 구조물 덩어리인 아파트가 도시주택의 60% 가량을 차지하는 나라는 유례를 찾기 힘들다는 점도 토건국가의 대표적 사례로 꼽힌다.

토건국가적 현상은 수십 년 동안 형성돼온 구조다. 이들 학자들은 박정희 개발독재시절을 지탱한 것이 군부세력과 함께 토공, 주공, 수자원공사, 농업기반공사 등 각종 개발공사들이었다고 주장한다. 정부는 이들 개발공사들을 축으로 건설업계와 강한 유착구조를 형성해 각종 개발사업을 통해 취약한 정당성을 확보했다는 것이다. 실제로 60~70년대 개발주의시대에는 사회적 인프라와 이를 구축할 재원이 부족해 공급자주도의 사회기반시설 공급이 어느 정도 필요했다고 할 수도 있다. 문제는 시대가 더 이상 개발주의시대의 외형적 성장방식이 통하는 시대가 아닌데도 개발주의시대의 낡은 구조가 온존해 한국의 선진사회 도약을 가로막고 있다는 점이다.

토건국가를 지탱하는 구조는 끊임없이 불필요한 토건사업, 심지어는 만들수록 해악만 끼치는 개발사업을 지속적으로 만들어낸다. 대표적인 사례가 새만금사업이다. 새만금사업은 추진 당시부터 경제성과 타당성이 의심됐고, 우루과이라운드 이후 쌀시장 개방이 확정됨으로써 경제성과 타당성이 없음이 전문가들 사이에서는 결론이 난 사항. 서울행정법

원도 사실상 이를 인정하는 판결을 내렸다. 심지어 유종근 전 전북지사의 보좌진 가운데 한 사람도 "새만금사업은 정치적 효과 때문이지 사실경제적 타당성은 전혀 없는 사업"이라고 기자에게 털어놓을 정도다. 그럼에도 불구하고 정부나 지자체는 '낙후된 전북 개발'이라는 구호 아래 지금까지 계속 이를 끌고 왔다. 또한 개발공사 가운데 하나인 농업기반공사는 '수십년 간 우리 공사를 지탱할 사업'이라는 말을 공공연히 내뱉으며 사업 지속을 요구하고 있고, 관련 주무 부처인 농림부도 이를 옹호하고 있다. 언론은 이 같은 새만금 간척사업의 중지를 요구하는 법원의 판결에 대해서도 국책사업의 지속 여부를 국민적 관점과 미래세대의 관점에서 따지기보다는 오히려 '시민단체가 국책사업의 발목을 잡는다'고 보도한다.

토건국가 현상을 지탱하는 낡은 관료세력들은 상식이 된 내용까지 왜곡하며 토건국가 현상을 부채질하기에 여념이 없다. 이를 잘 보여주는 사례가 2005년 1월 31일자 일간지 2면에 실린 〈댐 건설 등 부정적 묘사 사회 교과서 내용 고쳤다〉는 제하의 기사다. 이 기사 내용 가운데는 이런 표현이 등장한다. "(건교부는 사회 교과서에서) '썩은 시화호' 부분을 손질하는 데 공을 들였다. 오염이 극심했던 1997년 초에 찍은 위성사진을 2003년 3월의 것으로 바꿨다. 시화호로 인한 해양 오염이 인천 앞바다의 굴, 바지락 양식장까지 영향을 미쳤다는 기술은 아예 삭제토록 했다. 또 '많은 국가들에서도 댐을 해체하고 강과 생태계를 복원시키려는 추세가 가속화되고 있다'는 대목은 삭제하는 대신 '최근 빈발하는 기상 이변 속에 용수공급, 홍수조절, 발전 및 레크리에이션 등을 위해 선진국들에서도 새로이 댐 건설의 필요성을 인식하고 있다'는 정반대의 입장을 병기하도록 했다."

자, 한 번 생각해보자. '시화호'는 잘못된 개발사업이 얼마나 큰 사회적 폐해를 낳는지 보여준 대표적 사례였다. 따라서 자라나는 세대들이 그 문제점을 충분히 인식하도록 해 이러한 일이 재발하지 않도록 해야 하는 게 맞다. 그런데도 건교부는 이를 보여주는 교과서의 사진과 표현들을 삭제토록 했는데, 스스로 얼마나 개발지상주의에 매몰돼 있는지를 보여주는 단면이다. 또한 자신들이 저지른 대표적 과오를 지우려 했다는 점에서 '정보통제' 시도라고 할 수밖에 없다. 댐은 또 어떤가. 개발주의 시대에 만들어진 댐들이 오히려 홍수를 키우고(국내의 경우 99년 연천댐 붕괴 사고로 인한 홍수피해가 이를 여실히 입증한 바 있다), 환경을 파괴하는 등의 부작용이 일어나 선진국에서 댐을 해체하는 현상이 일어난 지는 오래다. 그런데 이처럼 객관적인 서술마저 뒤바꾸고, 댐을 '미화' 하는 표현을 넣도록 했다. 수자원공사를 통해 지속적으로 댐공사를 만들어내기에 혈안이 된 건교부의 행태를 보여주는 사례가 아닐 수 없다. 이들 낡은 개발주의 관료세력들은 민간 교재제작업체에 압력을 가해 청소년의 정신세계까지 지배하려 든 것이다.

예산 낭비, 환경 파괴, 인적 투자 위축...토건국가 폐해 엄청나

문제는 이 같은 불필요한 토목공사가 엄청난 사회적 낭비와 폐해를 가져온다는 점이다. 또다시 새만금사업의 예를 들면, 최소 수조 원의 국민 혈세가 불필요한 사업에 낭비될 뿐만 아니라 그 과정에서 생태계가 파괴되고 새만금사업 현장 어민들의 생계터전이 파괴된다. 지역 어민들 속에서 살아 있던 지역문화도 파괴되는 것은 물론이다. 이 과정에서 이득을 보는 것은 수명을 다한 농업기반공사와 공사를 맡은 몇몇 건설업체, 일부 지역 토호 및 지역 정치인들뿐이다. 국민의 혈세와 소중한 자연자원을 소수의 토건국가 개발세력을 위해 상납하는 꼴이다.

　이처럼 불필요하거나 오히려 해악을 주는 토건사업들을 우리는 곳곳에서 목격하고 있다. 한쪽에서는 문을 닫으면서도 한쪽에서는 계속 지방공항 건설공사가 진행된다. 수천억 원을 들인 고속철도 광명역사는 거대한 철골 구조물로 전락했고, 웬만한 규모의 도시에는 모두 들어선 종합운동장은 연간 이용율이 10%도 안 되는 경우가 허다하다. 각 지역의 문예회관은 어린이들의 학예회 공간으로 변한 지 오래다. 1인당 도로포장비율이 세계 최고 수준이 됐어도 여전히 개발의 명분 아래 한적한 농로까지 콘크리트 도로로 포장된다. 천성산 자락인 경남 양산시 명곡동~동면 사이에 건설되는 4차선 건설공사의 사례를 보면, 국민의 막대한 혈세가 토건사업에 아무렇게나 낭비되고 있는지를 쉽게 알 수 있다. 프레시안이 2005년 5월 23일자로 보도한 내용에 따르면, 이 도로의 전체 길이는 11.43km이고 이 도로에 건설되는 터널 길이만 2,126km. 그런데 11km에 불과한 지방도로를 건설하기 위해 1,500억 원이라는 엄청난 예산이 들어간다. 도로 1km당 135억 원 꼴이다. 편백나무, 히말라야시다, 소나무 같은 아름드리 나무들로 울창한 숲을 밀어 만드는 도로 위로 얼마나 많은 차량들이 다니게 될까. 토목과 건설을 만능으로 여기는 일본사회를 꼬집은 『치명적인 일본(원제 Dogs and Demons)』이라는 책에서도 나오지 않을 법한 토건국가 현상이 아닐 수 없다.

　이뿐인가. 충분히 관리, 보수해 쓸 수 있는 도로마저 '확장'이라는 명목으로 사실상 새롭게 깔아 중복투자로 예산을 낭비하고, 건설업체들의 배를 불리고 있다. 국토연구원 보고서에 따르면 영동고속도로, 국도 44호선 확장 및 정비공사처럼, 말만 '확장'이지 사실상 신규 건설된 도로 때문에 기존의 도로변 상권마저 죽이고 있다. 일일이 열거하지 않아도 건설업체들이 결코 손해를 볼 수 없는 구조로 만들어진 민자 SOC사업 등의 예산낭비 사례 등 공공건설사업의 예산낭비를 지적한 감사원 보고서는 계속 줄을 잇고 있다.

이런 토건사업들에 들인 예산은 단순히 낭비되는 것이 아니다. 국가의 한정된 자원을 불필요한 곳에 과도하게 사용했기 때문에 정작 예산이 쓰여야 할 곳에 돈이 가지 못해 국가 전체의 성장잠재력과 복지 및 문화 인프라를 갉아먹는다. 불필요한 토건사업을 줄이고 건설 개혁을 실천해 막대한 예산낭비를 막아 마련한 돈의 절반씩만 성장잠재력 확충과 복지 및 문화 인프라 구축에 쓴다면 대한민국은 10년 안에 확 달라질 것이다. 괜히 '성장과 분배'라는, 말도 안 되고 현실에 전혀 도움도 안 되는 변형된 색깔 논쟁에 우리 사회가 시간을 허비할 필요도 없게 된다.

2005년 초부터 대한민국 거의 모든 국민들을 분노케 했던 '부실도시락' 파문을 돌이켜보자. 한창 자라나는 전국의 빈곤계층 아이들에게 도시락을 제공하기 위해 책정된 예산이 372억 원이었다. 그나마 중앙정부가 내놓은 예산은 예비비 및 복권기금 171억 원이 전부였다. 공공공사 입찰제도만 제대로 개혁해도 재벌건설업체 배 불리는 데 낭비됐던 10조 원의 예산을 쉽게 절감할 수 있다. 건설업계와의 유착에 빠져 국민예산을 펑펑 써대는 정부관료들만 제정신 차리면 얼마나 많은 우리 아이들이 '배고픔의 설움'에서 벗어날 수 있는가. 아마 그들 가운데 일부만 제정신 차려도 '부실도시락'은 고사하고 지원대상 어린이들 모두에게 '황제도시락'을 지급할 수 있을 것이다. 더 나아가 사회 양극화가 심화되는 가운데도 여전히 빈약하기 짝이 없는 사회복지 인프라를 대폭 확충할 수 있음은 물론이다.

문화영역은 어떤가. 각 지자체들이 문예회관이나 각종 공연장, 조형

물 같은 콘크리트 구조물을 올리는 데는 매년 수백억, 심지어 수천억 원을 예사로 쓰면서도 그 공간을 채울 프로그램 진행자를 채용하고 교육하는 데 쓰거나 지역 예술문화단체를 지원하는 데 쓰는 예산은 수억 원도 안 되는 경우들이 많다. 경기도 고양시 일산구의 한 미술가는 "매년 지역 미술인들이 함께 전시회를 하기 위해 시에 지원을 부탁해도 거절 당하기 일쑤"라며 "매년 문화 인프라를 만든다며 콘크리트 건물 올리는 데 쓰이는 예산의 100분의 1만 문화 예술인들 지원에 써도 우리의 지역 문화 수준이 한 단계 올라갈 것"이라고 말했다.

이 같은 각종 건설사업은 환경도 심각하게 파괴하고 있다. 건설사업을 만들어내기 위해서라면 법으로 규정된 사전영향평가조차 형식적인 절차로 그들에게는 단지 걸리적거리는 장애물 취급하는 것이 정부와 지자체, 공공기관의 태도다. 한나라당 공성진 의원이 2004년 9월 발표한 국정감사자료에 따르면 2002년부터 2004년 상반기까지 환경영향평가 대상사업 임데도 이를 거치지 않고 사전공사를 강행하다 적발된 36개 사업장이나 됐고, 이 가운데 61% 가량인 22개 사업의 주체가 공공기관이었다. 이들 공공기관은 스스로 환경영향평가를 받지 않는 것은 물론이고, 민간사업의 불법행위에 대한 감독도 제대로 이행하지 않는 것으로 밝혀졌다.

한국전력이 백두대간의 봉우리 곳곳을 훼손하며 건설했던 송전탑 건설사업은 또 어떤가. 이 작업에 참여했던 전직 H건설 직원은 "허가된 것보다 훨씬 더 많은 산림훼손이 밥 먹듯이 이뤄졌다"며 "이런 사실이 행정당국이나 경찰에 적발돼도 벌금 조금 내면서 계속 공사를 강행했다"고 기자에게 전했다. 그는 당시 건설현장에 있던 H건설 직원들이 대부분 돌아가면서 한 번씩 경찰 조사를 받고 벌금형을 받을 정도였다. 건설업체들은 조상들이 반만년 보존해온 금수강산을 파괴하고, 직원들이 돌아가면서 범법자가 되는 것도 전혀 아랑곳하지 않을 만큼 광포한 이윤추구의 속성을 드러낸 것이다.

토건국가현상은 전체 경제 구조를 봐도 얼마나 심각한 국가적 낭비인지 명확하다. 지난 10여 년 동안 한국경제는 전통산업에서 IT산업 등 첨단산업 위주로 구조가 급격히 재편됐다. 첨단산업은 전통산업과 달리 연구개발과 고급 기술인력 양성 중심의 지식서비스산업으로 예산이 편성돼야 하는 산업이다. 하지만 현 정부는 여전히 '건설경기부양'을 명목으로 '한국판 뉴딜정책'을 펴겠다고 한다. 산업구조는 변했는데 예산편성은 여전히 건설 등 전통산업 중심으로 편성해 단기적인 경기자극에 매달려 있는 셈이다. 청와대 아래 10여 개 위원회 가운데 동북아시대위원회, 국가균형발전위원회, 지속가능발전위원회 등 4~5개가 개발을 위한 위원회이고, 15개의 정책 로드맵 가운데 13개가 건설개발 정책이다. 청와대가 무슨 개발회사이며 건설회사인가. 청와대가 무슨 개발의 산실이 아니고서는 있을 수 없는 일이다. 대통령과 청와대는 말로는 "인위적인 경기부양은 안 하겠다"고 하면서도 실제 내용은 모두 개발 정책으로 가득하다. 지자체는 지자체대로 지역특구, 경제특구, 민자유치, 재벌도시, 재정지원 사업 유치를 위해 혈안이 돼 있다.

한나라당 임태희 의원이 2004년 국정감사에서 밝힌 자료에 따르면 현재 정부가 벌이고 있는 각종 국책사업 규모는 1,000조 원에 가까운 971조 5,054억 원이나 됐다. 도대체 전 국토에 얼마나 많은 사업이 벌어지고 있는지 아무도 모를 정도다. 재경부 자료를 토대로 한 임 의원의 발표는 지자체가 벌리고 있는 사업이나 민자사업, 민간개발사업 등이 제외된 것이어서 지금 전 국토에서 벌어지고 있는 건설사업의 규모는

3,000조 원에 이를 것으로 추정된다. 지금 대한민국은 단군 이래 최대의 개발사업과 건설 공사판이 되어가고 있다. 개발을 하지 말자는 것이 아니다. 개발을 하더라도 사업타당성과 경제성 등을 꼼꼼히 따지고 치밀한 계획을 세워 '선 계획 후 개발' 해야 한다. 이렇게 막 저질러 놓고 보자는 식이어서는 안 된다. 그런데 이런 절차와 요소들은 다 무시되고 정부와 정치권은 경기부양, 경제성장률에만 얽매여 막무가내로 개발사업을 벌이고 있다.

이것이 우리만의 주장이 아니다. 김상조 참여연대 경제개혁센터소장 (한성대 교수)도 비슷한 의견임을 확인할 수 있다. 그가 2005년 7월 초에 참여연대 홈페이지에 띄운 글의 일부다.

"지난 2년 반 동안 참여정부가 뭘 해왔는가를 금방 확인할 수 있다. 참여정부 들어서 재벌개혁, 금융개혁, 노사관계개혁, 하도급개혁, 세제개혁, 사회복지개혁 등의 구조개혁 과제에서, '사문화된 지 이미 오래된' 수십 개의 로드맵 만들고, '억지 춘향격'의 청와대 모임 몇 번 한 것 이외에, 실질적 진전을 이룬 것이 뭐가 있는가.

반면, 미래의 성장동력 확보라는 이름으로 진행된 산업혁신 클러스터, 기업도시, 10대 신성장산업 육성, 수도권 공장증설 허용, 중소기업 지원, 벤처육성, 시베리아 유전개발, 금융허브 구축. 여기에다 지역 균형발전이란 이름하에 진행된 경제자유구역, 행정수도 이전, 공공기관 지방 이전, 행담도 개발, S프로젝트, J프로젝트 등. 산업정책 및 지역개발정책적 아이디어는 열거하기 힘들 정도로 차고 넘친다.

결국 참여정부 경제정책의 핵심은 구조개혁이 아니라 개발정책이다. 참여정부는 개혁정부가 아니라 개발정부다. 노무현 대통령이 혹시 이 글을 읽으면, '억장이 무너진다'고 말할지도 모르겠다. 참여정부의 개발정책은 과거 개발연대의 그것과는 근본철학이 다르다고 주장할 것이다. 철학이 다를지는 모르겠으나, 개발정책의 전달장치, 즉 정책수단은 과거와 조금도 달라지지 않았다. 그것은 바로 관료와 재벌이다. 우리가 기억하는 참여정부 경제정책의 모든 것이 이 틀을 벗어나지 못하고 있다. 특히 경기회복 지연에 따른 조급증이 개발정책 의존도, 관료와 재벌 의존도를 더욱 심화시키고 있다. 그래서 그 결과도 과거 개발연대와 크게 다르지 않게 되었다. 부동산거품은 그 징후의 하나일 뿐이다."

이 같은 국가자원배분이 우리의 성장잠재력을 갉아먹고 있음은 길게 설명할 필요가 없다. 심지어 2004년에는 경제정책의 수장이 경기 활성화를 위한 정책의 하나로 골프장을 무더기로 인허가하겠다는 발언을 내놓기도 했다. 이에 대해 올 초 숨진 고 임길진 박사(전 KDI 국제정책대학원장)는 "골프장 건설을 경제정책의 수단으로 삼는 것은 세계에 유례가 없는 정책"이라고 비판한 바 있다. 그런데도 재경부 P 차관보는 2005년 5월 경기침체가 심화되자 "골프장이 100개만 들어서도 지방 건설업체들에게 도움이 될 것"이라는 터무니없는 발언을 뱉어내기도 했다.

[2. 정-관-건, 부정부패는 단체로 벌어진다]

토건국가적 현상은 공공사업 영역뿐만 아니라 민간영역에서도 엄청난 자원낭비와 거품을 만들고 있다. 이게 바로 2001년부터 일어난 부동산 투기 현상이다. 그 동안 건설업체들은 대형국책사업이나 공공건설사업의 입찰에서 교묘한 방법을 동원해 배를 불려왔다. 국내의 민자사업을 포함한 정부 차원의 국내 공공공사 발주 규모는 매년 약 70조 원 규모이다. 이들은 예산편성 때부터 예정가격을 30~40% 부풀린 다음 대형건설업자간의 담합을 통해 수십 년간 매년 15조~20조 원 이상의 불로소득을 챙기는 제도를 유지했다. 그것도 모자라 정부는 사업을 시작하기도 전에 20~30%의 선금을 지급해 기업들이 이익금을 먼저 챙길 수 있도록 만들어주었다.

이 같은 공공분야의 관행은 민간건설 부문에도 그대로 이어진다. 지난 5년간 아파트 분양가는 3배 가량, 전체 주택가격은 500조 원 이상 상승했다. 참여정부 출범 이후에만 276조 원이 급등했다. 계획도 철학도 없이 이어져온 건설 및 부동산정책은 아파트를 짓기도 전에 팔 수 있게 하는 선분양제도 등 공급자에게 특혜를 주는 제도로 가득하다. 아파트 값 폭등으로 국민들은 아우성을 쳐도 공급자인 건설업체들의 폭리를 보장해주는 제도는 바뀔 줄을 모른다. 정부와 공기업은 서민들의 농지와 택지를 값싸게 사들이거나 강제로 수용해 조성된 택지를 건설업자와 개발업자들에게 값싸게 매각한다. 이들 건설업자들은 싼값에 사들인 택지에 '허수아비 감리'를 세워놓고 거품이 잔뜩 낀 분양가로 판매하면서도 20~30년 후에 부수고 다시 지어야 하는 부실 주택을 만들기도 전에 소비자에게 판다. 이 과정에 동원되는 투기꾼들은 주변가격까지도 덩달아 뛰게 만들어 전 국토를 투기장으로 만들고 온 국민을 투기판으로 끌어들이는 제도를 고치려고도 하지 않는 나라. 70년대 중반부터 약 30년간 이런 식이었으니 얼마나 많은 자들이 부패와 타성의 늪에 빠져 있는 것인가. 우리의 후손과 미래세대가 무엇이라 평가하겠는가?

이 같은 토건국가를 유지하면서 공공부문에서 연간 15~20조 원의 혈세를 낭비하고, 민간부문에서 거품이 잔뜩 낀 아파트로 수백조 원의 부담을 국민에게 지우는 기득권 구조를 우리는 '개발 5적' 또는 '개발 5

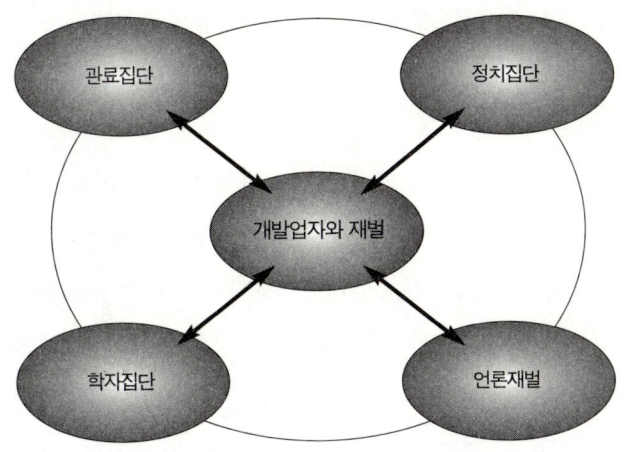

각 구조'로 표현한다. (부동산문제의 맥락에서 언급될 때는 '부동산 5적'으로 불려도 무방하다.) 개발 5각 구조는 각종 음성적 로비와 뇌물로 만들어진 건설공사를 통해 특혜와 폭리를 취하는 개발업자와 재벌, 건설업계의 로비를 받고 불필요한 각종 건설사업을 통해 개발주의식 성장 패러다임을 지속하려는 건교부를 중심으로 한 정부부처 및 공기업, 지자체 (넓은 범위의 '관료 집단'), 건설업계의 로비와 뇌물을 받아 각종 개발 편의적인 법과 제도를 만드는 낡은 정치권, 건설업계의 이해관계를 대변하는 각종 연구소 및 건설업계와 정부부처의 각종 용역을 받는 상당수 학자, 부동산광고를 매개로 지속적으로 '부동산세일즈 기사'를 싣는 신문을 중심으로 하는 상당수 언론 등이다. 이 같은 5각 구도에서 윤활유와 접착제 같은 역할을 하는 것이 불투명한 건설산업 구조에서 특혜와 거품으로 얻은 돈으로 형성되는 로비자금이다. 지난 10여 년 간 각종 부패사건의 절반 이상이 바로 건설사업과 연관돼 있었다는 점이 경실련의 자료분석을 통해서도 확인됐다. 국내 건설산업이 바로 부패와 예산낭비의 핵심고리임이 밝혀진 것이다. 이 강고한 개발 5각 구조가 바로 일반 국민들의 뜻과는 무관하게, 또는 정반대로 기득권 구조를 유지해주는 틀이 되고 있는 것이다.

이 같은 개발 5각 구조가 가장 적나라하게 드러난 것이 '분당 P게이트'였다. 검찰수사 결과, 당시 정권 실세였던 민주당 K의원, 또다른 K의원 처남 Y 당시 모 스포츠신문 사장, I 경기지사 부인 J씨, 건교부 소속 모 국장, 분당경찰서 J과장, 당시 K성남시장, 성남시의원, 사업시행자인 에이치원 개발의 H회장, H회장의 로비스트 등이 사법처리 대상이 됐다. 또한 K일보 L국장과 두 명의 성남 주재 기자, S경제신문 L기자 등 적지 않은 언론인이 이 사건에 연루됐다. 기자가 전에 일했던 언론사의 당시 고위인사도 부인이 사전특혜분양을 받은 것이 드러나기도 했다. 또 당시 서울대 모 연구소가 용역을 통해 이 사업에 연루됐다. 길게 설명하지 않아도 하나의 건설부패 사건 안에서만 해도 이들 5각 구조가 얼마나 긴밀히 연관돼 있는지를 알 수 있을 것이다. P게이트를 통해 알수 있는 것처럼 이 개발 5각 구조는 따로 떨어져 개별적으로 활동하는 것이 아니다. 또한 참여정부 출범 초 발생한 굿모닝시티 사건도 이와 비슷하다. 이들은 각종 특혜와 이권, 뇌물과 접대, 광고와 논리 제공 및 전파 등의 이해관계를 주고 받으며 긴밀히 연계돼 공생하고 있다. 물론 이들 개발 5각 구조에 종사하는 모든 사람들이 이 같은 기득권 세력이라는 것은 아니다. 하지만 이 5각 구조 속에 있는 사람들 가운데 상당수는 자신이 의식하든, 못하든 구조적으로 이 같은 기득권 구조를 유지하는 경향이 매우 강하다는 것이다.

각종 부패사건, 적나라한 정-관-건 유착구조 드러내

정치권-관료 · 지자체 · 공기업-건설업계는 각종 제도적 · 정책적 · 경제적 이해관계를 주고받으며 개발 5각 구조의 물적 토대를 형성하고 있다. 건설업계는 개발사업권을 챙기고, 공사를 수주하거나 기존 특혜구조를 유지 확장하기 위해 정치권과 관료 · 공기업에 로비와 뇌물 공세를 벌인다. 상당수 정치권 인사들은 이들로부터 뇌물과 청탁을 받고, 이들의 이해에 부합하는 각종 지역구 개발사업을 '지역발전'이라는 명분 아래 추진한다. 중앙정부는 건설업계의 로비와 뇌물 공세를, 또 한편으로는 정치권의 청탁과 압력을 받아 기존의 제도적 특혜를 유지하고, 개발사업을 남발한다. 지방정부는 지역구 출신 정치인들과 손을 잡고 각종 지역개발 유치사업을 벌인다. 이를 위해 중앙정부에 로비를 넣거나 압력을 행사하고, 건설자본에 수시로 '러브콜'을 보낸다. 기업도시라는 허구적 이름의 '재벌도시', '지역특구' '대규모 골프단지 건설' 등의 사업을 유치하기 위한 총력전이 전국 곳곳을 개발의 열풍 속으로 몰아넣는다. 지역의회와 자치단체장, 지역구에 기반을 둔 국회의원 거의 모두가 개발사업을 자기 지역에 끌어들이기 위해 치열한 경쟁을 벌인다. 개발 공기업은 지속적인 개발사업을 통해 방만한 조직을 유지하고, 건설업계 위에 '발주자'로서 군림한다.

건설업체와 정치권, 관료복합체의 커넥션을 적나라하게 보여주는 사례는 이미 얼마든지 드러나 있다. 각종 부정부패 사건의 절반 이상이 건설관련 비리라는 것은 앞에서도 설명했다. 지난해 검찰의 불법대선자금 수사에서도 밝혀졌지만 H건설, D건설, L건설 등 내로라하는 대형 건설업체들은 비자금을 조성해 각종 명목으로 정치권에 제공해왔다. 역대 정권마다 사회적 물의를 일으켰던 정치권과 건설회사의 뿌리깊은 정경유착 구조 실상이 전혀 변하지 않았음이 드러났다. 실례로 지난 대선자금 수사에서 (주)B사 L모 회장이 270억 원대의 비자금을 조성해 이 가운데 일부를 정치권 로비자금으로 사용한 사실이 드러나기도 했다. 또 굿모닝시티 사업 인허가와 관련, 집권여당의 실세였던 J 의원과 서울시 C 부시장 등이 뇌물을 받은 혐의로 함께 구속됐다.

또한 2005년 들어서는 상수원 보호구역과 관련된 로비를 풀어달라는 청탁과 함께 뇌물을 받은 혐의로 K 경기도 광주시장(5억 원)과 이 지역 P 한나라당 의원(8억 원)이 동시에 구속되기도 했다. 이들을 상대로 로비했던 건설업체 사장은 인허가 관련 로비자금으로 무려 60억 원을 사용했다고 법정에서 진술하기도 했다. 또 열린우리당 정조위원장을 지낸 A 전 의원과 국회 부의장을 지낸 K 전 민주당 의원은 H공영으로 부터 수천만 원대의 정치자금을 받은 혐의를 받고 있다.

이밖에도 경찰청 특수수사팀의 한 경찰이 H건설 임원 한 사람을 조사하는 과정에서 군 부대 공사와 관련, 로비 리스트가 줄줄이 나오기도 했다. 또 S 전 의원은 원고로 써놓은 내용을 정작 국감현장에서 해당 건설업체의 비리를 언급하지 않는 조건으로 음침한 지하주차장에서 억대의 뇌물을 수수한 혐의가 드러났다. 지난해 하반기에는 주택공사와 수자원공사의 사장들이 건설업체로부터 뇌물을 받은 혐의로 줄줄이 구속되기도 했다.

특히 지자체 공무원과 지역 건설업체의 유착구조는 갈수록 심각한 양상을 보이고 있다. 지방자치제 실시 10년 만에 지방자치제의 참뜻인 주민자치는 온데간데 없고, 개발업자들만이 득세하는 '개발자치' 시대가 만개한 듯하다. 실제로 현 정부 들어 자치단체장 가운데 P 전 전남도지사, A 전 부산시장 등이 건설업체로부터 뇌물을 받은 혐의로 구속됐었다. A 인천시장의 경우 1심에서 무죄판결을 받기는 했으나 주공 자회사인 H기업을 인수했던 B건설 사장으로부터 수억 원의 '굴비상자'를 전달받았다가 나중에 경찰에 신고해 구설수에 오르기도 했다. 서울시의 경우 Y 부시장이 청계천 개발사업과 관련, 수억대의 뇌물을 받은 혐의로 구속됐다.

기초자치단체 수준의 커넥션도 심각하다. 2002년 지방선거 당시 기준으로 광역의원 609명 중 5.7%인 35명, 기초의회의원 3,485명 가운데 6.6%인 230명이 건설업체 대표나 사장 출신이었다. 실제로 이들 가운데 일부는 자신의 직위를 이용해 건설공사를 따내기도 했다. 경주시의회 한 의원은 2003년 자신 소유인 건설업체 명의로 면 단위 수해복구 사업 3건, 자신 부인 명의 건설업체를 통해 5건을 수의계약해 물의를 빚었다.

수도권의 한 재건축아파트 건설현장에서 일하는 이모 씨(41)의 사례도 기초자치단체 공무원과 건설업체의 유착관계를 짐작케 한다. 그는 "최근 아파트 공사현장에서 철근을 적게 써 아파트 1층 천정에 금이 가는 등 부실시공 정도가 심해 관련 공무원에게 신고를 해도 아무런 조치가 없었다"며 "오히려 담당 공무원은 나중에는 내게 '건설회사에 불만 있는 사람 아니냐'고 다그칠 정도였다"고 말했다.

국회의원들이 가장 선호하는 상임위가 건교위인 것도 이 같은 '개발 5각 구조'와 무관하지 않다. 지역개발을 유치하기 위해 건교부에 압력을 행사할 수 있고, 지역개발에 참여하는 대가로 건설업자들의 이해관계를 정책이나 사업배정에 반영해줄 '채널'을 확보할 수 있기 때문이다. 16대 때 건교위를 담당한 한 국회의원 보좌관 장모씨는 "건교위 소속 의원은 도로, 철도, 공항 등 건교부가 집행하는 각종 국책사업을 우선적으로 배정받을 가능성이 높다"며 "이는 건교부 정책에 대한 침묵과 타협의 대가라고 할 수 있다"고 말했다. 그는 또 "건교위에 있으면 각종 건설업계의 로비가 끊이지 않는다"며 "각종 건설업체들의 로비와 뇌물 공여 사실이 드러나 구속되는 인물들이 많았던 것도 이 때문"이라고 덧붙였다.

이 같은 사실은 지역과 여야를 떠나 매년 국회 예산심의 과정에서 반복되는 선심성 건설예산 나눠먹기 행태에서 잘 드러난다. 특히, 선심성 도로예산은 지역구 의원들과 건설업체들 간의 이해가 가장 잘 맞아떨어지는 지점이다. 지난해에만 의원들의 각종 선심성 도로예산 '끼워넣기'로 원래 정부 안에 없었던 길을 만들거나 넓히는 도로예산이 국회 예산심사 막판에 1,699억 원이나 추가됐다. 2004년 SOC 예산 가운데 도로가 차지하는 비중이 48%에 이를 정도로 과다해 도로 예산은 줄이되 항만과 철도의 비중을 높여야 한다는 것이 전문가들의 지적이었다. 하지만 이런 지적은 통하지 않았다. 지역구 의원들은 지역주민들에게 가장 과시하기 좋은 사업이고, 건설업체에는 가장 이윤을 많이 안겨주는 사업이 도로공사다. 이러니 철도에 비해 환경파괴 정도가 매우 큰 도로가 형식적인 경제성 검토와 요식행위에 불과한 환경영향평가를 거쳐 전국 곳곳에 생겨나는 것 아닌가.

관료들, 퇴임 후 자리와 부동산재테크로 박봉 보상

건교부를 중심으로 한 정부부처 관료들은 그 동안 국민 전체보다는 건설업계의 목소리에 더 귀를 쫑긋 세워왔다. 건교부는 공영개발과 관련, 2004년 '주택공급제도 검토위원회'에 낸 의견에서 "공영개발방식은 택지개발이익의 완전한 회수가 가능하고 분양가 규제를 통해 서민들에게 저렴한 주택을 제공할 수 있다"면서도 "주택건설시장에서 공공부문이 지나치게 비대화돼 민간업체의 창의성이 저하되고 주택산업 경쟁력도 약화된다"고 주장했다. 건교부는 또 "공공주택의 건설처분 관리 등에 대한 시스템 구축이 선행되지 않은 상태에서는 실현 가능성이 낮다"고 덧붙였다. 건교부는 반면 판교신도시에서 추진하고 있는 채권경쟁입찰제방식에 대해서는 "택지 내 개발이익이 부분적으로 회수되고 분양가 상승도 우려되는 등의 단점이 있다"면서도 "민간주택건설 위축, 분양가 규제에 따른 시장왜곡 등 택지개발 이익 환수방안 마련에 따른 시장충격을 최소화할 수 있다"며 채권경쟁입찰제를 주택공급의 적정 대안으로 평가했다.

건교부의 주장은 공영개발 주장을 제대로 이해 못 하고 왜곡하고 있는 등 여러 면에서 문제가 많지만 주택정책의 주목표를 혼동하고 있다는 점에서 가장 큰 문제다. 건교부 의견을 보면 스스로 공영개발방식이 서민 주거 안정에 도움이 되는 반면 건교부가 옹호하는 채권경쟁입찰제는 집값 안정에 도움이 안 된다는 것을 알고 있다. 건교부는 주택정책의 첫째 목표인 서민주거안정을 제쳐두고 민간주택건설의 위축을 더 걱정해 기존 판교개발방식을 고집했음을 알 수 있다.

관료들이 국민보다는 건설업계의 이해를 더 강하게 반영하고 있음을 적나라하게 보여주는 사례는 더 있다. 주택 후분양제 미루기 등이 대표적이고, 2부에서 소개한 최저가낙찰제 확대 유보와 표준품셈 폐지 질질 끌기 등 건설업체의 배를 불리기 위해 예산을 낭비하는 사례도 이에 해당한다. 재벌을 위한 특별법을 만들어 통과시키는 데는 불과 5~6개월밖에 걸리지 않는데, 서민을 위한 정책을 통과시키는 데 최소 3~5년이 걸리고 그나마도 생색내기용, 미루기용 방안인 경우가 허다했다. 2003

년 '10.29 대책'에 포함됐던 보유세 강화 방안을 1년 후에 처리하면서도 체계적인 방안을 마련하지 못하고 일부 관료 출신 여당 정치인들의 요구를 받아 '종합부동산 구멍세'를 만든 것이 대표적이다. 관료들은 국민들의 제도개선 요청에는 '모르쇠'로 일관하면서도 건설업계 등의 요구에는 일사천리로 일을 처리한 게 한두 번인가.

총리실 산하 규제개혁기획단의 구성을 보면 우리 정부 관료들이 얼마나 재벌과 건설업계의 '포로'가 돼 있는지를 쉽게 알 수 있다. 규제개혁기획단은 공무원과 민간인 동수로 구성돼 있으나 민간인은 10대 그룹 실무자와 전경련, 대한상공회의소, 한국무역협회 등 3개 경제단체 및 관련 협회 부설 연구소 등 기업의 이해를 대변하는 사람들만으로 가득하다. 시민이나 소비자 입장에서 공익을 대변해줄 사람이나 시민을 위한 의견을 낼 사람은 거의 없다. 규제개혁기획단이 발표한 대책을 봐도 마찬가지다. 대기업의 서비스업 진출 관련 규제완화, 수도권 공장 신증설 제안완화 등이 대표적 규제 완화책이다. 규제개혁기획단은 또 규제완화 명목 아래 부동산값을 부추기는 여러 정책도 내놨다. 기획단은 민간의 택지공급 활성화와 기존 택지의 효율적 활용을 위한다는 명목으로 민간의 토지수용 요건을 완화하고 도시개발사업을 위한 최소 면적도 낮췄다. 택지공급의 용이성만을 고려해 개발이익을 최우선으로 하는 민간에 토지수용권 등 개발 권한을 대폭 완화해준 것이다. 또 주택사업자의 부담 완화를 위해 도로와 학교용지 확보 등 기반시설 설치부담도 줄여주고 공동주택건설시 각종 의무기준도 완화했다. 기획단은 또 '임대주택사업 활성화' 명목으로 임대사업자에 대한 세제개선 등을 포함시켰다. 이렇듯 건설업체들이 막대한 개발이익을 얻고도 필요한 최소한의 공적 부담은 덜어주며, 세금까지 깎아주는 제도들을 양산해냈다. 경제

전문가인 민주당 김종인의원이 주장하듯, 정부와 기업영역에서 일정한 선이 있어야 하는데 현 정부의 정책생산구조는 아예 이 경계선을 없앤 채 민간기업 실무자와 연구진에게 이를 맡기고 있다. 민간에게 직접 정책 생산을 맡길 바에야 공무원들이 왜 필요한가. 민간기업의 지나친 이해를 제어하고, 공익적 목적에 부합하도록 하는 것이 바로 '공공정책' 인데, 이 같은 정책은 '사설정책'에 다름 아니다.

　필자는 기획단의 민간위원들의 성격과 역할이 무엇인지를 직접 생생하게 경험한 바 있다. '글로벌 스탠더드'로 정부 예산을 절감해줄 '최저가낙찰제'의 확대도입이 유보된 데 대해 기획단이 2005년 2월경 도입을 검토하겠다고 해서 달려갔다. 필자는 최저가낙찰제의 취지와 도입 필요성을 설명하며 당시 중앙부처에서 파견된 모 국장이라는 사람에게서 무려 20여 차례에 걸쳐서 다짐을 받았다. 예전에도 '약속 뒤집기'를 당한 경험이 있어서였다. 그 국장과의 대화를 4시간 만에 끝내고 밤 10시쯤 사무실을 나가는데 민간위원들이 할 일도 없으면서 퇴근하지 않고 있었다. 다들 필자가 어떤 말을 했을지 걱정이 됐던 모양이다. 필자도 그들이 이후 또다시 손을 쓰지 않을까 걱정되기는 마찬가지였다. 그런데 아니나다를까. 이틀 후 새벽 조찬 모임에 갔더니 분위기는 확연히 달라졌다. 조찬모임에는 기획단 부단장이라는 사람이 건설협회와 건설공제조합, 서울보증, 설계협회, 감리협회, 건설단체총연합회 등의 건설단체 인사들과 함께 나타나 이틀 전과는 전혀 다른 말을 쏟아냈다.

　물론 좋게 보자면, 모든 관료들의 판단이 이해관계에 따른 것만은 아닐 것이다. 자신의 정책적 소신에 따른 것일 수도 있겠지만, 한 가지 분명한 것은 우리 관료들이 건설업계와 떼려야 뗄 수 없는 유착구조가 형성돼 있는 것도 사실이다. 이들과 건설업계의 커넥션 구조를 짐작케 하는 것이 고위관리들의 퇴직 후 행로다. 현 정부 출범 이후 2004년 말까지 건교부 출신 관료들의 퇴직 후 전직 현황을 조사해본 결과 상당수가 각종 건설사업자 단체의 간부나 관련 공기업의 임원 등으로 이동했다. 그나마 퇴직관료들은 이 같은 사실이 쉽게 드러날까 마음에 걸려서인지 대체로 1년 가량 지나서 전직한다. 쉽게 말해 현직 관료들은 '미래의 건설업자 단체나 산하 공기업 고위인사'인 것이다.

H 전 지방국토관리청장은 건설공제조합 전무로, C 국립지리원 4급은 협회 기술본부장으로, 또 다른 C 건교부 중앙도시계획위 지원팀장은 대한전문건설협회 산업정책본부장으로 옮겨갔다. 또 K 건교부 지방국토관리청 관리국장은 주택건설협회 부회장, L 국토지리정보원 2급은 대한측량협회 부회장, K 건교부 차관보는 전문건설공제조합 이사장, 건교부 oo건설기획단장은 전문건설공제조합 전무로 이동했다. 또 K 건교부 국도유지소장은 한국건설기술인협회 사업본부장으로, S 전 철도청장은 한국도로공사 사장으로, S 건교부 3급은 한국주택협회 전무로 이동했다.

이처럼 건교부 관료들이 퇴직 후 산하 공기업이나 건설업자 단체의 주요 임원으로 이동하는 것은 수십 년 간 굳어져온 구조적 문제다. 건설관료 및 정치인-산하 건설 관련 공기업-건설업자 단체 간에 굳건한 인적 커넥션이 형성되는 틀이기도 하다. 사실 공기업의 주요 임원들과 건설업자 단체의 주요 인사들이 건교부와 여권 정치권 인사로 구성되는 것은 너무나 잘 알려진 사실이다. 오랜 관료생활을 통해 서로를 잘 알고 있는 이들이 정부와 정치권의 정책형성과정에서 건설 공기업과 건설업체들에게 유리한 법과 제도를 만들도록 영향력을 행사하리라는 것은 불을 보듯 뻔하지 않겠는가.

관료들은 민간 대기업에 비해 상대적으로 낮은 수준의 연봉을 '부동산 재테크'를 통해 보충하려는 경제적 유인에 노출돼 있기도 하다. 실제로 기자가 입수한 자료에 따르면 건교부와 함께 건설 및 부동산 관련 정책의 핵심 부처인 경제부처 1급 이상 고위 관료들의 88% 가량이 서울 강남과 분당신도시 등 '부동산 부촌'에 살고 있는 것으로 드러났다. 이들이 2001년부터 지금 사는 곳에서 집을 소유하고 있었다면 모두 최소 수억 원대의 자산가치가 늘어났을 것임을 쉽게 짐작할 수 있다. 이들 관료들이 몇 년 동안 수억 원을 집값 상승으로 쉽게 벌었는데 이들이 집값을 떨어뜨리는 방향으로 정책을 집행하기 어려울 것임을 시민들까지 문제제기를 했었다. 2005년 상반기를 떠들썩하게 했던 잇따른 고위 공직자의 부동산투기 의혹도 결국 우리 관료들이 부동산 기득권 구조에 강하게 얽혀 있다는 것을 보여줬다. 이러니 '고양이에게 생선을 맡긴 꼴'이라고 개탄하는 것 아니겠는가.

[3. 부동산광고, 신문 지면을 점령하다]

건설업계-공무원집단-정치권의 커넥션은 그 동안 각종 비리 및 부패사건을 통해 그 실체가 어느 정도 드러났다. 하지만 이들의 기득권 구조를 옹호하는 논리를 개발하는 일부 학계 및 연구소 인력 등과 오도된 논리를 대중적으로 널리 확산하는 언론들의 역할은 제대로 알려지지 않았다. 이 같은 사실을 알려야 할 언론이 이 구조에 가담해 있는데다, 이들의 행위는 훨씬 은밀해 불법이나 부패행위로 잘 드러나지 않기 때문이다. 하지만 어찌 보면 개발 5각 구조 내 이들의 역할이 더욱 은밀하기 때문에 일반 국민들이 더욱 경계의 대상으로 삼아야 한다. 그들의 역할이 매우 공정하고, 객관적인 것처럼 위장되기 때문이다.

앞서 말했듯이 기득권 언론도 개발 5각 동맹의 핵심축 가운데 하나다. 여기서 말하는 기득권 언론은 흔히 말하는 보수언론만을 지칭하는 것은 아니다. 물론 이들이 가장 심하기는 하지만, 부동산문제에 관한 한 건설업계 중심의 시각으로 보도하는 모든 언론을 가리킨다. 따라서 경제신문들과 소위 '마이너신문' 가운데도 기득권언론에 포함되는 언론사가 많다. 방송도 마찬가지다. 언론의 논조나 정치적 성향과는 상관 없이 부동산이나 건설문제 등에 관한 한 한국의 많은 언론이 자유롭지 못하기 때문이다.

특히 민주화 이후 한국 언론은 광고주의 압력을 매우 심각하게 느낄 수밖에 없다. 구독료 수입이나 각종 부대사업과 광고수입이 반반씩 균형을 이루고 있는 《뉴욕타임스》 등 선진국 신문과 달리 국내 신문은 수입의 상당액을 광고수입에 의존하고 있기 때문이다. 각종 경품 등을 통해 구독자를 유치하는 관행에 젖어 있는 국내신문들의 경우 구독수입은 거의 그대로 신문지국 지원 및 소위 '확장비용' 등으로 나가므로 사실상 100% 광고수입에 의존하고 있다고 봐야 할 것이다. 원천적으로 신문사 경영이 광고주의 압력에 심각하게 노출될 수밖에 없는 상황이다. 더구나 신문편집에 대한 사주의 영향력이 큰 한국 신문의 경우 이 같은 광고주의 압력은 바로 보도 태도와 방향에도 큰 영향을 미치게 된다.

이렇게 광고수입에 전적으로 의존하다 보니 각 신문들은 서울 강남을 중심으로 소위 '구매력 있는 독자층'을 확보하는 데 혈안이 돼 있다. 구매력 있는 독자들이 신문을 봐야 기업이 비싼 광고를 실을 수 있기 때문이다. 재산세 문제를 과장하여 왜곡 보도하고, 정부의 투기억제대책을

'강남 때려잡기'라고 비판하는 대부분 기득권 신문의 논조가 한결같이 이들 독자층에 영합하는 방향임은 더 말할 필요도 없다. 이런 구조에서 이들 신문들이 서울 강남의 집값을 떨어뜨리는 방향으로 보도하기가 쉽지 않음은 물론이다.

결국 기득권 지향적 보도 → 구매력 있는 독자층 확보 → 고가 기업광고 유치의 잘못된 순환구조가 국내 기득권 언론의 보도태도를 더욱 오도되게 하는 셈이다.

이 같은 신문들의 '기득권 집착증' 보도태도는 갈수록 심해지고 있다. 방송과 인터넷 뉴스 포털, 무가지 등 경쟁매체들이 상승세를 타는 반면, 이들 신문들의 구독률과 열독률은 꾸준히 내리막길을 걷고 있어 광고유치에 갈수록 어려움을 겪기 때문이다. 2004년 한 메이저 신문사는 광고경기가 침체해 수백억 원대의 적자를 기록할 정도였다. 이러다 보니 신문사는 더욱더 기업광고 유치에 유리한 기사를 쓰는 데 혈안이 될 수밖에 없다. 마이너 신문의 한 기자는 "한 대기업을 비판하는 기사를 썼는데 데스크가 해당 기업에 전화해 '우리가 이런이런 기사를 준비했는데 우리 신문에 광고를 하면 기사를 안 쓰겠다'고 거래를 해 자괴감이 들었다"고 털어놓기도 했다.

특히 광고주 가운데서도 광고비 집행이 가장 많은 S그룹에 비판적인 기사를 쓰는 것은 더욱 어려워지고 있다. (S그룹과 기득권 신문의 유착구조는 2005년 7월 MBC의 소위 'X파일' 보도를 통해 드러났다. 대한민국 최대 재벌 그룹이 국내 유력 신문사의 사주를 통해 정치권에 비자금을 전달하게 한 사실처럼 한국의 기득권 구조에서 형성된 경-언·정-언 유착구조를 보여주는 사례가 어디에 있을까. 이 같은 유착구조가 지금이라고 크게 달라졌을까. 2002년 대선 당시에도 380억 원대의 불법자금을 대선주자들에게 전달했던 게 S그룹이었다.) 더구나 이미 메이저신문 가운데 2개가 S그룹과 사돈관계를 맺은 상황에서는 말할 나위도 없다. 실제로 한 메이저신문의 경영부문 직원은 "신문사의 존립이 사실 S그룹에 달려 있다"고 할 정도다. 다른 메이저신문의 한 기자는 "S그룹을 비판하는 기사는 쓰기도 어렵지만, 썼다고 해도 찌그러져서 신문 한쪽 구석에 들어가기 십상"이라고 말했다.

　이런 언론의 광고상황에서 부동산광고는 신문들이 절대 놓칠 수 없는 핵심영역이다. 부동산광고는 2001년 이후 지난해까지 IT광고, 학습지광고, 유통(백화점) 광고 등을 제치고 신문광고 매출 기여도 1위를 차지하고 있다. 메이저신문에서 부동산광고의 매출 기여도는 더 높다. 한 메이저신문사 광고국 직원은 "부동산붐이 인 2001년부터 지난해까지 부동산광고가 신문사 매출의 35~40% 전후를 차지해 사실상 부동산광고가 신문사들을 먹여살렸다고 해도 과언이 아니다"고 말했다. 아파트 동시분양 정보나 가격대 등의 정보는 고지성이나 시의성 측면에서 신문이 가장 적절한 매체로 평가받는다. 이 때문에 각 신문사들은 부동산광고를 유치하기 위해 여름 휴가철 등 비수기를 빼고는 매월 부동산광고 특집면을 별도로 제작한다. 부동산광고가 신문광고 매출의 3분의 1이상을 차지한다는 점은 신문들이 부동산투기 붐에 편승할 수밖에 없는 강한 유인을 가졌음을 보여주는 것이다. 특히 대표적인 반시장, 반소비자적인 제도로 꼽히는 선분양제 대신 소비자에게 유리한 후분양제를 신문들이 달가워할 수 없는 사정도 부동산광고 때문이다. 앞서 언급한 광고국 직원은 "후분양제가 도입되면 건설업체 스스로의 자금력으로 70% 이상 시공한 뒤 광고를 할 수 있게 돼 있어 광고물량이 대폭 줄어들 수밖에 없다"며 "신문사 입장에서는 최대한 도입을 막고 싶은 제도가 후분양제"라고 말했다.

물론 광고를 매개로 한 건설업체와 언론의 유착구조는 일방향적이지도 단순하지도 않다. 건설업체는 건설업체들 나름대로 언론과 기자들을 관리하는 데 많은 노력을 들인다. 앞서 1부에서 소개했던 한 전직 건설업체 직원의 증언을 통해서도 언론과 건설업체와의 유착구조를 확인할 수 있다. 그에 따르면 건설업체들은 업체가 땅을 산 지역에 대해 '유망개발정보' 등의 형식으로 언론, 특히 신문에서 보도되게 하는 등 '여론조작'을 시도한다. "건교부의 중장기 전략을 분석하는 자료를 내고 화성 동탄과 행정수도 부지 등이 터지면 얼마나 오르고 식의 정보를 계속 제공한다"는 것이다. 홍보팀에서 출입기자들을 체계적으로 관리하고 접대하는 경우도 있다고 한다.

건설이나 부동산을 담당하는 개별기자들도 강한 유착의 자장권 안에 들어 있다. 대부분 언론사의 건교부 출입기자들이 부동산문제까지 함께 담당하는 체제인데, 이들은 대부분 부동산 쪽에 특화돼 있다. 한 일간지 기자는 "건교부 출입기자들 대부분이 부동산문제를 담당할 뿐, 건설산업의 구조나 실태를 제대로 아는 기자들은 드물다"고 말했다. 그는 "기자들이 부동산 쪽을 담당한다고 해도 각사 지면에서 드러나는 것처럼 부동산문제를 재테크 차원에서 다루거나, 건설업체들의 홍보성 기사 위주로 쓸 뿐 부동산정책의 문제점을 심층적으로 분석하고 취재하는 경우는 드물다"고 말했다.

대부분 다른 취재영역과 마찬가지로 관 의존적인 취재 관행도 문제다. 기자들이 건설업계의 이해에 민감하게 반응하는 건교부의 시각과 논리에 익숙해질 수밖에 없다는 것이다. 한 방송사 기자는 "출입처를 중심으로 한 취재시스템 아래에서는 출입처의 시각이나 입김에서 완전히 자유로운 기자는 없다"면서도 "그러나 여러 출입처 가운데서도 건교부는 유독 출입처와 해당 업계와의 유착이 심한 곳 가운데 하나로 기자들 사이에서도 인식되고 있다"고 말했다. 이런 양상은 이들이 부동산 재테크 차원의 책을 낸 경우는 많지만 부동산정책의 문제점을 체계적으로 짚은 책을 낸 경우는 사실상 없다는 점에서도 드러난다.

더구나 건설 및 부동산 담당 기자들은 건설업계의 접대관행을 당연한 것으로 여긴다. 건교부 출입기자들 가운데는 각 개별 재벌건설회사가 마련한 기자실에 상주하다시피하며 '연락 간사' 역할을 맞는 경우도 있다. 심지어 이들 건설업체들의 지원으로 호텔 등에서 출입기자단의 회식자리가 열리기도 한다. 또한 해외건설현장 기공식 등을 계기로 재벌건설업체들이 돈을 대는 해외취재도 종종 있다. 이 같은 해외취재일정에는 취재일정 외에 관광성격의 일정이 끼어드는 경우가 적지 않다.

2005년 3월 KDI가 낸 〈주택시장 분석과 정책과제 연구〉 보고서를 소개한 일간지 기사는 신문사들의 친(親) 건설업계 편향적 시각이 어떤 오보를 만들어내는지 잘 보여준다. 대부분 일간지에서 이 보고서 내용은 '집값 억지로 누르면 더 뛴다'는 제목으로 소개됐다. 제목만 보면 정부의 부동산경기 억제정책이 오히려 역효과를 가져오므로 억제책을 쓰지 말아야 할 것처럼 오인하게 한다. 실제로 일부 신문들은 이 보도를 근거로 정부가 부동산경기 억제책을 쓰지 말고 시장에만 맡겨야 한다는 사설과 칼럼을 쓰기도 했다. 하지만 보고서 내용은 정부의 '냉온탕식 정책이 경제 주체들의 신뢰를 잃어 경기흐름에 따라 정부정책이 언제든 철회될 것이라는 인식을 줘 정부의 부동산 억제책이 효과를 얻지 못했다'는 내용이다.

결국 이 보고서의 주장은 정부정책이 일관성을 가져야 한다는 것이었다. 실제로 이 보고서를 작성한 연구원은 "언론의 기사내용이 보고서 내용을 제대로 반영하지 못한 것 같아 속상했다"며 "내게 기사제목을 뽑으라고 했다면 '정부 주택정책 일관성 가져야' 로 했을 것"이라고 말했다.

보고서의 내용과 작성자의 취지를 180도 비튼 전형적인 왜곡보도의 사례인 셈이다. 물론 이 같은 보도는 '기사 자판기' 처럼 빠른 시간 내에 기사를 처리해야 하는 부담을 가진 기자들의 전문성 부족 때문일 수도 있다. 하지만 상식적으로 이해하기 힘든 기사를 1면 등 주요면에 배치한 것은 신문사의 평소 태도나 이해관계와 무관하지 않은 것으로 보인다.

이뿐만 아니다. 청와대가 판교공영개발 방침을 밝힌 뒤 기득권 언론은 건설업계의 이해를 노골적으로 대변하고 있음을 드러냈다. 앞에서도 지적했지만, '판교를 공영개발하면 중대형 평형 물량이 적어져 집값이 더 뛴다'거나 "민간의 창의성을 제한한다"는 등의 왜곡보도가 그것이다. 공영개발방식을 이해도 못한 상태에서 반대여론을 형성하기 위해 급하게 쓴 듯 "공영개발 때 월 임대료 200만 원"식의 보도도 나왔다. 심지어 이들은 '반시장적 정책' 이라는 이념공세의 대상으로 삼기도 했다. 6월 22일자 《○○일보》가 사설 제목을 "시장과는 반대로 가겠다는 부동산정책"으로 뽑은 게 대표적이다.

이런 식으로 정부를 공격하는 기득권 신문들은 파렴치하게도 투기심리를 자극하는 기사를 얼마나 양산했는지, 이루 헤아릴 수도 없다. '강남·분당 중대형 아파트값 껑충', '강남 전용면적 25.7평 아파트 10억원 넘었다', '상승률 평균 210% 비슷 안정성은 "역시 부동산"' '아파트 가격은 162~416% 고른 상승 / 주식은 -91~954% 종목 따라 극과극', '강남-분당-용인 집값 더 오를 듯' '뚝섬 '제2의 판교' 되나' 등등의 제목만 봐도 이들 신문의 이중적 행태를 쉽게 알 수 있다. 이뿐만 아니라 각종 아파트 분양이나 개발 호재를 쫓아가는 이들 신문들의 홍보성 기사들도 '독자에 대한 정보'를 가장한 '건설업체 홍보 기사'일 뿐이다.

건설업체 이익 대변하는 연구소, 언론에서 '전문가'로 인용

정부 부동산정책과 관련된 교수나 연구소의 연구원들도 '커넥션'에서 자유롭지 못하다. 토목, 건축, 조경, 도시계획, 조경학과 등을 중심으로 한 이공계 교수나 학자들은 건교부 등 각 부처나 지자체에서 위촉하는 사업계획, 사업인허가, 설계심사 등 건설 관련 중앙 및 각종 지방 위원회의 위원으로 위촉되는 경우가 많다. 또 건교부 등이 발주하는 각종 국책사업 등 공공건설사업의 설계용역, 사업타당성 용역, 설계심의심사, 건설사업의 설계기준이나 시공기준작성 용역, 정책연구 용역, 제도개선 용역, 기술심사 용역 등에 상당수 관련 학과 교수들이나 관련 분야 국책연구소의 연구원들이 참여하고 있다. 이런데 들어가는 예산만 매년 수천억 원 규모이다. 이렇게 직간접적으로 건설 관련 용역이나 각종 위원회 등에 참여하다 보니 이들이 정부나 관련 업계에 비판적인 목소리를 내기가 쉽지 않은 구조가 형성되는 셈이다. 한편으로는 자신이나 학계의 동료나 선후배 교수들이 참여한 사업이 많아 '안면' 때문에라도 비판적인 견해를 표시하기가 쉽지 않다. 고속철도사업이나 새만금사업과 같은 건설 관련 취재를 할 경우, 취재를 거절하거나 취재에 응하더라도 "입장이 곤란하다"며 익명을 요구하는 비율이 어떤 다른 분야보다도 높다.

청계천 복원사업과 관련해 개발업체로부터 억대 뇌물을 받아 구속된 서울시 Y 부시장의 사례는 관련 학계가 건설업체 등과 얼마나 유착돼 있는지를 잘 보여준다. Y 부시장은 분당 P 게이트 사건 때 이미 검찰의 조사대상이 됐던 인물. 2003년 《신동아》에 보도된 당시 검찰수사기록에 따르면, 그는 당시 사업시행자인 H개발 H회장으로부터 P 주상복합 아파트 한 채를 특혜분양받았다. 이 주상복합 개발과정에서 성남시는 원래 아파트가 들어설 수 없는 중심상업지구를 아파트가 들어설 수 있는 지역으로 용도변경하고, 경기도는 법이 규정한 것보다 더 많은 세대가 들어설 수 있도록 사전승인을 내줬다. 그런데 Y 전 부시장이 소장으로 있던 서울대 ○○연구소는 2000년 "주상복합 조성 예정부지에서 용도변경이 가능하다"는 용역보고서를 성남시에 제출했다. 이를 비롯해 이 연구소가 만든 두 건의 보고서는 성남시와 경기도가 도시설계변경 및 P아파트 건축허가를 내주도록 한 결정적 명분이 됐다. 이 과정에서 Y 본부장은 용역비 1,900여만 원 외에 H개발로부터 최소 4,000만 원을 더 받은 사실이 밝혀지기도 했으나 사법처리되지는 않았다. 그는 청탁한 혐의는 부인했지만, 조경사업권이 양 부시장 제자가 운영하는 회사에 돌아가기도 했다. Y 부시장은 당시 검찰조사에서 "다시는 이런 일이 없도록 하겠다"고 한 뒤 풀려났으나, 청계천사업과 관련해 수뢰한 혐의로 결국 구속됐다.

청계천사업에서도 학자들의 역할이 드러난다. 부동산개발업체 '미래로○○'에서 뇌물을 받은 혐의로 구속된 Y 부시장과 김모 교수는 모두 서울대 ○○대학원 교수다. Y 부시장은 업체의 청탁을 받고 실제로 자신이 위원장으로 있는 서울시 도시계획위원회에서 부동산 개발업체가 추진중인 주상복합건물의 층고제한 완화를 주장한 것으로 검찰조사 결과 드러났다. 또 관련 분야 교수들과 박사급 연구원들로 이뤄진 서울시 도시계획위원위원회에서도 주상복합에 대한 인센티브를 준다는 명목으로 추진된 방안에 따라 문제의 주상복합도 몇 가지 문제만 보완하면 승인될 수 있는 '문턱' 까지 가 있었다.

이처럼 학자들이 '민간 전문가' 라는 명목으로 참여하는 경우 정부관료들은 정책실패를 이들에게 미루는 경우가 허다하다. 'ㅇㅇ위원회를 열어 전문가들의 의견을 들었다' '이 분야의 권위자인 ㅇㅇ교수의 견해를 들어 이런 정책을 실시했다' 는 식이다. 뒤에서 자세히 소개하겠지만, 민자사업을 주관하는 기획예산처와 민자사업을 가장 많이 시행하는 건교부 두 부처 모두 민자투자사업심의위원회를 구성했지만 한 번도 전체회의를 가진 적이 없었다. 모두 개별위원들을 대상으로 서면심사를 요청했기 때문이다. 민간위원들 스스로 "공무원들 들러리 역할을 하고 있다"고 할 정도다. 반면 민간전문가들은 공무원에게 자문료를 받고 자문만 해줬을 뿐이라는 이유로 책임을 질 이유가 없다고 비켜나간다. '책임회피의 핑퐁게임' 이 벌어지는 것이다.

학계는 건설업계의 로비로부터도 자유롭지 못하다. 대형건설업체들의 임직원 대부분은 이들 학자들과 동문 관계로 얽혀 있고 이 같은 연고가 턴키공사 수주 등을 둘러싼 업계의 치열한 로비대상이 되고 있음은 이미 설명했다. 건설 관련 이익단체나 부설 연구소의 연구원들도 이들 학계 인사나 건설업체 임직원들과 동료, 선후배 관계로 맺어져 있음은 마찬가지다. 이들은 건설업체의 이익이나 특혜 구조를 유지하기 위한 각종 제도의 연구용역을 도맡아 하고 있다. 주택업계 산하의 주택산업연구원이나 건설단체 부설 건설산업연구원 등이 대표적인 연구소다.

건설산업연구원이 2005년 3월 "서울의 집값이 다른 나라에 비해 덜 올랐다"며 '시장원리에 맡기라' 고 주문하는 내용의 보고서를 발표한 것은 이들의 역할이 무엇인지 단적으로 드러낸다. 그런데도 국내 기득권 언론들은 이들 연구소의 연구원을 부동산이나 건설문제 등과 관련해 객관적인 전문가인양 코멘트를 딴다. 심지어는 부동산중개업소들로부터 정보를 모아 부동산정보를 제공하는 사설 정보업체 관계자나, 부동산컨설팅 업체 관계자들을 동원해 정부의 투기억제대책을 공격하기도 한다.

이렇게 설명한 것처럼 개발 5각 구조는 일반인들의 눈에는 잘 띄지 않지만 공공공사에서 건설업체들이 폭리를 취하고, 부동산값을 올리거나 지탱하게 하는 강력한 기득권 구조다. 이들은 잘못된 정책집행과 왜곡된 정보제공으로 국민들을 현혹시키고 자신들의 기득권을 챙기고 있다. 개발 5각 구조라는 기득권 구조를 해체하고 건설산업을 투명하게 발전시켜야 예산낭비도 줄일 수 있고, 아파트값 거품도 뺄 수 있다. 결국 현재의 개발 5각 구조는 부풀려진 집값을 지탱하는 강력한 기득권 구조이며, 집값 거품을 빼는 것은 이 같은 개발 5각 구조를 허무는 작업과 긴밀히 연관돼 있다. 더 나아가 개발 5각 구조를 해체하지 않으면 이 나라와 국민의 미래에 희망이 없다.

'판교발 집값폭등'으로 기득권 언론의 왜곡보도가 난무한 가운데 부동산문제와 관련한 언론의 보도실태를 점검하는 토론회가 열렸는데, 이 토론회 내용을 보면 기득권 언론이 얼마나 잘못된 보도를 하고 있는지 쉽게 알 수 있다. 민주언론운동시민연합(민언련) 주최로 2005년 6월 25일 열린 '언론이 제대로 보도하면 '부동산투기' 막을 수 있다'는 주제의 토론회에서는 부동산문제와 관련한 언론의 보도태도에 대해 많은 비판이 제기됐다. 심지어 부동산정보 제공업체인 '부동산뱅크'의 양해근 실장도 "경제지는 두 면, 종합 일간지는 매일 한 면을 할애해 부동산투기세력의 이익을 대변하고 있다.

한편으로는 정부정책을 비판하면서, 부동산투기를 부추기는 듯한, 이율 배반적인 보도도 많이 나가고 있다. 언론도 조금은 정제된 기사를 내보낼 필요가 있을 것 같다"고 지적했다. 그는 '공급확대론'과 관련해 "강남 같은 경우 주상복합 대형평형의 공급이 많다. 잠실 1~4단지와 도곡, 삼성, 역삼 등에서도 중대형평형이 많이 공급되고 있다"며 "공급확대만 강조하는 것은 앞뒤가 맞지 않는다"고 비판했다. 그는 "일부 언론이 강남 대체 신도시가 필요하다는 식의 보도를 하는데 정말 강남을 대체할 만한 신도시가 과연 우리나라에 있는 것인가. 말장난에 불과한 것이 아닌가"라고 언론보도를 문제 삼았다.

《한겨레신문》J 논설위원도 "한 신문의 부동산 특집면을 분석한 결과 기사에 인용된 관계자의 코멘트가 12개 건설업체, 11개 부동산컨설팅업체였다"며 "이는 언론이 쓴 게 아니라 광고주들이 쓴 기사로 2차 투기를 다시 부추기는 요인"이라고 비판했다.

하지만 이날 '뜻밖에도' 언론 보도에 대해 가장 비판적으로 지적한 것은 K모 LG경제연구원 연구위원이었다. 재벌계 경제연구소 연구원에 대한 기자의 인상을 깨게 할 정도로 이날 그의 지적은 상당히 정확했다. 그의 발언내용을 요약해 소개한다.

부동산도 시장이고 거시경제의 한 부분이기 때문에 시장적인 관점에서 보는 게 맞다. 외환위기 이후 현상을 시장현상으로 봐야 하나. 시장의 실패현상으로 봐야 한다. 정상적인 시장상황이 아니다. 시장실패상황이다.

보수언론들이 시장논리를 어설프게 내세워서 정부를 공격하는 재료로 쓴다. 투기꾼들의 투기심리에 주요하게 작동한다. 정부정책을 무력화하는 것이다.

자산시장이 원래 기대심리에 의해 움직인다. 장기적으로만 보면 허황된 기대심리에 의해 움직이는 건 바로 거품이 꺼진다. 그 기대심리를 형성하는 데 기여하는 게 정부다. 자가발전해서 계속 오를 수밖에 없다. 그걸 공고하게 하는 게 언론과 투기꾼 이론자들이다.

언론의 보도목적이 현상을 전달하는 것인가. 현재 부동산문제가 잘못됐다는 건 모든 국민이 알고 있는 것이다. 그런데 우리 언론은 국민들을 계도하는 것인지, 투기판에 뛰어들라고 촉구하는 것인지 분간이 안 간다.

국내언론 특히 보수언론은 옐로 저널리즘이다. 지금 같은 상황에 저런 기사를 내보내야 하나. 정부정책을 비판하기 위한 것이냐. 부동산투기에 참여하는 사람들의 기대심리를 견고하게 하는 역할을 하고 있다.

과거에는 언론들이 투기판이 벌어지면 경고사인을 보냈지 박수를 치지 않았다. 그런데 외환위기 이후 사정이 달라졌다. 광고와 신문사 경영상태의 절묘한 관계 때문이다.

공급확대론도 허구다. 2001년부터 2004년까지 주택공급량이 300만 가구다. 1기 신도시 200만 호보다 공급량이 많다. 주거용 오피스텔, 다가구 주택 등을 가구수로 환산하면 정확히 300만 가구다. 이런 상황이 모두 임대가격지표에 반영된다. 알겠지만 임대시장은 실수요자의 가치다. 정확한 수급을 반영한다. '공급확대론'은 한 마디로 허구다. 중대형이 부족하다는 말도 허구다. 판교에 1,000가구 부족하다고 해서 서울 강남에 중대형이 부족하다니 말이 되는 논리인가. 내년 공급될 아파트 전부 중대형이다. (건설업체들이) 더 비싼 돈을 받기 때문이다. 주상복합도 전부 중대형이다. 우리나라 사람들 중에서 중대형에 들어갈 수 있는 사람들이 그렇게 많을까?

분당 정자지구에 실제로 가보면 빈집들이 많다. 금리가 높아지면 그 허구가 낱낱이 드러날 것이다. 신문사들의 부동산문제 관련 사설을 한 번 살펴봐라. 보유세 강화에 대한 비판밖에 없다. 정부가 들어설 때마다 임기 초기에는 부동산과표를 현실화해 40~50%까지 끌어올린다고 했다. 하지만 정권이 끝나면 30% 후반대다. 그런 점에서 어쨌든 참여정부에서 어려운 일을 했다. '재산세 감면 조치를 취하는 자치단체의 비협조와 조세조항을 불러일으키는 언론의 선동에도 불구하고 말이다. 보유세 현실화가 벽에 부딪혀 있다. 이해관계자들의 반대 때문이다. 당초 계획은 보유세 과세 기준이 6억 원 이상이었을 것이다. 6억 원 정도로 확대하고 누진구조를 강화했더라면 강남 중대형 평형이 지금처럼 오를 수 있었을까? 보유세를 언론에서 반시장적인 제도로 매도하는데 가장 시장친화적인 제도다. 또한 엄밀히 말해 지금 정책은 보유세 강화가 아니라 현실화다. 세계에 우리나라만큼 보유세가 낮은 나라가 없다. 잘못된 가치관과 편견이 그렇게 만드는 것일 뿐이다. 보유세는 투기억지수단이 아니라 사회 정의 차원에서 응당 내야 할 가치다. 부에 대한 정당한 가치를 회복시켜주는 것이다.

우리 신문들은 정보의 사적 왜곡이 심하다. 전 세계 종합일간지 중에서 매주 단위로 아파트 값 공개하는 나라가 없다. 아파트 담당하는 기자들이 열댓 명씩 있다. 그들이 의존하고 있는 정보원도 문제다. 외환위기 이후 생긴 부동산 가격 사설 정보기관들, 전문가를 위장한 전문가들, 위장한 부동산투기꾼들이다. 그들의 논리와 입이 언론을 통해 일반 국민들에게 여과 없이 확성기 노릇을 하고 있다. 사적 정보의 채널이 정부의 공적인 채널보다 우위에 있는 상황이 외환위기 이후 상황이다. 투기꾼들에게 빠져나갈 논리를 만들어준다. 투기꾼들의 견고한 기대를 깨뜨린 게 '10·29' 대책이었다. 그걸 다시 무력화한 게 바로 판교발 언론의 선정적인 보도다.

에필로그

『땅, 투기의 대상인가? 삶의 터전인가』. 지금으로부터 15년 전 필자가 가까운 지인으로부터 받았던 책의 제목이었다. 당시 내가 책을 받던 그 때에도 지금처럼 집값과 땅값이 하늘 높은 줄 모르고 뛰었고 온 나라가 부동산투기로 떠들썩했다. 그 책의 핵심내용은 다음과 같다.

토지와 주택에 관한 경제정의 원칙

책의 내용은 경제정의를 바로 세우기 위해서 토지와 주택정책의 내용과 수준을 우리사회의 경제정의를 가늠하는 중요한 척도로 삼아야 한다는 것이었다. 따라서 이 땅에 정의를 바로 세우기 위해서는 다음과 같은 조치가 필요하다고 주장했다. ① 누구나 주거생활에 필요한 최소한의 토지와 주택을 보유할 권리를 가진다(생활을 위한 최소한의 공간만 보유). ② 토지는 주거생활과 생산을 위해서만 사용되고, 재산증식 목적으로 소유되면 안 된다(실수요자 원칙). ③ 토지, 주택투기를 척결하여 땅값과 집값을 안정시켜야 한다(토지투기는 시장의 경제정의 유린). ④ 토지와 주택으로부터 발생한 모든 불로소득은 사회에 환원되도록 해야 한다(근로소 득이 존중되고 불로소득은 근절). ⑤ 토지와 주택은 본인 명의로 거래해야 하고 실명으로 등록해야 한다(거래의 투명화).

당시 일가족이 자살하는 사건이 발생하기도 했고, 수많은 서민들이 도시 외곽으로 밀려날 수밖에 없었다. 전세가격이 주택가격의 80~90%대에 육박했다. 급기야 정부는 200만 호를 기존 주택가격의 60~70% 가격에 공급하고 토지공개념제도를 도입하는 등 조치를 취했다.

15년이 지난 2005년 부동산투기로 나라가 병들어 썩고 있다

반만년 이어온 아름다운 이땅에 지난 반세기 동안 가장 많은 양의 주택이 건설되었다. 동시에 각종 개발사업으로 환경이 마구 파괴되었다. 최근 5년 간 주택공급량은 250만 채에 달하는데도 여전히 주택이 부족하다고 외치는 자들은 누구이며, 그 뿌리가 어디서 나왔는지 밝혀야 한다. 대체 이 땅의 진정한 주인은 누구인가? 앞으로 태어날 후손들은 우리세대를 어떻게 평가할까? 미래세대가 주인인 이땅에 지금 우리세대는 마구잡이식 개발로 값은 비싸고 질은 형편없는 주택과 건축물을 엄청나게 짓고 있다.

임명권자의 잘못된 인사로 등장한 고위 정책결정권자들은 부패한 개발주의자들의 편에서 경기불황을 운운하며 부동산투기조장정책과 거품 경기부양책으로 국민을 속여왔다. 또한 국민을 위해 일하라고 뽑아놓은 정치인들은 국민의 눈을 속였고, 관료들은 허위보고와 엉터리 통계자료로 자신들의 허물을 덮었다. 그들은 공급자 집단인 개발업자들과 결탁해 그들의 배만 불리고 서울 강남권에 온갖 특혜를 제공했다. 썩어 문드러진 관료, 얼빠진 정치인들이 저지른 망국병인 부동산투기로 상위 1%

가 51%의 전국 토지를, 상위 5%가 전체 주택의 60%를 보유하고 있다고 한다. 나라가 망가져 가는 상황을 지켜보면서 우리 미래가 암울하게 느껴지는 것은 필자만의 느낌이 아닐 것이다.

과거에도 소수 대지주들의 횡포와 토지 독점으로 나라가 도탄에 빠졌고 백성들이 고통에 신음했음을 잘 알고 있으면서도, 지금 우리는 그 같은 역사를 되풀이하고 있다. 대체 이 지경이 되도록 이 땅의 지식인들은 무엇을 하고 있었는가? 그 동안 최고 통치권자와 핵심참모들, 그리고 깨어 있다는 지식인들과 권력을 감시해야 할 언론들은 무엇을 했나.

참여정부 출범 직후 소비자 중심의 주택정책인 완공 후 분양제도의 도입을 검토하라는 대통령의 지시에 대해 건교부는 1년 간 시간만 보냈고, 소위 전문가들은 소비자 부담이 커진다는 허황된 논리를 내놓았다. 임기 내에는 민간 부문은 후분양제도를 도입하지 않겠다는 보고서를 작성했는데도 이에 대해 국무위원 누구도 문제를 제기하지 않았다. 전문가 누구도 문제의식을 갖지 않는 것을 보면 이 정부도 역시 관료와 개발업자의 농간에 놀아날 것이 예견됐다. 그들 개발 5적들이 연대하여 완벽하게 대통령 지시를 묵살했다.

그 직후인 지난해 봄부터 뜨겁던 여름을 지나 가을까지, 필자는 세계에서 유일하게 짓지도 않은 아파트를 파는 제도 아래에서 공급자가 일방적으로 분양가를 정하는 제도에 대해 문제를 제기했다. 그러나 경제부총리와 건교부장관, 집권당의 최고 정책책임자, 국민이 주인인 공기업의 사장, 심지어 대통령까지 모두가 이 문제를 외면했다. 필자와 함께 봉사활동을 하고 있는 시민단체의 수많은 자원봉사자와 회원들이 밤새워 전문분야도 아닌 아파트분양과 공급제도와 관련된 정보와 자료를 찾아 분석해 이를 시민들에게 알려왔다.

지난해 탄핵정국으로 잠시 아파트값 거품빼기운동을 중단하고, 우리들은 4월 총선 직전 각 정당을 찾아다니며 시민들의 의견을 전달했다. 그러나 총선이 끝난 후 그토록 민생안정을 외쳐댔던 정치인들, 특히 서민을 위해 일하겠다고 과반수 의석을 획득한 집권여당에 우리는 '혹시나' 하는 기대감을 가졌다. 그러나 총선이 끝난 직후 재벌과 개발업자부터 접촉한 그들에게는 이미 표를 준 시민은 보이지 않았다. 당선 직후 개발오적들에게 포위된 그들은 투기세력에 대하여 어떠한 제동장치도 사용하려고 하지 않았고, 어떤 제동장치가 필요한지도 알려 하지 않는 듯했다.

그들은 으리으리한 여의도 국회의사당에 갇혀 표를 준 시장아주머니들의 땀 흘리는 모습과 허리가 휠 대로 휜 농민들, 땀에 찌들대로 찌든 도시근로자의 모습은 시야에서 사라진 듯 보였다. 그들은 장기집권계획만 세우며 여의도 맞은편 재벌들과의 만남에 더 열을 올렸다. 유권자들은 두 달도 안 돼 자신들을 배신한 정치권에 깊은 배신감을 느끼고 있음을 잊지 말기를 바란다.

2005년 또다시 거리로 나선 시민들의 외침을 들어보라

3채 이상 다주택보유자가 240만이나 되고, 전 국민의 5%가 전체 주택의 60%인 800만 채를 보유하고 있다. 그래도 이들은 '아직도 배가 고프다'며 공급확대논리와 중대형 부족론을 부르짖고 있다. 겨우 집 한 채를 가진 500만의 '가장', 그리고 집 한 채 없는 650만 '무능한' 가장들을 위하여 가진 자들과 기득권을 누리고 있는 자들의 추악한 요구를 아무런 여과 없이 비호하는 세력들의 가면을 벗기고자 한다. 이 정부 출범 초기부터 주시했던 우리들은 그 동안 발표했던 수많은 통계와 엉터리

자료에 현혹되어 투기의 광풍 속으로 뛰어드는 수많은 서민들을 바라보며 분노를 느낄 수밖에 없었다. 극히 부분만 공개된 자료를 봐도 우리 주변에는 집 없는 무능력한 가장이 절반 이상이며, 집을 세 채 이상 보유한 240만이 550만 채의 여유 주택을 보유하고 있다는 사실은 우리사회의 양극화 양상이 얼마나 극심한지 알 수 있다. 그런데도 여론을 주도하고 있는 기득권 언론과 개발업자에 기생하는 전문가집단은 이러한 불평등 구조에 대한 설명 없이 공급확대만이 살 길이라고 주장하고 있다. 이와 같은 주택의 소유구조가 제대로 알려질 경우 우리사회는 세상이 뒤집어질 정도의 변혁이 일어날 수 있다는 사실을 그자들은 이미 잘 알고 있었다. 그러나 안타깝게도 최근 만나본 자칭 개혁세력들은 이 땅에서 그간 어떤 일이 일어났는지조차 제대로 모르고 있었으니, 과연 시민들은 누구를 믿어야 하는가.

서민과 노동자를 위해 일하고 개혁에 앞장서겠다고 했던 자들조차도 이러한 실태를 모른 채 공급자 논리에 젖어 있거나 기득권층을 대변하는 듯한 발언을 되뇌는 것을 자주 보았다. 이들 개혁세력을 자처해온 자들까지도 보수집단의 논리에 흠뻑 젖어 있는 것처럼 느껴질 때는 우리 기득권 언론의 위력을 새삼 절감하게 됐다.

결국 기득권 계층만이 모든 정책준비와 결정, 그리고 추진 권한을 누려왔다는 사실을 필자는 여실히 경험했다. 보다 냉정하게 말하자면, 집 없고 땅 한 평 없는 절반 이상의 국민들을 보호하고 대변할 그 어떤 세력이나 정치집단도 우리사회에 존재하지 않는다는 생각이 들 때도 많았다. 결국 힘없는 다수가 아무리 몸부림쳐도 이들의 외침은 능력 없는 자들의 사회적 갈등으로 매도되는 것이 작금의 현실이다.

이 정권이 그간 제시했던 부동산정책 중 상당수가 도시개발정책이었고 또 작년(2004)에 임명되었던 경제장관들은 인위적인 건설경기부양책에 골몰했다. 이를 발판으로 부동산투기세력은 더욱 날뛰었다. 관료들은 거품붕괴를 우려한다는 핑계로 잔뜩 낀 거품을 애써 무시한 채 거품유지에 급급한 정책들을 쏟아냈다. 현 정권의 위정자들이나 관련 정부관료들이 모두 부도덕하거나 부패하다고 보지는 않으나 지금까지도 개발(건설) 5적의 논리는 판을 치고 있다. 개발 5적은 현 정권에서도 지속적으로 권력자들을 에워싸고 그들의 이해를 은밀하게 관철시키려는 시도를 계속해왔다. 필자는 지금 이 순간까지는 현 정권의 위정자들이 이들 개발 5적의 행태를 제대로 파악하지 못했기 때문에 엉터리 정책을 남발했다고 이 순간까지는 믿고 싶다.

80년대와 90년대를 거치며 우리사회의 정치민주화는 어느 정도 진전됐으나 경제민주화는 지지부진하기 짝이 없다. 오히려 지난 정권에서 외환위기로 인한 경제 침체를 극복해 보려는 수단으로 부동산과 건설을 무리하게 이용한 것 같다. 그러나 부동산거품이 극에 이른 지금이 어찌 보면 그 동안 지체됐던 경제민주화를 위한 절호의 기회인지 모른다. 경제정의를 바로 세우기 위해 우선 삶의 기본적 토대인 토지와 주택 제도부터 손대는 것은 너무도 당연하다. 최근의 편중된 토지 및 주택 보유 실태와 가격폭등현상은 잘못된 공급구조와 소유구조, 그리고 과세제도에서 비롯된 것이다. 따라서 모든 부동산 관련 실태를 공개하고 이와 관련된 잘못된 구조를 바로잡지 않은 상태에서 실행되는 경제개혁은 성공하지 못하며, 성공한다 해도 의미가 없다. 그런데 현 정권은 토지와 주택문제에 대해 단 한 차례라도 진지한 반성과 원인진단을 하지 못했기에 근본적인 대책 또한 제시하지 못한 것으로 판단된다. 그것은 2003년 10 · 29대책부터 2004년 국민 80%가 요구했던 분양원가 공개요구에 대한 대안이라고 내놓은 원가연동제 도입 등의 미봉책만 보더라도 알 수 있다. 개발 5적과 기득권 세력이 주장하는 공급확대론에 근거한 개발정책과 주택거래 허가제, 강남 개발이익 환수용 임대주택건설 등 눈가림식 미봉책을 개혁이라고 누구도 믿지 않는다. 그러나 2005년 뜨거웠던 초여름 그간 허탈감만을 안겨주었던 정부가 이제라도 문제의 심각성을 알아차린 듯한 분위기가 감지돼 그나마 다행이라고 할까?

2005년 '2·17대책'이나 '5·4대책' 등의 미봉책으로 판교 개발에 착수도 하지 않았는데 주변 집값이 폭등하는 현상을 보고도 어찌 문제의 본질이 무엇인지 모른다고 할 수 있겠는가? 지난 4~5년 간 강남지역에 대한 온갖 특혜에도 불구하고 당연히 세금으로 환수해야 할 개발 및 양도 이익을 방치하고, 개발에 따르는 기반시설부담금 부과 조치 등을 외면해온 정부가 그 필요성을 과연 몰랐을까? 그럼에도 불구하고 왜 즉각적인 조치를 취하지 못했는지는 곧 알게 될 것 같다. 집권세력의 상당수를 차지하고 있는 전직관료들의 이중적인 행태와 개발오적을 감싸며 존재의 이유를 찾는 경제관료들, 그들의 선배가 지속적으로 자리잡고 있는 각종이익단체의 로비 등등. 그들은 알고도 모른 척했던 것일지도 모른다. 몇몇 소수의 사람들은 정의감에 불타도 행동과 실천의지가 떨어지고, 그들의 정신은 도덕을 지향하지만 기득권의 반발이 워낙 거세 위축되었을 것이다. 또 일부 세력은 자신과 주변 인물이 이미 부동산 기득권 구조에 포섭돼 대세에 묻어가는 행동으로 일관했을 것이다.

지식인들이여 가면을 벗고 나서라

땅 투기와 집 투기가 기승을 부리는 이 땅에서 자유시장경제가 어떻고, 소비자가 현장에 가보면 땅 밖에 없는데도 형체도 없는 아파트를 사고 파는 주택공급구조 속에서 시장지상주의를 떠벌리며 이 같은 현실을 외면하는 이들을 볼 때마다 가슴이 답답하다. 왜곡된 부동산 소유구조 아래에서 공급자집단과 투기세력을 위한 제도의 틀을 유지하기 위해 안간힘을 쓰는 자들이기 때문이다. 가면 쓴 지식인들이여, 어차피 이것저것 다 빼앗긴 서민들이니 고통을 좀더 맛보라고 차라리 당당하게 말하라. 최근까지도 겉모습만 개혁세력을 자처했던 지식인들조차 침묵으로 일관하는 이유가 궁금하다. 그들도 이미 기득권층에 편입되어 버렸기 때문인가?

현재의 부동산거품이 계속 유지되거나 더욱 팽창한다면 힘없는 85%의 시민들이 스스로 '부동산투기와의 전쟁'에 나설 것이고 경제민주화운동에 참여할 것이다. 지금과 같은 소수 가진 자만을 위한 제도를 지탱하는 개발 5적을 척결하기 위해서는 시민들이 나설 수밖에 없다. 서민들은 지금과 같은 부동산가격 폭등과 거품경제구조 속에서는 이미 생활이 어려울 뿐 아니라 어차피 일할 의욕까지 상실했기 때문이다. 국민들은 이제 알고 있다. 실제 아파트 건축비가 얼마이고, 농사짓던 땅을 강제로 수용한 땅값이 얼마인지, 정부관료, 공기업을 비롯한 개발 5적이 무슨 짓을 해왔는지, 누가 어떤 방식으로 국민을 속여왔는지. 국민의 80%가 원가공개에 찬성하고 있다는 사실에서도 이를 알 수 있다. 아파트가격이란 간단히 정리하면, 토지가격과 건축비용을 합한 것이다. 농민들이 농사짓던 땅에 우리와 후손들, 그리고 미래세대가 살아갈 적당한 크기의 주거공간을 마련하는 것조차도 제대로 하지 못하는 정부라면 그대로 보고만 있을 수 없다. 우리 모두는 땀 흘려 일한 사람들이 대우받는 사회를 건설하고자 민주주의와 자본주의 체제를 선택하였지, 소수의 특권세력이 막대한 불로소득을 독점하게 하려고 지금 같은 체제를 선택한 게 아니다. 더 이상 성실히 살아가는 시민들을 분노하게 만들지 말아야 한다. 만일 정부가 계속 미봉책으로 빠져나가려 한다면 수많은 시민들이 거리로 나서 투기세력과 개발 5적들과 명운을 건 투쟁을 벌일 수도 있음을 알아야 한다.

거품을 어떻게 어떤 방식으로 빼야 하는가?

모든 이들이 부동산거품이 빠지기를 바라는 것은 아니다. 그러나 전체 국민의 80% 이상이 거품이 빠져야 한다고 생각할 것이다. 15%의 가진 자들 중에서도 일부 깨어 있는 자들은 집값이 계속 오르기를 바라지 않는다. 고가 주택 한 채를 보유했거나 불가피하게 지방에 주택을 상속받은 자 등도 거품이 빠지기를 원할 것이다. 하지만 막차를 탄 사람들의 상당수는 집값이 빠지지 않기를 바랄 것이다. 따라서 우선 우리는 현재의 위기를 정확하게 진단해 그간 부풀려진 거품이 얼마인지를 정확히 알아야 한다. 정확한 진단 위에서 비교적 단기간에 거품이 빠지게 하는 방식과 일정한 기간을 두고 빠지게 하는 방법 등을 선택해야 한다. 이 과정에서 국민들의 불안감을 최소화하기 위해 사전에 충분한 공감대를 이뤄야 함은 물론이다. 이 과정에서 반발과 불만이 없지 않겠지만 망국병인 부동산거품을 제거하고 선진경제로 도약하기 위해서는 불가피한 과정이다. 공급자집단인 건설업계도 부동산거품에 기대 소비자를 속여 손쉽게 폭리를 취하려 하지 말고 기술 개발과 품질 경쟁을 통해 정당하게 소비자의 선택을 받는 방향으로 나아가야 한다. 공기업은 자신들의 주인이 누구인지, 자신들이 왜 존재하는지 스스로 깨닫기 바란다. 정치권은 누가 자신들을 선택했는지, 왜 자신들에게 표를 주었는지를 깨달아야 한다. 지금의 갈등구도를 해결하기 위해 모두가 힘과 지혜를 모아야 한다. 반드시 빼야 할 부동산거품을 빼더라도 우리 모두에게 부담과 충격을 최소화하는 방법을 찾아야 한다.

우리가 부풀려놓은 거품을 더 이상 키워서는 안 된다. 서울의 강남권과 수도권은 이미 한계에 이르렀고, 지방 대도시로 부동산거품이 번지고 있는 상태이다. 뒤늦게라도 대통령과 총리, 그리고 청와대의 핵심 참모들이 부동산거품의 심각성을 깨달아 전향적 태도를 보이고, 한나라당 등 야당의 일부 세력도 문제의 심각성을 인지한 상태라면 가능성이 없다고 포기할 일은 아니다. 지혜를 모으면 얼마든지 가능하다. 금융문제와 세제문제, 민간의 공급방식과 공공의 공급방식, 그리고 각종 개발이익 환수 장치, 다주택자의 세제문제와 거래 및 보유의 투명화 등 부동산거품을 제거하기 위한 해법은 이미 나와 있다. 이제 선택만이 남아 있을 뿐이다.

이웃국가에서 발생한 사례도 살펴야 한다

거품이 붕괴될 때 우리 경제에 어떠한 타격이 발생할지를 면밀히 분석해야 한다. 수백만 신용불량자의 실태, 은행돈을 빌려 아파트를 마련해야만 했던 봉급생활자들을 상대로 한 가계대출규모, 도저히 참지 못하고 마음이 조급해져 주택을 구입해야 했던 가구의 숫자, 부도임대아파트에서 거리로 나앉아야만 했던 가장들의 실태를 면밀히 살펴야 한다. 지구상에서 가장 악의적인 부동산투기꾼들과 그들을 비호하거나 심리를 자극하는 천박한 지식인과 일부 언론, 모든 국민을 한탕주의에 빠트리려던 관료들, 그들이 만들어 낸 경제적 거품과 사회적 불평등으로 우리는 위기를 맞게 되었다. 일본은 거품붕괴로 '잃어버린 10년'을 보냈다. 지금 거품을 빼지 않고 거품을 더 키웠다가 부동산거품이 일시에 붕괴한다면 우리는 어떠한 어려움을 겪게 될 것인가? 재앙이 될 수도 있다. 사정이 이러한데도 관료들은 그들의 기존 정책기조를 쉽게 바꾸려 하지 않는다. 그러나 시민사회와 정치권의 압박과 언론의 감시가 보다 강화된다면 우리는 이 문제를 슬기롭게 해결할 수 있다. 아이러니컬하게도 어리석은 우리사회의 기득권층 때문에 정치민주화의 진전에 이어 경제민주화를 보다 진전시킬 수 있는 절호의 기회를 맞고 있다. 따라서 우리는 외부의 충격이나 자극에 의해서가 아니라 우리 스스로 부동산거품이 이 땅에서 발을 붙이지 못하도록 거품을 없애 혼란을 예방하는 것이 최선의 선택이다.

구체적 정책대안제시가 필요하다

개발이익환수장치가 완비되기 전 선분양을 허용해야 한다면 아파트분양가를 예전처럼 제한해야 하며 그것이 곤란하다면 공급계약서 뒤에 공사비내역을 첨부해 분양원가공개를 시행하거나 분양원가를 공시토록 하여 소비자를 보호하도록 해야 한다. 후분양을 전제로 도입키로 했던 아파트분양가 자율화 조치 이후 후분양제가 실시되지 않으므로 인해 새 아파트의 분양가격이 기존 아파트가격을 견인했고, 소비자가 모든 부담을 떠안게 되었다. 짓기도 전에 팔아먹는 선분양제는 기존 아파트가격의 상승을 유도하였고, 이러한 악순환이 되풀이되면서 지속적으로 아파트가격 거품을 키워왔다. 개발이익을 공공이 환수하지 않고 개발 5적들에게 귀속시킴으로써 이러한 문제가 발생한 것이다. 현실이 이와 같은데도 정부와 지자체는 선분양 아파트를 분양승인할 때 소비자 보호를 위해 한 일이 아무것도 없었다. 이에 반해 공급자는 아무런 제한 없이 아파트가격을 속여 폭리를 취해왔다. 이를 모르는 소비자들은 아파트가격이 더 오를 것이라는 신문기사를 믿고 형체도 없는 분양권 딱지거래에 동참하게 되고, 정부는 이들을 잡는다고 야단법석이었다. 자유시장원리를 들먹이는 자들에게 묻고 싶다. 소비자보호를 위한 아무런 제도적 장치도 없는 상태에서 땅밖에 없는 건설업자가 짓지도 않은 아파트라는 건축물까지 팔도록 허용한 것이 시장원리에 합당한가? 만들어진 건축물을 시장에 내놓고 난 다음에 팔도록 하는 것이 더 시장원리에 맞는 것이다. 나아가 집을 여러 채 가진 투기세력들이 중대형 분양아파트를 노리고 주택을 사재기해 사회적 통합은 깨지고, 이로 인해 부동산소유 제한까지 필요한 상황을 만든 것이 과연 누구인지를 되새겨 보아야 할 것이다. 주거권은 헌법상에 보장된 기본적 권리이고, 국가의 존재이유가 국민 개개인의 행복을 보장하기 위해 존재하는데도 불구하고 자신들의 축재를 위해 시장원리를 끌어들이는 자를 볼 때면 울화가 치민다. 자신들의 축재에만 여념이 없는 소수 다주택자들의 행태를 '집단적인 서민 착취행위'로 보는 게 단지 일부만의 생각일까? 자신의 자식을 아파트 옥상에서 내던지고 스스로 목숨을 끊는 사람들의 심정을 이해할 수 있겠는가? 최근 우리사회에서 계속 잇따르는 자살사건은 괜히 발생하는 것이 아니다. 대체 개발 5적의 특혜구조를 보장해주는 논리와 제도만을 시장경제라고 주장하는 자들은 같은 핏줄의 동포들이 자신의 삶을 포기하는 사태를 어떻게 보기에 그런 말을 할 수 있는지 알고 싶다.

대체 누가 어떻게 돈을 벌고 있는가?

최근 몇 년 동안 경제성장율은 3~5% 수준에 불과한데도 어떤 자들이 무슨 일을 해서 얼마나 소득을 많이 얻기에 중대형 아파트가 부족하다는 말인가? 아파트가격 급등지역에는 그런 고소득자만 몰린다는 것인가? 부동산투기를 통해 얻는 불로소득은 같은 경제권 내 타인의 주머니를 몰래 털어가는 도둑질이나 다름없다. 더구나 자본 또는 주택이 있는 자에게만 참여기회가 주어지는, 불공정한 게임의 룰을 국가권력이 제도적으로 보장하고 획책한다면 국민은 국가에 대해 자신의 생존권을 걸고 저항할 권리가 생기는 것이다. 대체 우리들이 왜 이렇게 되었을까? 부동산투기광풍으로 우리사회는 거대한 불구덩이 속으로 내던져진 느낌이다. 단지 내집 한 채만 보유한 채 평범하게 살고 있는 수많은 시민들을 무능력한 가장으로 취급하는 사회, 부동산투기 요령과 아파트 재테크 책이 쏟아져나오고 베스트셀러 반열에 오르는 현실이 가까운 미래의 더 큰 불행으로 이어지지는 않을까? 아무리 생각해도 15년 전 내가 받았던 책의 내용에 비춰본다면 지금 우리나라는 위기임에 틀림이 없다. 필자가 경제학의 개념도 제대로 이해하지 못하는 평범한 시민임에도 우리사회의 경제전문가임을 자처해온 수많은 지식인들은 자본주의 경제체제의 근간이 크게 흔들리는 사태에 왜 수수방관하는가? 아파트와 부동산투기를 바라보는 필자의 시각이 틀리지 않았음은 수많은 시민들의 격려전화의 내용으로 충분히 확인할 수 있다.

우리사회 주거비거품과 교육비거품만 빼면 살 만하다

이제 우리사회는 먹는 문제와 입는 옷 문제는 어느 정도 해결되었다고 판단된다. 주택 문제와 사교육비 문제만 해결하면, 개개인이 모든 분야에서 각자의 역할에 충실하면 최소한의 의식주는 해결할 수 있다고 판단된다. 교육은 학교에서만 하는 것이 아니다. 민간기업과 공공부문 어느 곳에서 일을 하든 세계적인 경쟁력을 갖는 인재로 양성되는 시스템을 구축해야 한다. 그래야만 학생들에게 무리한 사교육을 시키지 않아도 될 것이다. 학교교육의 정상화 역시 사회구조의 정상화와 맞물려야 하는 것 아닌가? 부동산투기로 돈을 번 자들과 부패세력들만이 대를 이어 잘 사는 사회구조 속에서는 교육을 통해 인재를 키워내 봐야 아무 소용이 없다. 따라서 이번 위기를 국민적 합의와 사회적통합을 이루는 기회로 삼아야 하며 그렇게 하기 위해서도 지금 즉시 경제정의를 바로 세우기 위한 기초인 불평등한 토지제도와 주택제도와 건설제도를 개혁해야 한다.

만일 이번 위기를 기회로 삼지 못하고 또다시 투기광풍에 휘말린다면 썩어빠진 정치권과 관료를 쓸어내기 위해 국민들이 직접 나설 것이다. 많은 시민들은 지금의 부동산투기에 분노의 감정을 넘어 허탈감과 좌절감에 빠져 있다. 그들이 거리로 나선다면 우리사회는 엄청난 혼란과 후퇴를 가져오게 된다. 이러한 사태가 발생하지 않도록 정부와 정치권은 이 위기를 기회로 삼기를 진심으로 바란다.

대한민국은 **부동산공화국이다?**

1판 1쇄 펴냄 2005년 8월 16일
1판 2쇄 펴냄 2009년 5월 25일

지은이 김헌동 · 선대인

편집주간 김현숙
편집 변효현, 김주희
디자인 이현정, 전미혜
영업 백국현, 도진호
관리 김옥연

펴낸곳 궁리출판
펴낸이 이갑수

등록 1999. 3. 29. 제300-2004-162호
주소 110-043 서울시 종로구 통인동 31-4 우남빌딩 2층
전화 02-734-6591~3
팩스 02-734-6554
E-mail kungree@chol.com
홈페이지 www.kungree.com

김헌동, 선대인 ⓒ 2005. Printed in Seoul, Korea.

ISBN 89-5820-037-5   03320

값 15,000원